## 权威·前沿·原创

皮书系列为
"十二五""十三五"国家重点图书出版规划项目

中国社会科学院创新工程学术出版资助项目

欧洲蓝皮书
BLUE BOOK OF EUROPE

# 欧洲发展报告
# (2017~2018)

ANNUAL DEVELOPMENT REPORT OF EUROPE
(2017-2018)

## 法、德大选与欧洲一体化的走向

Elections in France and Germany and the Future of Europe

中国社会科学院欧洲研究所
中国欧洲学会
主　编／黄　平　周　弘　程卫东

社会科学文献出版社
SOCIAL SCIENCES ACADEMIC PRESS (CHINA)

图书在版编目(CIP)数据

欧洲发展报告：法、德大选与欧洲一体化的走向.
2017-2018 / 黄平，周弘，程卫东主编. -- 北京：社会
科学文献出版社，2018.7
（欧洲蓝皮书）
ISBN 978-7-5201-2958-9

Ⅰ.①欧… Ⅱ.①黄… ②周… ③程… Ⅲ.①政治-
概况-欧洲-2017-2018 ②债务危机-研究-欧洲 Ⅳ.
①D750.0 ②F150.4

中国版本图书馆CIP数据核字（2018）第134084号

---

欧洲蓝皮书

## 欧洲发展报告（2017~2018）

### ——法、德大选与欧洲一体化的走向

| 主　　编 / 黄　平　周　弘　程卫东

| 出 版 人 / 谢寿光
| 项目统筹 / 祝得彬　王晓卿
| 责任编辑 / 王晓卿　于占杰　莫　伟

| 出　　版 / 社会科学文献出版社·当代世界出版分社（010）59367004
　　　　　　 地址：北京市北三环中路甲29号院华龙大厦　邮编：100029
　　　　　　 网址：www.ssap.com.cn

| 发　　行 / 市场营销中心（010）59367081　59367018
| 印　　装 / 三河市龙林印务有限公司

| 规　　格 / 开　本：787mm×1092mm　1/16
　　　　　　 印　张：23.5　字　数：359千字
| 版　　次 / 2018年7月第1版　2018年7月第1次印刷
| 书　　号 / ISBN 978-7-5201-2958-9
| 定　　价 / 99.00元

皮书序列号 / PSN B-1999-009-1/1

本书如有印装质量问题，请与读者服务中心（010-59367028）联系

▲ 版权所有 翻印必究

# 欧洲蓝皮书编委会

**主　编**　黄　平　周　弘　程卫东

**编　委**　（按姓氏笔画顺序）

孔田平　叶　斌　田德文　江时学　刘作奎

陈　新　李靖堃　宋晓敏　张　敏　周　弘

赵　晨　黄　平　程卫东

# 主编简介

**黄　平**　英国伦敦经济政治学院社会学博士（1991），中国社会科学院研究员，欧洲研究所所长，兼任中华美国学会会长、中国世界政治研究会副会长、中国国际关系学会副会长、全国港澳研究会副会长等，曾任中国社会科学院社会学研究所副所长、国际合作局局长、美国研究所所长等。主编过的著作有《美国蓝皮书》（主编）、《社会蓝皮书》（副主编）、《美国研究》（主编）、《读书》（执行主编）等，现为《不列颠社会学》（*British Journal of Sociology*）、《当代社会学》（*Current Sociology*）、《比较社会学》（*Comparative Sociology*）、《国际移民》（*Journal of International Migration*）、《全球社会政策》（*Global Social Policy*）、《发展社会学》（*Sociology of Development*）等英文杂志国际编委。

在社会科学文献出版社出版过的著作有：《西部经验》、《公共性的重建》（上、下）、《中国与全球化：华盛顿共识还是北京共识》、《中国模式与"北京共识"》、《农民工反贫困》（中英文）、《梦里家国》等。

**周　弘**　中国社会科学院学部委员，国际学部副主任。中国社会科学院欧洲研究所研究员，中国欧洲学会会长，中国社会科学院研究生院博士生导师，美国布兰代斯大学博士。主要著作有：《中国与欧洲关系60年》（《欧洲研究》2009年第5期）、《全球化条件下"中国道路"的世界意义》（《中国社会科学》2009年第5期）、《欧盟是怎样的力量》（主编，2008）、《欧盟治理模式》（合编，2008）、《中欧关系——观念、政策与前景》（英文，合编，2008）。

**程卫东** 武汉大学国际法学博士（2010），中国社会科学院欧洲研究所副所长，研究员，博士研究生导师，华东政法大学兼职教授，兼任中国欧洲学会副会长、中国欧洲学会欧洲法律研究分会会长。主要从事欧盟宪政、欧盟法、国际法及欧盟对外关系研究，主要学术成果包括：《中欧建立新型国际关系：认知与实践》（《世界经济与政治》2016年第9期）、《多元法律秩序与欧盟法治的局限性》（《欧洲研究》2016年第1期）、《欧洲市场一体化：市场自由与法律》（专著，2009）、《欧盟法律创新》（主编，2008）、《国际融资租赁法律问题研究》（专著，2002）等。

# 摘　要

近10年来，欧洲遭受了多重危机，欧洲一体化面临着诸多重大考验，英国决定脱欧更是给欧洲一体化事业以重重一击。欧盟何去何从，成为笼罩在欧洲人头上挥之不去的阴影。欧债危机以来，欧洲人一直在探索如何进一步推进欧洲一体化，但未能取得共识。欧洲人很清楚，对于维持欧洲的国际地位与影响力、欧洲的国际竞争力、欧洲的和平与发展来说，欧洲一体化仍然是首选。但是，要维系欧洲的团结并将欧洲一体化事业继续推进下去，欧盟需要改革，欧洲一体化需要新的方向、新的动力。

在欧洲一体化持续了60年之际，在危机与反思中，欧洲人给出了一体化的新方向：多速欧洲。在2017年3月25日为纪念《罗马条约》签署60周年而召开的欧盟特别峰会上，除英国之外的欧盟27国领导人在意大利首都罗马签署了《罗马宣言》，在重申继续推进欧洲一体化、重申欧洲团结的同时也明确指出，在条约框架下，各成员国可以采取不同的速度和程度朝着同一个方向迈进，首次明确提出了以"多速欧洲"的方式推进欧洲一体化的策略。但是，不论是对于"多速欧洲"这一策略本身，还是在实践中如何实施"多速欧洲"策略，欧盟成员国之间都存在着重大分歧。这表明"多速欧洲"并不是一个令人满意的策略，只是欧盟在多重危机情形下一个比较现实的选择。

无论是"多速欧洲"的一体化路径，还是其他选择，对于欧盟来说，目前最为重要、最需要解决的问题是重建欧洲共识、信心与团结。多重危机对欧洲的最大打击不是危机本身，而是危机导致的疑欧力量的抬头，欧洲一体化的支持力量受到了极大地削弱。欧洲一体化的当务之急是重拾欧洲人的信心和对一体化的支持。为此，既需要欧洲领导人寻找破解困局的方案，同

时更重要的是形成支持、引领欧洲一体化的核心力量,在这方面,大国的立场与作为尤为重要。有鉴于此,本年度的主题报告试图通过分析法国与德国大选来阐释支持欧洲一体化的社会基础,以及新形势下领导欧洲一体化的核心力量。

2017年欧洲各国的大选,特别是法国与德国大选,为推动欧洲一体化进一步发展奠定了坚实的基础。一方面,经过法、德大选,欧洲一体化有史以来的中坚力量经受住了考验,支持欧洲一体化的力量仍然是主流,支持欧洲一体化的社会基础也依然较为坚实。另一方面,新当选的法、德领导人都坚定地支持欧洲一体化,提出了进一步一体化的方案,并在一定程度上相互支持,新的德法轴心再次重启,成为欧洲一体化新的领导核心。但是,德法核心能否发挥应有的作用还有待于观察。由于德、法有着不同的利益关切,两国的政治生态、经济理念与地缘政治的优先考虑不同,两国关于欧洲一体化方案的分歧也是很明显的,这在一定程度上削弱了法德核心的领导力与影响力。

关于2017年欧盟形势,本发展报告从政治、经济、社会与外交四个方面进行了分析。总体上看,较过去几年,欧洲的整体形势明显好转,在向积极方向发展。但在不同领域,欧盟表现出了不同的特点,它更多地关注内部事务,内部形势趋好,而在外交方面,欧盟推动全球治理与全球合作的动力与影响力则有所减弱。

在中欧关系方面,本发展报告认为,2017年中欧关系大局稳中有进,中国与欧盟、成员国及次区域的务实合作进一步巩固与提升,汇聚共识、深化合作成为2017年中欧关系的主题。在一些具体领域,中欧关系也取得了令人瞩目的进展。

本发展报告还包括了国别与地区篇和专题报告篇。在国别与地区篇,本发展报告分别选取英国脱欧谈判进程及其影响、法国政治生活"道德立法"、意大利"工业4.0"、欧盟在西巴尔干地区的政策调整以及三海倡议的进展与挑战等几个方面进行了分析。在专题报告篇,本发展报告特别关注了以下几个问题:欧盟在美国退出《巴黎协定》后的气候政策动向、反全球化浪潮在欧洲的新表现、欧洲反恐新动态、欧盟外资安全审查法草案、欧盟"地平线2020"中期评估及前景展望、欧洲"工业4.0"、欧盟资本市场联盟、欧盟宏观经济失衡、欧盟防务联盟等。

本年度《欧洲发展报告》试图反映欧洲2017年的整体形势、发生的重大事件、在重要领域的进展、面临的问题与挑战。

**关键词：** 多速欧洲　德国大选　法国大选　欧洲的未来

# 目　录

前　言 ································· 程卫东 / 001

## Ⅰ 主题报告

B.1 德国大选与欧盟的未来 ···················· 杨解朴 / 001
B.2 法国大选与欧洲的复兴 ···················· 彭姝祎 / 014

## Ⅱ 欧盟形势篇

B.3 欧盟政治："大选年"的危机与变革 ············ 李靖堃 / 027
B.4 欧盟经济：全面企稳复苏，对外经贸收紧 ········ 杨成玉 / 035
B.5 欧盟社会局势：重塑稳定的社会基础 ············ 张金岭 / 046
B.6 欧盟外交：政策内向化 ····················· 赵　晨 / 054

## Ⅲ 国别与地区篇

B.7 英国大选与脱欧谈判进程及其多重影响 ·········· 李靖堃 / 062
B.8 法国政治生活"道德立法"的背景与变革 ········ 张金岭 / 073
B.9 意大利"工业4.0"国家计划解析 ············· 孙彦红 / 084

B.10　中东欧地区的政治思潮与新动向　………………　管世琳 / 095
B.11　欧盟对西巴尔干政策的战略调整　………………　李丹琳 / 109
B.12　三海倡议：进展与挑战　…………………………　孔田平 / 117

## Ⅳ　专题报告篇

B.13　美国退出《巴黎协定》后的欧盟气候能源政策　……　傅　聪 / 129
B.14　反全球化浪潮在欧洲的新表现　……………………　贺之杲 / 141
B.15　欧洲反恐怖主义极端化新困境　……………………　沈晓晨 / 152
B.16　欧盟外资安全审查机制立法草案评述　……………　叶　斌 / 168
B.17　欧盟"地平线2020"中期评估及前景展望　………　赵俊杰 / 183
B.18　在竞争、连贯性与凝聚力之间的欧洲"工业4.0"
　　　………………………………丹尼尔·布尔（撰）　黄萌萌（译）/ 193
B.19　欧洲资本市场联盟建设　……………………………　胡　琨 / 208
B.20　欧盟宏观经济失衡评析　……………………………　秦爱华 / 217
B.21　防务联盟：多速下的"欧洲项目"　………………　曹　慧 / 228

## Ⅴ　中欧关系篇

B.22　中欧关系：汇聚共识，深化合作　…………………　赵纪周 / 239
B.23　德国对"一带一路"倡议的政策分析（2013～2018）
　　　………………塞巴斯蒂安·哈尼施（撰）　黄萌萌（译）/ 251
B.24　欧盟反倾销新规中的"市场扭曲"制度与中国的应对
　　　…………………………………………………………　胡建国 / 269
B.25　中欧科技创新合作的新亮点与新趋势　……………　张　敏 / 282
B.26　中国-北欧合作及前景展望　………………………　张　蓓 / 294
B.27　中国-中东欧国家合作的趋势与挑战　……………　鞠维伟 / 302

## Ⅵ 附录

**B.28** 2017年欧洲大事记 …………………………………… 牟　薇 / 314

Abstract …………………………………………………………… / 323
Foreword ………………………………………………………… / 326
Contents ………………………………………………………… / 332

# 前　言

程卫东*

近十年来，欧洲遭受了多重危机，欧洲一体化面临着诸多重大考验，英国决定脱欧更是给欧洲一体化事业以重重一击。欧盟何去何从，成为笼罩在欧洲人头上挥之不去的阴影。欧债危机以来，欧洲人一直在探索如何进一步推进欧洲一体化，但未能取得共识。但欧洲人很清楚，对于维持欧洲的国际地位与影响力、欧洲的国际竞争力、欧洲的和平与发展来说，欧洲一体化仍然是首选。但是，要维系欧洲的团结并将欧洲一体化事业继续推进下去，欧盟需要改革，欧洲一体化需要新的方向、新的动力。

在欧洲一体化持续了60年之际，在危机与反思中，欧洲人给出了一体化的新方向：多速欧洲。在2017年3月25日为纪念《罗马条约》签署60周年而召开的欧盟特别峰会上，除英国之外的欧盟27国领导人在意大利首都罗马签署了《罗马宣言》，在重申继续推进欧洲一体化、重申欧洲团结的同时也明确指出，在条约框架下，各成员国可以采取不同的速度和程度朝着同一个方向迈进，首次明确提出了以"多速欧洲"的方式推进欧洲一体化的策略。

10多年前，在分析欧盟宪法条约批准危机时笔者提出，欧洲一体化过程中，欧盟在政府间主义与超国家主义、经济一体化与政治一体化、社会模式的选择等方面都存在着根本性分歧，这些根本性分歧将会比宪法条约批准危机、成员国各自的政治与经济形势等因素对未来欧洲一体化的影响更深

---

\* 程卫东，法学博士，中国社会科学院欧洲研究所研究员。

刻、更长远,并认为未来欧洲一体化的一个现实选择是弹性一体化①,因为在欧盟大框架下,弹性一体化是一种能够容纳共性与差异性的一体化模式,但在弹性一体化模式下,欧盟作为一个整体的力量将会受到削弱。② 这一分析仍适用于"多速欧洲"策略。虽然欧洲领导人为欧洲一体化走出困境找到了"多速欧洲"这一"良方",但是,不论是对于"多速欧洲"这一策略本身,还是在实践中如何实施"多速欧洲"策略,欧盟成员国之间都存在着重大分歧。这表明"多速欧洲"并不是一个令人满意的策略,只是欧盟在多重危机情形下一个比较现实的选择。

无论是"多速欧洲"的一体化路径,还是其他选择,对于欧盟来说,目前最为重要、最需要解决的问题是重建欧洲共识、信心与团结。多重危机对欧洲的最大打击不是危机本身,而是危机导致的疑欧力量的抬头,欧洲一体化的支持力量极大地受到了削弱。欧洲一体化的当务之急是重拾欧洲人的信心和对一体化的支持。为此,既需要欧洲领导人寻找破解困局的方案,同时更重要的是形成支持、引领欧洲一体化的核心力量,在这方面,大国的立场与作为尤为重要。本年度的主题报告试图通过分析法国与德国大选来阐释支持欧洲一体化的社会基础,以及新形势下领导欧洲一体化的核心力量。

2017年欧洲大选,特别是法国与德国大选,为推动欧洲一体化进一步发展奠定了坚实的基础。一方面,经过法、德大选,欧洲一体化自始以来的中坚力量经受住了考验。在法国大选中,法国极右翼力量并未能上台执政,亲欧派的马克龙当选为法国总统;在德国大选中,虽然民粹主义政党德国选择党以得票率第三的成绩进入了联邦议院,新政府组阁一波三折,但是支持欧洲一体化的力量仍然是主流。以法、德为代表的欧洲大选结果表明,支持欧洲一体化的社会基础依然较为坚实。另一方面,新当选的法、德领导人都坚定地支持欧洲一体化,提出了进一步一体化的方案,并在一定程度上相互

---

① 弹性一体化是包括"多速欧洲"在内的更灵活的一体化方式。
② 程卫东:《改革条约与弹性一体化》,《人民日报》2007年12月14日。

支持，新的德法轴心再次重启，成为欧洲一体化新的领导核心。① 但是，德法核心能否发挥应有的作用还有待于观察。马克龙虽然有意重振欧洲，扛起重振欧洲的大旗，而且德国对马克龙的计划也给予了积极的回应，但是，由于德、法有着不同的利益关切，两国的政治生态、经济理念与地缘政治的优先考虑不同，两国关于欧洲一体化方案的分歧也是很明显的，二者之间是和而不同。② 这在一定程度上削弱了法德核心的领导力与影响力。

关于 2017 年欧盟形势，本发展报告从政治、经济、社会与外交四个方面进行了分析。

从政治形势来看，有两个方面的发展特别值得关注：一是从整体上看，大选之年的欧洲政治形势保持平稳，但民粹主义政党的影响力并未减弱，对欧洲传统主流政党的优势地位造成了冲击，欧洲的危机与风险依然存在，很多欧洲国家面临着国内政治与社会分裂的严峻形势，甚至存在着国家分裂的危险（如西班牙）；二是在欧洲一体化方面，除了欧盟确定"多速欧洲"策略及法、德提出欧洲进一步一体化方案外，在具体领域，防务联盟取得初步进展值得关注。③ 防务联盟体现了"多速欧洲"的理念，虽然仍面临着诸多挑战，但是它既具有维护欧洲安全方面的现实意义，同时也具有一定的象征意义，特别是在英国脱欧之际，通过在具有一定政治敏感性的领域开启"多速前进模式"，彰显一个更紧密、更独立的欧洲。④

从经济形势来看，2017 年欧洲经济全面企稳复苏，欧元区经济增长处于 10 年来的最快水平，开启了新一轮复苏进程；欧盟内部贸易规模逐年上升，其份额已处于 10 年来的最高水平。⑤ 在此背景下，欧盟内部的经济失衡问题也有所改观，随着欧盟国家的经济复苏，存在经济失衡的欧盟国家继

---

① 关于法、德大选与欧洲一体化的分析，详见本发展报告两篇主题报告：杨解朴《德国大选与欧盟的未来》和彭姝祎《法国大选与欧洲的复兴》。
② 详见本发展报告两篇主题报告。
③ 详见李靖堃《欧盟政治："大选年"的危机与变革》，载本发展报告"欧盟形势篇"。
④ 详见曹慧《防务联盟：多速下的"欧洲项目"》，载本发展报告"专题报告篇"。
⑤ 详见杨成玉《欧盟经济：全面企稳复苏，对外经贸收紧》，载本发展报告"欧盟形势篇"。

续减少,成员国的经济再平衡取得了一些效果,但是欧盟整体经济失衡的状态尚未从根本上得到改善。①

从社会形势来看,总体上,欧洲的劳动力市场与社会发展呈现出积极态势,但欧洲的社会公平问题日益突出。欧洲很多国家也注意到了这个问题,2017年出台了一些旨在促进社会公平的措施,希望通过社会福利政策改革,以更有效的方式让每个人都能享受经济社会发展的成果。欧洲国家更加强调社会权利,希望通过巩固公民的社会权利增强欧洲认同,这将为欧洲一体化提供更广泛的社会基础。②

在外交方面,2017年欧盟外交政策的主要特点是外交政策的内向化,即欧盟各成员国之间的内部关系是欧盟各国政治人物优先考虑的外交问题,聚焦于欧洲的未来。但在对外关系方面,欧盟与外部世界的关系缺乏突破性进展,甚至出现了一些消极走向。2017年,欧美关系进入二战结束以来最动荡的时期,在价值观、经贸、安全和全球治理等诸多领域都存在很大程度的认知与政策上的分歧;欧俄关系紧张依旧,欧盟首脑会议两次做出延长对俄制裁的决定,欧洲指责俄罗斯干预欧洲一些国家的大选,这些因素使欧俄关系停滞不前。在对其他国家和地区的关系方面,欧盟的成果也十分有限。③

综上所述,总体上看,较过去几年,欧洲的整体形势明显好转,在向积极方向发展。但在不同领域,欧盟也表现出了不同的特点,它更多地关注于内部事务,内部形势趋好,而在外交方面,欧盟推动全球治理与全球合作的动力与影响力有所减弱。

在中欧关系方面,本发展报告认为,2017年中欧关系大局稳中有进,中国与欧盟、成员国及次区域的务实合作进一步巩固与提升,汇聚共识、深化合作成为2017年中欧关系的主题。在中欧关系篇中,本发展报告还特别就德国对"一带一路"倡议的反应、欧盟反倾销新规中的"市场扭曲"制度对中国的影响及其应对、中欧科技创新合作的新亮点与新趋势、中国与北

---

① 详见秦爱华:《欧盟宏观经济失衡评析》,载本发展报告"专题报告篇"。
② 详见张金岭:《欧盟社会局势:重塑稳定的社会基础》,载本发展报告"欧盟形势篇"。
③ 详见赵晨:《欧盟外交:政策内向化》,载本发展报告"欧盟形势篇"。

欧合作与前景以及中国与中东欧国家合作的趋势与挑战进行了专题报告。总体上看，中欧关系在具体领域也都取得了令人瞩目的成就。① 但是，中欧关系中也存在一些问题，特别是欧洲部分国家政要和舆论对中国及中国对欧政策疑虑重重、欧洲贸易与投资保护主义有所加剧、关于中国"市场经济地位"问题的争端仍未妥善解决，以及一些欧洲国家在事关中国核心利益的问题上干涉中国内部事务等。②

除上述内容外，本发展报告还包括了国别与地区篇和专题报告篇。在国别与地区篇，本发展报告分别选取英国脱欧谈判进程及其影响、法国政治生活"道德立法"、意大利"工业4.0"、欧盟在西巴尔干的政策调整以及三海倡议的进展与挑战等几个方面进行了分析。③ 在专题报告篇，本发展报告特别关注了以下几个问题：欧盟在美国退出《巴黎协定》后的气候政策动向、反全球化浪潮在欧洲的新表现、欧洲反恐新动态、欧盟外资安全审查法草案、欧盟"地平线2020"中期评估及前景展望、欧洲"工业4.0"、欧洲资本市场联盟、欧盟宏观经济失衡、欧洲防务联盟等。④

本年度《欧洲发展报告》试图反映欧洲在2017年的整体形势、发生的重大事件、在重要领域的进展、面临的问题与挑战，但是，由于篇幅的限制与认知上的偏好，还有很多重要问题未能顾及。另外也须说明的是，本发展报告中的所有报告仅代表各报告作者的个人观点，不代表任何机构，也不代表本发展报告主编的观点。对于报告中的各种不足之处，诚请各位读者批评指正。

---

① 详见本发展报告"中欧关系篇"。
② 详见赵纪周《中欧关系：汇聚共识，深化合作》，载本发展报告"中欧关系篇"。
③ 详见本发展报告"国别与地区篇"。
④ 详见本发展报告"专题报告篇"。

# 主题报告
## Keynote Reports

# B.1
# 德国大选与欧盟的未来

杨解朴[*]

**摘　要：** 在2017年9月结束的第19届德国联邦议院选举中，两大执政党——联盟党和社民党创下了二战以来的最差成绩，而民粹主义政党——德国选择党以得票率第三的成绩挺进了联邦议院，从而使德国联邦议院的席位首次在六个政党间进行分配。部分民众对现实政治的不满和对社会安全的焦虑、主流政党政策趋同以及全球化和欧洲一体化的负面效应为德国选择党提供了选民基础。这一选举结果导致新政府组阁过程一波三折，最终为了避免重新大选或建立少数派政府带来的政治风险，不得不再次组成大联合政府，但新政府的决策效率将有所下降。

---

[*] 杨解朴，中国社会科学院欧洲研究所副研究员，中国社会科学院中德合作中心主任。

国际环境的变化以及欧盟内部的制度顽疾使欧盟陷入了困境,法国总统马克龙提出了重振欧盟的改革方案,等待新任德国政府的回应。作为欧洲一体化的最大受益者,国家利益决定了德国对欧洲一体化采取坚定的支持态度,积极与法国协同立场,制定改革路线图。但基于国家利益的考虑和国内政治的牵制,德国对有关欧元区改革的问题持谨慎的态度。在德法轴心之外,德国还会激活"魏玛三角"磋商机制,使欧盟成员国的利益代表性更强,同时可以通过波兰平衡法国,避免与法国正面交锋。

**关键词:** 德国大选 德国选择党 欧盟改革 德法轴心 魏玛三角

## 一 2017年德国大选结果凸显出的问题及带来的影响

### (一)大选结果及原因分析

在2017年9月24日结束的第19届德国联邦议院选举中,两大执政党创史上最差成绩,成立仅4年多的德国选择党以得票率第三的成绩挺进联邦议院,打破了二战后从未有民粹主义政党进入联邦议院的纪录,从而使德国联邦议院的709个席位首次在六个政党①间进行分配②。与上一届联邦大选相比,两大执政党——联盟党③和社民党遭遇了严重的选民流失,联盟党支

---

① 在此次德国联邦议院选举中,跨过5%门槛、进入联邦议院的六个政党的得票率分别为:联盟党32.9%,社民党20.5%,左翼党9.2%,绿党8.9%,自民党10.7%,德国选择党12.6%。
② 709个议席的分配情况为:联盟党党团246席,社民党党团153席,德国选择党党团92席,自民党党团80席,左翼党党团69席,联盟90/绿党党团67席,以及2个无党团的议员。
③ 联盟党由基民盟(基督教民主联盟,CDU)及其在巴伐利亚州的姊妹党基社盟(基督教社会联盟,CSU)组成,默克尔任基民盟主席。

持率下滑8.6%，社民党支持率下滑5.2%。与之相对的是，德国选择党支持率激增7.9%；上届大选没能进入联邦议院的右翼政党自民党支持率增长6.0%，重获进入联邦议院的入场券。左翼党和绿党分别取得0.6%和0.5%的增长率，成功保住了德国联邦议院的席位。

根据大选前的民调数据，各方已预测到德国选择党将进入德国联邦议院，但意料之外的是，在德国经济处于2008年金融危机以来的最好时期[1]、失业率降到两德统一以来的最低水平[2]的背景下，两大执政党却收获了1949年以来的最低支持率，原因何在？笔者认为包含以下三个方面的原因。

第一，部分民众对现实政治的不满和对社会安全的焦虑推高了德国选择党的支持率。

在欧洲国家连续遭遇了欧债危机、难民危机、恐怖袭击一系列危机事件后，德国民众对执政党的信任度下降、恐惧感和担忧上升。在南欧国家的救援问题上，一些德国民众对德国政府用本国纳税人的钱为邻居买单感到愤怒，支持德国选择党"反欧元"的政策主张。难民危机爆发后，德国政府的难民安置政策以及向难民提供的待遇引发了部分底层民众的不满，他们认为难民作为福利国家的"局外人"抢占了自己作为"局内人"的利益。德国选择党由于打出抵制宽容的移民和难民政策、反伊斯兰主义的口号，其支持率在难民危机中迅速攀升。近年来，德国发生了多起恐袭事件，恐袭事件往往与难民问题相关联，对政治精英及主流媒体所信奉的"政治正确"造成较大的冲击，这更加强化了部分选民对主流政党的不满。

大选期间一组民调数据可以佐证上述观点：61%的德国选择党的选民支持该党是由于对其他政党感到失望（在此次大选中德国选择党是唯一一个

---

[1] 2017年德国经济增长率为2.2%，2006~2016年，在遭遇金融危机和欧洲危机的背景下，德国经济年平均增长1.3%，数据来源于德国联邦统计局网站，https://www.destatis.de/DE/ZahlenFakten/GesamtwirtschaftUmwelt/VGR/VolkswirtschaftlicheGesamtrechnungen.html;jsessionid=51B5908037BFC4E980CC3C892162D39E.InternetLive2。

[2] 2017年9月德国的失业率为5.5%，数据来源于德国联邦统计局网站，https://www.destatis.de/DE/ZahlenFakten/GesamtwirtschaftUmwelt/Arbeitsmarkt/Erwerbslosigkeit/Tabellen_/arb210.html。

没有发生选民流失的政党,相反,却从其他阵营吸收了378万名选民);70%的民众认为德国社会日益彼此疏离;55%的民众认为联盟党忽视了难民政策给民众带来的忧虑;62%的民众担心未来犯罪行为会急剧增加;38%的民众担心太多的外国人来到德国;79%的民众认为财富没有被公平分配;88%的民众认为联邦政府所实施的政策没有做到真正的公平分配。①

第二,主流政党政策趋同,导致选民希望寻找新面孔、新点子。

二战后,德国社会逐渐形成了中产阶级占多数的橄榄形社会结构。中产阶级的政治取向与旧的社会阶级和阶层不同,他们大多以个人主义为导向,没有明确的代表集体意志的政治主张和阶级认同,通常只是在选举中根据候选人和政党的某些具体政治方案来决定自己的选举行为。在这种背景下,主流政党为了获得选举胜利,在意识形态、竞选主张等方面不断趋中。上届大联合政府执政期间,经常有人批评基民盟更加自由化、社民党转向"新中间道路",两大人民党的纲领日渐趋同,特别是在社会政策、难民政策以及外交政策等方面。各大政党趋中的意识形态虽然吸引了大部分中间选民的支持,却也带来了部分选民对政治的冷漠,甚至厌倦,近似的竞选议题不再能引起他们的兴趣。他们希望寻找新面孔、看到新点子,这也为"标新立异"的政党吸引选民创造了条件。

第三,全球化和欧洲一体化的负面效应为德国选择党提供了选民基础。

全球化和欧洲一体化进程促使德国政治、经济和文化的各个层面都处于一种开放的状态,这种开放既给德国带来了机遇和增长,也带来了问题和矛盾。伴随全球化和欧洲一体化浪潮,产生的是资本和生产的全球流动,德国不可避免地进行产业结构调整和升级,这往往会造成部分行业的从业人员以及低技能劳动者提前退休或长期失业。提前退休和长期失业又会大大提高贫困风险。2016年德国贫困人口比例高达15.7%,2005年这一数据只有5.5%。而65岁以上老人的贫困风险比例则为17.6%,高于欧盟平均值14.7%。② 那些在

---

① https://wahl.tagesschau.de/wahlen/2017-09-24-BT-DE/index.shtml.
② 数据来源于2016年12月德国联邦政府公布的《贫困和富裕状况报告》(第2版)以及欧盟2018年发布的成员国年度国别报告。

全球化和欧洲一体化进程中利益受损的民众,对全球化、欧洲一体化以及外来移民会表现出抵抗和敌视的态度。许多民众认为德国社会的不平等日益加剧,财富没有被公平分配。政府、资方和媒体一直在谈论德国缺少技术劳动力、需要技术移民,却没有合适的工作提供给德国福利国家的"局内人"。当德国选择党打着"反欧元、反对穆斯林难民,保障国家安全与德国主流文化,构建社会福利国家"的竞选口号出现的时候,那些在全球化浪潮和欧洲一体化进程中感到被忽视、被伤害的民众恰好在德国选择党的抗议声中找到了发泄的出口。民调显示,49%的德国选择党选民认为,与其他政党相比,德国选择党更能理解民众的不安全感。

### (二)大选结果带来的政治影响

相对于欧洲其他国家,民粹主义在德国的发展一直是一个特例。而此次大选结果不仅使民粹主义政党成为德国政治决策的重要参与者,同时也使民众与主流政党、主流政党之间以及主流政党内部的矛盾和分歧凸显出来。德国社会的分裂、主流政党的危机、德国的稳定性等成为人们热议的话题。德国选择党的崛起使德国政党格局趋向多元化,达成政治一致性的难度增加。为了挽回失去的选民,主流政党的政策取向会或多或少地受到民粹主义政党的影响,政府在政策制定中会更多地考虑中下层民众的福祉。

第一,组阁过程一波三折,新一届大联合政府是无奈的选择。

从2017年9月24日第19届德国联邦议院选举结束到新政府组成共计171天,为史上历时最长的一次组阁。两大主流政党的衰退以及民粹主义政党的崛起是导致德国新政府组阁出现困难的原因,而最终组成的新一届大联合政府实属无奈的选择。德国大选结果直接导致德国新政府组阁一波三折,历时近6个月。在遭遇史上最惨烈的大选结果后,社民党第一时间宣布成为反对党,拒绝再次组阁。其出发点是从长远打算,试图摆脱联盟党的阴影,为社民党赢得自身建设和发展的空间。社民党的这一决定直接将联盟党、自民党和绿党组成的"牙买加"组合(由于三党代表的颜色为黑、黄、绿,与牙买加国旗的颜色相同,因而得名)推向谈判桌。"牙买加"组合谈判的

难度首先在于三党分属政党谱系的左、中右和右,让自民党和绿党共处同一个屋檐下是很困难的事情,而联盟党中基社盟也与绿党在许多方面分歧明显;其次是联盟党内部,基民盟和基社盟在难民政策、气候政策等方面也存在意见分歧。那么,看似是三个党的谈判,实际上是四个党的角逐。由于意识形态和政治主张相去甚远,三党在进行了4周的试探性谈判后,宣布"牙买加"组合谈判破裂。

为了维护德国内政与外交的稳定,在德国建立了一个具有行动能力的政府,避免重新大选或建立少数派政府给德国带来的政治风险,"牙买加"谈判破裂后,德国总统施泰因迈尔出面说服社民党"回头",重新开启了大联合政府的谈判。两党进行试探性谈判后,达成了初步协议草案。2018年1月21日,社民党在波恩的党代会上以56%的赞成票正式开启了大联合政府的组阁谈判,事实上,以社民党青年团为代表的相当一部分党员坚决反对再次充当联盟党的"小伙伴"。2018年2月7日,大联合政府的组阁协议最终达成。这一组阁协议就内容而言贯彻了社民党的许多政治主张。这是因为社民党代表在谈判中可以利用组阁协议最终需要46万名社民党党员的投票通过作为撒手锏,只有让其党员相信在众多要点上成功贯彻了自己的主张,才可能为组阁协议投出赞成的一票。2018年3月4日,社民党以66%的赞成票通过了组阁协议。

第二,默克尔的权威折损,新政府的决策效率将下降。

执政12年的默克尔曾一度被视为德国和欧洲稳定的保障,西方媒体将她称作"西方世界的领导者"。难民危机以来,默克尔的难民政策遭到了反对党和执政联盟内部的批评和抵制,其民众支持率大幅下降。此次大选过后,默克尔的昔日光环又黯淡了许多。默克尔虽得以连任,但是赢得惨淡、组得尴尬。2017年9月联邦议院大选期间的民调显示,55%的民众认为默克尔领导的基民盟所推行的难民政策忽略了民众的担忧,51%的民众对默克尔继续执政表现出审美疲劳。[①] 2018年3月14日,在原本走过场的总理选

---

① https://wahl.tagesschau.de/wahlen/2017-09-24-BT-DE/umfrage-kandidat.shtml.

举中，默克尔获得364张赞成票，仅超过半数9票。联盟党和社民党议席总数为399个，这样算来联盟党和社民党的议员中至少有35人没有为默克尔投赞成票，这也是默克尔12年来经历的4次总理选举中得票最少的一次。2018年4月5日的一项民调显示，57%的民众认为默克尔作为总理是合格的，40%的民众认为她不合格（而在2014年认为默克尔合格的有75%，认为她不合格的有23%）。①除了在组阁协议的内容上对社民党做出让步外，默克尔还出让重要职位以换取社民党同意组阁（目前社民党重权在握，掌管了包括外交部、财政部、劳动与社会保障部、家庭事务部、司法部和环境部在内的6个部）。默克尔的这种做法在联盟党内遭到了批评，特别是财政部由社民党的副主席奥拉夫·肖尔茨出任部长，而自2009年起，基民盟老将沃尔夫冈·朔伊布勒一直执掌财政部，主导德国和欧盟奉行紧缩财政政策。联盟党成员担心社民党执掌财政部会使德国政府对欧盟"松开钱袋"。

与上届大联合政府相比，此届大联合政府已不是"强势"政府，两大执政党总计拥有56%的议席，而上届大联合政府坐拥80%的议席，执政党的立法多数大打折扣；德国选择党作为第一大反对党在联邦议院获得92个席位，拥有联邦议院预算委员会主席之位，其势必会利用各种机会"围剿"默克尔及其所领导的大联合政府；左翼党、绿党和自民党这三个分属不同政党谱系的政党在联邦议院中也会发挥搅动风云的作用，以上三点势必会给各项政府提案的通过增加难度。另外，出于对自身发展的考虑，在社民党入阁政府后，必定更多地推动有关社会公平和社会公正的左派政策，而默克尔所在的联盟党也会要求默克尔将政策向右转。联盟党和社民党的立场分歧亦会扩大，执政党内部达成意见一致的成本将增加。无论是执政党内部达成一致的成本增加，还是在联邦议院内立法提案通过的难度加大，均会导致此届政府的决策效率下降，行动能力不比从前。

---

① http://www.tagesschau.de/multimedia/bilder/crbilderstrecke-471.html.

## 二 德国新政府如何引领欧盟的未来

在欧洲一体化经历了60余年的发展后,成员国的发展与欧盟的未来已经紧密地联系在了一起。陷入困境的欧盟需要一场变革来改变目前的危机状态,法国总统马克龙雄心勃勃高擎欧盟改革的大旗,力邀德国的支持,等待德国的回应。

### (一)陷入困境的欧盟处于变革的路口

国际环境的变化以及欧盟内部的制度顽疾(市场失灵、治理体制不完善、社会认同缺失)使欧盟陷入了目前的困境:民粹主义崛起、成员国间缺乏团结精神、决策效率低下、经济疲软、欧盟在世界经济和政治中的地位存在下降的风险。面对这一困境,欧洲人对于如何引领欧洲一体化的前途又陷入了左右为难的境地。意大利埃诺迪经济金融研究院教授圭索(Luigi Guiso)和芝加哥大学布斯商学院教授津加莱斯(Luigi Zingales)在他们合作的论文《莫奈的错误?》中将欧洲人对待一体化左右为难的这种焦虑心理形容为:欧洲似乎掉进了一个陷阱,既不想后退,又无兴趣前进,但又因经济代价太大而不能维持现状。①

法国总统马克龙的欧盟改革方案打破了欧洲人对一体化踟蹰不前的状态。马克龙就任法国总统后,提出了重振欧盟的计划,但马克龙深知其改革方案必须得到德国的支持。2017年5月15日,马克龙当选首日旋即访德,在与默克尔的会谈中谈到了欧盟改革计划,当时距离德国大选还有4个多月的时间,默克尔当时就马克龙的改革方案释放的是比较温和的信号。2017年9月26日,在德国大选刚刚结束后,马克龙在法国最古老的高等学府索邦大学面对来自欧洲各地的学生就欧盟改革发表演讲,对欧洲未来数十年的发展方向提出了规划蓝图。马克龙的欧盟改革计划以民主、创新和保护为主

---

① 转引自赵柯《欧洲是否还能重拾"爱的能力"?》,《中国投资参考》2018年4月2日。

旨,可分为安全、国防、环保、农业、移民、经济发展、教育、欧盟机构改革和欧元区改革九个方面。其改革方案的重头戏在经济领域,包括鼓励创新、增强欧洲经济实力;统合欧盟经济政策(协调企业税基、征收金融流通税、设立可调整的最低工资政策),用以改善欧盟内部的经济发展不平衡,并堵塞共同市场的漏洞;实现共同投资,而共同投资源于共同的税收;在欧元区国家设立联合财政部长,制定强有力的统一预算,通过多种手段和工具保证欧元区经济增长,以便有力应对各种经济危机的冲击;敦促欧盟国家接受"多速欧洲"的发展设想;等等。

相较于曾经进行试探性谈判的"牙买加"组合,目前的大联合政府应该是法国总统马克龙更乐见其成的,因为他终于有了一个支持其重启欧盟改革建议的合作伙伴。当时的黑黄绿三党在欧洲政策上存在严重的意见分歧。在有关欧洲未来的发展方向上,对于马克龙提出的有关建立欧元区共同预算、深化欧元区的提议,绿党以及基民盟的部分成员认为是可以考虑的,而自民党对这一提议坚决拒绝。当时马克龙或许未能预料到德国新一届政府组阁一波三折,将近6个月后,德国人才接住他抛出的橄榄枝。

## (二)国家利益决定了德国对待欧洲一体化的态度

尽管德国国内存在反欧元、反欧洲一体化的声音,尽管全球范围内贸易保护主义有所抬头、民族主义有所上升,但是,欧盟内部统一大市场的建立以及统一货币欧元的引入使德国成为欧洲一体化的最大受益者,这决定了德国对欧洲一体化采取坚定的支持态度。2018年是欧盟统一大市场成立25周年,25年间德国经济已经与欧盟统一大市场血脉相连。根据德国贝塔斯曼基金会公布的一项研究结果,自1993年欧盟实现内部四大流通以来,德国每年因内部市场受益370亿欧元,相当于每人每年450欧元,南欧国家的人均年受益明显较低,意大利每人每年受益80欧元,西班牙70欧元,葡萄牙只有20欧元。同时,这一差距还在不断扩大。[①] 欧盟是德国最大的出口市

---

① http://www.mofcom.gov.cn/article/i/dxfw/jlyd/201711/20171102671005.shtml.

场,德国60%的出口产品都销往欧盟,1/6的就业依赖于对欧盟的出口。欧元的引入和欧元区的建立使经济相对弱小的国家失去了依靠汇率调整抗击德国产品的屏障,"德国制造"得以迅速占领欧盟内部市场,德国经济的竞争力迅速提升。2017年底,德国经常性账户盈余占国民生产总值的比例为7.8%,德国对欧盟国家的贸易盈余一直被布鲁塞尔方面所诟病。在当选第四任总理后,默克尔在接受采访时表示,德国对欧盟国家的贸易盈余目前已经出现下降趋势,目前内需成为拉动经济增长的主要动力,并且今后仍会通过扩大内需减少贸易盈余。①

面对美国对外政策的调整、中国的日益强大、俄罗斯政治上一意孤行以及英国脱欧,德国越发强调欧洲需要团结起来应对各种问题和挑战。默克尔在2018年3月21日再次就任总理后首次发表的政府声明中表示:"我们的未来在于整个欧洲的凝聚力,而不是任何一个单独的国家,不是退出,也不是民族主义。只有团结在一起,才能维护我们的主权、我们的利益和我们的价值观。只有团结在一起,才能保证我们的繁荣不是昙花一现。也只有团结在一起,我们才能为世界和平与稳定做出贡献。"② 默克尔在政府声明中还强调,欧洲还需要在外交政策上形成合力,除了与美国和加拿大之间的跨大西洋合作伙伴关系外,这也适用于与中国和俄罗斯的关系。

**(三)德法轴心重振欧洲:和而不同**

在欧洲联合的道路上,欧洲一体化的每一步都离不开德法两国的共同努力。在目前欧盟遭遇多种危机的背景下,德法轴心重振欧洲是必然的选项。但两国有着各自不同的国家利益,在政治生态、经济理念以及地缘政治的优先选项等方面均存在差异,所以在欧盟改革问题上,德法两国存在着分歧。

---

① https://www.bundesregierung.de/Webs/Breg/DE/Mediathek/Einstieg/mediathek_einstieg_podcasts_node.html?id=2332698.
② https://www.bundesregierung.de/Content/DE/Regierungserklaerung/2018/2018-03-22-regierungserklaerung-merkel.html.

新联合政府组阁协议的第一章以"欧洲的新起点"为标题，从"建立一个民主和团结的欧洲"、"建立一个有竞争力和投资吸引力的欧洲"、"建立一个提供机遇和公正的欧洲"、"建立一个负有全球责任的和平的欧洲"四个方面阐释了欧盟改革的重要性。虽然在组阁协议中有关欧洲问题的声明大多是原则性的，如确认加大对欧盟预算的投入、推动防务一体化建设、逐步接纳西巴尔干国家入盟等，多为无争议的既有方针重申，但总算是对马克龙提出的欧盟改革方案给出了积极的回应。默克尔第四次连任后，依照传统首访法国，与法国总统马克龙进行了长达3个小时的工作会谈，进一步推进欧洲一体化建设是德法领导人会谈的核心议题。默克尔和马克龙一致承诺将协调立场，在6月底召开欧盟峰会前拿出一份欧盟改革的路线图。

目前，德法两国最大的分歧点依然是欧元区改革问题。德国在欧元区改革问题上持谨慎态度，是源于其国家利益的考量，并且受到国内政治因素的牵制。马克龙的欧元区改革方案希望设立共同的欧元区预算和欧盟财长，默克尔虽曾表示可以考虑，但内心始终存有疑虑，担心欧元区预算就是欧元债券和债务共担的变种。这也就意味着德国人需要花费巨额资金为穷邻居买单，这将触碰德国国家利益的红线。亲欧的社民党财长肖尔茨上任后在接受采访时表示德国不能将自己的经济政策强加于欧元区其他国家，社民党将支持稳健财政政策，但会保留朔伊布勒"收支平衡的预算政策"，然而没有对设立欧元区预算给出明确的表态。因为如果设立欧元区预算就意味着共享信用、共发债券，甚至为重债国买单的话，是德国民众不能接受的。

反欧元的德国选择党进入联邦议院后，其抗议党的性质短期内不会发生改变，会在联邦议院政策制定的过程中，按照自身的政治主张对政策制定形成掣肘。由此，会迫使新一届政府在国内事务上投入更多的精力，在欧洲政策上会更加顾及德国的利益，从一定程度上限制了欧盟内部共识的达成与集体行动的能力。德国两大执政党刚刚创下历史最差成绩，深知对现实政治不满的选民的利益诉求。默克尔一向行事谨慎，特别是在目前的形势下，对于欧元区改革问题，默克尔必定会稳扎稳打、谨慎行事。在一体化事务上表现积极的社民党虽然占据了财政部和外交部这两个制定欧洲政策的要职，但德

国的国家利益仍应是其制定欧洲政策的基石。另外，两大执政党在推动一体化的具体政策上也存在理念差异，需进一步协调，这也会促使德国的欧洲政策缓慢前行。

### （四）激活"魏玛三角"磋商机制：为欧洲注入活力

近年来，德国与中东欧国家之间产生了一些矛盾和分歧，比如在欧盟难民配额分摊问题上、在中东欧国家司法改革问题上等。本届德国政府的组阁协议中多次提到了波兰：德国希望与波兰修复双边关系，对欧洲的未来共同承担责任，并且提出在"魏玛三角"磋商机制中强化与法国和波兰的合作。默克尔开启第四任期后，将第二站出访选择了波兰，2018年3月19日在与波兰总理莫拉维茨基会谈时，默克尔强调要将组阁协议落到实处，愿与波兰一道激活"魏玛三角"磋商机制，为欧洲注入活力①。

"魏玛三角"是德国、法国和波兰三国在1991年8月建立的三国外长定期会晤机制，这一机制是在当时德国外长根舍的提议下建立的。当时的时代背景是：苏联解体，冷战结束，德国刚刚完成统一，维谢格拉德集团成立，欧共体（欧盟）面临东扩。此时欧共体国家内部的关系、欧共体国家与中东欧国家的关系变得有些微妙。尽管动机不同，但德、法、波三国外长一致认为三国对欧洲内的睦邻关系和未来架构承担着关键性责任。因此，德国提议成立的"魏玛三角"是一个为了"消除猜忌和建立平衡"而搭建的战略平台。此后，在波兰的推动下，这一机制升级为峰会形式。欧盟东扩后，德国地缘政治的地位加强，在欧盟中的领导角色凸显，对于德国而言，"魏玛三角"磋商机制的现实需求下降；2004年波兰加入欧盟后，"魏玛三角"这一战略平台也不再被华沙所重视；随着中东欧国家的入盟，法国最初加入"魏玛三角"掌控德国在东欧的动向的动机也已经弱化。在此后的欧洲一体化发展过程中，当三国发生严重的意见分歧或欧盟遭遇危机时，

---

① https://www.bundesregierung.de/Content/DE/Reiseberichte/2018-03-16-antrittsbesuch-merkel-warschau.html?nn=392768.

"魏玛三角"也曾有过重启。

此次德国重提激活"魏玛三角"磋商机制，一方面有需要借重波兰联合中东欧国家实现欧盟改革的考虑，另一方面应该也有通过华沙平衡德国与马克龙改革方案中的分歧点，避免与法国发生直接的矛盾和冲突的考虑。波兰与法国对欧盟未来发展的设想不尽相同，波兰外长说波兰"不是深化欧元的拥趸，也不是保护主义的粉丝"。

从地缘政治的意义来看，"魏玛三角"磋商机制对于解决目前欧盟面临的问题存在优势，三个国家的人口相加有 1.8 亿，德国位于欧洲大陆的中央，是传统的西欧国家的代表；法国在地理上分属西欧，但与南欧国家在许多政策主张上相近；波兰则是东欧国家的代表。对于德国而言，在"魏玛三角"磋商机制下，三国的共同磋商可以使欧盟成员国的利益代表性更强，同时可以通过波兰平衡法国，避免与法国正面交锋。另外，在德法轴心的基础上使用"魏玛三角"磋商机制还能够提升德国在欧盟的领导地位。但"魏玛三角"这一磋商机制能否激活，并且在今后的欧洲一体化道路上能否发挥长期作用，一方面取决于法国的态度，因为德国和波兰对激活这一机制的必要性给予了充分的肯定，而法国方面却没有明确的回应；另一方面也取决于德法波三国是否能够克服各自利益固化的藩篱，放眼长远，将这一机制发展为长效机制。

# B.2
# 法国大选与欧洲的复兴

彭姝祎*

**摘　要：** 2017年4~6月，法国先后举行了总统和立法选举，选举结果深刻改变了在法国政坛持续了近半个世纪的、左右两大派轮流执政的两极对立格局。法国就此从两党独大时代进入了一个左翼、右翼、中间派、极右翼和极左翼并存的，政党多元化和碎片化的新时代，各政治力量的消长博弈仍有待观察。马克龙上台后扛起了振兴欧盟的大旗，欲通过复兴法德这一对传统"轴心"复兴欧洲，并提出了建设"多速欧洲"、改革欧元区、建设"保护性欧洲"等政策建议。但在复兴欧洲的共识之下，法德两国由于国家利益不同等因素而存在一定的分歧，新老欧洲之间也存在分歧。各方需加强沟通、扩大共识，从而化挑战为机遇。

**关键词：** 法国大选　欧洲振兴　法德轴心

2017年4月至6月，法国先后进行了总统和立法选举①，结果出乎所有

---

\* 彭姝祎，博士，中国社会科学院欧洲研究所研究员。
① 总统大选首轮投票的结果如下：马克龙和极右势力国民阵线候选人玛丽娜·勒庞分别以24.01%和21.3%的得票率战胜其他候选人，进入第二轮投票。中右翼共和党候选人弗朗索瓦·菲永（20.01%）和极左翼"不屈的法兰西"运动候选人让-吕克·梅朗雄（19.58%）分列第三、第四名。执政的社会党的得票率只有6.36%，在第二轮投票中，马克龙以超65%的得票率战胜勒庞，当选新一届法国总统。

人的意料：左右两大主流政党——执政的左翼社会党和在野的共和党在总统选举的首轮投票中就双双出局。最终从社会党脱离出来、创建了"共和前进运动"（后更名为"共和国前进运动"）的独立候选人艾曼努尔·马克龙当选为新一届法国总统。在随后的立法选举中，"共和国前进运动"一鼓作气，和结盟的"民主运动"共拿下577个议席中的350席（"共和国前进运动"自身获得308席），组成了有稳定多数派支持的强政府。

2017年度的选举结果在法兰西第五共和国史上是没有先例的，它对欧洲一体化也将产生深远的影响。

## 一　大选历史性改写了法国的政治生态

### （一）左右翼两大党出现颓势，全部出局

2017年法国选举最大的特点在于，轮流执政法国近半个世纪的左右两大政党——社会党和共和党悉数出局。两大主流政党的颓势从预选阶段就开始了——共和党前总统萨科齐、前总理朱佩以及社会党前总理瓦尔斯等几位被普遍看好、有实力问鼎总统宝座的政界要人在初选阶段就纷纷爆冷出局；之后两党的正式候选人阿蒙（社会党）和菲永（共和党）在总统大选第一轮投票中就遭到淘汰，最终使两个非主流政党进入对决，这在法兰西第五共和国史上尚属首次！两大党在第一轮投票中总共只获得26%的选票[①]，破了历史最低纪录，其中社会党只获得6.36%的选票，破了该党参选以来的最低纪录。在接下来的立法选举中，社会党只夺得29席，从执政党旁落为边缘小党。共和党尽管好一些（113席），也远低于赢得多数席位、与"共和国前进运动"共治的预期。

模糊了与右翼的分野、党内由于路线之争而发生分裂、执政不力等是社

---

① "C'est indéniablement un bouleversement du paysage politique", *Le Monde*, 24.04.2017, http://www.lemonde.fr/election-presidentielle-2017/article/2017/04/24/c-est-indeniablement-un-bouleversement-du-paysage-politique_5116531_4854003.html.

会党"塌方式"溃败的主要原因。法国社会党最初是工人阶级政党,代表中下层民众的利益,反对市场至上,主张通过国家干预向弱势群体倾斜,保障社会公正。它和捍卫资产阶级利益,信奉等级、秩序和经济自由主义的共和党形成对立。两党作为对方的替代选择,在轮流执政的过程中实现着对各自的纠偏,但是这第一点正在被社会党打破。其原因在于随着全球化的发展和随之而来的法国经济、社会结构的变动,传统的产业工人阶级日渐萎缩,中间阶层逐步壮大,社会党为争取更多的中间派选民,逐步抛弃了作为选民基础的工人阶级。同时,在日益激烈的全球竞争面前,为了提高法国的竞争力、削减巨额财政赤字、提振法国经济等,社会党不断推出放松市场管制、削减福利等带有新自由主义色彩的政策,在公平和效率之间不断向后者倾斜,削弱了对在全球竞争中处于劣势的本国劳工的保护,政治辨识度越来越低,和右翼的区别基本上只体现在是赞同还是反对同性恋婚姻等无关痛痒的问题上。正如圣－马力(Jérôme Sainte-Mari)根据多年的民调结果所指出的:"20 世纪,一左一右的分野在本质上架构了欧洲的政治生活……但是随着时间的推移,我们惊讶地发现,虽然(左与右的)意识形态在表面上是对立的,但内容已经发生变化。尽管左右的主流政党成功说服民众相信它们在主要问题上是冲突的,致使该分野还勉强维持着,但问题在于,今天法国的民意却日益感觉它们在本质上是一致的,只在次要问题上争论不休,国家领袖的快速交替加剧了这种失望,因为现实中施行的公共政策差异看起来很小,其结果是令人失望的。"① 穆聂(Emmanuel Mounier)则直截了当地指出,左右对立在现实中已经死亡。② 在 2012 年的总统大选中,尚有 58% 的工人阶级投票给社会党,如今他们纷纷抛弃了它。

随着社会党在经济政策上向右靠拢,党内出现了激烈的路线之争并分裂

---

① Jérôme Sainte-Marie, "En 2017 le clivage droite-gauche laissera la place au clivage peuple-élite", *Lefigaro*, 2015/08/28, http://www.lefigaro.fr/vox/politique/2015/08/28/31001 - 20150828 ARTFIG00215 - jerome - sainte - marie - en - 2017 - le - clivage - droite - gauche - laissera - la - place - au - clivage - peuple - elite.php.
② Op. cit. .

为两大阵营——激进派和改革派。激进派是左翼中的左翼,坚守社会党的传统理念,坚持把社会公正放在第一位,激烈批评右翼的经济自由主义,社会党总统候选人阿蒙就是典型代表。改革派是左翼中的右翼,倡导带有自由主义色彩的经济社会改革,在具体的政策主张上和右翼几乎没有本质性区别,以总理瓦尔斯和经济部部长马克龙为代表。马克龙脱离社会党另立山头后,党内一批改革派骨干分子纷纷抛弃社会党投奔马克龙。社会党选民也纷纷分化流失——偏右的选民转去支持马克龙,偏左的选民则去支持更左更激进的左翼民粹主义者梅郎雄。

右翼出局,其直接原因是候选人菲永遭遇了"空饷门"。[①] 不过尽管"空饷门"事件属于意外,但其中所暴露出的政客任人唯亲、营私舞弊、口是心非等问题不仅重挫了一向以清廉形象示人的菲永的公信力,而且似乎正好验证了民粹主义分子所抨击的腐朽的旧制度的贪婪虚伪。另外,右翼内部也早已形不成合力,在一些议题上存在重大分歧,大致可分为强硬/温和或保守/进步两派:前者以萨科齐为代表,在道德、文化和社会理念层面奉行并维护传统的基督教价值观,特别是,为了与极右政党国民阵线争夺选民而右倾,强调身份认同,对移民持强硬态度;在此次大选中,为争取极右翼的选民,菲永也表现出了同样的右倾姿态,强调移民的身份认同问题。另一派以人民运动联盟(共和党的前身)创始人、前总理朱佩为代表,反对右翼在身份认同上的"极右化",转而提出了"幸福的身份认同"(identité heureuse)观,对多元文化持开放和宽容态度。右翼的撕裂同样导致了选民的分流。

概括而言,左右翼两大政党轮流执政已了无新意,再加上政客的贪腐诚信等问题,加剧了选民对他们的失望与排斥。

---

[①] 大选前夕,法国媒体突然曝光菲永在担任国民议会议员期间,其妻子和儿子以助手的名义吃"空饷",总额约合90万欧元。消息一出舆论哗然,尽管菲永极力否认指控,指出这是政敌为阻止其当选的蓄意陷害,并一再声明妻儿"领薪"是事实,而且确实是作为助手工作而非"空饷",但于事无补,本来夺冠呼声很高的菲永的支持率应声大跌,并被司法机关立案调查。

### （二）左右翼民粹主义并驾齐驱

在2017年的大选中，民粹主义势力尽管没有像事前人们普遍担心的那样上台执政，但仍然不容小觑，不仅右翼民粹主义——勒庞领导的国民阵线继续升温，左翼民粹主义——梅朗雄领导的"不屈的法兰西"也异军突起。国民阵线近些年在法国一直呈上升态势，在2012年的立法选举、2014年的地方选举和欧洲议会选举中均取得了不俗的成绩，从边缘小党一跃成为法国第三大党。在2017年选举中，该党延续了这一态势，在总统大选第一轮投票中不仅淘汰了社会党，还淘汰了共和党，"毫无悬念"地进入第二轮投票①，民意支持率稳定在25%左右。在第二轮投票中，尽管受到抵制，但该党仍获得34%的选票。在立法选举中，国民阵线以8个席位的成绩获得历史性突破。极左翼后来居上，在首轮投票中把社会党远远甩在后面，和共和党几乎不分伯仲，在立法选举中获得17席！此外，立法选举两轮投票的弃权率达到创纪录的50%~60%，刷新了自1848年以来的立法选举纪录。而统计表明，投弃权票的选民集中在极左和极右翼②，这从侧面证明了民粹主义思潮的强大，只是法国的立法选举规则于小党不利，使之在议会中的代表性远低于实际影响力。

左右两派民粹主义的主要特点是都宣称代表"人民"反精英、反体制、反欧盟，但两者的出发点不尽相同。勒庞的出发点是"移民"，她把"移民"归结为法国所有不幸的根源：移民抢了法国人的饭碗，由于宗教信仰与文化差异融不进法国社会，威胁到法兰西的民族和文化纯洁性，带来严重的治安乃至安全问题。而移民是由精英推动的全球化和欧洲一体化的结果，所以要反全球化、反欧盟、反移民、反精英，因此右翼民粹主义是一种民族民粹主义。梅朗雄的民粹主义是社会民粹主义，他代表社会中下层反对以金融寡头和政治精英为代表的社会上层，抨击贫富分化，号召推翻金融权贵和

---

① 在2002年的总统大选中，国民阵线也曾进入第二轮投票，但属于"意外"，在当时曾引起轰动。此次进入第二轮投票则是毫无悬念，和上次有着实质性的不同。而且首轮投票才是民意的真实反映。
② 两者的弃权率分别为58%和55%。

已沦为"总统君主制"的第五共和国，建立有更多直接民主元素的第六共和国。梅郎雄和勒庞都质疑欧盟，但勒庞质疑欧盟的出发点是"本土主义"——指责欧盟作为超国家侵犯了民族国家的利益并号召退欧；梅郎雄则从反对新自由主义的角度出发，质疑欧盟的紧缩政策和新自由主义路线，号召就一体化的方式重新谈判，改造欧盟，使之兼顾社会公正，改造不成就退出。概括而言，在代表"人民"反精英、反体制、反欧盟的共同点下，右翼民粹主义主要是代表法国人反移民；左翼民粹主义主要是代表社会中下层反权贵，大致和法国共产党的传统主张相吻合。选民的地理分布反映了这种不同。统计表明，勒庞的选民主要集中在法国北部企业外迁最多导致失业严重的老工业基地、移民集中的南部地中海沿岸和被全球化遗忘的偏远乡村；梅郎雄的支持者则集中在以巴黎为代表的大城市的中下阶层。反之，勒庞在大城市的支持率相当低，在巴黎不到5%。

左右翼民粹主义产生的根本原因都在于全球化和欧洲一体化给法国社会与经济环境带来的巨大变化以及主流政党的应对不力。全球化和欧洲一体化带来了日益开放的市场和残酷的国际竞争，越来越多的社会群体被卷入竞争并被边缘化（如难以就业或失业等）或相对边缘化（收入减少、社会等级下降等），沦为全球化和欧洲一体化的所谓"输家"，与被他们视作全球化和欧洲一体化推手和获益者的精英在经济地位、社会身份等方面的差距不断扩大，这直接激发了他们对欧盟、精英和体制的不满，近几年的难民危机和恐怖主义又起了推波助澜的作用。左翼民粹主义的突然发力还与社会党的右倾直接相关。左翼的右倾导致了传统左翼选民的强烈不满，致使他们在社会党初选阶段选择了激进派阿蒙。当在正式选举中遇到更左更激进的梅郎雄时，他们便抛弃阿蒙而去支持梅郎雄。大选结果表明了这点——梅郎雄分流了阿蒙近一半的选票。

概括而言，无论是左翼还是右翼选民，有相当一部分已经无法在传统的左右翼政党框架下找到利益代言和庇护，因此转而去拥戴声称代表"人民"的民粹主义势力。不过尽管民粹主义声势浩大，但拿不出具有说服力的治国纲略，只破而不会立，且有些观点相当危险，挑战了法兰西第五共和国的底线，因此离执政尚有距离。

### (三)中间派新兴政治力量趁机崛起

主流政党的溃败和民粹主义的上升给走中间道路的马克龙提供了良机。左右两大主流政党分野的淡化和分裂为马克龙广泛吸收从中左到中右的力量,形成新的中间力量铺平了道路。马克龙声称抛弃了左右分野,非左非右,实则是兼收并蓄,本着务实的态度,选择性地吸收了左右双方的理念,其社会政策主张和理念带有鲜明的左翼色彩,如取消低收入者的居住税、在国民身份问题上持开放态度等;在经济政策上则走自由主义路线,如削减公共开支、为企业减负、提高竞争力等,因此能够吸引各个派别的选民。两大民粹主义势力的"出色"表现又在客观上为他的当选创造了千载难逢的契机。因为经过半个多世纪的发展演变,法国的社会构成日趋多样化,中间阶层占比庞大,劳资两极相对较小,形成了中间大、两头小的橄榄形社会,民众的政治诉求也随之多样化、中间化,不再囿于非左即右、非友即敌的机械对立,在某些领域(比如社会)认同左翼、在另一些领域(比如经济)认同右翼的选民日趋增多。打破意识形态的窠臼、提出中间路线的马克龙无疑顺应了这种需求。但此前由于传统左右两派力量的强大,中间派几乎没有出头的机会。而此次选举中,梅郎雄和勒庞分流了社会党和共和党的选票,把两党阻止在第二轮投票之外,为马克龙问鼎总统创造了良机——中右和中左翼的选民在第二轮投票中纷纷投到马克龙旗下。

概言之,传统左右翼的危机与衰退、左右两股民粹主义势力的上升以及马克龙务实、灵活的革新者形象共同造就了他的成功。

### (四)大选深刻改写了法国的政治格局

法国大选深刻改写了法国的政治格局。大选结果表明,在法国政坛持续了近半个世纪、左右两大传统政治力量轮流执政的两极对立格局宣告结束,法国的政治生态出现了史无前例的"革命性"转折,法国政坛从此进入了解构和重构阶段。

在两轮多数制的总统选举机制下,法兰西第五共和国逐渐形成了两极多党、轮流执政的格局。左翼阵营以社会党为首，右翼阵营以共和党为首。除去2002年极右政党国民阵线意外进入大选第二轮投票外，始终是这两大党进入第二轮投票、对决总统，胜者组阁。而社会党和共和党在2017年选举中的失利彻底打破了这一格局。第一轮投票结束后，除社会党远远落后外，传统右翼、新中间派、左右两派民粹主义的得票率相当接近，呈现出四足鼎立的格局。议会选举后社会党进一步受挫，党内要员纷纷投奔马克龙，在议会中沦落为边缘小党。共和党在选举失利后裂痕加剧，围绕在议会中是支持马克龙还是唱对台戏的问题分裂为合作派和反对派。在马克龙吸收了部分共和党要员入阁并将他们任命为总理和部长（经济部长等）等要职后，共和党的裂痕进一步加剧。2017年底，共和党选举出新一任主席朗罗·沃基耶，42岁的沃基耶属于党内激进派，在身份认同、欧洲一体化等议题上持保守态度，他的当选进一步激化了党内原有的矛盾和分歧。

在两大党焦头烂额的同时，"共和国前进运动"则表现出了不错的发展势头。此前人们一度担心年轻的马克龙总统及其只有一年党龄的"共和国前进运动"经验少、根基浅，缺乏传统政党在长期的政治生涯中逐步形成的严谨的组织、完整的结构以及在地方政坛的有力根基，难逃"上台容易执政难"的宿命。不过至少截至目前，这些担心并未发生。马克龙当政半年多来，以令人耳目一新的方式在内政外交上都有不俗的表现，如在组阁时抛弃意识形态分野、注重左中右平衡；在议会中广泛招贤纳士、不拘一格起用新人；治理腐败；坚决推进《劳动法》改革等。尽管在出台《劳动法》期间民意支持率有过下跌，但此后又逐步回升，2018年1月18日的民调表明，其支持率高达59%[①]，与当年社会党总统奥朗德在执政半年后支持率便持续下跌直至跌破底线形成了鲜明的对比。

综上可见，法国正从此前的两党独大时代进入一个政治多元化但同时也具有诸多不确定性的时代。"共和国前进运动"起步良好，若照此势头发展

---

① 2018年1月18日的民调表明，马克龙的民意支持率高达59%。详见http://www.lepoint.fr/politique/sondage-la-popularite-de-macron-grimpe-philippe-recule-18-01-2018-2187724_20.php。

下去，有效解决事关国计民生的经济复苏等难题，则有希望进一步夯实民意基础，逐步发展成稳定的一极，成为传统左右翼之外另一种可行的替代选择。反之，如果在未来4年的执政生涯中治国无方或遭遇重大挫折，该党也有可能失去民心，成为昙花一现的流星。共和党尽管分裂严重，但仍然有较为稳定的民意基础——菲永在"空饷门"后仍获得20%的选票，新的党主席正在着手治理党内的路线纷争，设法克服分裂和危机。法国的政治、经济、社会等问题积重难返，不会随着新政府的上台得到立竿见影的解决，民粹主义的土壤仍然存在，故左右两股民粹主义势力不会随着大选的结束而偃旗息鼓，遇到合适的气候随时都会卷土重来。此外，对于整个欧洲而言，民粹主义都将是长期的挑战。相比较而言，社会党的危机最为深重，甚至不少人放言"社会党已死"。不过社会党在地方上仍然有一定的根基，这个在历史上经历过起死回生的百年老党，如果能够汲取教训，及时改革，也仍有机会浴火重生。此外，法国社会党的危机并非个案，而是在欧洲范围内普遍存在。在全球化和欧洲一体化背景下，如何兼顾公平与效率、调和理想与现实、平衡普世的人道主义和当下的国家利益，是西欧左翼面临的普遍挑战。在社会党的危机背后，是其深刻的身份危机，"我们是谁"？"应该怎么做"？"和右翼的区别在哪里"？这些基本命题值得欧洲左翼共同思考，在理论层面推陈出新。

概言之，大选后法国的政治格局发生了前所未有的深刻改变，从两党独大的时代进入了一个左翼、右翼、中间派、极右翼和极左翼并存的时代，各政治力量如何消长博弈仍有待观察。选举结果同时表明，左右对立的传统在全新的时代背景下，正在让位于新的对立。疑欧/亲欧、民众/精英、进步/保守、开放/封闭、民族主义/世界主义等新的对立正在取代左右对立，重新架构法国乃至欧洲的政治生活。

## 二 马克龙挑起重振欧洲的大旗：机遇与挑战并存

### （一）马克龙挑起复兴欧洲的大旗

从欧盟范围内来看，法国大选带来了两大好消息：首先，极右势力并未如选举前人们普遍担心的那样上台执政，这让整个欧洲长出了一口气；其次，马克龙作为亲欧派总统提出了新的欧洲振兴蓝图，扛起了重振欧洲的大旗。

法国作为欧盟的创始国和核心成员，曾长期和德国并列为欧盟的发动机和火车头。但随着法德两国力量特别是经济实力对比的变化，法国逐步丧失了核心领导地位，德国成为事实上的欧洲领袖。马克龙是法国总统选举候选人中最为亲欧的一个，在竞选中就表现出了坚定的亲欧立场。而且英国脱欧使欧盟的"三驾马车"少了一驾，凸显了法德两国的重要作用，这为法国重启法德轴心创造了契机。

马克龙的欧洲振兴计划同时事关法国的振兴。自二战后法国失去一流大国地位以来，法国的复兴和欧洲的复兴就变得相辅相成、互为前提。欧盟的复兴离不开法国的领导作用。反之，法国只有以强大的欧盟为依托和保障，方能复兴大国地位并发挥大国作用。在法国左右翼民粹主义都十分强大的背景下，欧盟的前景对法国国内的政治生态有着直接的影响。欧洲改革如果失败，法国国内的民粹主义势力会继续膨胀并带来难以预料的负面后果。有鉴于此，年轻、有雄心和魄力的马克龙一上台就举起了振兴欧盟的大旗，将推进欧洲改革列为5年任期内的重中之重，针对欧盟目前面临的难民危机、恐怖主义、民粹主义等多重危机，他明确提出通过振兴法德轴心振兴欧盟。笔者把其计划的核心内容大致归纳如下。①

## （二）马克龙的欧洲复兴计划

第一，支持建设"多速欧洲"，允许部分成员国在个别领域先行一步，在小范围内建设小而强劲的联盟，甚至提议率先彻底整合法德两国的市场。第二，针对此前严重的债务危机，建议改革欧元区，建设统一的、更加强有力的共同预算，建立欧元区议会和财长，逐步实现财政联盟。第三，针对在难民危机、恐怖主义以及包括法国在内的部分欧洲国家在全球竞争中处于相

---

① 最全面的阐述见马克龙于2017年9月27日在索邦大学的《重塑欧洲》演讲。

对劣势等因素的影响下，欧洲民众恐欧、疑欧、反欧情绪的蔓延，以及由此滋生的不断上升的民粹主义——法国、德国和北欧等国家的民粹主义政党纷纷进入议会，提出建设所谓的"保护性欧洲"，即能够保护欧洲人利益的欧洲，改变此前欧洲一体化在欧洲人眼中未给他们提供充分"保护"、成为不幸之源的印象，保护欧盟的竞争力并遏制民粹主义。在"保护性欧洲"的口号下，马克龙倡议加大反倾销力度；对投资进行监管审查，从而保护欧洲的战略产业；整合欧洲"社会"，在欧洲市场奉行"同工同酬"，杜绝社会倾销等。第四，为了应对由于恐怖主义、美国在特朗普当政后对欧洲防务的保障发生松动等因素而导致的内外两方面的安全压力，提议加强欧洲的防务建设。第五，针对欧盟的民主赤字问题，倡议改革欧盟机构，加强欧洲议会的代表性等。概言之，马克龙的最终目标是在2024年建成一个可比肩美国和中国的强大欧洲。

### （三）法国版欧洲复兴计划面临的主要挑战

马克龙的"法国版"欧洲复兴计划是雄心勃勃的，对提振民众对欧洲一体化的信心有着积极的促进作用。但不容忽视的是，在该计划的具体建议之下隐藏着成员国之间的利益分歧，因此它在现实中面临着不小的挑战，实现起来并非易事。

首先，马克龙的欧洲复兴计划以法德联合为前提，这意味着必须有德国的大力支持，否则便是纸上谈兵。涉险连任的默克尔由于民意支持率的下降，也需要法国的支持，因此对马克龙的计划给予了积极回应。遗憾的是，默克尔的组阁危机使马克龙的计划迟迟难以付诸实施，这迫使马克龙不断致电亲欧派的社民党主席舒尔茨，督促他从欧洲大局出发，和默克尔组建大联合政府。最终大联合政府经过艰难谈判诞生。德国也明确表示，要和法国一起振兴欧盟，并把欧洲建设写进了《联合执政协议的》第一章，这对启动欧洲振兴计划是个利好消息。不过尽管如此，鉴于德法双方有着不同的利益关切，分歧仍然是在所难免的，如马克龙关于财政联盟的主张意味着德国要投入大量资金，而德国政府则要首先考虑本国民众的利益以及包括民粹主义势力等在内的议会反对派的阻力,因此恐怕难以随心所欲地拿德国纳税人的钱去资助"友邦",否则有可能像此前的难民问题一样遭遇激烈反对。如自民党主席林德(Lindner)就指出:"马克龙关于欧元区预算的设想,即用于帮助法国解决公债问题或帮意大利擦屁股的钱对德国意味着 600 亿欧元,这对于德国而言是不可触碰的红线。"① 该党在联邦议院有 80 个议席,它的反对不容忽视。默克尔在赞同马克龙的计划、声称"法德两国有着广泛共识"的同时也谨慎指出,"显然我们还需要就细节问题进行商谈"。② 仍以共同预算为例,在马克龙的计划中,共同预算应发挥类似成员国财政预算的作用,用于欧元区内的转移支付。但在德国的设想中,该预算的规模、征收方式和用途都有所不同。特别是它不会相当于普遍意义上的转移支付,而是用于奖励按照德国的主张施行紧缩性结构改革的国家。在欧元区共同财长的人选、权限等问题上,法德两国也存在分歧。此外,法国倾向于优先改善南欧的财政状况,而南欧并不是德国的重心。换言之,如何平衡欧洲利益和国家利益的难题导致德国不可能无条件地支持马克龙的主张。两国还需进一步协调立场,扩大共识。在 2018 年 3 月的会晤中,默克尔和马克龙承诺在 6 月底欧洲理事会召开之前拿出一份改革路线图,就欧元区的改革问题达成一致。

其次,"多速欧洲"的主张引起了担心被边缘化的波兰等中东欧国家的警惕和反对。波兰总统杜达在克雷尼察经济论坛上就明确指出,"如果欧盟正式分裂为多速联盟,让有更大发展和决策能力的国家先行一步,由这些国家正式决定其他国家的命运,那么它将失去吸引力","欧洲应该是由自由和平等的国家组成的联盟,如果做不到这点,那么'英国脱欧'将会再度上演并导致欧盟解体"③。"保护性欧洲"的主张带有明显的保护主义色彩,将对中东欧国家的人员流动和竞争力带来负面影响,同样也引起了波兰等国

---

① "Europe:Non, l'Allemagne ne《soutient pas pleinement》les propositions de Macron", *20 minutes*, 05/10/17, https://www.20minutes.fr/monde/2145695 - 20171005 - europe - non - allemagne - soutient - pleinement - propositions - macron.
② "Merkel:Un large consensus entre la France et l'Allemagne", *L'Echo*, 29 Septembre 2017.
③ "La Pologne ne veut pas d'une Europe à plusieurs vitesses", *Ouest france*, 06/09/2017.

的不满。在加强共同防务问题上,波兰和巴尔干国家与南欧国家的关切显然也不完全一致。概言之,马克龙的欧洲复兴计划会在一定程度上加剧新老欧洲(西欧和东欧)由于利益与价值观等因素而隐含的潜在分歧和对立,实现起来面临不小的阻力,弄不好会导致欧洲的分裂。

至于欧盟机构改革,由于涉及修宪,即欧盟27个成员国的一致同意,因此也是个十分复杂的问题。

# 欧盟形势篇

## The European Union

## B.3 欧盟政治:"大选年"的危机与变革

李靖堃*

**摘　要：** 2017年对欧盟政治的未来发展具有重要意义。2017年既是名副其实的"大选年",包括德国、法国、英国三个传统大国在内的多个欧洲国家均举行了大选,也是欧洲一体化第二个60年的开局之年。从各国的选举结果来看,2017年欧洲政局总体保持稳定,但民粹政党的影响力并未减弱,对传统主流政党的优势地位造成了严重冲击。除此之外,欧洲各国政府还面临着其他诸多政治与社会挑战。从政治一体化的角度来看,英国脱欧公投后尽管欧盟和成员国提出了多项改革方案,但进展有限,欧盟未来的发展方向仍有待明确。不过,欧洲防务联盟取得了初步进展,有望成为一体化向前推进的突破口。

**关键词：** 大选年　民粹政党　防务联盟

---

\* 李靖堃,法学博士,中国社会科学院欧洲研究所研究员、欧洲政治研究室主任。

## 一 "大选年"的欧洲国家：危机和风险依然存在

2017年被称为欧洲的"超级大选年"，包括德国、法国、英国三个传统大国在内共有7个欧洲国家举行了大选。这些国家的大选结果表明，欧洲政治形势总体稳定，并未出现重大"黑天鹅"事件或严重动荡。在绝大多数国家，执政党（或执政联盟中的第一大党）仍为传统中右或中左翼政党。在德国，联盟党保住了第一大党的地位，如果能与社民党组阁成功，默克尔将第四次连任总理；在法国，尽管马克龙创建的"共和国前进运动"宣称自己是既非左翼又非右翼的中间派，但他沿袭的仍然是法国传统的政治理念，而且坚定支持欧洲一体化建设；在英国，尽管保守党与工党均未获得议会多数，但两党的支持率开始回升，得票率加起来超过了80%；在荷兰和奥地利，尽管选举之前民粹政党的呼声很高，但最终获胜的依然是传统主流政党。这样一来，就从根本上保证了欧洲国家的政策不致偏离正轨，避免了极端情况的出现。

尽管如此，在本年度以及可预见的未来，笔者在上一年度《欧洲发展报告》中用于界定欧洲政治形势的"危机"、"风险"和"不确定性"等关键词依然有效，在有些方面，欧洲面临的形势甚至更加严峻。

从各国的选举结果可以看出，在绝大多数国家，政党政治版图的碎片化趋势并没有得到扭转，甚至有进一步加剧的趋势，传统主流政党或者不再拥有绝对优势地位，或者优势地位被大幅削弱。在德国，联盟党和社民党获得的议席数都创下了二战以来的最差纪录，而进入联邦议会的政党数量则达到了历史新高；在法国，传统左右翼政党社会党和共和党的候选人都没能进入总统选举第二轮投票，这在第五共和国历史上尚属首次；在英国，没有一个政党获得超过半数的议席，再次出现"悬浮议会"；在荷兰，共有13个政党进入议会；在冰岛，则有8个政党进入议会。这种碎片化导致的最直接后果就是组阁遇到前所未有的困难，例如德国"牙买加"组合谈判的失败，再如荷兰历时208天才完成组阁。这样一种情况很容易造成政策推行难度加大,甚至政局不稳。

导致政党政治持续碎片化的一个最重要原因,仍然是以民粹政党为代表的"非主流"政党产生的冲击。尽管此前有人判断民粹政党的影响力将逐渐减弱甚至消失,但随着欧洲各国大选落下帷幕,越来越多的民粹政党开始进入国家议会或政府,推动一些国家的政党格局向极端化(左右两极)发展。在德国,"选择党"赢得592万张选票,比2013年增加了将近450万张,其中100万张来自联盟党原来的支持者,选择党也因此成为二战后第一个进入联邦议会的右翼民粹政党。在法国,极右和极左翼政党都取得了历史性突破:"国民阵线"的领袖勒庞尽管在总统选举第二轮投票中落败了,但她获得的35%的选票代表着100多万名选民的支持,而"国民阵线"在国民议会选举中获得的8个席位虽不足以单独组成议会党团,但已是其有史以来的最好成绩;极左翼"不屈的法国"与法国共产党结盟获得了27个席位,足以组成议会党团。在奥地利,自由党在议会选举中成为第二大党,并与人民党成功组阁,奥地利也因此成为唯一一个有右翼民粹政党执政的西欧国家。在冰岛,民粹政党人民党首次进入议会,而随着海盗党成为捷克第三大党,它已经成功进入3个欧洲国家的全国议会(另外2个国家是瑞典和冰岛)。由此可见,尽管民粹政党还不足以成为欧洲国家的多数政党,但10%~15%的支持率已经足以支撑它们对国家政策甚至政治格局施加重要影响,尤其是在传统主流政党支持率下降、政党政治日益碎片化的情况下。

民粹政党未来对欧洲国家政策最明显的影响可能体现在移民政策方面。在大多数国家的竞选中,"移民"仍然是最关键的话题之一,也在很大程度上影响了选民的投票行为。由于选举结束后,民粹政党在议会和政府中拥有越来越多的发言权,其反移民主张也很有可能得到进一步凸显。在德国,由选择党进入议会带来的压力将迫使中左和中右政党不得不考虑民众的反移民立场;在奥地利,人民党和自由党均持反移民立场,库尔茨在担任外长期间就支持堵塞难民进入欧洲的通道。在2017年12月就任总理后,库尔茨对欧盟按照配额分摊难民的做法提出了批评,认为成员国对于接纳难民问题应具

有自主权。① 这些主张与波兰和匈牙利等东欧国家并无二致。如果多个欧洲国家均出现强烈的反移民倾向，则将对欧盟的移民政策构成强大的阻力，也不利于欧盟的团结。

与此同时，欧洲各国政府未来还会面临如何弥合国内政治和社会裂痕的严峻挑战。在德国，选择党的支持者更集中于东部（在德国东部的得票率为21.5%），这在一定程度上暴露了德国东西两个部分在统一30年后仍然在很多领域存在着实质性裂痕，尤其是在社会问题上。在法国，大选暴露了精英阶层与底层民众之间巨大的政治和社会鸿沟：支持"国民阵线"和"不屈的法国"这两派极端力量的多为底层民众，特别是在工业衰落的北部和东北部，而马克龙则被认为是精英阶层的代表。在英国，脱欧不仅造成了严重的党内分歧、党派间的对立和民众与精英之间的分裂，甚至连国家统一都受到了一定程度的威胁。而在其他一些国家也存在着国家分裂的风险，特别是在西班牙：2017年10月，加泰罗尼亚地区举行公投，尽管此举被西班牙宪法法院裁定为非法，但该地区议会仍单方面宣布"独立"；在12月的地区议会选举中，由支持独立的党派组成的议会党团获得了超过半数的议席，为国内政局的不稳定埋下了隐患。

综上所述，尽管欧洲国家的主流政党在2017年赢得了大选，但面临着政治与社会领域的诸多棘手问题。而解决这些问题的根本途径无疑是推行彻底改革，但改革不当的话很容易引发民众的反对，甚至再次推升民粹主义浪潮。例如，马克龙在度过当选总统后的"蜜月期"后支持率急剧下降，原因之一便在于其改革议程遭到了诸多抵制，尤其是劳动法改革。这样看来，各个国家的改革前景仍存诸多不确定性，从而为欧洲政治的未来增添了变数。

## 二 欧洲政治一体化：防务联盟取得初步进展，但发展方向仍未确定

2017年是欧洲一体化第二个60年的开局之年，与2016年相比，人们

---

① 新华社：《奥地利总理要求欧盟改变按配额分摊难民政策》，http://www.xinhuanet.com/2017-12/25/c_1122162986.htm。

对欧洲未来的看法显然更加乐观,这种乐观情绪清楚地反映在欧盟委员会主席容克2017年9月发表的"盟情咨文"①之中。但是,欧洲一体化未来的发展方向仍未明确。

英国公投脱欧之后,欧盟和成员国先后提出过各种改革方案。2017年3月,欧盟委员会发表了《欧洲未来白皮书》②,提出了欧洲一体化未来可能采取的五种模式,其中"多速欧洲"被认为最符合欧洲的现实,即一部分有意愿的国家可以在特定领域推进更深入的一体化。这一方案在《罗马宣言》中被表述为:"欧盟成员国将共同行动,并在必要的情况下采用不同的速度和深度,但目标是一致的"。③ 但仍有一部分国家对这一设想持反对立场,特别是中东欧国家,它们担心自己被边缘化。另外,还有人批评这一方案有可能给欧洲制造新的"铁幕"④,例如欧洲理事会主席图斯克就公开表示了担忧,认为该方案有可能再次造成欧洲的分裂。⑤ 为了避免分歧、维护团结,容克在2017年9月的"盟情咨文"中提出了"第六种模式",即一个基于"自由、平等、法治"原则的"价值共同体"。有些分析人士认为,这意味着原来的"多速欧洲"设想已被推翻。⑥ 而且,所谓"价值共同体"的说法显得有些空洞,缺少实质性内涵。对容克在机构改革方面提出的一些建议,成员国之间也存在争议,如将欧盟委员会主席与欧洲理事会主席合二为一,增设一名负责经济与金融事务的欧洲部长等。

在成员国方面,最宏伟的欧盟改革方案当属法国总统马克龙提出的关于

---

① European Commission, "President Jean-Claude Juncker's State of the Union Address 2017", http://europa.eu/rapid/press-release_SPEECH-17-3165_en.htm.
② European Commission, "White Paper on the Future of Europe", https://ec.europa.eu/commission/sites/beta-political/files/white_paper_on_the_future_of_europe_en.pdf.
③ European Council, "The Rome Declaration", http://www.consilium.europa.eu/en/press-release/2017/03/25-rome-declaration/.
④ Xinhuanet, "Multi-speed EU Not to Create 'New Iron Curtain': Juncker", http://news.xinhuanet.com/english/2017-03/10/c_136119426.htm.
⑤ Dennis Staunton, "EU leaders Disagree on Idea of Multi-speed Europe", https://www.irishtimes.com/news/world/europe/eu-leaders-disagree-on-idea-of-multi-speed-europe-1.3024936.
⑥ 人民网:《国际观察:三大选举尘埃落定 欧洲一体化路向何方》,http://world.people.com.cn/n1/2017/0926/c1002-29560101.html。

欧洲一体化未来的设想。2017年9月26日,他在巴黎索邦大学发表演说,就欧洲的未来设计了一幅宏大蓝图,涉及经济增长、欧元区改革、欧盟机构改革、移民和边境政策、安全防务、环保、教育和农业等各个领域。① 在经济复苏方面,马克龙再次强调促进经济增长的重要性;在欧元区改革方面,他呼吁设立欧元区共同预算,并由欧元区国家的税收提供财政支持;在防务方面,他呼吁建设欧洲军队、情报服务部门以及防务研究机构,认为欧洲需要共同的干预力量、共同的防务预算以及共同的行动理念;在机构改革方面,他提出精简欧盟委员会和改革欧洲议会的选举方式等激进措施;在移民和边境政策方面,他提出以"控制我们的边界"为基础构建共同的避难与移民政策。

然而,无论是容克还是马克龙的改革倡议,要想取得实质性进展都面临着诸多困难。首先,作为欧盟"发动机"的德法两国在一体化,特别是欧元区未来的发展方向和发展模式方面存在着根本性分歧。德国希望首先推进防务建设,而法国则希望首先推进欧元区改革,并希望在欧元区之上有一个类似于"政府"的机构;在经济政策方面,法国并不认同甚至强烈反对德国严格的经济紧缩政策,而认为促进经济增长才是提振经济的根本途径;在欧元区改革方面,马克龙提出的设立欧元区共同预算的主张长期以来一直遭到德国的反对。其次,德法两国均面临着一系列棘手的国内问题,从而有可能限制其关注欧盟事务、推进实质性改革的能力。在德国,联盟党遇到了前所未有的组阁困难,即使与社民党组阁成功,未来两党在政策方面也可能需要做出更多妥协;在法国,马克龙的改革议程遭到了强烈抵制,支持率大幅下降。再次,中东欧一些国家的离心力有增无减,这不仅表现在移民和"多速欧洲"等问题上,更表现在对"民主""法治"等价值观问题的分歧

---

① Eleanor Beardsley, "France's Macron Calls for a United Europe, Greater Cooperation with Germany", https://www.npr.org/sections/parallels/2017/09/26/553706853/frances-macron-calls-for-a-united-europe-greater-cooperation-with-germany; Hilary Clarke, "Macron Sets out Grand Plan to Relaunch 'Weak and Slow' European Union", http://edition.cnn.com/2017/09/26/europe/macron-european-union-sorbonne-speech/index.html.

方面，其中尤以波兰和匈牙利最为明显，而被媒体称为"捷克特朗普"的前财政部长巴比什在2017年12月出任捷克总理，则可能使形势更加复杂。2017年5月，欧洲议会通过一项决议，对"匈牙利法治和民主恶化"表示不满；12月初，欧盟委员会正式向欧洲法院起诉波兰、匈牙利和捷克拒绝接收难民，同时正式发起对波兰司法改革的审查。最后，由于大多数右翼民粹政党都持疑欧观点，因此更多右翼民粹政党进入欧洲国家的议会或政府也可能不利于欧洲一体化的深入。

尽管困难重重，但不可否认，欧洲政治一体化仍然取得了一定的进展，特别是在防务联合方面。2017年6月，欧盟委员会宣布设立欧洲防务基金①，用于成员国共同开展防务研发和购买装备，并以此作为欧盟防务计划的一部分。这也是欧盟首次在防务领域开展合作研究，其资金由欧盟预算提供。11月13日，23个成员国（英国、丹麦、葡萄牙、爱尔兰和马耳他未参加）签署了一项联合协议，决定在防务领域开启"永久结构性合作"（PESCO）。该机制由《里斯本条约》引入，目的是增强欧洲的自主防务能力、深化各国的防务合作、促进地区军事一体化，并最终组建防务联盟。根据该协议，欧盟不仅将建立防务协调机制，还将组建一系列与军事行动相关的实体，包括人员、武器、军需和后勤以及医院等。欧盟高级代表莫盖里尼称，防务联盟协议是欧洲防务发展进程中的一个"历史性时刻"。②

防务一体化的动议由来已久，但此前英国由于担心有可能损害与美国的关系而多次予以否决。英国脱欧扫清了防务联盟建立的障碍，再加上欧洲近年来的安全形势愈益严峻，以及特朗普当选美国总统后屡次表示要减少对欧洲安全承担的责任，因此，在法、德等国的呼吁下，为了增强欧洲在必要情况下采取单独行动的能力和自主应对安全威胁的能力，欧盟迈出了加强军事

---

① European Commission, "A European Defence Fund: € 5.5 Billion Per Year to Boost Europe's Defence Capabilities", http://europa.eu/rapid/press-release_IP-17-1508_en.htm.
② Harvey Gavin, "EU Army: The 5 Countries that Refused to Sign up to France and Germany's Defence Force", https://www.express.co.uk/news/world/879322/eu-army-latest-5-countries-refuse-sign-up-france-germany-defence-force.

合作的重要一步。同时，共同防务合作也有助于整合欧盟的外交政策和外交行动，形成统一的欧盟对外战略。但是，防务联盟最终能否实现预期目标还面临诸多障碍，如资金问题、德法等成员国之间的分歧，以及英国脱欧后将在欧洲防务领域扮演什么样的角色等问题。因此，欧盟能否以防务合作为起点推动政治一体化更深入和更全面发展也依然是未知数。

# B.4
# 欧盟经济：全面企稳复苏，对外经贸收紧

杨成玉*

**摘　要：** 2017年欧盟经济全面复苏，欧元区经济增长速度处于10年来的最快水平。在欧盟内部治理方面，成员国财政赤字和政府债务控制初见成效，劳动力市场改革取得突破，欧盟、欧元区失业率均持续下降。在对外经贸方面，2017年欧盟对外贸易大幅回升，但内部贸易规模逐年上升，内部贸易份额已处于10年来的最高水平。欧盟对外直接投资存量呈现逐年下降的趋势，显示出欧盟对外投资的积极性正在下降，而欧盟依然是吸引投资的重要目的地之一，其利用外商直接投资世界占有率近年来显著增长。展望2018年，欧盟经济增长动力相对单一，经济全面复苏的可持续性有待观察；内部治理控制系统性风险视野已由全面转为局部；量化宽松政策达到预期，期限结构出现上升回调压力，加之美联储加息，欧洲央行收紧货币政策窗口已然来临。

**关键词：** 欧盟经济　逆全球化　货币政策

---

\* 杨成玉，经济学博士，中国社会科学院欧洲研究所助理研究员。

# 一 经济形势述评

## （一）经济持续复苏，欧元区创10年来最快增长

欧债危机使欧盟经济在2009年出现大规模衰退①，2010年欧盟经济实现2.1%的同比增长后发生回落。直到2014年，伴随欧盟、欧元区分别同比增长1.8%、1.3%，欧盟经济开启平稳复苏。2016年，伴随诸多挑战，欧盟经济复苏相对艰难，增长速度也发生相应回落。2016年欧盟国内生产总值（GDP）规模超过14.9万亿欧元，实现了1.9%的同比增长，相对于2015年2.3%的增速略显乏力。其中，2016年欧元区GDP规模略低于10.79万亿欧元，同比增长1.8%，低于欧盟平均增长水平。

2017年以来欧盟经济增长势头强劲，经济开启新一轮复苏进程。根据欧盟委员会2016年末的预测，欧盟、欧元区2017年将实现经济增长分别为1.9%和1.7%。欧盟委员会所预测的2017年数值基本与2016年的实际数值一致，证明在2016年末欧盟对其经济增长持保守态度。然而，2017年前三个季度，欧盟经济呈现强势复苏，前三个季度同比增长均大于2%，分别为2.6%、2.1%、2.5%，其中欧元区前三个季度实现同比增长依次为2.7%、1.8%、2.3%。2017年底欧盟委员会预测2017年欧盟、欧元区将实现经济增速分别为2.3%、2.2%②，均大幅高于前期预测值，欧盟、欧元区GDP规模分别超过15.2万亿欧元和11万亿欧元。值得强调的是，欧元区2.2%的经济增速创下了10年来最快增长。

如图1所示，欧债危机以后欧盟经济增长表现欠佳的主要原因来自欧元

---

① 2009年欧盟、欧元区同比经济增速分别为 -4.3%、-4.5%。
② 欧盟委员会预测2017年欧元区、欧盟经济增长分别为2.2%和2.3%。资料来源："Autumn 2017 Economic Forecast: Continued Growth in a Changing Policy Context", https://ec.europa.eu/info/business - economy - euro/economic - performance - and - forecasts/economic - forecasts/autumn - 2017 - economic - forecast_ en#autumn - 2017 - economic - forecast - continued - growth - in - a - changing - policy - context，访问时间：2018年1月12日。

区经济增长乏力，欧元区经济增速一直低于欧盟整体水平。近年来，欧元区经济持续复苏，其增速已逐渐接近欧盟整体水平，特别是2017年第一季度，欧元区2.3%的经济增长高于欧盟整体水平，成为拉动欧盟经济复苏的主要动力。因此，欧元区经济未来增长的可持续性将对欧盟整体经济起到决定性作用。欧盟委员会预测2018年和2019年欧盟经济将分别增长2.1%和1.9%，其中欧元区分别为1.8%和1.9%。

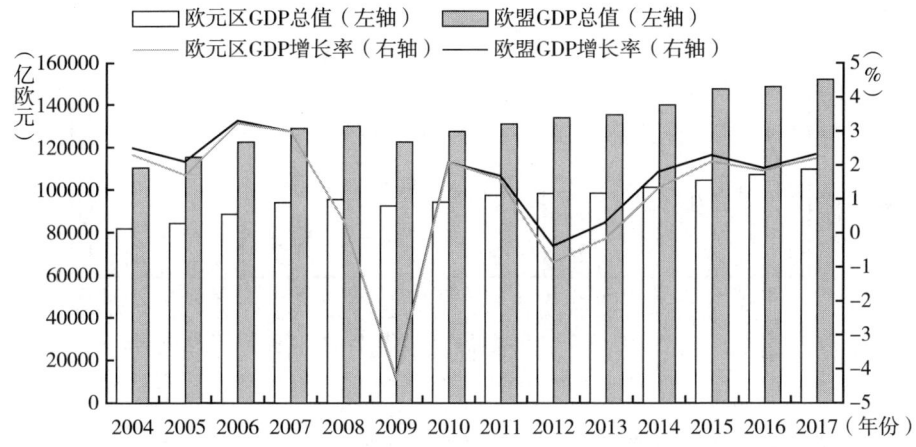

图1　欧盟与欧元区国内生产总值规模及增长率比较

注：作者截稿时欧盟2017年度经济数据并未发布，因此本文使用2017年第一季度至第三季度GDP真实数据与第四季度预测数据①相结合的方式对2017年欧盟经济形势进行评述。此外，GDP数据均为按PPP计算数据，季度数据进行了季节调整。

资料来源：基础数据来源于Eurostat Database。

图2显示的是2017年前三个季度欧盟27国实现国内生产总值和增速情况②。2017年前三个季度欧盟中创造国内生产总值最大的国家依次为德国（2.44万亿欧元）、英国（1.74万亿欧元）、法国（1.71万亿欧元）、意大利（1.28万亿欧元）、西班牙（0.87万亿欧元）、荷兰（0.55万亿欧元）以及比利时（0.33万亿欧元）。相对于2016年同期增长情况，2017年这些

---

① 欧盟委员会预测2017年欧元区、欧盟经济增长分别为2.2%和2.3%。资料来源："Autumn 2017 Economic Forecast: Continued Growth in a Changing Policy Context"。
② 欧盟Eurostat数据库中并没有统计斯洛伐克GDP总值，因此在此处进行欧盟27国比较。

大国的经济增长表现较好,其中西班牙(2.5%)、荷兰(2.5%)、德国(2.3%)实现了2%以上的同比增长,其他几个国家的增速都不低于1%,法国、比利时、意大利、英国同比增长率依次为1.8%、1.5%、1.2%和1%。

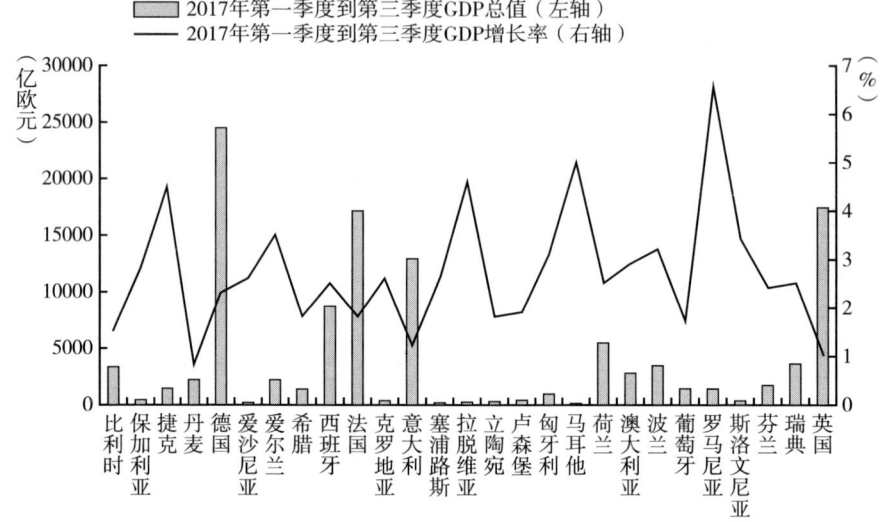

**图2　2017年前三个季度欧盟国家国内生产总值及增长率比较**

注:GDP数据均为按PPP计算数据并进行了季节调整。
资料来源:基础数据来源于Eurostat Database。

2017年前三个季度,欧盟经济增长最快的成员国依次为罗马尼亚(6.6%)、马耳他(5%)、拉脱维亚(4.6%)、捷克(4.5%)、爱尔兰(3.5%)、斯洛文尼亚(3.4%)、波兰(3.2%)、匈牙利(3.1%)、奥地利(2.9%)、保加利亚(2.8)、克罗地亚(2.6%)。相比于2016年,2017年各成员国经济增长普遍呈现出增长率高、增速快的特点。特别是欧盟增速排名靠前的国家,除马耳他外均为中东欧国家,可见中东欧地区依然是欧盟中经济发展最为活跃的区域,是欧盟经济的新生力量。另外,除丹麦增速低于1%外,其余成员国增速均高于1%,表现出了欧盟经济复苏的整体性和普遍性。

## （二）对外贸易回升，欧盟内部贸易份额扩大

作为国际分工及资源流动的主要形式，欧盟对外贸易规模的变动是衡量其经济发展的主要指标之一。同时，作为中国第一大贸易伙伴，欧盟对外贸易的整体变动也将对中国产生不可忽视的影响。如图3所示，2016年欧盟分别实现对外出口、进口贸易1.74万亿欧元和1.71万亿欧元，分别同比增长-2.56%和-1.02%。2014年后，欧盟对外贸易总值处于历史高位，但2016年开始逐渐收紧，对外出口与进口均出现负增长。预计2017年欧盟进口、出口总值分别实现约1.84万亿欧元、1.87万亿欧元，分别约增长7.7%和7.3%，对外贸易整体开始回升。

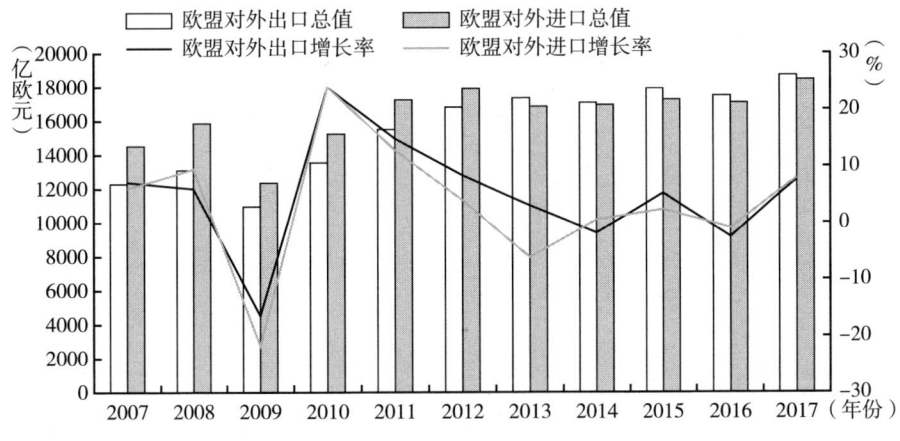

**图3 欧盟对外贸易动态变化**

注：作者截稿时欧盟2017年度经济数据并未发布，因此2017年数据根据前11个月数据加总所得，未计入2017年12月数据。

资料来源：基础数据来源于 Eurostat Database。

欧盟内部贸易份额指欧盟各成员国之间的贸易值占贸易总值的比例，用以衡量欧盟内部贸易比重。从图4 2007年至2016年欧盟内部贸易份额动态变化中不难发现，2012年以前欧盟内部贸易份额持续下降，欧盟与外部市场间的贸易越来越活跃，而从2013年开始，欧盟贸易政策逐渐保守，在加

大成员国之间贸易的同时削减与非欧盟地区的国际贸易，2016年欧盟内部贸易份额高达64%，达到10年来的峰值。

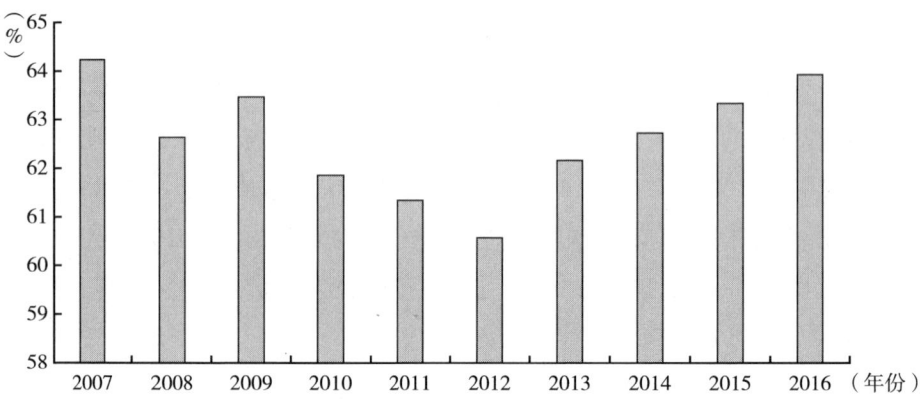

图4 欧盟内部贸易份额动态变化

资料来源：基础数据来源于Eurostat Database。

### （三）对外直接投资收紧，国际资本吸引力持续上升

从对外直接投资角度看，欧债危机之后，欧盟对外直接投资显现出存量平稳、流量日趋紧缩的特点，虽然欧盟对外直接投资存量从2008年的7.98万亿美元拉升至了2010年的9.14万亿美元，但近年来由于流量不足导致存量增速过低。2016年欧盟对外直接投资存量为9.11万亿美元，略低于2010年的规模。欧盟对外直接投资世界占有率的下降趋势也说明欧盟资金参与国际投资活动在日趋削减，从2008年的49.77%逐年下滑至2016年的34.82%（见图5）。

从利用外商直接投资角度看，2016年欧盟吸收外商直接投资存量为7.66万亿美元，相比于2015年下降了1.77%。然而，近年来在全球经济活力不足和不确定性增加的情形下，欧盟利用外商直接投资世界占有率却实现增长，从2014年的19.38%上升至2016年的32.42%，欧盟对外资的吸引力正在上升。

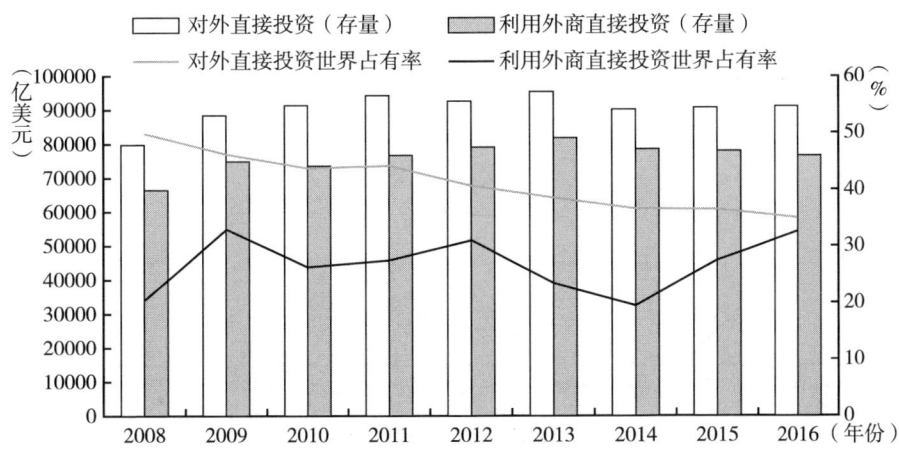

图5 欧盟国际直接投资情况纵向比较

资料来源：基础数据来源于联合国贸易和发展会议数据库（UNCTAD Database）。

## （四）劳动力市场持续改善，物价水平有所回升

得益于劳动力市场改革，用工弹性增大提供了大量工作岗位，2013年以来欧盟就业持续改善，2016年欧盟失业率为8.6%，低于2015年的9.4%水平，其中2016年欧元区失业率为10%，相比于2015年的10.9%降幅明显（见图6）。2016年，欧盟、欧元区失业率分别下降了0.8个百分点和0.9个百分点。其中，劳动力市场较为固化的法国也得益于劳动力市场改革，失业率已降至9.6%。整体上看，欧盟劳动力市场的整体形势优于欧元区，欧元区的就业市场依旧是欧盟劳动力市场问题的集中区，但是近年来已有显著改善。

2017年欧元区消费者物价调和指数（HICP）每月均实现1.5%以上的增长，预计2017年增长区间介于1.6%至1.9%之间，欧盟整体物价指数增长略高于欧元区。量化宽松政策锁定的2%通胀目标正在接近[①]，其效果已初步实现。

---

① http：//www.ecb.europa.eu/mopo/html/index.en.html。

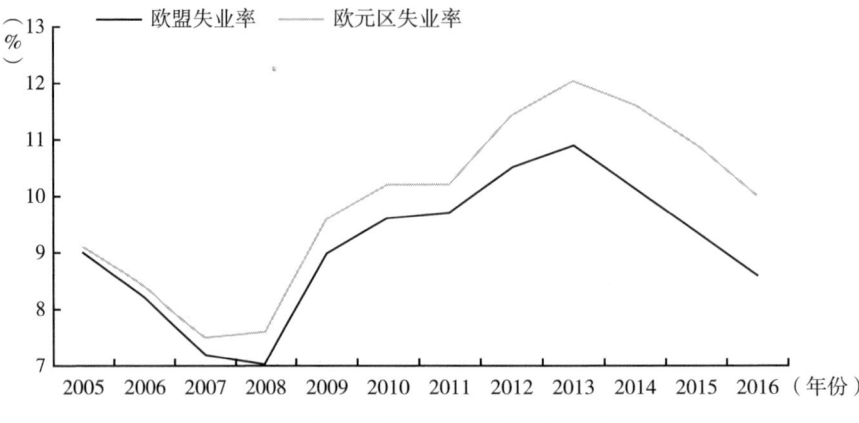

图6 欧盟及欧元区失业率动态变化

注：失业率指长期失业人数占可劳动者总数的比例。
资料来源：Eurostat Database。

## （五）欧元区债务持续改善，财政赤字得到控制

欧债危机后，欧盟国家的债务水平、公共财政赤字变化一直是备受关注的重点。如表1所示，截至2017年第二季度，欧盟整体财政赤字控制在1.3%的水平，欧元区略低，控制在1.2%的水平，各成员国削减财政赤字的力度显著，赤字规模达到近年来的最低水平。

表1 2014年以来欧盟及欧元区财政赤字、政府债务水平变化

| 指标 | 地区 | 2014Q4 | 2015Q4 | 2016Q1 | 2016Q2 | 2016Q3 | 2016Q4 | 2017Q1 | 2017Q2 |
|---|---|---|---|---|---|---|---|---|---|
| 财政赤字 | 欧元区 | 2.6 | 2.1 | 1.8 | 1.5 | 1.6 | 1.2 | 1 | 1.2 |
| | 欧盟 | 2.8 | 2.2 | 2.1 | 1.7 | 1.7 | 1.2 | 1.1 | 1.3 |
| 政府债务 | 欧元区 | 91.8 | 89.9 | 90.8 | 90.8 | 89.7 | 88.9 | 89.2 | 89.1 |
| | 欧盟 | 86.5 | 84.5 | 84 | 83.8 | 82.9 | 83.2 | 83.6 | 83.4 |

注：以上指标均为占GDP的比例，单位为%。
资料来源：Eurostat Database。

欧盟各成员国的债务持续改善，截至2017年第二季度，欧盟、欧元区债务水平分别控制在83.4%和89.1%，欧元区债务达到近年来的最低水平。但相比于欧盟平均水平，欧元区政府债务的削减空间依然较大。

## （六）金融市场持续走高，欧元汇率增值明显

2017年欧洲股票市场持续走高，一定程度上反映了市场对未来经济较为乐观的预期。其中，英国富时100、德国DAX30、法国CAC40、西班牙IBEX35、意大利富时MIB指数分别由2017年1月1日的7210.05、11599.01、4909.84、9515.90、19687.71上升至2017年12月31日的7724.22、13319.64、5470.75、10411.40、22762.29，分别实现幅度为7.13%、14.83%、11.42%、9.41%以及15.61%的上涨。2017年，欧元汇率出现大幅增值，欧元兑美元汇率全年增长了13.96%，已逼近1∶1.2大关。欧元大幅增值反映了社会对未来欧元信心的增强，同时也是对欧洲经济一体化的前景看好。

受宽松的货币政策影响，2017年欧元区市场短期利率进一步下降，但长期利率出现上升，逐渐接近2015年的曲线结构。如图7历年欧元区AAA评级中央政府所发行的国债利率期限结构比较所示，2017年不同期限的国债利率较之2016年除短期债券外大幅上升，负利率趋势开始回调。受美联

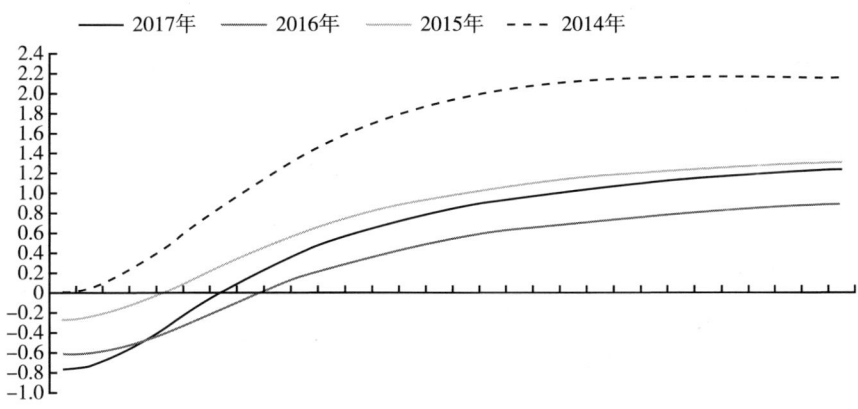

**图7　2014～2017年欧元区国债利率期限结构比较**

注：通过整理欧元区AAA评级中央政府所发行的1年期至30年期国债收益率所绘制。
资料来源：基础数据来源于Eurostat Database。

储加息影响，加之物价目标达到预期、利率期限结构逐渐回调，2018年欧洲中央银行不排除逐渐结束购债操作、结束量化宽松政策的可能。另外，经济显著性复苏为欧央行收紧货币政策奠定了基础。

## 二 2018年欧盟经济展望

2017年欧盟经济全面复苏，欧元区经济增长速度处于10年来的最快水平，伴随中东欧成员国的经济更为快速增长，欧盟经济已转为全面复苏态势。其原因是，一方面受经济周期影响，纵观自2000年以来欧盟经济发展的进程不难发展，欧盟经济呈现出"繁荣—衰退—危机—复苏—繁荣"的长周期特点，符合经济周期理论的特征；另一方面，经济全面复苏与快速增长得益于欧盟内部治理，金融治理、投资计划均不同程度促进了经济的稳定与发展。

在欧盟内部治理方面，成员国财政赤字和政府债务控制初见成效，均出现了不同程度的削减，尤其是欧元区成员国在控制预算、系统性风险预防方面取得了显著成效。劳动力市场改革取得突破，欧盟、欧元区失业率均持续下降。在欧盟对外经贸方面，欧盟对外贸易出现逐年收紧的趋势，反映于出口与进口贸易总量的下滑。与此同时，欧盟内部贸易规模逐年上升，内部贸易份额已处于10年来的最高水平。欧盟对外直接投资存量呈现逐年下降的趋势，反映出欧盟对外投资的积极性正在下降，而欧盟依然是吸引投资的重要目的地之一，其利用外商直接投资世界占有率近年来显著增长。

展望2018年，欧盟经济在以下几个方面面临着挑战。

第一，全球化发展趋势在欧盟内部受到持续挑战，国际贸易、国际投资的活跃度正在降低。近年来欧盟对外进出口、对外直接投资增长基本停滞，甚至出现收紧，反映于欧盟内部贸易份额达到10年来最高、世界贸易占有率下降、参与国际投资的积极性不高等特点。在经济增长主要动力的消费、投资、净出口中，以上逆全球化特点制约了投资与净出口拉动经济增长的动力，从事实也不难发现此番经济全面复苏的动力也主要来自内部消费。因此，增长动力单一为欧盟保持全面可持续增长带来了一定的不确定性。

第二,近年来欧盟在内部治理方面效果显著,通过劳动力市场改革增加了就业岗位,失业率得到进一步控制。严控成员国财政预算,成员国财政赤字和政府债务进一步削减。金融市场整体稳定发展,欧元汇率连续增值。在内部治理全面优化的同时,预防个别成员国的风险显得更为重要,目前存在个别成员国债务高悬的情况,可见在内部治理方面,欧盟已将精力由全面转为局部。

第三,作为欧债危机后为市场增加流动性、释放经济活力的重要手段,欧央行量化宽松政策已见成效。欧盟通货膨胀率及经济复苏程度基本达到预期,加之金融市场及汇率稳定,利率期限结构逐渐上升回调。结合美联储加息政策,欧央行收紧货币政策的窗口可能在2018年开启。

第四,"英国脱欧"所带来的不确定性。目前,英国正在就退出欧盟问题同布鲁塞尔进行谈判,脱离单一市场的"硬脱欧"在所难免。一方面,脱欧对欧洲经济一体化可谓是不小的打击,英国脱离单一市场将在英吉利海峡间建立关税贸易壁垒,英欧间的贸易与产业格局将被重塑;另一方面,一直以来英国对欧洲一体化的质疑不绝于耳,主要是以政策反对者的角色现身布鲁塞尔,英国脱欧有望在一定程度上提高欧盟内部政策的制定效率与执行力度。"英国脱欧"对欧盟经济产生的双向影响值得长期跟踪观察。

# B.5
# 欧盟社会局势：重塑稳定的社会基础*

张金岭**

**摘　要：** 2017年，欧盟国家的社会形势整体上有所改善，劳动力市场与社会发展呈现出诸多积极态势，各国致力于政策变革，以维系社会公平；欧洲社会的持续变迁使之面临严重的代际不平等问题，欧盟推进政策改革以求代际团结，维护社会稳定与可持续发展；欧盟发布《欧洲社会权利支柱》，从平等的就业机会、公平的工作条件、社会保护与包容等方面为欧洲公民界定了更为实在的权利，折射出欧盟致力于建设一个更加包容与平等的社会的决心。

**关键词：** 欧盟　代际公平　代际团结　《欧洲社会权利支柱》

尽管欧洲经济正在稳步复苏，其社会领域内潜藏的诸多问题却日益彰显出严重性。一方面，欧洲社会在人口结构、劳动就业、社会福利、财富分配与代际团结等方面长期潜伏的结构性问题的负面影响日益明显；另一方面，前些年的经济危机对欧洲社会所造成的破坏性影响难以在短期内得到缓解，尤其是对恶化失业、加重贫困等民生问题的影响。而且，受恐怖主义、难民危机、民粹思潮等因素影响，欧洲社会的内在团结也受到挑战。在此背景下，欧盟已经充分认识到重塑其稳定的社会基础的重要性。

---

\* 此文为中国社会科学院欧洲研究所创新工程"欧洲模式比较研究"课题阶段性研究成果。
\*\* 张金岭，中国社会科学院欧洲研究所副研究员。

## 一 民生环境有所改善，社会公平有待加强

从总体上观察 2017 年欧盟社会的变化可以发现，在经济继续增长的带动下，其劳动力市场与社会发展呈现出积极态势。自 2013 年以来，欧盟已经创立 1000 万个工作岗位，就业率达至历史新高，失业率也已降至 7.3%，为 2009 年以来 10 年间的最低水平。[①]

但是，就业状况的改善难以在短期内解决各国普遍面临的日益突出的贫困问题。在法国，民调机构 Ipsos 于 2017 年为大众扶贫救济组织（Secours Populaire de la pauvreté）所做的调查显示，近年来贫困人口比例持续上升，目前有 57% 的人口"曾经或即将陷入贫困"，民众普遍期待将就业、住房、健康与教育等作为减少和应对贫困问题的优先行动领域。[②] 在德国，尽管经济发展较好，但贫困率却高于经济状况较差的法国，越来越多的青少年依赖救济金生活。[③] 德国舆论也持续关注如何能够让经济发展惠及大多数人，尤其是弱势群体，公平地分配财富。

在此背景下，各国出台的改革举措不只是为了应对贫困问题，而是更着眼于维系社会公平。2017 年，法国政府主导完成了一项重要的税收制度改革——降低社会分摊金（cotisation sociale）、提高社会普摊税（contribution sociale généralisée），以期减少税收对国民工资收入的依赖，让社会更公正地分担税负。法国政府决定，2018 年分两步走将社会分摊金降低 3.15 个百分点，而把社会普摊税提升 1.7% 则于年初一步到位。此项改革将在一定程度

---

[①] 数据来源：欧盟统计局网站，http://ec.europa.eu/eurostat/tgm/table.do?tab=table&init=1&language=en&pcode=teilm020&plugin=1，访问时间：2018 年 1 月 30 日；European Commission, *Employment and Social Developments in Europe*, Annual Review 2017, Directorate-General for Employment, Social Affairs and Inclusion, June 2017。

[②] Ipsos, *Observatoire de la pauvreté*（Edition 2017）: *Focus sur la pauvreté des séniors*, Préparer pour le Secours Populaire Français, Juillet 2017.

[③] 资料来源：http://www.oushinet.com/europe/other/20170523/263144.html，访问时间：2017 年 12 月 20 日。

上减少退休人员的退休金额度（尤其涉及其中比较富裕的60%的群体），而让大多数在职人员（尤其是低收入群体）增加纯收入、提升购买力，对促进法国社会代际平等与团结也具有重要意义。在德国，哈茨改革第四阶段就业方案于2017年开始实施，推出上调最低生活保障金、提高失业救济金，以及根据长期失业人员的家庭与女子状况等提供住房、子女教育补贴等新政。①

在诸多政策改革中，面向国民发放基本收入逐渐成为多国的共识。有调查显示，64%的欧洲人对此制度表示欢迎。② 2017年初，法国国民议会曾就"全民基本收入"提出一项修正案，旨在面向国民定期发放生活补贴，改善其生活状况，稳定他们对未来的信心，并要求政府就其可行性进行研究。民众在此议题上分立为两大阵营，支持者认为这是社会公平的体现，而反对者则认为这样会极大地增加财政支出负担，以致"毁灭这个国家"。③ 这样的对立立场充分折射出法国乃至整个欧洲社会在社会公平、财富分配、福利保障等诸多领域内存在巨大的分歧，而此种分歧会是左右欧洲社会未来变革的重要因素。

芬兰政府已于2017年初开始就"全民基本收入"计划进行试点，向被纳入试点范围的2000名介于25~58岁之间的劳动人口每月发放560欧元的基本工资，并取消之前的其他福利收入。这一政策的目的虽然在于鼓励和刺激就业，但即便是失业人员重新就业后，这项"全民基本收入"也不会取消。此外，瑞士、丹麦、英国苏格兰等欧洲多个国家和地区都曾经考虑给公民提供每月基本收入的类似政策变革，出于种种原因，政策落实的情况有较大差异。

---

① 相关资料参见 http://www.oushinet.com/europe/other/20170523/263144.html，访问时间：2017年12月20日。
② 高珮莙：《法国："全民基本收入"可行吗》，《青年参考》2017年3月8日，第6版。
③ 参加2017年法国总统选举的社会党候选人阿蒙（Benoît Hamon）在其竞选纲领中旗帜鲜明地打出"全民基本收入"的政策主张，提议面向每月净收入低于2250欧元的国民发放。在他看来，这样的收入是"新的社会保障"，工作收入与基本收入相加可以改善国民的生活条件。相关资料参见高珮莙《法国："全民基本收入"可行吗》，《青年参考》2017年3月8日，第6版。

施行"全民基本收入"是欧洲福利政策改革的新动向,其背后的基本理念是,以更有效的方式让每个人都可以享受经济社会发展带来的好处,促进社会公平。但是,欧洲各国在经济、税收、社保等方面的既有体制并没有给这一政策的落实提供有力的支撑,还需要更为深刻的改革。

此外,从民生角度来看,各国民众对欧洲社会的担忧不仅体现在就业、福利、公平等方面,还包括安全问题。尽管大多数民众认为他们当前所在的社区及城市很安全,但仍有近1/3(32%)的人表示欧洲并不是一个可以安全生活的地方。绝大多数民众认为恐怖主义(95%)、有组织犯罪(93%)、网络犯罪(87%)等问题是目前欧盟在安全方面所面临的最为关键的挑战。[1]

## 二 重视代际公平与团结,强调社会稳定与可持续发展

在后危机时代的欧洲社会,维系代际公平与团结是一个涉及欧洲社会稳定与可持续发展的关键议题。长期以来,欧洲在经济和社会领域内的结构性变化,尤其是技术进步、人口变化、劳动力市场变革等,暗含着导致代际不平等的诸多因素,而过去几年的危机则在某种程度上强化了这种不平等。[2] 不断加剧的人口老龄化与劳动力市场变革之间的矛盾将会进一步给代际团结带来更大的挑战,影响欧洲社会未来的稳定。

人口结构的持续变化给欧盟未来的发展带来了很大挑战。受出生率低、人口平均寿命不断延长等多种因素影响,欧洲劳动力人口比重不断减少。2009年时,劳动力人口曾增至峰值3.05亿,此后一直不断减少。照目前的趋势来看,到2040年劳动力人口每年将减少0.35%,而与此同时,人口总量却将出现年均增长0.15%的局面。[3] 这也就意味着支持欧洲经济增长的

---

[1] European Commission, *Europeans' Attitudes towards Security*, Special Eurobarometer 464b, December 2017.
[2] European Commission, *Employment and Social Developments in Europe 2017*, June 2017.
[3] European Commission, *Employment and Social Developments in Europe 2017*, June 2017.

劳动力人口会持续减少，为养老金制度缴费的人口数量不断减少，而需要从中支取退休金者却大幅增加，各国养老金体系的可持续发展将面临很大压力。

更为重要的是，由于青年人失业率高，多数人就业不稳定、工资水平低，这就使他们面向养老金制度的缴费能力不足，进一步加重社会养老的压力，而今日青年劳动者未来的生活前景更是压力重重。

2017年度《欧洲就业与社会发展报告》显示，尽管欧盟各国的生活水平稳步提升，但与老一代相比，年轻人并没有从经济社会的变革中受益。①尽管近几年来青年人所面临的就业局势有所改善，但其就业状况受经济周期影响非常大，由于就业经验较少，他们能够得到的工作都是非正式的、不稳定的，签的常常是临时合同，此种状况会降低他们所能享受到的社会保障福利，以及将来的退休金。这些因素正在影响年轻人在生孩子、买房子等方面的家庭决策。此种状况可能会对欧盟人口的生育率造成负面影响，从长远来看，也会对其养老金制度的可持续性与经济增长不利。

对于欧盟所面临的代际不平等问题，各国民众对之拥有较为广泛的社会认知。据调查，有54%的人认为年青一代面临着比他们那一代更大的生活困难，66%的人认为欧盟的诸多改革计划要面向青年人，为其未来的前程着想；另外，有45%的人认为在全球化背景下，欧盟必须要重视平等与团结问题。②

着眼于经济社会的稳定与可持续发展，欧盟越来越认识到巩固其内部的代际公平与团结的重要性。2017年欧盟在劳动力市场领域内的诸多改革便聚焦于这一关键议题。第一，充分利用劳动力市场上的人力资源，激发和培养不同代际人口的技能，确保劳动年限与预期寿命之间的关系成正比。第二，致力于出台提高出生率的刺激政策，以及有效的移民管理政策，维系劳动人口的稳定。第三，支持创新，增加面向青年人和老年人技能培训与教

---

① European Commission, *Employment and Social Developments in Europe 2017*, June 2017.
② European Commission, *Future of Europe: Social Issues*, Special Eurobarometer 467, November 2017.

育方面的高效支出。第四，与社会伙伴合作，缩小年轻人与老年人之间的代沟，为双方提供公平的劳动力市场，具体政策包括促进终身学习、提供社会福利支持、谋划和实施劳动保护立法，以及施行积极的劳动力政策，等等。①

欧盟需要认真对待经济与社会资源在不同代际的公平分配，维持福利制度在不同代际的可持续发展，这样才能增强社会内在的凝聚力，并对其未来的改革提供有利的民意支持。

## 三 巩固欧洲公民的社会权利，增强欧洲认同

近些年，经济不景气、恐怖主义、民粹思潮、英国脱欧等诸多事件给欧盟社会的发展造成了一系列负面影响，欧洲一体化面临前所未有的挑战，民众对欧盟的支持在很大程度上取决于欧盟能在多大程度上成为他们权益的保护者。基于这样的认知，在成立60周年之际，欧盟于2017年底发布了一份重要的文件——《欧洲社会权利支柱》（European Pillar of Social Rights），重申欧洲公民的社会权利，改善其社会境遇，尤其是他们的就业与福利保障，强化欧盟作为其社会权益保护者的角色，借以增强欧洲认同。

2017年11月17日，在于瑞典哥特堡（Gothenburg）举行的以"公平工作与经济增长"为主题的欧盟社会峰会上，欧洲议会、欧盟理事会和欧盟委员会共同签署了上述文件。根据官方阐释，欧盟致力于建设一个更加包容与公平的社会，《欧洲社会权利支柱》从平等的就业机会、公平的工作条件、社会保护与包容等三大范畴界定了欧洲公民应该拥有的更为实在的权利，并将之具体化为20个关键原则。②

---

① 相关资料参见 http：//europa. eu/rapid/press - release_ IP - 17 - 1988_ en. htm，访问时间：2017 年 12 月 20 日。
② 相关资料参见 https：//ec. europa. eu/commission/priorities/deeper - and - fairer - economic - and - monetary - union/european - pillar - social - rights/european - pillar - social - rights - 20 - principles_ en，访问时间：2017 年 12 月 20 日。

首先,所有欧洲公民在劳动力市场上就业机会均等。欧盟强调,人人享有高质量、包容性的教育、培养和终身学习的权利,以维系和获得可以使之全面参与社会的技能,并成功适应劳动力市场的转型。在所有领域内,性别平等必须得到保证。同时,人人有权享有及时且量身定制的帮助,以提升其就业能力或自谋职业的前景。年轻人在失业或离职后的四个月内有接受继续教育、参加学徒培训或实习以及获得良好的工作机会的权利。失业人员有权获得个性化、持续和一贯的支持。

其次,所有欧洲公民有权获得公平的工作条件。无论雇佣关系的类型与期限如何,所有劳动者都有权获得公平和平等的工作条件、获得社会保护和参加培训。欧盟将促进就业形式向无固定期限合同转型。所有劳动者有权获得公平的工资,以维持体面的生活。劳动者有权在就业伊始以书面形式通知他们因雇佣关系而产生的权利和义务,包括试用期。在任何解雇之前,劳动者有权被告知原因,并给予合理的通知期限。劳动者及其代表有权及时被告知或咨询与其有关的事项,尤其是涉及企业转移、重组、合并以及集体裁员等事项。劳动者有权在工作中获得高水平的健康与安全保护。

最后,所有欧洲公民有获得社会保护与包容的权利。儿童有权享受家庭可以担负得起的幼儿教育与高质量的照顾。无论雇佣关系的类型与期限如何,劳动者有权获得适当的社会保护。失业人员有权获得公共就业服务机构提供的适宜的激励支持,以便重新融入劳动力市场,也有权在合理的期限内获得适当的失业救济金。缺少足够资源的每一个人都有权获得适当的最低收入福利,以确保在生命的各个阶段能够过上有尊严的生活,有效地获得物品与服务。人人有权获得优质的基本服务,包括水、卫生、能源、交通、金融服务和数字通信等。每一个人都有权享有高质量的担负得起的长期护理服务,特别是家庭护理和社区服务。

《欧洲社会权利支柱》的出台经历了很长时间的酝酿。① 2015年9月,

---

① 相关资料参见 https://ec.europa.eu/commission/priorities/deeper-and-fairer-economic-and-monetary-union/european-pillar-social-rights_en,访问时间:2017年12月20日。

容克（Jean-Claude Juncker）在就任欧盟委员会主席的首次演讲中就提到了他对欧洲社会权利支柱的基本看法。上述社会权利的基本范畴是在广泛征求民意的基础上确立的，在一定程度上反映了欧洲民众在就业与社保等方面具有代表性的权利诉求。2016年3月8日，欧盟委员会发布了社会权利支柱的基本提纲，并发起一场公共咨询，随后收到了超过16500份回复以及近200份立场文件。实际上，这一具有首创精神的文件主要是为欧元区国家设计的，但也面向欧盟所有想加入的国家开放。欧盟申明和界定这些权利的目的在于充分考虑劳动世界正在变化的现实，将之作为欧元区内重新实现趋同的指南针。《欧洲社会权利支柱》被视作欧盟寻求建立公平公正、运转良好的劳动力市场的指南针，意在确保欧洲各国的社会模式适应21世纪的发展，尤其是欧洲社会的老龄化趋势与数字化发展。

欧盟一项民意调查显示，目前依然有30%左右的民众并不认可自己在欧盟框架下所拥有的欧洲公民身份。[①] 这在一定程度上表明，欧盟的认同建设依然面临艰巨的任务。在社会领域内加强和巩固欧洲公民身份所对应的权利建设，或许能够促进欧洲认同的提升，为欧洲一体化建设提供有利的社会基础。

---

① European Commission, *Public Opinion in the European Union*, *Standard Eurobarometer 88*, *Autumn 2017*, November 2017.

# B.6
# 欧盟外交：政策内向化

赵 晨*

**摘　要：** 欧盟外交既包括内部成员国之间的关系，也包括欧盟同世界其他力量之间的关系。2017年，欧盟的外交政策整体上呈现出"内向化"趋势，欧盟内部各成员国之间的关系是政治人物优先考虑的外交问题。面对英国脱欧、特朗普担任美国总统和欧盟内民粹主义思潮兴盛的困境，欧盟理事会、欧盟委员会以及法国等一些西欧国家均提出了关于"欧盟未来"的设想。2017年欧盟各方对此进行了热烈的讨论，但受限于德国组阁问题，并没有得出结论。欧盟与外部世界的关系方面，2017年度欧美关系波折不断，整体处于低谷状态，欧俄之间的矛盾没有缓解，欧盟与日本、拉美、澳大利亚等其他经济体的自由贸易协定取得了突破性进展，但它在中东北非地区的角色进一步边缘化。

**关键词：** 欧盟外交　外交与安全政策　欧美关系　欧俄关系

2017年是《罗马条约》签署60周年。3月25日，除英国之外的欧盟27国首脑齐聚意大利首都罗马，隆重庆祝欧共体（欧盟的前身）的"甲子华诞"。但欧洲一体化这一开创了欧洲和平、繁荣和团结的伟大历史"实验"在历经60年之后，却面临着"向何处去"的疑虑。英国脱欧、美国总

---

\* 赵晨，中国社会科学院欧洲研究所副研究员，欧洲国际关系研究室主任。

统大选中特朗普胜出、欧盟内民粹主义政治力量大幅上升使欧盟陷入了一种紧张状态，欧盟对自己的未来和前途显得信心不足，成员国之间的分歧十分明显。同时，欧俄关系依然没有转圜，欧美之间的相互信任度大为降低，欧盟的周边安全环境也没有得到明显改善。

## 一 欧盟向何处去

2017年1月底，欧盟理事会主席图斯克在一封致27国首脑的公开信中表示欧盟当下面临着五种地缘政治威胁，它们分别是咄咄逼人的中国、在乌克兰及其周边地区实施侵略性政策的俄罗斯、中东和非洲地区的战争、恐怖主义和无政府状态（特别是极端伊斯兰主义依然兴盛），以及发出令人担心的声明的新美国政府（指特朗普政府），这种外部形势让欧盟的未来处于"高度不确定"的状态。[①] 欧盟在世界出现重大变化，西方在世界经济比重下降、中国等新兴力量崛起，同时传统欧美盟友关系又因美国特朗普政府产生裂痕的状况下，产生了一定的孤立和无助感。德国总理默克尔在参加了2017年5月失望的北约峰会和七国集团峰会之后，在德国南部的一场集会上表示："就我前几天的感受来说，欧洲必须真正将命运把握在我们自己手里"，"我们能够完全依赖其他人的时代已经一去不复返了"。[②]

欧洲政治精英阶层的危机意识明显提升。除了外部威胁，欧盟内部的主流意识形态也受到了民粹主义的冲击：反欧盟、民族主义与仇外情绪高涨，欧洲政治一体化的信念和信心均大幅下降，质疑自由民主基本价值的声音在

---

① European Council, "United We Stand, Divided We Fall: Letter by President Donald Tusk to the 27 EU Heads of State or Government on the Future of the EU before the Malta Summit", January 31, 2017, https://www.neweurope.eu/press-release/united-we-stand-divided-we-fall-letter-by-president-donald-tusk-to-the-27-eu-heads-of-state-or-government-on-the-future-of-the-eu-before-the-malta-summit/.

② Henry Farrell, "What Do Angela Merkel's Comments on Trump's America Mean for Global Political Relations?", *Independent*, May 29, 2017, http://www.independent.co.uk/news/world/europe/angela-merkel-germany-cannot-rely-donald-trump-america-what-does-it-mean-eu-nation-g7-a7761031.html.

全欧蔓延。为此,欧盟理事会主席图斯克重申了欧盟的重要性,"欧盟的解体不会让一些国家重获被神化的、所谓的完整主权。它只会导致这些国家去依靠美国、俄罗斯以及中国这些超级大国"。他呼吁,在充满紧张与对抗的世界里,目前需要的是欧洲的勇气、决心与政治团结,欧盟必须采取坚定的步伐,改变集体意念,将欧洲一体化水平提升到下个层次。

着眼于此,特别是英国脱欧可能给欧盟带来的巨大变化,欧盟委员会在3月1日发布了勾画欧盟应当向何处去的《欧盟的未来白皮书》①,提出了到2025年"27国欧盟"(28国减去英国)的五种发展设想,在欧盟领导层和精英界发起了关于欧盟未来的大讨论。这五种发展设想中的第一种是"延续"现有政策:成员国将根据欧盟现有的路线,实施积极的改革议程,加大单一市场建设力度,增加数字、运输和能源领域的基础设施投资,这是最稳妥的一种前景。第二种是"只作为单一市场":欧盟专注于深化单一市场,移民、安全、防务等其他领域的合作均暂停实施,或是用双边协议来推进,这是最消极的一种前景。第三种是"愿者多做":部分有意愿的成员国在防务、司法、税收、社保等领域先走一步,没有意愿的成员国坚持"四大自由"流通原则,继续深化单一市场。实际上这就是"多速欧洲"的安排,德国、法国、意大利和比利时、荷兰、卢森堡等创始成员国希望在防务一体化领域取得突破性进展,法国等欧元区国家冀望在财税领域推出更多的统一举措,但这些方案遭到了中东欧国家的反对,所以"老欧洲"想要摆脱"新欧洲"国家率先开拔。第四种是"少但高效":欧盟将集中精力解决最紧迫的数字化、低碳经济、能源、空间技术、贸易谈判等涉及欧盟能否保持竞争力的经济问题,处理边境管控、难民、反恐和军工联合体建设等迫在眉睫的涉及全欧安全的议题,其他的事情则交给成员国去处理,这是一种现实的、分工明确的欧盟发展策略。第五种是"抱团做更多":这是最乐观的一种前景,成员国愿意在经济、政治、安全等所有领域推进一体化,共享更

---

① European Commission, "White Paper on the Future of Europe: Reflections and Scenarios for the EU27 by 2025", COM (2017) 2015, March 1, 2017, https://ec.europa.eu/commission/white-paper-future-europe-reflections-and-scenarios-eu27_en.

多权利、资源和决策,欧盟将在世界舞台上以一个声音发声,欧洲议会对欧盟与其他经济体达成的贸易协议拥有最终的决定权。

欧盟委员会主席容克 2017 年 9 月 13 日在位于斯特拉斯堡的欧洲议会发表了年度"盟情咨文",阐述了欧盟委员会未来 16 个月的工作重点,并提出了他个人关于欧盟未来的设想,具体规划有异于《欧盟的未来白皮书》中的五种前景,所以可称之为欧盟未来发展的"第六种方案"。容克方案的主要目标是按照"自由、平等和法制"三原则,建设更团结、更强大和更民主的联盟。具体内容包括:加强对外部边界的管控,在保加利亚和罗马尼亚立即实施申根区的自由流动原则;一旦克罗地亚符合所有标准,将被正式吸收为申根成员国;帮助所有的欧盟成员国加入欧元区,使欧盟真正成为单一货币的联盟;鼓励所有的成员国加入欧洲银行业联盟,团结一致,风险共担。此外,他还明确表示,在他担任欧盟委员会主席期间,欧盟不会再扩大,土耳其在可预见的未来不可能加入欧盟。在机构改革方面,容克提议为了提高效率,将欧盟委员会主席和欧洲理事会主席两个职位合二为一;为了强化经济与货币联盟,容克支持欧盟设立一个经济和财政部长,以促进和支持成员国的结构性改革;为了降低决策难度,容克还提议在涉及财税和外交政策时,将一致通过原则改为特定多数表决方式。①

但容克的规划在欧盟内并未得到广泛支持,合并欧盟委员会主席和欧洲理事会主席两个职位被认为"过于理想化",欧元区扩大的时间表也遭到了欧元区主席以及欧盟委员会财政委员的反对,他们严肃指出非欧元区的欧盟成员国如欲加入,必须满足货币联盟的经济准入条件,否则会威胁到欧元区的经济稳定。②

欧盟经济持续复苏,经济增长率连续两年超过美国,失业率创下 9 年来

---

① European Commission, "President Jean-Claude Juncker's State of the Union Address 2017", Brussels, 13 September 2017, http://europa.eu/rapid/press-release_SPEECH-17-3165_en.htm,访问时间:2018 年 1 月 2 日。
② Eric Maurice, "Juncker's Eurozone Vision Raises Doubts", *EU Observer*, Sep. 15, 2017, https://euobserver.com/institutional/139031.

的最低点。好转的经济为欧盟提供了改革和深化一体化的"机会之窗",但是欧盟各成员国之间的团结程度却因民粹主义思潮的兴起降到了历史低点,特别是中东欧国家与西欧国家之间的价值观差异越来越大,政策分歧明显增多。波兰、匈牙利、捷克强行抵制欧盟难民配额分配政策,反对"多速欧洲"发展理念,强调成员国的决策自主性。欧盟委员会就难民问题将匈牙利和斯洛伐克诉上了欧洲法院,9月欧洲法院判决两国败诉,斯洛伐克勉强履约,但匈牙利仍坚决不从。2017年12月,欧盟与波兰的矛盾升级,欧盟委员会认为波兰的司法改革"严重违反法治原则",前所未有地建议欧盟理事会启动《里斯本条约》第七条,暂停波兰的表决权,对波兰实施纪律处分。欧盟内部的东西方裂痕在2017年也没有弥合,这已成为欧洲一体化的最大阻碍。

2017年,法国新任总统马克龙陆续发出积极支持欧盟改革的"强音",9月26日他在巴黎索邦大学发表了他的"欧洲梦"演讲。他宣称,"时代催促我们,我们唯一的回答就是果敢,以唤醒沉睡的欧洲"。为此,他提出了从防务到经济,从税务到教育,一系列、全方位的欧盟发展倡议。他鼓励欧盟不要惧怕"多速",声称要重塑"新型法德关系"。他称欧洲面对中国或美国,若想生存下去,若想顶住民粹主义政党传播的"蒙昧主义",欧洲别无选择,只能大踏步地前进。① 但是很明显,在当下的欧洲格局中,没有德国的支持,仅靠法国,是无力带动欧洲一体化前进的,而德国2017年受困于大选后的组阁危机,内部政治尚未理顺,所以没有办法有效回应马克龙和容克、图斯克的欧洲倡议。这也是2017年欧盟虽做了充分的"反思"和计划,却没能设计出具有实质意义的欧盟路线图的重要原因。对于欧盟委员会提出的六种欧盟未来前景,2017年欧盟并未做出决断性选择。

## 二 欧盟与大国关系

特朗普当选美国总统使欧美关系跌入了"冰点"。2003年小布什发动伊

---

① Eric Maurice, "Macron Seeks Far-reaching EU Overhaul", *EU Observer*, Sep. 26, 2017, https://euobserver.com/institutional/139164.

拉克战争曾导致跨大西洋两岸相互指责,之后欧美关系一路回温,在奥巴马两任美国总统期间相当和谐,但2017年大西洋上寒风劲吹,欧美关系进入二战结束以来最动荡的时期。美欧双方在价值观、经贸、安全和全球治理等诸多领域都存在很大的认知差异和政策分歧。

价值观方面,特朗普大张旗鼓地提出了"美国优先",闭口不谈提供"国际公共产品",总是强调美国在现有国际秩序中"吃亏",不认可二战以来美国自己主导建立、美欧共同倡导的自由国际秩序。2017年12月特朗普高调推出了他的首份《美国国家安全战略》,提出要以"有原则的现实主义"为外交指导方针。所谓"美国优先",就是凡事以美国的国家利益为重;所谓"有原则的现实主义",就是"以结果而非意识形态为导向",采用实用主义态度处理世界事务,"民主、自由、人权"等西方价值观只是美国保卫自己"主权"的工具,而非目的。① 美国非常直白地向世界表明:它的外交是要竭力为自己谋利。这与欧洲的主流意识形态和世界观不符,同欧盟坚持的多边主义自由国际秩序理念相悖。此外,特朗普还经常对英国脱欧政党和反全球化、反欧盟的欧洲民粹主义者表示支持,这些都激起了欧洲主流政党和政治人物的极大反感。

经贸方面,奥巴马时期欧美之间雄心勃勃,意在构建世界上规模最大、程度最深的自由贸易区,引领新一代世界贸易谈判潮流的"跨大西洋贸易与投资伙伴关系协定"(TTIP)谈判已经无人再提。由于特朗普主张通过双边谈判解决贸易问题,因此欧盟委员会贸易委员马尔斯特罗姆表示TTIP即使"没死",也处在"冰封状态"。②

安全方面,特朗普曾指责"北约已经过时",欧盟是"德国主导"。2017年中的北约峰会上,特朗普一再催促北约成员国增加军费尽快达标,

---

① "National Security Strategy of the United States of America", White House, December 2017, https://www.whitehouse.gov/wp-content/uploads/2017/12/NSS-Final-12-18-2017-0905-2.pdf.
② Donna Rachel Edmunds, "TTIP 'Dead and Buried' as Trump Moves towards Bi-lateral Trade", Breibart, Jan. 24, 2017, http://www.breitbart.com/london/2017/01/24/ttip-dead-buried-trump-moves-toward-bi-lateral-trade/.

并且刻意不提北约共同防务第五条,即美国承担保卫盟国安全的义务,这些都令欧洲国家不快和担心。

全球治理方面,美国在2017年相继宣布退出气候变化《巴黎协定》、联合国教科文组织和《全球移民协议》,不遵守美国减少排放温室气体的承诺,不缴纳联合国教科文组织会费,不再接收联合国难民署安排的难民,这些举动遭到了珍视国际多边机制的欧盟和欧洲国家的极力反对。此外,特朗普与欧洲国家领导人之间没有建立良好的私人友谊,双方的化学反应只能用"糟糕"来形容。

欧盟与俄罗斯在2017年关系依旧紧张。因乌克兰局势未能缓和,欧盟认为俄罗斯没有完全执行《明斯克协议》,所以继续对俄实施经济制裁。欧盟首脑会议两次做出延长制裁的决定,第一次为6个月,第二次为1年,直至2018年6月23日。政治方面,法国和英国指责俄罗斯干涉法国大选、对欧洲进行网络攻击:2017年5月经过惊心动魄的历程,出人意料当选法国总统的马克龙公开批评"今日俄罗斯"电视台(RT)和俄罗斯卫星通讯社(Sputnik)在法国大选中散播对他不利的假新闻,并形容它们是"骗人的宣传机关"。英国首相特蕾莎·梅在访问波兰时称,英国非常关注俄罗斯把信息作为"武器"的举动,并认为俄罗斯在一些地区"散布虚假消息"。对于上述欧洲国家领导人对"假新闻"的指控,俄罗斯方面多次表态,予以否认和驳斥。

## 三 欧盟与世界其他地区的关系

欧盟2017年积极与美国、中国和俄罗斯之外的世界其他地区商签自由贸易协定,维护其经济全球化和自由贸易"领导者"的形象。"欧盟-加拿大自由贸易协定"(CETA)于2016年签署,2017年9月正式开始实施。欧盟与日本在2017年7月就"欧日经济伙伴关系协定"(EPA)达成框架性协定,12月双方同时宣布达成最终协定,协定将于2019年开始实施。由于欧盟和日本经济总量加在一起,占到世界经济总量的近1/3,达到21万亿美元GDP,涉及人员6.38亿人,所以具有较为重要的世界意义。2017年欧盟还紧锣密鼓地与墨西哥谈判更新双边自由贸易协定,同南方共同市场商谈签署自由贸易协定，并且提议与澳大利亚和新西兰开展新的自由贸易协定谈判，这些均取得了很大进展。但是，欧盟领导人有关贸易的理念已经有所变化，他们对"自由"的界定变得更加自利，如欧盟委员会主席容克所说：欧洲对贸易是开放的，但必须是互惠的，"我想再说一次，我们不是天真的自由贸易伙伴。欧洲一定要捍卫战略利益"。

在中东北非地区，欧盟的外交政策趋于实用，对叙利亚等热点问题的关注度下降，外交"浪漫主义"退潮。2017年6月，新当选的法国总统马克龙宣布：就叙利亚问题，法国不再以叙总统巴沙尔·阿萨德为首要目标，而是专注于彻底铲除恐怖组织，并希望帮助叙实现和平和稳定。8月，法国内政部部长热拉尔·科隆说，法国在海外的军事干预使法国面临遭到"伊斯兰国"激进分子袭击的危险，这等于变相承认法国在利比亚和叙利亚"犯下了错误"。德国总理默克尔在2017年新年讲话中表示"恐怖主义是德国面临的最大考验"。英国首相特蕾莎·梅"内务缠身"，一边忙于英国脱欧事宜，一边同工党以及自己保守党内的力量进行政治博弈（而且她错误地在2017年6月举行新大选，置自己和保守党于危险境地），同时还需应对接二连三发生的恐怖袭击，疲于奔命，无暇他顾，丧失了对外干预的热情。整个欧盟的外交政策都出现了"内向化"的趋势，对中东北非地区和叙利亚局势更多的只是"关照"，出于维护自身安全和在源头拦阻难民流向欧洲的考虑，提供人道主义援助和辅助美军打击"伊斯兰国"。欧盟更想扎紧边境管控的篱笆，同土耳其和北非国家合作，阻止非法经济移民偷渡地中海进入欧盟。卡扎菲的利比亚原本是阻挡撒哈拉以南非洲国家移民为改善经济收入横渡地中海偷渡欧盟的屏障，但现在卡扎菲"斯人已去"，欧盟只得吞咽自己酿就的苦果，自己动手来"承担"卡扎菲的职责。2017年3月的欧盟马耳他峰会上，欧盟领导人决定强化与利比亚当局的合作，训练、武装和支持利比亚海岸警卫队，努力摧毁偷渡组织者的商业模式，改善利比亚沿海地区的社会经济条件，其目的都是减少从利比亚偷渡到意大利的移民数量。

# 国别与地区篇

Regional and Country Reports

## B.7 英国大选与脱欧谈判进程及其多重影响

李靖堃*

**摘　要：** 2016年6月，英国公投脱欧。经过国内相关各方长达9个月的博弈，英国政府最终于2017年3月29日正式向欧盟递交了脱欧申请。6月19日，英国与欧盟正式开启脱欧谈判。谈判进程一波三折，在多次陷入僵局后，2017年12月，英国与欧盟宣布双方达成第一阶段协议，并将于2018年3月开启第二阶段谈判。脱欧对英国的内政外交均产生了深远影响。从国内来看，6月初的议会提前选举给政党政治格局带来了新的变化，同时也暴露了英国选举制度的弊端。此外，脱欧还进一步加剧了国内的政治和社会分裂。在国际舞台上，英国力图打造"全球英国"，并以此为基础重塑英国的外交理

---

\* 李靖堃，法学博士，中国社会科学院欧洲研究所研究员，欧洲政治研究室主任。

念和外交政策。

**关键词：** 英国大选　脱欧谈判　全球英国

2016年6月，英国公投脱欧。经过国内相关各方长达9个月的激烈辩论和博弈，甚至"对簿公堂"，英国政府最终于2017年3月29日向欧盟递交了脱欧申请，启动《欧洲联盟条约》规定的退出程序。6月19日，英国与欧盟正式开启谈判。如果谈判顺利，英国则将于2019年3月29日子时退出欧盟。此前，英国提前举行议会选举，保守党未能取得预期中的胜利，被迫在北爱尔兰民主统一党的"政治支持"下组成少数政府。英国与欧盟已于2018年3月开启第二阶段谈判，主要涉及"过渡期"安排与双方未来的关系。无论最终谈判结果如何，脱欧都将对英国的内政外交产生深远影响。

## 一　英国大选与政党政治格局的新变化

2017年4月18日，英国首相特雷莎·梅毫无征兆地宣布6月8日提前举行议会选举。此届议会任期原本到2020年5月结束，尽管梅并不愿意提前举行大选，但她认为这是在脱欧谈判期间确保英国的明确性和稳定性的唯一途径。① 她的另一个目的是通过大选"名正言顺"地成为英国首相，以此巩固自己在保守党内的地位，减少脱欧谈判过程中的阻力。此前的民调也的确给了保守党极大的信心：它的支持率在2017年4~5月一直领先工党20个百分点，虽然后来两党之间的差距有所减小，但大选前最后一轮民调仍然

---

① 《英国议会下院批准提前大选，各政党展开竞选活动》，新华网，http://news.xinhuanet.com/world/2017-04-20/c_129556086.htm。

显示保守党比工党的支持率多10%~12%。① 而且，向来被视为大选"风向标"的地方选举（2017年5月）结果②也有利于保守党：它取得了金融危机以来地方选举中的最好成绩，总共获得1899个议席，比上一次增加了563席，在英格兰的得票率高达46.5%。而工党获得1152个席位，比上一次减少了382席，在英格兰的得票率为19.9%。

但是，与2015年的议会选举和2016年的脱欧公投如出一辙，选民又一次跟政治家"开了个玩笑"，此次大选的最终结果与民调相距甚远。

在此次大选中，尽管保守党取得了1983年以来的最好成绩，得到了42.3%的选票，但仅获得317个议席（比2015年减少了13个议席），未达到半数；工党获得了40%的选票（2001年以来的最高得票率）、262个议席（比2015年多30个议席）。从其他政党的情况来看，自由民主党尽管获得的议席数比2015年增加了4个，但仍比2010年巅峰时期少了45席；苏格兰民族党尽管还是苏格兰最大的政党，但它获得的议席数比2015年减少了21个；以英国脱欧为唯一宗旨的独立党仅获得了1.8%的选票（2015年为12.6%），没有进入议会。

大选结束后，人们讨论最多的问题是英国政党政治格局的变化情况。从选举结果来看，保守党和工党的得票率相加超过了80%，是1970年以来比例最高的一次，同时也是1974年以来两党得票率最接近的一次。有评论认为，这意味着英国已经回归两党制。③ 众所周知，英国是一个典型的"两党制"国家，20世纪50~60年代，工党和保守党的得票率总和一直保持在90%左右，但1970年以后不断下滑，2005~2010年的三次选举均不足70%。特别是金融危机之后，苏格兰民族党、自由民主党和英国独立党等小党的支持率迅速上升，曾经一度对两党制构成严重威胁，甚至有人认为英国

---

① 此数据来源于英国各大媒体的综合报道，不再一一列明出处。
② 地方选举数据来自Wikipedia，"United Kingdom Local Elections, 2017"，https://en.wikipedia.org/wiki/United_Kingdom_local_elections,_2017。
③ 理查德·桑德斯：《脱欧对英国政党政治的影响》，载王展鹏主编《英国发展报告（2016~2017）》，社会科学文献出版社，2017，第21页。

正在向"三党制"或者至少是"两个半政党制"发展。但也有评论并不认同英国正在回归两党制的观点①,认为此次大选有着"脱欧"这一特定背景,因此不能仅凭一次选举结果就仓促做出结论。对于英国政党政治的未来走向,还需要进行更长时间的观察。

在此次选举中,英国选举制度的弊端和悖论也再次显现:尽管两大党的得票率大幅增加,但都没能获得议会多数,从而引发了人们对选举制度本身的批评。最有代表性的观点认为,英国的投票制度诞生于19世纪,但今天的选举模式已经发生了巨大变化,这一体系不再能适应时代的发展。② 特别是根据现行选举制度,很多小党的选票并不能有效转化成议席,因而造成了民意代表性的不足和严重不成比例。例如,在此次选举中,英国独立党获得了1.8%的选票,但没有获得议席;民主统一党和新芬党分别获得了0.9%和0.7%的选票,得到了10个和7个议席。

另外,此次大选还表明,英国政治出现了向"极端化"发展的趋势,"共识政治"则越来越弱。③ 在竞选中,保守党和工党的竞选纲领都更加旗帜鲜明,两党政治意识形态的对立也越来越突出,竞选中的宣传更加明显地以"拉拢"处于政治"两极"的选民为主要目的:梅主打"硬脱欧",而科尔宾则提出了反对紧缩政策和提高福利待遇等主张。这与之前两党的政策纲领都越来越向中间靠拢、更多以拉拢中间派选民为目的的做法恰恰相反。

## 二 脱欧谈判进程及前景展望

在举行了脱欧公投之后,经过国内各派力量长达半年左右的艰难博弈,

---

① Oliver Heath and Matthew Goodwin, "The 2017 General Election, Brexit and the Return to Two-party Politics: An Aggregate-Level Analysis of the Result", https://ukandeu.ac.uk/wp-content/uploads/2017/08/The-2017-General-Election-Brexit-and-the-return-to-two-party-politics.pdf.
② Darren Hughes, "A Return to Two-party Politics? Don't Believe It", http://www.democraticaudit.com/2017/06/13/a-return-to-two-party-politics-dont-believe-it/.
③ The Week, "Britain's Return to Two-party Politics", http://www.theweek.co.uk/general-election-2017/85345/britains-return-to-two-party-politics.

英国首相特雷莎·梅2017年1月在伦敦兰卡斯特宫发表演说,首次给出较为明晰的"脱欧路线图",明确了"硬脱欧"方案。她特别指出,英国不会采取其他国家已有的与欧盟的关系模式,既不会成为欧盟的"部分"成员,也不会是其"联系国",不会"部分离开,部分留下"①,而是完全离开。其中包括退出单一市场和关税同盟、与欧盟谈判新的自由贸易协定、结束自由流动原则,以及结束欧洲法院在英国的司法管辖权。但她也指出,英国虽然退出欧盟,但并非离开欧洲。英国仍将与欧盟保持良好关系,即一种"新的、积极和建设性的伙伴关系"。2月2日,英国议会发布了《脱欧白皮书》,列明了英国在脱欧谈判中将遵循的12项原则,包括限制移民、保护劳工权益、与欧盟达成自由贸易协定等。

2017年3月29日,英国向欧洲理事会主席图斯克递交了由首相特雷莎·梅亲笔签署的退欧信函,正式启动《欧洲联盟条约》第50条规定的退出程序,这样,英国成为欧洲一体化历史上第一个寻求退出的成员国。3月30日,英国政府发布了《大废除法案白皮书》,宣布废除1972年《欧洲共同体法令》,并将欧盟法转化为国内法,同时在两年内对相关法律做出适当修订。

6月19日,在脱欧公投举行将近1年之后,英国和欧盟正式开启脱欧谈判。谈判分两个阶段进行,即先解决现有的一些遗留问题,然后就双方未来的关系达成协议。第一阶段要解决的三个重点事项为公民权利(在英国的欧盟公民的权利和在欧盟的英国公民的权利)、财政安排(英国尚未付清的预算摊款)和与爱尔兰的边界问题,并成立了三个小组分别讨论这些事项。

谈判过程一波三折,并数次陷入僵局。2017年12月8日,英国与欧盟宣布就第一阶段谈判达成协议,欧盟委员会指出双方在上述三个关键问题上都取得了"充足的进展"。总体上看,英国做出了很大让步:它预计将向欧盟支付400亿~500亿欧元的"分手费";保证不在爱尔兰与北爱尔兰之间设置海关或边境检查等"硬边界";在英国的欧盟公民可申请永久居留,同

---

① The Telegraph, "Theresa May's Brexit Speech in Full", http://www.telegraph.co.uk/news/2017/01/17/theresa-mays-brexit-speech-full/.

时也可以按照欧盟的规定将在英国缴纳的社保转移到其他国家，或者在英国申请领取社会福利。欧盟27国领导人在随后举行的峰会上批准了第一阶段协议，同时发布了第二阶段谈判指导方针。在该阶段，双方将就英国脱欧后的"过渡期"安排以及未来英欧关系的整体框架达成协议。除经贸领域，该阶段的谈判内容还将包括双方在外交、安全和防务等领域的未来合作问题。

展望未来，第二阶段的谈判将更加艰难，障碍不仅来自英国国内，也来自欧盟方面。

第一，在英国国内，特别是在执政党保守党内部，对于是采取"软脱欧"方案还是"硬脱欧"方案始终没有达成共识，以财政大臣哈蒙德为首的"软脱欧"派和以脱欧大臣戴维斯、外交大臣约翰逊为首的"硬脱欧"派始终各执一词，导致英国政府的脱欧政策一直摇摆不定。因此，保守党内部对于未来究竟与欧盟采取哪种模式的贸易关系也没能达成一致，一些成员要求保证英国拥有"规制自主权"（regulatory autonomy），特别是"硬脱欧"派担心如果做出过多妥协，会妨碍英国未来自主决定贸易规制的权力，以及英国与欧盟以外的其他国家签署贸易协定的自主性。

第二，保守党在议会不占多数，需要依靠北爱尔兰民主统一党的政治支持。而民主统一党最关心的是英国与爱尔兰的边界问题。它既反对在北爱尔兰与爱尔兰之间设置"硬边界"，也反对在北爱尔兰与英国的其他部分之间采取有差别的贸易规制原则，因为它担心这有可能最终造成北爱尔兰在经济上和"象征意义上"从英国分离出去。在谈判的第一阶段，民主统一党就是在最后时刻否决了梅提出的仅在北爱尔兰和爱尔兰之间维持"规制联盟"（regulatory alignment）的建议，梅不得不承诺未来这一"规制联盟"将涵盖整个英国，而不仅仅是北爱尔兰。为了继续获得民主统一党的政治支持，梅也许不得不需要在与欧盟的贸易关系上做出更多妥协，但这又有可能激发"硬脱欧"派的反对，为未来增添变数。

第三，2017年12月13日，英国议会以微弱多数通过一项修正案，规定英国政府与欧盟达成的脱欧协议须经议会表决通过后才能签订。而欧盟下一阶段的指导方针指出，只有在英国落实第一阶段谈判协议后，且只有在协议内容成

为具有约束力的法律条款之后,双方第二阶段的经贸谈判才有可能取得进展。由于保守党在议会不占多数,第二阶段的谈判能否顺利开启也成为未知数。

第四,欧盟方面也存在着不确定性,特别是不同成员国之间对于与英国达成何种协议存在分歧,因为每个国家的利益侧重点不同,与英国在不同领域的关系也不同。总之,正如德国总理默克尔所指出的,第二阶段的谈判可能更加复杂和困难。①

## 三 脱欧对英国内政外交的多重影响

无论英国最终将与欧盟达成什么样的协议,脱欧无疑对英国产生了多重影响,不仅导致其国内政治和社会分裂加剧,而且将重塑英国的外交理念和外交关系。

### (一)国内政治和社会分裂加剧

首先,脱欧加剧了政党内部和政党之间的裂痕,这首先体现在保守党内部,不仅"脱欧派"和"留欧派"之间矛盾激化,而且"软脱欧"和"硬脱欧"这两个派别之间也存在冲突。而在工党内部,一部分党员指责领袖科尔宾在脱欧问题上态度不够坚决,再加上其他一些问题,导致工党内部分裂成几个不同的派系。与此同时,脱欧还加速了保守党与工党"共识政治"的终结。自始至终,"欧洲"在英国的政治中就是一个棘手"问题",对于保守党而言尤其如此。

其次,国家统一再次受到威胁,特别是苏格兰。2017年3月28日,苏格兰议会通过了举行第二次独立公投的动议;31日,苏格兰民族党领袖斯特金正式致函英国政府,要求再次举行独立公投,但首相特雷莎·梅明确拒绝在英国正式退出欧盟之前举行公投。斯特金对此做出了强硬回应,她指出

---

① Jennifer Rankin,"Brexit Trade Talks Will Be More Complicated Than First Phase, Says Merkel", https://www.theguardian.com/politics/2017/oct/20/brexit - trade - talks - more - complicated - than - first - phase - angela - merkel.

如果苏格兰民族党在大选中胜出，则"没有任何力量"能够阻止苏格兰举行独立公投。在大选中，苏格兰民族党获得的议席数比2015年减少了21席，斯特金6月底宣布暂时搁置新的独立公投计划，但由于苏格兰民族党仍为该地区第一大党，因此并不能排除其再次寻求公投的可能性。而在北爱尔兰，呼吁北爱尔兰脱离英国的新芬党在2017年3月举行的地区议会选举中成为第二大党，仅比民主统一党少1个议席，6月的全国大选再次巩固了它的地位（获得7个议席）。这样一种情况使新芬党在政策的推行和实施方面少了诸多掣肘，即使无法推动"脱英"公投，但至少有可能提升北爱尔兰分离势力的影响力。

最后，在社会领域，种族主义和狭隘民族主义情绪有明显的上升和激化迹象。特别是在公投刚刚结束之后，英国的种族犯罪事件达到了历史最高纪录：2016年7~9月有14295起，比2015年同期增加了3000多起[①]，达到了2012年以来的新高，这在英国这样一个历史上排外情绪并不严重的国家并不多见。其中，中东欧国家的移民首当其冲，如发生了多起针对波兰人社区的种族歧视事件。

除对外来移民的仇视之外，脱欧还引发了"留欧派"和极端"脱欧派"之间的严重对立，甚至暴力。以吉娜·米勒（Gina Miller）为首的一些企业家曾向英国高等法院起诉，认为英国政府在脱欧前应首先获得议会的批准，她为此曾经多次遭到死亡威胁。2017年8月，有贵族头衔的罗德里·菲利浦斯（Rhodri Colwyn Philipps）被判处监禁12周，因其在网上发帖，悬赏5000英镑杀死米勒。对"米勒案"做出判决的3名法官也被一家报纸称为"人民的敌人"。[②] 新纳粹组织"国家行动"（National Action）甚至公开支持公投前夕刺杀"留欧派"工党议员乔·考克斯（Jo Cox）的汤姆斯·梅尔（Thomas Mair）。

---

① "UK: Hate Crime 'at Record Levels' After Brexit Vote", http://www.aljazeera.com/news/2017/02/uk-hate-crime-record-levels-brexit-vote-170215123414863.html.
② Alastair Sloan, "Brexit Britain: A United Kingdom of Hate and Denial", http://www.aljazeera.com/indepth/opinion/2017/08/brexit-britain-united-kingdom-hate-denial-170815124057365.html.

综上,脱欧加剧了英国政治和社会领域的各种矛盾和冲突,导致产生不稳定局势的风险增加。

### (二)以"全球英国"理念为基础打造外交政策

英国脱欧公投之后,以特雷莎·梅为首的保守党和英国政府希望以"全球英国"理念为核心,将英国重新打造为"全球性大国"。

2016年7月,在脱欧公投举行1个月之后,外交大臣约翰逊在访问联合国时首次提出"全球英国"这一概念。他声称,脱欧并不意味着英国要走向孤立主义,相反,"英国在国际舞台上将比以往更加外向、积极,更富活力、热情并信守承诺"。[1] 在2016年10月的保守党年会上,特雷莎·梅发表了演说《全球英国:让英国脱欧获得成功》[2],首次明确提出"全球英国"理念,指出英国是全球性大国,不会因脱欧在国际事务上走向内视或封闭,反而会超越欧洲一体化模式的束缚,在更广阔的平台上加强与欧洲大陆以外的国家开展深度经济与外交合作的能力,并进一步推动全球贸易和市场开放。2017年1月,梅对驻英外国使节发表了题为"脱欧方案"的演说[3],强调要成为一个"真正全球化的英国"、一个"伟大的全球贸易国家"(a great, global trading nation)。2017年5月,国际贸易大臣福克斯进一步阐述了"全球英国"的含义:"视野开阔,秉持国际主义,拒绝岛国心态,继续在全球事务中扮演重要角色。"[4] 与此同时,工党也逐渐认可了

---

[1] Mail Online, "UK's Johnson Says Britain Wants Greater Role on Global Stage", http://www.dailymail.co.uk/wires/ap/article-3704159/UKs-Johnson-says-Britain-wants-greater-role-global-stage.html.

[2] The Independent, "Theresa May—Her Full Brexit Speech to Conservative Conference", http://www.independent.co.uk/news/uk/politics/theresa-may-conference-speech-article-50-brexit-eu-a7341926.html.

[3] Theresa May, "The Government's Negotiating Objectives for Exiting the EU", https://www.gov.uk/government/speeches/the-governments-negotiating-objectives-for-exiting-the-eu-pm-speech.

[4] Liam Fox, "Malaysia and Britain: Partners in a Post-Brexit World", https://www.gov.uk/government/speeches/malaysia-and-britain-partners-in-a-post-brexit-world.

"全球英国"这一理念,并将其写入了竞选纲领,从外交、国防和发展三个方面提出了较为系统的目标和政策路径。① 至此,"全球英国"成为英国两个主要政党对未来外交理念的基本共识。

具体而言,"全球英国"理念包括以下几个方面的内涵:第一,英国未来的定位是"全球性大国",并将以其经济实力、投资、科研、军事、外交和软实力为基础,尤其是其联合国安全理事会常任理事国的地位,在国际秩序中发挥"核心"作用。第二,重视经济外交,特别是自由贸易,希望超越欧盟规制的限制,与更多国家开展自由贸易。为此,英国政府专门成立了国际贸易部,并与12个国家建立了双边工作组,即美国、中国、印度、墨西哥、澳大利亚、韩国以及海湾阿拉伯国家合作委员会6个成员国。第三,借助其军事实力(特别是核大国身份),在全球安全事务中扮演重要角色,特别是在打击恐怖主义与极端主义方面积极推动国际社会采取实质性行动。例如在其推动下,2017年二十国集团领导人汉堡峰会发表的声明中增加了打击对恐怖主义的资金支持这一表态。

在双边关系方面,欧洲特别是欧盟仍将是英国最主要的伙伴,尤其是在贸易关系方面。梅多次指出,其首要任务是与欧盟达成"清晰和雄心勃勃的自由贸易协定",让英国和欧盟成员国能够开展"尽可能自由的商品与服务贸易"。英国在欧洲的重点贸易对象国是德国、法国和波兰等国家。除贸易以外,英国还希望与欧盟在法律执行和共享情报、外交事务、共同安全与防务等方面继续开展合作,特别是在打击犯罪和恐怖主义等领域。

英美关系也仍将是英国外交政策的重中之重。在英国离开欧盟后,美国在其外交政策中的地位将有增无减,特别是它将在防务与安全方面加强与美国的合作,同时将更加强调北约在欧洲乃至全球安全中的作用。在贸易方面,美国作为英国最大贸易伙伴国的重要性将更加突出,与美国尽快达成自

---

① Labour, "A Global Britain: Labour will Take All Necessary Measures to Protect the Security of Our Citizens and Country", https://labour.org.uk/issue/a-global-britain/.

由贸易协定对英国意义重大。2017年7月,英美双方启动了贸易与投资工作组的首次会谈。

除欧盟和美国之外,英国未来的其他外交重点一方面是传统的伙伴国家,包括英联邦成员国、中东(特别是海湾国家)和非洲国家等。2017年3月,第一届英联邦国家贸易部长峰会在伦敦召开,与会各方的讨论焦点是如何提升成员国之间的贸易与投资规模。在与中东国家的关系方面,梅在上任后的半年内就两次访问阿拉伯半岛,她还是首位参加海湾合作委员会峰会的英国首相。另一方面,英国则积极拓宽与中国以及其他一些新兴经济体的联系,并将中国等经济体列为与英国签署自由贸易协定的优先国家。

但是,英国想要建成真正的"全球大国"绝非易事,它不仅受制于国内的综合实力,而且将受制于一系列外部因素,特别是失去了欧盟这一能够提升其影响力的重要平台,而美国的政策又很难预料。在这种情况下,"全球大国"也许更多只能是一个难以实现的"梦想"。

# B.8
# 法国政治生活"道德立法"的背景与变革[*]

张金岭[**]

**摘　要：** 2017年法国总统选举运动期间被揭露的诸多腐败问题引发了防治政治腐败的广泛讨论与批评，也直接推动了法国着眼于规范其政治生活而进行"道德立法"。2017年9月颁布的法律文本在禁止国会议员雇佣与其关系亲密的家庭成员、监管其缴税义务、取消国会议员代表津贴与储备金、避免利益冲突、规范政治候选人与政党融资等方面做出了一些新规定。但是，此次修法依然未对某些可能滋生政治腐败的现象予以规范，因此也遭受了很多批评。

**关键词：** 法国　道德立法　政治生活　防治腐败

2017年是法国政治生活发生深刻变化的一个重要转折点。传统的政治格局严重断裂，代表中间派政治力量的"共和国前进运动"（La République En Marche!）获得积极的民意支持，迅猛崛起，而共和党和社会党两大传统政党则失去大量选民的支持，政治力量被逐步边缘化。传统政党遭遇民意支持迅速下跌的背后，潜伏着广大民众对法国政治生活的强烈不满，以及求新求变的渴望。

---

[*] 此文为中国社会科学院欧洲研究所创新工程"欧洲模式比较研究"课题阶段性研究成果。
[**] 张金岭，中国社会科学院欧洲研究所副研究员。

为了净化和规范法国的政治与公共生活，重新凝聚社会团结，马克龙（Emmanuel Macron）在就任法国总统伊始就立即将推进政治生活"道德立法"列为第一要务，迅速着手开展相关立法工作，强化对政治精英的道德要求。新政府成立后不久，时任司法部部长、民主运动党（Modem）领导人贝鲁（François Bayrou）就于2017年6月2日以政府的名义发布了题为《让民主生活重获信任》①的立法草案，从多个方面的制度革新入手，对各级议会议员与高级公务员的政治行为做出了严格限制。

在法国政治格局持续分化与撕裂的情况下，着眼于政治生活进行"道德立法"，以强化对民选代表、高级公务员的道德要求，对于凝聚政治力量、促进社会团结而言是一种积极的努力。就政治生活进行"道德立法"在法国历史上尚属首次，广大民众与社团组织对此项立法所要推进的政治机制改革也充满了期待，并积极建言献策。

## 一 法国政治生活的"道德"危机引发广泛关注

近些年来，在法国各级议会议员、政府高级公务员等政治精英中出现越来越多的腐败问题，引发了广泛的社会不满。民众不但对政治精英大为失望，而且对法国政治体制中所隐藏的诸多滋生腐败的制度也持有强烈的批评态度。

2017年法国总统选举第二轮投票的弃权率为25.44%，是自1969年（31.1%）以来近50年间第二轮投票弃权率最高的一次。这在一定程度上折射出，长久以来法国民众对其政治体制、政治精英大为不满，其政治生态面临着较为严重的信任危机。在"道德立法"草案公布之前，民调机构Elabe于2017年5月开展的一项调查结果显示，76%的法国民众认为诸多政治精英将个人利益置于公共利益之前，持此观点者在国民阵线（Front

---

① Ministère de la Justice, «Moralisation de la vie publique: pour redonner confiance dans la vie démocratique!», http://www.presse.justice.gouv.fr/art_pix/2017.06.01%20_%20Dossier_Presse_moralisationviepublique_web.pdf, consulté le 5 juin 2017.

national）的支持中占比高达 89%，在声称没有政党倾向的民众中占比也高至 83%。① 在广大选民眼中，多数政治精英并不称职，没有兑现自己在政治竞选中的承诺。

在 2017 年总统竞选运动期间，曾经一度被视为法国总统最热门人选的共和党（Les Républicans）候选人、前总理菲永（François Fillon）被爆出"空饷门"，以及国民阵线候选人勒庞（Marine le Pen）向欧洲议会虚构议员助理雇佣合同等腐败丑闻大规模地激起了民愤，进一步引发了选民对法国政治体制的批评，并在很大程度上打击了普通民众对政治精英与传统政党的信任。菲永"空饷门"事件不但导致他的民意支持急剧下跌，被大量选民抛弃，更成为 2017 年法国总统选战的转折点，原本被寄予厚望的共和党最终还是被多数选民所抛弃。在极右翼的国民阵线候选人勒庞再次进入第二轮投票角逐的情况下，依然有大量选民对此无动于衷，选择弃权，这也是这些选民因腐败问题对法国整个政治生活失去信心的表现。

鉴于法国政治体制中存在种种可能滋生特权腐败的问题，对其进行深入改革早已成为某种共识。在 2017 年大选期间，多位候选人提出了就此进行改革的主张。

时任总统候选人之一的马克龙将民主制度革新作为他竞选纲领所提出的六大优先政策领域之一。在他看来，当代法国选民对大量民选代表持有怀疑态度，各级领导人缺乏行政效力，没有责任心，这一状况威胁着法国的民主制度。为此，他主张加强对公共生活道德与责任层面的评判，革新国家层面的代表机制，并旗帜鲜明地提出公共生活"道德立法"② 的口号，赢得了众多选民的热烈支持。

马克龙提出的公共生活"道德立法"，其核心就是以道德标准净化法国的政治生活，进一步规范政治人物与高级公务员的行为。在其竞选纲领中，

---

① 资料来源：Elabe, «La moralisation de la vie politique», https：//elabe.fr/moralisation - de - vie - politique/，访问时间：2017 年 6 月 5 日。
② 参见马克龙参加法国总统选举竞选纲领，https：//storage.googleapis.com/en - marche - fr/COMMUNICATION/Programme - Emmanuel - Macron.pdf，访问时间：2017 年 12 月 1 日。

马克龙已经对一些具体的立法举措与制度改革有了较为明晰的想法,比如禁止政府部长与国会议员(包括国民议会议员和参议院议员)雇佣自己的亲戚或家庭成员,为了避免利益冲突,在其任职期间,他们也不能从事律师等咨询职业;对国会议员的收入征税,并综合考虑他们的所有收入,尤其是任职期间的代表补贴,还禁止他们在同一职位上连任超过三届;将国会议员的退休制度并入一般退休制度,跟其他人员一样;所有政治选举的候选人都不能有任何犯罪记录;等等。

尽管菲永在竞选运动期间身陷"空饷门"的腐败丑闻,但他也在其竞选纲领中提出了着眼于政治生活治理的相关主张,比如不允许国会议员同时兼任多个议会议员职务、建议通过全民公投决定是否减少国会议员数量,等等。①

贝鲁领导的民主运动党同样也倡导通过立法规范法国的政治生活,该党与马克龙领导的"共和国前进运动"在2017年法国大选期间曾达成合作协议,而就政治生活进行"道德立法"正是两个政党合作的政治基础之一。另外,在马克龙当选总统后,贝鲁也被委以重任,作为司法部部长担纲立法工作。

就在新政府成立后不久,"道德立法"草案正在酝酿并即将出台之际,时任地方协作部部长费朗(Richard Ferrand)也因被媒体曝出之前有过严重的腐败问题而接受调查。一时间,急切期待平稳开局的新总统马克龙和新总理菲利普(Édouard Philippe)面临着重要考验。

## 二 "道德立法"推进法国政治生活机制改革

综合来看,法国政府提交给国民议会和参议院讨论的政治生活"道德立法"草案中所提出的政治机制改革的具体举措基本上保留了马克龙此前在其竞选纲领中所提建议的核心内容,但也根据广泛征求的民意诉求进行了

---

① 参见菲永参加法国总统选举竞选纲领:《Mon projet pour la france》,www.fillon2017.fr,访问时间:2017年5月3日。

调整。

该草案进一步明确了此次立法的三重目标：一是"禁止"，禁止各级议员与高级公务员的某些行为，防止腐败；二是"透明"，促进政治生活更加透明、廉洁；三是"多元"，保证政治生活具有多元性，打破部分政治精英的垄断。与此同时，此次改革还提出在三个层面上推动立法：一是颁布一项普通法律，将上述三重目标所涉具体举措在法律层面明确下来；二是推出一项组织法；三是对宪法进行修订，进一步巩固在更高层面上对法国政治生活的规范。另外，立法草案不仅涉及对各级议员、政府官员的政治与法律约束，亦有对普通公民在政治参与方面的行为规范，草案一视同仁，以期全面预防政治生活的腐败问题。

基于广泛的民意支持与政治共识，"道德立法"草案在国民议会、参议院、宪法委员会等机构的立法程序进展较为顺利，也比较迅速。经过几轮在国民议会和参议院的审读与辩论，2017 年 8 月初，议会两院先后分别批准通过了普通法和组织法。① 在宪法委员会于 2017 年 9 月 8 日正式批准立法法案后，总统马克龙于 9 月 15 日签字颁布了相关法律条文，诸多新规正式实施。② 这两部法律的颁布是此次"道德立法"的第一步，未来第二步将是就此议题对法国宪法进行修订。从正式颁布的法律文本来看，落实到法律层面的改革举措主要包括以下几个方面。③

（1）新法规定，参加总统选举的候选人除了申报其资产外，还要申报

---

① 此外，早在 2017 年 6 月 14 日，法国政府曾经颁布过一项涉及总统与政府成员雇佣工作助理的法令，上述两部法律与此法令在内容上互为补充。
② 资料来源：http://www.assemblee-nationale.fr/15/dossiers/retablissement_confiance_action_publique.asp#ETAPE358242，访问时间：2017 年 6 月 5 日。
③ 资料来源：LOI n° 2017-1339 du 15 septembre 2017 pour la confiance dans la vie politique，https://www.legifrance.gouv.fr/eli/loi/2017/9/15/JUSC1715753L/jo, consulté le 31 décembre 2017；LOI organique n° 2017-1338 du 15 septembre 2017 pour la confiance dans la vie politique，https://www.legifrance.gouv.fr/affichTexte.do?cidTexte=JORFTEXT000035567936&dateTexte=&categorieLien=id, consulté le 31 décembre 2017；http://www.vie-publique.fr/actualite/panorama/texte-discussion/projet-loi-organique-projet-loi-ordinaire-retablissant-confiance-action-publique.html，访问时间：2017 年 12 月 10 日。

其拥有股权的情况与经济业务活动等。同时，法国公共生活透明度高级监察局（Haute Autoritute ur la transparence de la vie publique，HATVP）会在总统任期结束后对其任职期间的财产变化进行审查，并发布公告。

（2）禁止政府成员、国会议员和地方议会议员雇佣与其关系亲密的家庭成员，这些成员涉及他们的配偶（以及配偶的父母、兄弟姐妹与子女）、父母、子女、兄弟姐妹及其配偶与子女、祖父母与外祖父母、孙辈后代等。在政府成员与各级议员上任后，他们所在机构必须及时向公共生活透明度高级监察局报备上述情况。若违犯相关规定，当事人不但会失去任职资格，而且将被罚处三年监禁，以及45000欧元的罚金。同时，新法还专门在法律上明确了"国会议员助手"的法律地位。一项民意调查显示，对于禁止各级议员和政府部长雇佣其亲属的改革，91%的受访者表示支持，其中65%完全支持。[1]

（3）国会议员必须在任期伊始证明自己履行了缴税义务。税务部门会在议员上任后的第一个月内向议员本人及其所属的国民议会或参议院转递一份有关当事议员是否履行纳税义务的证明。

（4）取消国会议员的代表津贴（indemnité représentative），他们在任职期间因履职所发生的费用只能凭票据报销。取消议员储备金（réserve parlementaire）制度，国会议员所拥有的发放公共津贴的特权被取消。在立法草案中，原本也要取消政府各部的储备金（réserve ministérielle），但宪法委员会没有同意，原因是为了防止权力分隔。

（5）为了避免利益冲突，国会议员以个人名义开展咨询活动的可能性在新法中被施以限制。法律禁止国会议员在任职期间从事咨询工作，除非其本人是受到法律或法规监管的或者身份受到保护的自由职业领域内的一员。对此规定，有93%的民众表示支持，其中72%完全支持。[2] 新法还规定，

---

[1] 资料来源：Elabe，《La moralisation de la vie politique》，https://elabe.fr/moralisation-de-vie-politique/，访问时间：2017年6月5日。

[2] 资料来源：Elabe，《La moralisation de la vie politique》，https://elabe.fr/moralisation-de-vie-politique/，访问时间：2017年6月5日。

国民议会和参议院须从各自角度制定预防利益冲突的具体规则，公开登记审查国会议员因有可能处于利益冲突的境地而不能参与的议会工作的事项名单。如此规定实际上是一种议员回避制度，在有关法律草案的表决中，要求利益相关的国会议员回避。公布要求国会议员回避的事项名单可以让全社会充分了解在什么情况下、具体哪位议员必须回避或可不必回避投票，以便起到监督更加公开、透明的成效。

（6）对于参加国民议会与参议院选举的候选人，若出现犯罪或在选举、党派融资、税收等方面有腐败问题，将会被剥夺参选资格。法律还拓展了不具备国会议员候选人资格的规定，犯有道德与性骚扰罪者也不具备参选议员的资格。对于要求政治选举候选人"无犯罪记录"① 的规定，多达95%的民众表示支持，其中81%完全支持。②

（7）法国将动员多方力量加强对政治生活中融资问题的监管。各政党的银行账目将由审计法院进行监管，来自欧洲银行以外的法人机构或党派的贷款将被禁止，个人针对政党的捐赠和贷款也将受到严格的监管和限制。法律还规定，没有法国公民或法国居民身份的人不能为法国的政治生活提供资助。政府将通过选举账目与政治资助监管全国委员会（Commission nationale des comptes de campagne et des financements politiques，CNCCFP）全面介入对政党贷款融资中的各个环节、个人向政党捐款等情况的监管，全面掌握诸多细节。在新法颁布之前，法国政府总体上缺乏对公共财政资助政党的监管，以致某些政党出现了滥用或变通改变公共财政拨款用途的情况，滋生腐败。改革后要施行的新政不但要全面监管政党在资金使用方面的情况，更要对其融资来源进行监管。

（8）新法律为诸多政治选举候选人和政党设立了信贷调解员，以期

---

① 要求政治选举候选人"无犯罪记录"是马克龙在竞选总统期间反复强调的一项立法建议，可惜的是，在政府于2017年6月出台的立法草案中，这一项被删除了。不过，国民议会在第一次审读立法草案时又增加了这一规定，并引入了针对民选代表出现腐败行为进行处罚的新规定。

② 资料来源：Elabe，《La moralisation de la vie politique》，https：//elabe.fr/moralisation - de - vie - politique/，访问时间：2017年6月5日。

通过他们协调候选人、政党与信贷机构之间的对话，协助他们获取合法融资，促进政治生活保持透明、廉洁。从经费资助的角度来看，法国诸多政党的经济能力较为脆弱，且又广受银行影响，即便是政党有偿还能力，银行往往也会出于信誉方面的动机拒绝向他们提供贷款。基于此，法国政府通过公共财政对政党进行资助的力度一直比较大。立法草案曾经提出设立"民主银行"的想法，意在专门面向政党提供政治选举运动期间的贷款。① 照此思路，该银行将挂靠一个公立信贷机构或负责公共服务的机构，政府在向政党提供贷款时，将通过独立程序对政党的偿还能力进行客观评估。通过"民主银行"，政府可以及时监管政党的资金动向，保证流向政党的贷款透明，还可以通过独立程序对政党的偿还能力进行客观评估，并保证政治安全。但是，这一动议并没有写进新法条款之中。

在法国政府于 2017 年 6 月发布的立法草案中，本来还提及了以下诸多改革，可是它们最终均未能被写入正式的法律文本：（1）取消离任总统作为宪法委员会正式成员的资格；（2）政府部长不能兼任地方职务，在被任命部长职务后，他们有两个月的时间在诸多职位之间做出选择；（3）将国会议员的退休制度并入一般退休制度；（4）禁止包括国会议员、地方议会议员在内的各类民选代表在国家层面或地方层面的各级议会（规模特别小的市镇除外）中任期连续超过三届②；（5）国会议员在出现贪污受贿、徇私舞弊、挪用公款、窝藏隐匿、选举舞弊、假公济私、偷税漏税等行为被处以刑罚的情况下，将会在最长可达 10 年的时间里被限制政治权利；（6）取消

---

① Ministère de la Justice, «Moralisation de la vie publique: pour redonner confiance dans la vie démocratique!», http://www.presse.justice.gouv.fr/art_pix/2017.06.01%20_%20Dossier_Presse_moralisationviepublique_web.pdf, consulté le 5 juin 2017.

② 这一动议原本意在推动实现民选代表定期更换，保证政治层面的流动性与多元化。据 Elabe 的民意调查结果，对于禁止国会议员或地方行政机关的主要负责人在同一职位上连任三届的规定，87% 的法国民众表示支持，其中 60% 完全支持。资料来源：Elabe, «La moralisation de la vie politique», https://elabe.fr/moralisation-de-vie-politique/，访问时间：2017 年 6 月 5 日。

专门受理政府部长渎职案的共和国司法法院（Cour de justice de la République）。①

上述诸多改革动议在国会辩论中被否决，最终没有出现在正式颁布的法律文本中，这在一定程度上反映出此次"道德立法"推进的改革并不彻底，依然有很多已经被广泛关注的潜在的腐败问题没有从法律上施以预防，留下了很多明显的漏洞。从另外的角度来看，这也是法国政治生活领域内利益斗争的结果。

另外，值得注意的是，在立法过程中，这部最初被称为政治生活"道德立法"的议案中"道德"一词逐渐被淡化，而被"信任"一词取代，借以强调重塑法国选民对其政治生活的信心。② 不过，"道德立法"的表述依然成为法国坊间很流行的说法，这不但是因为这种形象的说法已经先入为主，也是因为在很多人眼中，比起重新获得选民对法国政治生活的"信心"，他们更加看重新的法律规定对政治精英的"道德约束"。法律法规的约束总是有限的，而严于律己的"道德约束"则能在更大范围内净化和规范政治精英的政治行为，让政治生活更加廉洁。

## 三 针对立法内容的多种批评

"道德立法"的内容是在面向社会各界广泛征求意见的基础上确立的，吸取了来自议员、社团组织等多个渠道的很多建议，法国社会对它的评价总体上比较积极。尽管新法在纠正法国政治生活的诸多腐败问题上做出了很多新的制度性尝试，但是依然面临一些批评，主要是因为很多被认为对法国政治生活有益、中肯、建设性的意见并没有被纳入其中，甚至包括马克龙在其竞选纲领中曾经提及的一些改革动议。

---

① 自1993年设立以来，共和国司法法院因过于宽容而长期备受指责。作为一种特殊的司法制度，该法院在一定程度上纵容了高级公务员的职务腐败与犯罪行为。当然，时任司法部部长贝鲁也曾表示，政府在建议取消该法院的同时也会建立相应的保障措施，以避免出现针对政府部长的过度质疑或将审判工具化以致出现打击报复的现象。

② 正式颁布的立法法案的名称为"政治生活信任法"（LOI n°2017-1339 du 15 septembre 2017 pour la confiance dans la vie politique）。

来自"不屈法国"、法国共产党、共和党、新左翼党等政党的批评也指出，诸多法律规定主要针对的是国会议员，很少涉及行政机关和高级公务员的特权。① 此次立法所涉及的规范对象有些片面，因为诸多条款虽然直面法国政治生活中的很多问题，却也有意避开了某些显而易见的问题。

极右翼政党国民阵线也表示，新法应当对公务人员离开公立部门进入私有企业工作的行为做出禁止，尤其是很多人在高级公务岗位与私有金融部门之间来来往往的行为。国际反种族主义和反排犹主义联盟（Licra）希望，新法应当规定"所有持有种族主义和反犹主义观点、否认纳粹分子对犹太人施行种族灭绝或者歧视同性恋的人，都不能参加法国的政治普选"，但是如此建议也没有被纳入立法草案之中。②

社团组织反腐败协会（Anticor）为政治生活"道德立法"草案的形成提供了很多富有建设性的建议，但是他们提出的建议并没有全部被吸收到立法草案中，其中有一些在他们看来是非常重要的，比如取消行政机关在税收舞弊案中所拥有的裁决权、取消总统和国会议员在任期间的豁免权、延长对隐蔽犯罪行为（比如滥用社会资源）进行追查的时效等，对此该协会深表遗憾。此外，该协会也对关于政治选举候选人须"无犯罪记录"的立法建议没有被写入政府于2017年6月出台的立法草案中颇有不满。③ 尽管法律最终对各级议员的任职资格做出了很多限定，但在法律文本中并没有明确提出要求他们"无犯罪记录"，这也就意味着，现有法律依然为触犯法律的人参选成为某级议会议员留下了空间，为政治人物在腐败犯罪方面进行投机制造了机会。

---

① 资料来源：http：//www.liberation.fr/france/2017/07/26/moralisation－de－la－vie－politique－lavage－express_1586475，访问时间：2017年9月5日。
② 资料来源：http：//www.lepoint.fr/societe/moralisation－de－la－vie－publique－le－projet－de－loi－bayrou－juge－perfectible－02－06－2017－2132407_23.php，访问时间：2017年7月5日。
③ 资料来源：http：//www.lepoint.fr/societe/moralisation－de－la－vie－publique－le－projet－de－loi－bayrou－juge－perfectible－02－06－2017－2132407_23.php，访问时间：2017年7月5日。

透明国际（Transparency International）认为，这部法律在解决利益冲突方面还存在一些缺点，比如法律并没有对国会议员以咨询服务的形式获取的额外收入的上限进行限定，而且避开了"公共利益冲突"（conflits d'intérêts «public-public»）问题。[1]

综合来看，尽管此次立法做出了诸多"禁止性规定"，以期重获民众对法国政治生活的信心，但是立法草案仅仅是禁止了一些表面上的行为，而针对一些隐蔽性政治腐败问题，并没有给出有力的法律预防。而且，在"禁止"某些行为之外，对于民选代表与高级公务员能否尽职尽责地履行自己的职责、真正地为民办事，亦没有给出法律与制度层面的保证性举措。这也是此次"道德立法"的一个重大缺陷。

总体而言，法国政治生活"道德立法"是具有历史意义的立法行动。不过，由于上文提及的很多曾经被纳入考虑范围的立法建议没有被采纳，或是采取避重就轻的做法，很多民众对此次"道德立法"表示失望，持有此种态度的民众多数来自社会中下阶层，以及中青年群体。这也折射出法国政治体制在当下所面临的认同困境。

---

[1] 资料来源：http://www.liberation.fr/france/2017/08/08/la-loi-de-moralisation-bien-mais-peut-mieux-faire_1588936，访问时间：2017年9月5日。

# B.9 意大利"工业4.0"国家计划解析

孙彦红*

**摘　要：** 2017年1月1日，意大利"工业4.0"国家计划正式付诸实施。本文旨在对该计划做较为详尽的剖析，包括其出台的背景与原因、主要内容、初步成效与落实前景等。分析表明，意大利出台"工业4.0"国家计划既受到新产业革命兴起这一全球性因素的推动，同时也是基于自身工业与经济发展状况所做的现实选择。该计划提出了九大关键技术领域，设计了一整套相互配合与补充的激励措施，其核心目标是刺激有助于促进创新和提升竞争力的工业投资。该计划的出台体现了意大利试图弥补战略缺失进而强化政府的切实努力，同时也表明该国经济政策的主基调已由紧缩逐步转向宽松。当前该计划已取得一些初步成效，进一步落实也具备了相应的基础，然而，要真正推动工业结构实现转型升级仍需克服诸多困难，其效果有待跟踪观察。

**关键词：** 意大利　工业4.0　新产业革命　竞争力

近几年，在新产业革命浪潮的推动下，世界主要国家和经济体纷纷出台新的工业发展战略。作为欧洲重要的工业国之一，意大利于2016年9月提出了"工业4.0"国家计划（Piano Nazionale Industria 4.0）。该计划于2017年1月1日正式付诸实施。考虑到意大利自身工业地位的重要性、在欧盟国

---

\* 孙彦红，经济学博士，中国社会科学院欧洲研究所副研究员，欧洲科技政策研究室副主任。

家中的经济分量以及近几年中意两国经济与产业合作发展迅猛的事实,无论是着眼于该国自身和欧盟的经济复苏与结构调整,还是立足于把握中意产业合作的机遇与前景,跟踪研究意大利"工业4.0"国家计划都是必要的。基于此,本文拟对该计划做较为详尽的剖析,试图厘清其出台的背景与原因、主要内容、初步成效与落实前景,等等。

## 一 意大利出台"工业4.0"国家计划的背景与原因

总体而言,意大利出台"工业4.0"国家计划既受到新产业革命兴起这一全球性因素的推动,同时也是基于自身工业与经济发展面临的机遇与挑战所做的现实选择。

从外部来看,"新产业革命"概念在全球迅速兴起,欧盟层面以及德国、法国、英国等重要成员国纷纷提出新的工业发展战略,是意大利出台"工业4.0"国家计划的重要推动因素。

进入21世纪以来,尤其是国际金融危机爆发后的最近几年,"新产业革命"概念在美欧兴起并迅速向全球传播。关于新产业革命的内容与愿景涌现出多种有代表性的著述,有的侧重于制造业生产方式的根本性变革,有的侧重于能源部门与经济发展模式的低碳化转型,归结起来,经济,尤其是工业部门的智能化与绿色化发展似乎可较好地概括当前这一轮产业革命的核心特征。[①] 为了抢占新产业革命的先机,打造新的经济增长点与更具可持续性的经济发展方式,世界各国(与地区)纷纷出台新的工业发展战略,提出工业结构转型升级的中长期目标,同时确定了未来若干年有待突破的重点发展领域。

作为老牌工业强国云集的发达国家集团,欧盟早在国际金融危机爆发前即开始关注新产业革命。经过几年的酝酿,欧盟委员会于2012年正式提出"再工业化"战略,设定了到2020年将欧盟工业占国内生产总值(GDP)

---

① 孙彦红:《新产业革命背景下欧盟智能电网发展政策析评》,《学海》2016年第2期,第174页。

的比重提升至20%的总体目标，意在抓住新产业革命机遇重构工业与制造业产业链，并且提出了未来优先发展的六大领域：旨在清洁生产的先进制造技术、关键使能技术、生态型产品、可持续的建筑材料、清洁运输工具与智能电网。① 受此推动，欧盟主要成员国纷纷推出各自的工业发展新战略。2013年初，德国联邦政府正式提出"工业4.0"战略，其核心内容是通过开发与利用信息物理系统（cyber-physical system）不断提升制造业的智能化水平，进而建立一个高度灵活的个性化和数字化的产品与服务生产模式。② 2013年9月，法国推出了"新工业法国"战略，围绕"能源、数字革命和经济生活"主题提出了34项具体计划，而后又于2015年对该战略做了较大调整，明确提出要实现工业生产向数字制造和智能制造转型，以生产工具的转型升级带动商业模式转变。③ 此外，近几年，英国、西班牙、荷兰等国也陆续提出了新的工业发展战略。

作为欧洲最重要的工业国之一④，意大利对欧盟"再工业化"战略持积极态度，但是受到国内政治局势复杂、政府不稳定的制约，始终未制定国家工业发展战略。近两年，意大利工业界越来越感受到来自新产业革命浪潮以及其他国家新工业战略的竞争压力，纷纷呼吁政府尽快出台工业发展战略，引导和帮助企业适应新一轮的全球产业结构大调整。⑤

从内部来看，调整与升级自身工业结构、提升"意大利制造"（Made in Italy）的国际竞争力、提振国际金融危机后长期低迷的国内经济是意大利出

---

① 有关欧盟"再工业化"战略的论述，可参见孙彦红《欧盟"再工业化"战略解析》，《欧洲研究》2013年第5期。
② 有关德国"工业4.0"战略的梳理与论述，可参见王喜文《德国工业4.0》，机械工业出版社，2016；〔德〕阿尔冯斯·波特霍夫、恩斯特·安德雷亚斯·哈特曼主编《德国工业4.0（实践版）》，机械工业出版社，2015。
③ 有关"新工业法国"战略的介绍，可参见王喜文编译《〈新工业法国〉从Ⅰ到Ⅱ》，中国经济网，2015年7月9日，http：//intl. ce. cn/specials/zxgjzh/201507/09/t20150709_ 5891275. shtml。
④ 虽然经济总量在欧盟成员国中位列第四，但是从工业增加值及其占GDP的比重来看，意大利是仅次于德国的欧盟第二大工业国。
⑤ "L'industria 4.0 in Italia vale 1，2 miliardi di euro"，*Industria Italiana：analisi e notizie scelte su economia reale & innovazione*，22 giugno 2016，https：//www. industriaitaliana. it/industria - 4 - 0 - 12 - miliardi - euro/.

台"工业4.0"国家计划的重要考虑。

二战结束至20世纪80年代,得益于长达20年的"经济奇迹"以及此后"第三意大利"的崛起,意大利作为欧洲重要工业国的地位得以确立。进入20世纪90年代,面对经济全球化加速带来的日趋激烈的国际经济竞争,意大利的工业结构表现出了诸多不适应。从产品结构上看,服装与时尚、家庭装修装饰、自动化与机器设备、食品与饮料等典型的"意大利制造"部门①大多属于传统产业,其重要特点之一是技术含量较低,而这至少形成了两个方面的不利后果:其一,行业进入门槛低,尤其是一些标准化的产品与生产环节容易受到来自新兴经济体的竞争威胁;其二,这些技术含量较低的部门大多是近年来世界贸易增长缓慢的部门,这使意大利难以抓住国际市场的新机遇。产业结构偏重于技术含量较低的部门造成意大利的技术研发投入相对较少,在信息技术的创新与应用方面也相对落后。从产业组织结构上看,意大利是公认的"中小企业王国",缺乏能够引领制造业转型升级的大型工业企业,尤其是缺乏大型信息通信技术(ICT)企业。上述结构性弱点使意大利未能及时搭上信息技术与生物技术的头班列车,"意大利制造"的国际竞争力也相应地遭到了严峻挑战,最直接的表现就是在世界市场上的出口份额大幅下滑。② 2008年国际金融危机爆发后,意大利的工业生产和出口遭受重创,结构升级压力进一步加大。近几年,随着新产业革命浪潮的兴起,意大利工业界与政府逐步认识到,必须抓住机遇,推动"意大利制造"向由技术创新驱动的智能制造升级。

自2008年底以来,在国际金融危机、经济危机、主权债务危机的重创下,意大利经历了二战结束以来最为严重的经济衰退。2008~2014年,意

---

① 上述四大制造业部门的意大利文名称分别为Abbigliamento-Moda(服装与时尚)、Arredamento-Casa(家庭装修装饰)、Automazione-Meccanica(自动化与机械设备)、Alimentari-Bevande(食品与饮料),其都以字母"A"开头,故常常被称为"4A"部门。
② 1995~2002年,意大利在世界市场上的出口份额由4.6%下滑至3.7%,同时有多达13个"传统"行业均丧失了超过4%的世界市场份额。参见Prometeia, *La Dinamica Settoriale della Domanda Mondiale e l'Andamento delle Esportazioni*, Rapporto di Previsione, Bologna, Marzo 2003。

大利的 GDP 萎缩了超过 9%，国际金融危机爆发前近 10 年的经济增长成果损失殆尽。2015 年与 2016 年，意大利终于分别实现了 1% 和 0.9% 的经济增长，步入复苏轨道。① 然而，与德国、法国、英国等欧盟其他主要成员国相比，意大利的经济复苏不仅相对滞后，而且势头偏弱，而工业投资长期低迷不振是造成这一状况的主要原因。根据欧洲统计局（Eurostat）的数据，虽然国际金融危机爆发后欧盟主要成员国的工业投资均大幅跳水，但是德国和法国于 2011 年即恢复至 2007 年的危机前水平，而直至 2016 年底，意大利的工业投资额仅相当于 2002 年的水平，与 2007 年的危机前峰值相比仍有较大差距。究其原因，除了危机不断导致投资者信心低迷之外，缺乏有潜力的投资领域和必要的公共财政刺激是意大利工业投资始终在低位徘徊的重要障碍。鉴于德国"工业 4.0"战略和"新工业法国"战略分别为为本国的工业升级指明了方向，两国政府分别出台了一系列投资刺激措施，并取得了一定的成效，意大利政府也逐步认识到了出台相应的举措刺激工业投资进而促进经济增长的必要性。

总之，正是上述多方面的内外部因素共同推动意大利政府出台了"工业 4.0"国家计划，并在很大程度上决定了该计划的主要内容。

## 二 意大利"工业4.0"国家计划的主要内容

由于出台新工业发展战略的时间较晚，意大利并未对"工业 4.0"做专门的界定，而是直接采用了在国际上受到广泛认可的"第四次工业革命"的提法，认为当前正在发生的第四次工业革命的核心特征是工业生产向物理与信息系统的高度融合转型，通过智能终端之间的相互连接，并连接至互联网，进行实时管理，实现智能制造与绿色制造。② 有关"工业 4.0"的核心

---

① 本文意大利经济增长数据均来自意大利国家统计局（ISTAT）网站：www.istat.it。
② 本小节有关意大利"工业4.0"国家计划的主要内容均根据该国经济发展部的官方文件梳理，请见 Ministero dello Sviluppo Economico, *Piano Nazionale Industria 4.0: investimenti, produttività e innovazione*, settembre 2016; Ministero dello Sviluppo Economico, *Guida al Piano Nazionale Industria 4.0*, 2016。

技术领域，意大利政府主要参考了知名商业战略咨询机构波士顿咨询公司（Boston Consulting Group）在一份题为"工业4.0：未来生产力与制造业发展前景"的研究报告中确定的九大关键技术，仅在个别方面做了调整。①

意大利"工业4.0"国家计划提出的九大关键技术领域及其大致内容如下。

（1）先进制造方案（advanced manufacturing solutions），主要指由具备自主适应能力的合作型工业机器人参与生产，同时在生产设备上集成大量的传感器和标准化接口，不断提升制造过程的智能化。

（2）增材制造（additive manufacturing），主要指3D打印技术。3D技术在备件和样品生产上的广泛应用将大大缩短运输距离、减轻存储压力，还能制造出高性能的满足个性化需求的定制产品。

（3）增强现实（augmented reality）技术，指通过某些穿戴设备（如增强现实眼镜），人们可以根据呈现出来的产品详细信息和指示进行相关操作。这项技术目前仍处于萌芽状态，但是未来有广阔的发展与应用前景，包括产品与机械维修、物流等各类标准化操作程序以及虚拟培训等。

（4）仿真模拟（simulation）技术。利用仿真模拟技术，可以根据实时数据在虚拟模型中反映真实世界，使企业可以在生产前通过虚拟建模进行充分的测试与优化，将大大提高生产效率和节约资源。

（5）水平和垂直系统集成（horizontal/vertical integration），指的是基于数据传输的企业间数据整合，旨在形成从供应商到消费者、从企业管理者到工作现场的全面的数据互通，从而实现生产链的完全自动化。

（6）工业互联网（industrial internet），指工业生产领域的"物联网"，将基于互联网技术，使制造业的数据流、硬件、软件实现智能交互。

（7）云（cloud）技术。未来企业将在开放的云系统中管理海量数据，越来越多的企业会把监管系统和控制系统转移到云端。随着云技术的日趋完善，生产系统的反应时间将会缩短至几毫秒。

---

① BCG, *Industry 4.0: The Future of Productivity and Growth in Manufacturing Industries*, April 2015.

（8）网络安全（cyber-security）。在工业4.0时代，将有数十亿的智能机器、设备、产品相连，网络安全风险也将急剧增加，如何在一个全新的框架下确保网络安全至关重要。

（9）大数据及分析（big data and analytics）。在工业4.0时代，将对来自开发系统、生产系统、企业与客户管理系统等的数据进行全面整合评估，使其成为支持实时决策的基础。

总之，意大利政府与企业界认为，若在上述九大关键技术领域的创新与应用方面取得突破，将明显促进本国工业结构升级：第一，小批量定制与大规模生产相结合可获得更大的灵活性；第二，将加快从产品设计到样品再到批量生产的速度；第三，可缩短生产设备的启动与切换时间，停工期也将缩短，生产率将相应提高；第四，对生产进行实时管理和监督，有助于提高产品质量和生产原料利用率；第五，物联网的推广将提高产品的附加值和竞争力。

值得注意的是，为了既能充分发挥政策的激励效应，又将政府干预限制在合理范围内，保证私人部门在产业结构升级中始终扮演"主角"，意大利"工业4.0"国家计划明确提出了五个指导方针：（1）遵循技术中性原则；（2）采取横向行动，避免垂直的或基于特定部门的支持措施；（3）充分发挥通用技术等"使能要素"（enabling factors）的作用；（4）引导现有政策工具推动技术飞跃，提高劳动生产率；（5）政府应作为主要利益方的协调者，而非控制者和决策者。

结合上述重点发展领域与指导方针，同时参考德国、法国等其他欧盟成员国工业发展战略的内容和举措，意大利"工业4.0"国家计划设计了一整套相互配合与补充的激励措施，其核心目标在于刺激有助于促进创新和提升竞争力的工业投资。该计划的实施期为2017年1月1日至2020年12月31日，分为战略性措施和补充措施两部分。以下做简要梳理。

战略性措施聚焦于促进创新投资和提升技能两个方向。在创新投资方面，该计划确定的核心任务是促进工业4.0关键技术领域的私人投资、提高私人研发创新支出，以及推动成熟企业与高技术初创企业之间形成开放的创新网络。为此，意大利政府推出了多个财政刺激方案，主要包括：（1）特级与超级摊销（iper e superammortamento）。为了减轻企业的税收负担，对于企业在规定期限内用于工业4.0关键技术领域的新的有形资产和机器设备的投资，计税时一律按照250%的比例核算摊销，对于在这些关键领域新投资的无形资产（如软件、IT系统等）以及其他工业4.0相关领域的所有新增投资，计税时一律按照140%的比例核算摊销。（2）研发支出的税收减免（credito d'imposta R&S）。规定企业在2017～2020年发生的研发支出可在计算应纳税所得额时减记掉研发费用的50%。这一措施适用于所有的研发支出，包括基础研究，工业研究与开发性试验，雇佣高素质高技能人才，与大学、研究机构、各类企业尤其是初创企业签订研究协议，等等。（3）针对初创企业和中小企业的税收优惠。创新型初创企业和中小企业在规定期限内的新增投资若达到100万欧元，即可享受30%的税收减免。此外，还将专门成立投资基金，为高科技概念和专利的市场化提供便利。在提升技能方面，意大利政府提出了创建"数字创新枢纽"（Digital Innovation Hub）和"工业4.0能力中心"（I4.0 Competence Center）的动议："数字创新枢纽"将基于意大利企业家联合会（Confindustria）和意大利企业网络（Rete Imprese Italia）的分支机构设立，为企业、研究机构和各类投资者搭建联络平台；"工业4.0能力中心"将依托意大利顶尖大学和大型私人企业的积极参与，以任务导向的方式支持研究机构和初创企业开展工业4.0项目。

补充措施主要包括完善相关基础设施以及提供融资便利等。在基础设施方面，意大利将通过落实"超级宽带计划"（Banda Ultra Larga）尽可能实现高质量的全境网络覆盖，同时在物联网的定义方面开展标准化工作。此外，意大利政府还提出了鼓励通过股权投资和风险投资为工业4.0融资、完善支持工业4.0投资的公共担保体系以及促进意大利企业的国际化经营等一系列举措。

除了具体的激励措施，意大利"工业4.0"国家计划还特别重视通过宣传和推介活动，提高企业界和民众对工业4.0的认知度与参与度。首先，政府和企业家联合会通过新闻媒体、网站和各类自媒体进行广泛宣传。其次，通过"数字创新枢纽"和"工业4.0能力中心"宣介工业4.0关键技术领

域的前沿进展。最后,通过演讲、研讨和培训等活动,帮助中小企业树立应用数字技术实现创新的信心。

## 三 对意大利"工业4.0"国家计划的评价与展望

意大利"工业4.0"国家计划的实施期为2017~2020年,因此目前对其实施效果进行全面评估与评价为时尚早。然而,笔者认为,如果将视野拓宽,该计划的确可为我们把握近几年意大利经济政策走向的新特征与新趋势提供有价值的启示。

第一,"工业4.0"国家计划的出台体现了意大利试图弥补战略缺失进而强化政府的努力。

与其他发达国家相比,意大利政府在纠正市场失灵、通过再分配缩小社会不公正造成的差距以及制定国家经济发展战略方面都存在明显的功能缺位,属于典型的"弱政府"。[①] 虽然位居欧洲重要工业国之列,但是二战结束后的70年时间里,意大利从未出台过国家层面的工业发展战略。鉴于此,2016年9月公布的"工业4.0"国家计划可谓意大利政府力图弥补战略缺失、向有为政府转型的积极尝试。首先,尽管该计划的指导方针强调政府的角色是协调者而非控制者,但是从"国家计划"这一命名不难发现,意大利版本的"工业4.0"带有较浓厚的政府色彩。实际上,由政府总理牵头专门成立工业4.0国家指导委员会,要求经济与财政部、经济发展部、大学与研究部、劳动与社会政策部等部委以及地方政府参与即体现了政府在该计划的落实中扮演积极角色。其次,通过该计划,意大利政府公开宣布产业政策重回政府工作日程的中心,不仅制定了明确的目标(促进创新型工业投资)和全面系统且具有可操作性的激励措施(既有战略性措施,也有补充措施),而且采取了全新的实施方式,各项财政激励措施通过税收系统自动落

---

① 有关意大利"弱政府"特征的论述,可参见孙彦红《意大利公共债务问题评析》,《欧洲研究》2015年第2期。

实,无须企业专门到政府部门或者办事窗口操作。总之,"工业4.0"国家计划体现了意大利政府由功能缺位向积极有为转变的努力。

第二,"工业4.0"国家计划包含了诸多财政激励措施,表明意大利经济政策的主基调已由紧缩逐步转向宽松。

自2011年被卷入欧债危机的旋涡之后,迫于欧盟层面的压力,意大利历届政府(包括贝卢斯科尼政府、蒙蒂政府和莱塔政府)相继提出了几套经济紧缩计划,力图避免公共财政状况进一步恶化,尽快实现公共预算平衡。然而,在经济衰退时实施过于严厉的紧缩措施对经济增长与就业的冲击过大,意大利国内一直存在强烈的反对声音,也导致意大利政府与欧盟层面之间龃龉不断。伦齐政府上台后,意大利的经济政策取向开始由以财政紧缩为绝对主导向兼顾改善财政与实现经济增长转变。出现这一转变主要源于两个变化:一方面,欧债危机渐趋平息,来自国际金融市场的压力明显减弱;另一方面,经过前期调整,意大利的公共财政趋于改善,自2012年以来赤字占GDP的比重连续多年保持在3%以内,公共债务增幅也逐步趋缓,从而使适当调整财政支出结构、出台经济刺激措施成为可能。"工业4.0"国家计划正是在伦齐政府任期内出台的,且大多数措施都划拨了相应的公共预算作为资金保障。根据该计划,2017年意大利直接用于支持工业4.0的公共支出为108.5亿欧元,各类税收减免总额约为39.5亿欧元,合计达到148亿欧元。2017~2020年,意大利政府为落实"工业4.0"国家计划投入的公共资金将达到300亿欧元。① 可以说,"工业4.0"国家计划的出台标志着意大利经济政策的主基调已由紧缩逐步转向宽松,同时注重将有限的财政资源与产业结构升级相结合,着眼于促进长期可持续的经济增长。

第三,"工业4.0"国家计划已取得一些初步成效,未来进一步落实也具备了相应的基础,然而,要真正实现工业结构的转型升级仍要克服诸多困难。

---

① Ministero dello Sviluppo Economico, *Piano Nazionale Industria 4.0*: *investimenti*, *produttività e innovazione*, settembre 2016, pp. 16 – 18.

根据意大利国家统计局（ISTAT）的分析，受到一系列财政刺激措施相继落实的推动，加之国内宏观经济环境趋于改善，2017年意大利的工业投资额同比增加了5.4%，是拉动经济增长的主要贡献因素。[1] 鉴于意大利"工业4.0"国家计划的核心目标是促进工业投资，可以说该计划已取得一些成效。根据米兰理工大学管理学院的"智能制造观察"智库（l'Osservatorio Smart Manufacturing）所做的调研，2015年意大利智能制造领域的投资规模约为12亿欧元，相当于该国当年全部工业投资的10%。此外，有大约1/3的企业开始涉足智能制造领域，包括工业互联网、云制造、高级自动化、高级人机交互和增材制造等。[2] 应该看到的是，虽然意大利继续落实"工业4.0"国家计划具备了一定的基础，但是要真正实现工业结构的转型升级仍面临诸多困难。首先，当前阶段意大利工业4.0领域的创新主要由机械和汽车部门的大企业拉动，中小企业不仅鲜有参与，而且对数字经济和智能制造概念的认知度仍很低。鉴于中小企业在该国经济中占据特殊地位，未来如何帮助其克服自身局限积极参与工业4.0，需要意大利政府做出更多努力。其次，当前意大利的大多数工业4.0项目仍处于试验阶段，如何通过政府的适度参与，提升企业对工业4.0发展前景的信心，推动企业投资更多技术应用型项目，也需要更多配套的政策措施。最后，研发投入明显低于其他欧盟大国以及缺乏适应工业4.0发展的高技能人才是意大利推进工业结构转型升级的另一障碍。总之，虽然"工业4.0"国家计划的实施期是2017~2020年，但是意大利要真正实现工业结构的转型升级、持续提升"意大利制造"的国际竞争力，仍需要政府与企业界更长期的不懈努力，其效果有待跟踪观察。

---

[1] ISTAT, *Le Prospettive per L'Economia Italiana nel 2017-2018*, 10marzo 2018.
[2] "L'Industria 4.0 in Italia vale 1,2 miliardi di euro", *Industria Italiana：analisi e notizie scelte su economia reale & innovazione*, 22 giugno 2016.

# B.10 中东欧地区的政治思潮与新动向*

管世琳**

**摘　要：** 2017年，欧洲仍在多重危机叠加的余波中蹒跚前行，中东欧地区亦深受影响。欧债危机、乌克兰危机、难民危机多年来对欧洲的持续震荡不仅给中东欧地区带来了一系列经济社会问题，也深刻影响了中东欧地区的政治生态，集中表现在民粹主义的全面影响、疑欧主义和跨大西洋主义的盛行，以及部分国家非自由民主的抬头。政治思潮的变化和新的政治动向的出现，既是中东欧民众和政党对危机影响下出现的一系列经济社会问题的反应，也深刻影响到了中东欧各国应对危机、复苏经济的决策。反精英、反建制力量的增长考验着欧洲政治精英的智慧，如果应对失宜，中东欧国家政治生态极化的趋势仍将继续。

**关键词：** 中东欧　民粹主义　疑欧主义　跨大西洋主义　非自由民主

2017年，中东欧地区的政治思潮纷繁多样、错综复杂。政治思潮的发展及相关动向主要体现在：民粹主义在多个中东欧国家盛行，疑欧主义在中

---

\* 刘作奎研究员对本文的写作给予了悉心指导，并提供了部分参考资料。孔田平研究员在审阅了本文后，提出了一系列鞭辟入里的修改意见。山西大学政治与公共管理学院姬文刚副教授也仔细阅读了全文，并提出了修改意见。在三位老师的指导和帮助下，本文才有了如今的面貌，在此一并致谢。

\*\* 管世琳，历史学博士，中国社会科学院欧洲研究所博士后。

东欧多国蔓延,跨大西洋主义明显升温,波兰和匈牙利等国家非自由民主趋势抬头明显。实际上,在中东欧部分国家也存在类似的反全球化、极端民族主义等思潮。考虑到时下中东欧地区的政治思潮体现在多个层面,限于篇幅,本文仅分析和跟踪时下几个热点问题,即民粹主义、疑欧主义、跨大西洋主义、非自由民主等。

这些主要的政治思潮及其动向之间互相交叠、互相影响,不同思潮之间存在一定的逻辑关联。由于精英的话语权和影响力下降,民粹主义日益盛行,而民粹主义中又有很强的反欧盟色彩(如难民份额摊派)。多个中东欧国家反对欧盟的"多速欧洲"方案,导致疑欧主义情绪进一步高涨,而疑欧主义本身又为民粹主义提供了诸多思想武器。与此同时,由于不少中东政要将反难民与反恐联系起来,加之乌克兰危机以来对东部安全的担忧,中东欧多个国家从北约和美国那里寻求安全保障的需求更加迫切,导致跨大西洋主义盛行。

## 一 民粹主义全面影响中东欧各国

民粹主义目前仍是一个有争议的概念,多数学者对此并未达成完全一致的意见。不过,基本一致的意见是当今社会最终可以分为单一并且是对抗性的两个群体:"纯粹的人民"和"腐败的精英",并坚持国家政治最终要由人民的意愿来表达。① 这一理论流派的学者倾向于把民粹主义看成一种意识形态,但意识形态理论的厚度又不够,无法提供一系列政治选项来实现其理论指引,必须结合其他的意识形态。波兰学者本·斯坦利就认为,民粹主义弱意识形态的特性使它无法作为一个实践中的政治性意识形态存在,它在解决一系列关键的政治问题时缺乏提出具有广泛性和一致性方案的能力。② 结果,它

---

① Vlastimil Havlik, "New Populist Parties in Central and Eastern Europe: Non-Ideological or Centrist?", Unpulished paper from the author.
② Ben Stanley, "The Thin Ideology of Populism", *Journal of Political Ideologies*, 2008, 13 (1), p. 95.

像是意识形态领域的一个变色龙,它可以是左翼的,也可以是右翼的,既可以自下而上又可以自上而下地来组织。①

中东欧地区的民粹主义也是如此,它缺乏明确的意识形态基础,既不像传统左翼和右翼意识形态,如社会主义、自由主义、民族主义,但与此同时又明确体现出一种民众的诉求。匈牙利的尤比克党、斯洛伐克的公民谅解党、捷克的公共事务党、立陶宛的正义和秩序党、拉脱维亚的新时代党等都具有类似特点。秉持民粹主义思潮的基本都是非正统的政党。它们是反建制派,由于没有明显的意识形态支撑,它们的观点有时是标新立异的和模糊的,甚至是缺乏理性的。民粹主义政党对政治现状表达了不满,主张通过反腐败和较高社会成本的经济改革来实现利益诉求。近年来,中东欧国家的民粹主义抬头有几个突出特点。

首先,民粹主义政党由边缘走向政治中心,在中东欧多国政坛十分活跃,甚至上台执政。选举政治是民粹力量突出存在、展现话语、发挥影响的最主要平台,各类民粹主义政党喊出民粹口号,反对精英主义,部分国家民粹主义政党进入内阁,发挥决策影响力。以往,民众对主流政党的不满往往通过欧洲议会选举这种"情感投票"的"次等选举"来表达,近年来这种"选举惩罚"逐渐蔓延到了国内选举中。一方面,金融危机和难民危机对欧洲社会产生了持续的冲击,经济低迷,失业率上升,民众的不满情绪日益累积;另一方面,随着中东欧国家政治转型的完成,主流政党轮流执政的"钟摆"稳定下来,主流政党的立场日益中间化,选民对投票失去热情。在这种僵化的选举机制下,民粹主义政党所提出的标新立异的口号虽极端甚至不理性,但体现了普通民众的心声,反而抓住了选民的眼球。民粹主义已经成为政党政治中一支日益崛起的力量,成为政治生态中一种显性表征,同时也是一种类意识形态的思潮。

其次,互联网、社交媒体等"新媒体"的兴起对民粹主义的发展产生了巨大影响。社交媒体的兴起创造了向个人、组织或某种理念表达忠诚的一

---

① Cas Mudde, *Populist Radical Right Parties in Europe*, Cambridge University Press, 2007, p. 220.

种新颖的方式。① 与此同时，民粹主义虽然反对精英政治，但民粹主义政党往往拥有具有很强的个人魅力和号召力的领袖人物。社交媒体的线上线下互动模式可以更便捷、更广泛地发挥这些魅力领袖的影响力，获得民众对政党尤其是领袖的忠诚。以 Facebook 为例，有些政党 Facebook 粉丝的数量是其正式党员人数的数倍，并且粉丝的来源多元化、年轻化。虽然粉丝数量不能直接转换成选票，但这种新现象仍值得关注。

社交网络创造了话语狂欢和信任陌生人的民主乌托邦，也制造了一个不再以理性话语为基础的"后真相时代"。② 在舆论非理性宣泄、伪民意泛滥的"后真相时代"，精英掌握的传统媒体失守，非理性的情感、情绪以及利益欲望泛滥，精英们理性的政治、经济、文化理念反而黯然失色，其话语权和影响力日益削弱，民粹主义得以大行其道。民主政治在新兴媒体的推波助澜下完全成为选举政治，竞选中不断打破传统政治的话语禁忌，在普通民众的心理中增添了民粹主义政党的合法性。③

最后，中东欧国家民粹主义的发展深受欧美民粹主义势力抬头的影响。中东欧民粹主义新一波迅猛发展，明显受到美国大选特朗普上台以及英国退欧等因素的影响。特朗普"美国优先"的政策取向以及英国退欧让排外主义、贸易保护主义等逆全球化的主张甚嚣尘上，在"新媒体"崛起的当下，美、欧等域外大国重大政治事件的影响力成倍放大，更容易在中东欧产生"蝴蝶效应"。匈牙利尤比克党主席沃纳·加博尔在特朗普当选后就曾宣称"我们和美国的相同之处就在于对变革的渴求"，他希望英国脱欧和特朗普当选的东风能够帮助尤比克党在 2018 年取得政权。④ 保加利亚阿塔卡党主席沃伦·西德罗夫在英国脱欧公投之后，立即提出保加利亚当局也应考虑就

---

① Jamie Bartlett, et al., *The New Face of Digital Populism*, London: Demos, 2011, p. 33.
② 全燕：《"后真相时代"社交网络的信任异化现象研究》，《南京社会科学》2017 年第 7 期。
③ 杨云珍：《危机阴影下的欧洲民粹主义探析——以德国为例》，《社会科学文摘》2017 年第 4 期。
④ Nick Thorpe, "Is Hungary's Jobbik Leader Really Ditching Far-right Past?", BBC News, 15 November 2016, http://www.bbc.com/news/world-europe-37976687.

是否保留本国的欧盟成员国身份举行公投。① 阿塔卡党长期以来一直主张加强保加利亚与俄罗斯的双边关系，敦促当局退出欧盟和北约，英国脱欧无疑让其立场更加坚定。

与此同时，2017年德、法两国的大选中都能看到民粹主义势力崛起的身影，法国国民阵线领导人玛丽娜·勒庞获得了21.7%的有效选票，以第二名跻身第二轮投票。德国选择党以近13%的选票成为议会下院第三大政党，默克尔组阁久拖不决。另外，2018年意大利选举中五星运动党的强势崛起折射出民粹主义在老成员国的影响力进一步上升。如此种种选举黑天鹅事件，无疑给中东欧的民粹主义势力抬升了气势。

## 二 疑欧主义在中东欧国家盛行

疑欧主义在欧洲内部有很强的传统，在中东欧国家也是一个长久存在的现象。2004年欧盟扩大之后，中东欧部分国家如捷克等就紧跟疑欧力量如英国等，对欧洲事务保持一定的距离。比如在疑欧主义思想盛行时期，捷克没有批准《里斯本条约》以及欧盟财政公约等。即使是未入盟的中东欧国家也曾有过很强的疑欧主义传统，如克罗地亚图季曼执政时期②就奉行疑欧主义。随着欧债危机的加深，中东欧国家的疑欧情绪未减反增。

欧洲一体化的发展主要有两方面的动力：一个是政治层面，在共享主权基础上的制度化合作；另一个是经济层面，一体化的自由市场经济。③ 一直以来，中东欧国家在面对欧洲一体化问题时，对政治一体化特别是共同的外交和安全政策缺乏热情，更多的是把欧盟作为一个经济组织，借入盟获得经济利益。中东欧国家"回归欧洲"的政治动力在于摆脱苏联/俄罗斯控制的

---

① *Bulgaria* "Nationalist Leader Calls for EU in/out Referendum after Brexit", http://www.novinite.com/articles/175127/Bulgaria+Nationalist+Leader+Calls+for+EU+In+Out+Referendum+after+Brexit.
② 克罗地亚于2013年入盟，图季曼执政时尚未入盟。
③ Peter Kopecky, Cas Mudde, "The Two Sides of Euroscepticism: Party Positions on European Integration in East Central Europe", *European Union Politics*, Volume 3 (3), 2002.

要求,长期受大国左右的它们对主权让渡十分敏感,既不赞同德、法等西欧大国的一体化理念,出于历史原因对西欧也缺乏信任。中东欧国家介于西欧和俄罗斯之间的地理位置,既让它们对自己的安全充满担忧,也让它们对自身在欧盟防务中的角色不乏疑虑,担心再次被大国利用甚至出卖。从经济层面来说,欧盟内部一直存在东西、南北发展不平衡的结构性矛盾,这一矛盾在金融危机的背景下更为突出。更重要的是,随着中东欧国家经济转型尤其是私有化的深入,德国等西欧国家的跨国资本对中东欧国家经济体系的渗透乃至掌控越来越强,中东欧国家成为西欧全球产业链的中下游,独立的经济体系开始削弱乃至瓦解。在这种背景下,一些中东欧国家对加入欧元区更加谨慎,不愿失去在刺激经济、吸引外资方面有着重要作用的货币杠杆,一旦失去则更加难以和西欧国家竞争。根据欧盟委员会的调查,欧盟中尚未加入欧元区的捷克、波兰、匈牙利、保加利亚、罗马尼亚、克罗地亚六国中,捷克反对引入欧元的受访者高达70%,波兰为55%,支持加入欧元区的受访者占多数的罗马尼亚、匈牙利、罗马尼亚、保加利亚也有30%到45%不等的受访者持反对态度。① 因此,近年来匈牙利等中东欧国家开始对转型和欧洲一体化政策进行反思,无论是从政治上还是从经济上考虑,其一体化的意愿都大为下降。这也是疑欧主义发展的根本原因。

随着2004年部分中东欧国家加入欧盟,入盟"紧身衣"压抑下的对欧盟苛刻审查程序的不满情绪爆发出来,掀起了第一波疑欧热潮。近一两年来,中东欧国家的疑欧主义再度盛行,这跟国际大气候以及欧盟发展停滞及其相关政策有很大关系。在欧洲内部,疑欧力量逐渐围绕下列几个话题对欧洲的政策选择产生怀疑。

首先是反对欧盟的难民摊派份额。近年来,尚未从金融危机中摆脱出来的欧洲又深陷难民危机的泥淖。欧洲难民危机发生以来,每天都有大量难民经由地中海,沿西巴尔干一线进入欧洲,中东欧国家面临着巨大的压力。

---

① *Introduction of the Euro in the Member States that Have Notyet Adopted the Common Currency*,European Union,2017,p. 21,http://ec.europa.eu/commfrontoffice/publicopinion.

2016年，斯洛文尼亚、克罗地亚、塞尔维亚和马其顿等国相继向难民关闭边境。欧盟要求各成员国分摊难民份额，更遭到中东欧国家的强力抵制。

维谢格拉德集团四国甚至抱团反对欧盟的决定。早在2015年的维谢格拉德峰会上，四国就达成了巩固申根边界、反对实行难民配额制度的共识，主张从源头解决难民问题，如帮助那些移民来源国打击"伊斯兰国"、结束叙利亚危机等。2017年3月，波兰、捷克、匈牙利和斯洛伐克四国总理会晤，继续反对欧盟按照配额强制分摊移民，一致拒绝欧盟把接收难民数量与获得欧盟基金挂钩的政策。匈牙利阻止难民入境、反对难民配额制度的态度更为强硬。2017年2月，匈牙利决定在匈牙利和塞尔维亚边境修建第二道围墙。3月，匈牙利把移民危机状态延长半年并通过一揽子法律修正案，加强对非法移民的管制。4月，匈牙利发起了题为"制止布鲁塞尔"的全国性"民族协商"问卷调查，为谴责欧盟的难民政策寻求支持。6月，总理欧尔班宣布，问卷调查情况表明多数匈牙利人不允许欧盟把难民分摊计划强加给匈牙利，重申政府拒绝欧盟的强制配额制。

其次是反对欧盟机构的"多速欧洲"方案。这不是一般意义上的疑欧，而是更加怀疑欧盟的动机是边缘化中东欧国家。所谓"多速欧洲"，是指以不同的步调推动欧洲一体化继续发展。在这一设想中，欧盟成员国将不再按照同一速度进行融合发展。多速欧洲一体化事实上已经存在，是个客观事实，是不容否认的。欧元区、申根区、入盟国、候选国分野比较明显。入盟经历的几轮扩大，也侧面反映了不同的欧洲化进程、标准和一体化方式。

2017年3月，由欧盟委员会主席容克发布的一份关于欧盟未来的白皮书再次"激活"了"多速欧洲"这一发展设想。在2017年3月的欧盟春季峰会上，德、法也极力倡导"多速欧洲"，呼吁允许成员国以不同的步调深化整合。

对于欧盟机构的上述安排，罗马尼亚、保加利亚、波兰、捷克、斯洛伐克和匈牙利等国明确表示反对。因为中东欧国家加入欧盟后，它们最主要的政治利益就是防止欧洲大国搞"多速"。维谢格拉德集团组团反对的原因是很明显的。因为这四国是聚合基金、结构基金的最大获益者之一，经济收益是入盟的初始动机，用金融支持寻求赶超。现在英国退欧，获取的结构基金来源减少，如果德国在推行一体化的过程中忽略这些国家，聚合基金也就彻底没有了支撑，因此"多速欧洲"影响到了其核心利益。维谢格拉德国家已经在形成一个小的区域集团，向欧盟发出了不同的声音。

由于金融危机和难民危机的叠加影响，加之民粹主义对执政党的威胁日益加重，德、法等欧盟领导者更加注重本国利益，其保护主义不仅针对域外国家，也针对欧盟内部的移民。欧盟的包容性和文化多元主义遭到了极大的侵蚀。欧盟机构也忙于应对危机，无暇顾及欧盟的改革。在这种背景下，中东欧和西欧之间的分歧很难弥合，中东欧国家的疑欧情绪也还会继续发酵。中东欧国家越来越积极地寻求欧盟以外的合作伙伴。近年来，中东欧国家有多位具有疑欧色彩的领导人上台执政就是突出的表现，如匈牙利的欧尔班、捷克的泽曼等。以捷克为例，反欧元、反欧洲一体化的政党阿诺运动2013年进入联合政府，在2017年的议会选举中更是以29.7%的高得票率获得优先组阁权。在2018年的总统选举中，被认为具有亲俄色彩的泽曼总统成功连任。

## 三 维护跨大西洋主义仍是主流

在中东欧国家，布鲁塞尔主义和跨大西洋主义是并行不悖的两种思潮。一些中东欧国家坚持认为，欧美的跨大西洋共同空间对于推进欧洲一体化是有帮助的，也有一些中东欧国家从国家利益出发，坚持欧美两条路径都需要依赖。尽管如此，在安全和防务层面，跨大西洋主义在欧盟内部仍居主流，倡导美国的领导地位，坚持北约机制的主导作用，维护跨大西洋关系。随着欧盟的东扩，大西洋这一传统地缘纽带在维护跨大西洋关系中的色彩日渐淡化，跨大西洋主义越来越具有反俄/亲美色彩。[①]

当下跨大西洋关系已经由冷战时期单一关注安全问题，转向了对安全、

---

[①] Nina Grager, Kristin M. Haugevik, *The Revival of Atlanticism in NATO? Changing Security Identities in Britain, Norway and Denmark*, Norwegian Institute of International Affairs, 2009, p.14.

经济和外交议程等更广泛领域的关注。① 美国对中东欧地区跨大西洋关系的关切也包括这三个方面。就经济层面而言，美国对中东欧的投资越来越感兴趣，欧盟东扩不仅给美国公司提供了充足的技艺娴熟且相对廉价的劳动力，也带来了新的待发掘的市场。早在2009年，中东欧美国公司的产值相较于10年前就从50亿美元增长到了460亿美元，该年美国在中东欧公司的产值甚至比美国在华公司的产值还要高59%。② 美国在中东欧投资的增长、分公司数量的增加、当地雇用工人和消费者规模的扩大，让美国与中东欧的跨大西洋关系有了较为健康的经济纽带。

就安全层面而言，近年美国对中东欧的关注主要有两个方面：乌克兰危机的影响与西巴尔干的安全。

随着乌克兰危机的爆发，欧洲国家对俄罗斯威胁越来越感到担忧，跨大西洋主义又受到了重视。中东欧国家也是如此，罗马尼亚、波兰、波罗的海国家等的表现最为明显。这些国家一直是北约抵御俄罗斯威胁的前线国家。这也是欧盟东扩以及美国强力推动中东欧国家加入北约的一个重要动因。

随着欧洲深陷多重危机，美国的注意力也逐渐从亚太地区转移到欧洲。乌克兰危机爆发后，美国领导下的北约在乌克兰举行了多场军事演习，波兰等中东欧地区的北约成员国也参与其中。进入2017年以来，一些北约的中东欧成员国继续加强与北约和美国的军事合作。根据2016年7月北约华沙峰会的决定，以美国、德国、英国和加拿大军队为主的北约多国部队分别进驻波兰、立陶宛、爱沙尼亚和拉脱维亚，并全部处于战备状态，10月，由10个北约国家军队组成的多国部队东南欧指挥部在罗马尼亚成立。北约还在2月决定增加在黑海地区的海、空军存在。

随着欧洲难民危机的爆发，美国加大了对西巴尔干地区的关切。西巴尔干一直是自由欧洲的一个未竟事业，实现这一目标是美国欧洲战略的核心。

---

① Daniel Hamilton, "The Changing Nature of the Transatlantic Link: U. S. Approaches and Implications for Central and Eastern Europe", *Communist and Post-Communist Studies*, 46 (2013).

② Daniel Hamilton, "The Changing Nature of the Transatlantic Link: U. S. Approaches and Implications for Central and Eastern Europe", *Communist and Post-Communist Studies*, 46 (2013).

欧洲东南部的不稳定,会让美国在面对欧洲大陆之外的挑战时失去一个强有力的战略伙伴。① 从历史上看,欧洲大陆一些大的冲突往往都发轫于西巴尔干的一些小的事件。自 2015 年开始,"巴尔干路线"成为移民和难民离开北非和中东进欧洲的主要通道。也就在 2015 年,欧盟边防局(Frontex)发现了超过 764000 个非法边界过境点,是 2014 年过境点数的 16 倍,比 2011 年的数字则要高出 164 倍。② 有鉴于此,美国大西洋理事会(Atlantic Council)建议美国分担欧盟对西巴尔干的关切,因为这涉及欧洲的安全。

由于历史上错综复杂的民族 - 宗教关系以及重要的地理位置,难民进入欧洲的巴尔干通道也是中东极端组织渗透进欧洲的重要通道。③ 巴黎恐怖袭击发生后,中东欧国家领导人对此更加警惕。无法区分经济难民和战争难民,防范极端分子借难民潮进入欧洲,也是中东欧国家拒绝难民的一个重要理由。也正因如此,以维谢格拉德四国为代表的中东欧国家主张从源头解决难民问题,打击中东北非的恐怖组织,稳定当地局势。中东欧国家对美国领导的反恐行动持正面立场,中东欧十六国全部加入了美国牵头的打击"伊斯兰国"的"坚定决心行动"(Operation Inherent Resolve)。④ 在恐怖主义的威胁阴云不散的当下,美国作为欧洲反恐和维护非传统安全领导者的地位难以动摇。

特朗普上台后,由于其浓厚的民族主义色彩、对俄罗斯态度的暧昧、对北约成员国军费摊派的不满,让跨大西洋关系出现了不确定性,但从长远来看,跨大西洋关系的根基依然牢固,特朗普个人的执政风格和政策不确定性带来的疑虑只是短期的波折。

---

① Damir Marusic, Sarah Bedenbaugh, and Damon Wilson, *Balkans Forward: A New US Strategy for the Region*, Atlantic Council, 2017, p. 15, http://www.atlanticcouncil.org/images/Balkans_Forward_web_1128.pdf.

② Damir Marusic, Sarah Bedenbaugh, and Damon Wilson, *Balkans Forward: A New US Strategy for the Region*, Atlantic Council, 2017, p. 15, http://www.atlanticcouncil.org/images/Balkans_Forward_web_1128.pdf.

③ 王晋:《欧洲恐怖主义的巴尔干通道》,http://opinion.china.com.cn/opinion_3_142203.html。

④ http://www.inherentresolve.mil/About-Us/Organization/.

## 四 非自由民主思潮有所抬头

自由、民主是欧洲的核心价值观，也是中东欧国家入盟审查的重点。西方社会一直在关注中东欧国家民主转型能否成功，或者说转型完成后民主政体能否巩固。近年来欧洲社会不断有中东欧"民主后退"的声音，这种民主后退不是简单地回归到任何已知形式的威权主义，相反，一些新的现象正在出现，即一种非自由的民主。这在匈牙利和波兰表现得尤其明显。

在西方话语下，民主政体意味着自由民主，也就是说这套政治制度不仅有自由、公正的选举，而且有法治、分权以及保护基本的言论、集会、宗教、财产自由权利（即宪政自由主义）。非自由的民主政体则是借助民主的选举获得合法性，不过由于缺乏宪政自由，会出现权力集中、滥用职权、侵蚀自由等现象。法国《世界报》曾刊发题为"欧尔班·维克托，欧洲非自由民主国家的设计师"的文章，称匈牙利总理欧尔班为欧洲非自由民主的先行者。[1] 欧尔班领导的青民盟在2010年的选举中获得了议会2/3多数，由此执掌政权并获得立宪的能力。欧尔班在执政后迅速开启了改革进程。政治上，推出以"国家合作体系"为特征的改革，如修订宪法、推出新《媒体法》等。有西方学者指出，"在奥威尔式的'国家合作体系'之下，青民盟试图清洗司法机构、官僚机构和非效忠派的媒体"[2]，指出"国家合作体系"改革的主要危害在于"民粹主义者对有限政府、多元民主等概念基础的不尊重和破坏，如独立的机构、宪法制衡和保护少数民族的公民权利和自由等"[3]。经济上，实行税制改革、私人养老基金的国有化、对战略性部门实行国有化以及加强对经济的管制。在欧尔班的主政之下，匈牙利的经济转轨

---

[1] http：//column.cankaoxiaoxi.com/2016/0513/1158498.shtml.
[2] Jan-Werner Mueller, "Eastern Europe Goes South: Disappearing Democracy in the EU's Newest Members", *Foreign Affairs*, Vol. 93, No. 2.
[3] Agnes Batory, "Populists in Government? Hungary's 'System of National Cooperation'", *Democratization*, 2016, Vol. 23, No. 2.

出现了某种程度的逆转，包括从私有化向国有化转变、从自由经济向管制经济转变、经济决策分权化走向集中化、国家与市场的关系重新界定等。①

欧盟眼中的所谓"民主后退"在中东欧并非只有匈牙利一家，法律与公正党执政的波兰近年也颇受关注，甚至引起了欧盟相较于匈牙利更激烈的反应。早在2014年，就有学者预测卡钦斯基领导的法律与公正党如果在2015年赢得议会多数，则很可能会从欧尔班的案例中吸取经验，即不要仅是发表民族主义的演说嘲笑前政府，而要根据自己的喜好改写规则，重组政治体系。②2015年，法律与公正党在议会选举中获得大胜，成为自20世纪末波兰转型后首个可以单独组成政府的政党。上台执政后，法律与公正党迅速通过了一系列旨在改变国家体制的法律，如《宪法法院法》修正案、新《媒体法》。波兰这些备受争议的法案的通过在欧盟引起了轩然大波，被批评为"具有政变性质的最新行动"，2016年欧盟委员会启动了针对波兰《宪法法院法》修正案和新《媒体法》的调查。欧盟之所以对波兰有如此激烈的反应，甚至较欧尔班这位非自由民主的先行者更甚，是因为波兰不仅是最大的中东欧国家，更是欧盟和北约的前线国家。③

虽然匈牙利和波兰的改革受到了诸多批评与指者，但也应看到青民盟和法律与公正党的上台是受到选民大力支持的，它们的改革可以被批评为矫枉过正，但也确实是经济危机背景下对20世纪90年代以来政治经济转轨进行反思的一种表现。这在匈牙利表现得尤为明显。虽然匈牙利的政治精英对自由民主模式舆论的一致性自20世纪90年代就已经开始削弱，但20世纪头10年中期以后对自由民主模式认同的削弱变得越发明显。④ 2010年上台执政后，青民盟的话语将压迫者和投机者被界定为前社会党政府，或者是欧盟

---

① 孔田平:《欧尔班经济学与经济转轨的可逆性——匈牙利经济转轨的政治经济学分析》，《欧亚经济》2016年第6期。
② Jan-Werner Mueller, "Eastern Europe Goes South: Disappearing Democracy in the EU's Newest Members", *Foreign Affairs*, Vol. 93, No. 2.
③ 朱晓中:《波兰的"民主后退"和欧盟的两难选择》，《世界知识》2016年第8期。
④ Borbála Göncz and György Lengyel, "Changing Attitudes of Hungarian Political Elites towards the EU (2007 – 2014)", *Historical Social Research*, Vol. 41 (2016), No. 4.

和外国资本家,或者是国内外匈牙利"敌人"的罪恶联盟。此外,青民盟还将"它者"的概念定义为自由主义和精英主义。"国家合作体系"落脚于社群主义价值观,直接反对自由主义,认为自由主义不是民主国家长期追求的理想,而是短暂的"时髦"想法,不适合作为国家的意识。国家应加大对经济的控制,让匈牙利能够更好地应对经济危机。2010年大选期间,选民认为匈牙利当时政府的执政理念将产生一个弱势的无法维持秩序的魏玛式国家。因此,对绝对多数和强有力政治领导的需求增加了。① 欧尔班执政后匈牙利的经济表现大大好于批评者的预期,政府赤字大幅降低,失业率持续下降。也正因如此,欧尔班得以在2014年继续执政。

有学者指出欧尔班模式具有很强的诱惑力,不仅同样出身右翼的卡钦斯基从欧尔班身上学到了很多,中东欧的左翼也在效仿欧尔班模式,例如,泽曼在议会的行动"研究了欧尔班的剧本";罗马尼亚总理蓬塔在2012年赢得议会2/3多数后,也一直在制定一部新的宪法,限制法院的独立性和监督作用,将权力平衡机制从司法转向议会。② 当然,也有不少学者强调中东欧国家具有很大的差异性,并非每个中东欧欧盟成员国都会走与匈牙利同样的道路。

## 五 结语

总而言之,各种思潮的兴起以及一些新动向的出现无疑是社会问题的切实反映,中东欧乃至整个欧洲都是如此。有学者指出,"保守的民族主义论调最有市场的是萧条地区,或者那些没有明显的地区意识,但总是可以煽动愤怒和恐惧的选民抵制外国人的工作和'生活方式'(无论真是还是想象)

---

① Peter Krasztev, Jon Van Til, *The Hungarian Patient*, *Social Opposition to an Illiberal Democracy*, Central European University Press, 2015, p. 12.
② Jan-Werner Mueller, "Eastern Europe Goes South: Disappearing Democracy in the EU's Newest Members", *Foreign Affairs*, Vol. 93, No. 2.

的地区"。① 这种现象并无新意，只不过借由金融危机和难民危机重新爆发了出来，并在"新媒体"兴起的时代有了新的表现形式。难民危机已不纯粹是经济和社会问题，更是政治问题，已成为欧洲政治生态的底色之一。炒作难民议题既让民粹主义、疑欧主义等有了发酵的土壤，也让当权者推行自己的政策和改革有了更宽裕的回旋余地。透过层层迷雾，民粹主义、疑欧主义泛滥的根源在于欧洲自身的发展遭遇了瓶颈，如民主制度僵化、欧盟结构性矛盾等，由此导致经济复苏乏力，欧盟不再像过去那么繁荣，难以满足成员国的需求，难民的涌入只不过是放大了失业率上升、福利下降等经济低迷带来的社会问题。非自由民主的抬头正是试图依靠强权政治推进改革，解决现实的经济社会问题。与此同时，在自身力量不足以保证安全的情况下，跨大西洋主义的热度上升也就不难以理解了。当前的形势颇有些沧海横流方显英雄本色的意味。欧洲亟须有大智慧、大担当的精英领袖人物直面制度层面的问题，放下个人、党派的眼前利益，跳出选举政治的窠臼，坚守主流意识形态阵地，而不是不负责任地付诸公投，任由局面更加复杂化。所谓否极泰来，民粹主义力量的崛起正在倒逼主流政党进行改革，不过，这种倒逼是让欧洲更加自信开放还是趋于保守自顾仍有待观察。

---

① 〔美〕托尼·朱特：《论欧洲》，王晨译，中信出版社，2014，第126页。

# B.11
# 欧盟对西巴尔干政策的战略调整

李丹琳*

**摘　要：** 2017年欧盟在西巴尔干政策上进行了重大调整，以期巩固并提升自己在西巴尔干的地位，抵消欧盟以外国家的影响。继2017年3月和5月相继推出"柏林进程"和"柏林附加进程"后，2018年2月又发布了西巴尔干战略，从法治、社会经济法治、睦邻关系、移民与安全、交通基础设施和加强该地区的数字化系统等各个方面进行了详细的规划，真正确定了将西巴尔干国家纳入欧盟的时间表。尽管还存在诸多困难，但欧盟加快了吸收西巴尔干国家的步伐。

**关键词：** 西巴尔干　欧盟扩大　俄罗斯

2017年，欧盟在西巴尔干政策上进行了重大调整。2017年3月，欧盟委员会主席容克表示坚决支持欧洲对西巴尔干国家的扩大。5月，德国在已有的"柏林进程"的基础上推出了"柏林附加进程"，提出为西巴尔干国家加入欧盟的进程提供更多的努力和资金。7月，在意大利举办第四届欧盟－西巴尔干峰会，就欧盟向西巴尔干提供资金援助的方式达成一致。2018年2月，欧盟发布了西巴尔干战略：《一个可信的扩大前景——加强欧盟与西巴尔干的约定》。这一系列行动表明，欧盟西巴尔干政策的战略调整已经到

---

\* 李丹琳，法学博士，副编审，中国社会科学院俄罗斯东欧中亚研究所《欧亚经济》编辑部副主任。

位。欧盟推动西巴尔干国家加快入盟的步伐,确定了将西巴尔干国家纳入欧盟的时间表,为该地区各个国家的政治、经济改革增加了动力。

## 一 欧盟扩大战略调整的背景

### (一)欧盟在进一步东扩问题上的反复

欧盟在2004年和2007年进行了历史上最大的一次扩大后,由于在很短的时间内吸纳了太多的新成员国,吸纳能力受到挑战。一些成员国出现了失业率升高、经济增长乏力、竞争力下降、国内社会矛盾突出等现象。欧盟内部也发生了意见分歧,有的成员国提出了暂缓扩大的意见,欧盟出现了"扩大疲乏症"。因此,自2013年7月首个西巴尔干国家克罗地亚正式加入欧盟以后,虽然欧盟做出了积极姿态,但由于忙于应对内部的债务危机以及恐怖主义威胁,欧盟在进一步扩大问题上已经心有余而力不足。2014年容克担任欧盟委员会主席后,其在施政讲话中表示,本届欧盟委员会在任期届满前不会接纳新成员。容克的讲话使西巴尔干国家认为加入欧盟的前景十分渺茫。

### (二)防范俄罗斯的渗透

巴尔干是俄罗斯传统的势力范围。冷战结束后,欧盟通过东扩,将原来属于苏联势力范围的中东欧纳入了欧盟,而俄罗斯作为苏联的继承国,对其影响在中东欧地区的丧失心怀芥蒂。俄罗斯一直努力保持并加强在巴尔干地区的存在,特别是对与它同是东正教的国家如塞尔维亚保持政治上和经济上的联系。乌克兰危机后,俄罗斯把西巴尔干地区作为防范北约的屏障,利用政治和经济手段提高其在西巴尔干的影响力,与西方抗衡。而欧盟也意识到了这一点,目前将西巴尔干纳入欧盟的诸多政策主要是为了防范俄罗斯,并与其抗衡。

### (三)对中国"一带一路"倡议的回应

中国"一带一路"倡议提出,特别是中国-中东欧地区合作风生水起。

近年来，中国资本涌入西巴尔干地区，特别是投向基础设施领域。在"一带一路"倡议下，中国对西巴尔干的投资涵盖了港口、机场、道路和铁路升级。而这些基础设施投资都是西巴尔干国家需要的，因此，西巴尔干国家非常欢迎中国资本。例如，中资企业在塞尔维亚承建跨多瑙河大桥项目，科斯托拉茨电站一、二期项目，以及 E763 高速公路项目；匈塞铁路塞尔维亚境内段建设项目；由中国进出口银行提供贷款、中国水电集团承建的马其顿两条高速公路项目；中国贷款 6 亿多欧元承建的黑山高速公路项目。西巴尔干各国正处于大力推动开发建设、振兴国民经济的重要阶段，其基础设施陈旧，急需更新或重建，许多发展规划和建设项目亟待落实，资金、技术等要素缺口较大，而中国参与的经济合作项目为当地提供了就业机会，改善了当地的交通状况和人民生活，推动了互联互通，提振了当地经济，得到了很多西巴尔干国家的支持。

## 二 欧盟在西巴尔干的政策调整

近年来，随着中国与西巴尔干国家合作的进一步推进，以德国为首的欧盟意识到了西巴尔干的重要性，改善西巴尔干国家的经济发展水平、督促各国加快入盟进程已迫在眉睫。自 2017 年开始，欧盟不断召开会议商议西巴尔干问题，以期巩固并提升自己在西巴尔干的地位，抵消欧盟以外国家的影响。

### （一）从"柏林进程"到"柏林附加进程"

欧盟委员会主席容克称未来将有更多国家加入欧盟，不过不会在他的任期内，这个表态给西巴尔干国家带来了失望。作为平衡，2014 年 8 月，德国召集 6 个欧盟成员国（德国、法国、意大利、奥地利、斯洛文尼亚和克罗地亚）和 6 个未加入欧盟的西巴尔干国家（塞尔维亚、黑山、阿尔巴尼亚、马其顿、波黑和科索沃，其中科索沃未被中国和塞尔维亚等国承认为国家）的首脑举行会议，发起了"柏林进程"倡议。

"柏林进程"计划斥资 100 亿欧元，大力投资改建和扩建西巴尔干地区的交通、能源、电讯等基础设施,准备于2030年实现与欧盟基础设施的对接。此举主要旨在抵制俄罗斯势力的强力重返,但在某种意义上也是试图抑制中国在这一地区不断上升的影响力。①

在政治层面,"柏林进程"具体提出尽快解决各方纠纷,使各方关系正常化,着重解决希腊与马其顿的国名争端、塞尔维亚与科索沃关系正常化问题和波黑政治改革问题。"柏林进程"呼吁西巴尔干国家采取有力措施打击腐败和有组织犯罪,促进法律体系完善和司法独立,增强民主多元性,提高新闻媒体的自由度。在经济层面,愿意增加投资,提高这些国家的出口和优化职业培训,促使该地区的国家改善投资环境,加强能源合作。"柏林进程"虽然重申了欧盟全力支持西巴尔干国家入盟,但把重点放在政治层面上,因此,经济层面提出的规划进展和效果甚微。

2017年5月31日,德国外长加布里埃尔(Sigmar Gabriel)提出了新的规划——"柏林附加进程",提出为西巴尔干国家加入欧盟的进程提供更多的努力和资金。"柏林附加进程"规划了进一步的方案和对西巴尔干的资助,建议设立基础设施和技术基金,由欧盟成员国、欧洲自由贸易联盟以及欧洲经济区共同出资,为西巴尔干地区量身定制,包括为企业孵化园、职业培训、信息技术基础设施建设建立特别基金。

## (二)第四届欧盟西巴尔干峰会

2017年7月12日,第四届欧盟—巴尔干峰会在意大利的里雅斯特举行。峰会重点关注地区经济发展及西巴尔干国家入盟等问题,提出了具体的改善西巴尔干基础设施项目,真正将推动西巴尔干经济发展、加快入盟进程落到实处。各方就欧盟向西巴尔干提供资金援助的方式达成了一致,即由欧洲投资银行和欧洲复兴开发银行共同提供5亿欧元,这一举措被看作"巴尔干马歇尔计划"。此次峰会使欧盟与西巴尔干的合作进入了实质性阶段。

此次峰会的最主要成果是通过了7个西巴尔干国家的交通建设项目。项

---

① http://silkroad.news.cn/2017/0310/31537.shtml.

目具体包括：一是波黑境内的公路（地中海走廊）项目3个，共需投资2亿多欧元，欧盟资助4300多万欧元。二是东方快车（地中海走廊）的铁路项目2个，其中塞尔维亚境内所需投资额共5640万欧元，欧盟资助284万欧元；马其顿境内所需投资额共1.523亿欧元，欧盟资助7000万欧元。三是内陆水运项目2个，波黑境内的布尔奇科港（Brcko）建设所需投资额为1010万欧元；欧盟资助310万欧元；疏通多瑙河的德加尔达普水渠（Djardap）所需投资额为2500万欧元，欧盟资助1140万欧元。预计2018年，欧盟在西巴尔干的投资将达10.7亿欧元，比过去10年在这一地区投资的资金要多。

在此次峰会上，欧盟国家还提出，希望西巴尔干国家建立地区关税联盟，并在该地区形成共同市场，以促进地区的互联互通。

## 三 欧盟的西巴尔干政策出台

2018年2月6日，欧盟发布了西巴尔干战略：《一个可信的扩大前景——加强欧盟与西巴尔干的约定》①，详细制定了在西巴尔干地区的战略重点。具体如下。

### （一）法治、基本权利和治理

欧盟文件认为，处理法治、基本权利和良治领域的改革仍然是西巴尔干地区面临的最紧迫的问题。必须确保司法系统的独立性、质量和效率；各国必须毫不妥协地铲除腐败；有组织犯罪在西巴尔干半岛依然盛行，无论是在贩卖人口、毒品和武器方面，还是在政治和经济制度的犯罪方面，因此各国当局必须严肃对待；基本权利是西巴尔干国家立法的基础，作为民主支柱的言论自由和媒体独立性需要特别予以保障。

---

① COMMUNICATION FROM THE COMMISSION TO THE EUROPEAN PARLIAMENT, THE COUNCIL, THE EUROPEAN ECONOMIC AND SOCIAL COMMITTEE AND THE COMMITTEE OF THE REGIONS, A credible enlargement perspective for and enhanced EU engagement with the Western Balkans, Strasbourg, 6.2.2018, European Commission.

## （二）进一步促进社会和经济发展

欧盟国家提出，应努力提高西巴尔干地区经济的竞争力，整顿高失业率，特别是年青一代的失业人口。西巴尔干仍然面临结构性缺陷：低效和僵化的市场、低生产率、获取金融资源的能力有限、产权不清晰和烦琐的监管环境。

文件希望西巴尔干国家建立地区关税联盟，并在该地区形成共同市场，以促进地区的互联互通。同时，欧盟也提出了价值2亿欧元的交通和能源计划，力图吸引更多投资进入该地区。

欧盟希望在2018年中建立地区共同市场。地区共同市场应伴随加入欧盟和一体化的整个进程。西巴尔干共同市场将在现有的地区自由贸易协定的基础上消除贸易壁垒，引入商业标准化规则，为跨地区工作扫除障碍。

## （三）促进和解、睦邻关系和地区合作是加入欧盟的先决条件

地区合作和睦邻关系是在西巴尔干各国加入欧盟的道路上对各国至关重要的基础。在地区合作委员会的倡议下，各国的政治合作已达到高水平，各国应进一步加强合作以达到政治上的稳定，为经济发展创造机会。同时，为了使该地区最终实现和平和长久繁荣，必须努力达成和解，特别是塞尔维亚与科索沃问题要得到妥善解决。

## （四）加强安全和移民

为了打击有组织犯罪和恐怖主义，包括极端民族主义、走私枪支和爆炸物等活动，西巴尔干各国要与国际警察和司法机构合作，以提高应对上述情况的能力。同时，西巴尔干各国应与欧盟进行对话和协商。

## （五）联通欧洲及更广大的地区

联通是欧盟委员会将西巴尔干地区纳入欧盟一体化优先政策的最核心部分。更具体地说，联通就是将重心放在投资上，改善交通系统和基础设施，这对增强国家竞争力非常有利，因为这为该地区架起了一座桥梁，有助于发

展睦邻友好、促进和平与稳定。

对于西巴尔干国家来说，交通基础设施建设将使其交通法规与欧盟相一致，以满足现代交通管理和安全的需求，及早融入欧盟交通市场，增强交通体系的有效性和便利化，提高交通部门的竞争力，并促进该地区的商业发展，促进经济增长和旅游业繁荣，吸引各方向西巴尔干地区进行投资，降低流通的时间和成本，使交通物流更加顺畅、跨境交通更加便利。

对于欧盟成员国来说，完善的交通法规意味着更多的投资；交通系统的便利化和网络化有利于经济增长，也有利于欧盟内部的人员流动；更加安全的公路和交通服务有助于人员往来。

### （六）推出数字议程

欧盟数字单一市场的发展促进了创新，提升了生产率，发展了贸易，改变了公共服务并改善了公民生活质量。西巴尔干国家也应进行技术变革，为此，欧盟委员会为西巴尔干国家制定了降低漫游成本的规划：部署宽带，逐步建立电子政府、电子卫生系统和电子采购等系统。

《一个可信的扩大前景——加强欧盟与西巴尔干的约定》文件为西巴尔干国家指出了入盟的前景，即2025年，在完成所需步骤后，黑山和塞尔维亚能够率先入盟，而另一些国家也可以赶上。黑山和塞尔维亚是目前进行入盟谈判的唯一两个西巴尔干国家。

## 四　西巴尔干国家的反响

对于欧盟的建议，西巴尔干国家也并不是全盘接受。对于欧盟提出的建立共同市场建议，黑山就持反对态度。黑山认为，如果将西巴尔干地区建成一个欧洲的集团，那欧盟就有可能不再考虑将这个地区纳入欧盟扩大的视野。还有人认为在该地区推行互免关税的做法似乎有"再造一个南斯拉夫"的倾向。对于欧盟为西巴尔干地区提供资金，塞尔维亚则认为，希望这次欧盟真正能够做到，不要再次成为"海市蜃楼"。

欧洲蓝皮书

鉴于欧盟在西巴尔干入盟问题上的反复，该地区的民众对入盟的前景越来越失望。由区域合作理事会（Regional Cooperation Council, RCC）发布的民调结果显示，塞尔维亚是对欧洲一体化最不积极的国家，而科索沃的期待度则最高。2015年该机构发布的民调结果显示，27%的人相信到2020年西巴尔干会加入欧盟。2016年，持这个观点的人降至24%。而2017年的调查则降到了19%。与此同时，28%的人认为入盟不会发生。西巴尔干民调结果显示，民众对是否能够加入欧盟持非常怀疑的态度，尽管他们支持欧洲一体化，但1/4的人认为他们的国家将永远不会加入欧盟。

此外，西巴尔干各国的情况仍不乐观。波黑的和平依然非常脆弱。波黑塞族共和国威胁将在2018年实行独立公投。在阿尔巴尼亚，反对党一直在抵制议会，并计划在举行议会选举时进行游行示威。马其顿的危机状态已经持续了两年时间，而最大的危险在于政治危机将逐步演变成种族间的危机。事实上，没有一个西巴尔干国家已建立有效的市场经济。

科索沃的问题更大。北约对科索沃干预了十几年，欧盟数十亿欧元的投资投向科索沃，以期改善科索沃的经济、司法和法律法规，但科索沃在反腐败、治理贫困和反对专制方面仍然面临巨大的挑战，拥有170万名居民的科索沃在过去几年成为欧洲最大的难民输出国。腐败一直是科索沃的主要问题。在边界划定上，科索沃要将8200公顷土地移交给黑山，欧盟还敦促科索沃就与塞尔维亚关系正常化进行协商，这两件事在科索沃引起了轩然大波，20多万人签字请愿并举行大规模游行表示反对。欧盟第一次在科索沃人中成为被批评对象。

虽然欧盟在西巴尔干入盟问题上出现过摇摆，但欧盟仍是影响西巴尔干的主要行为体。2016年，欧盟与西巴尔干地区的贸易总额达到430亿欧元，自2008年以来增长了80%，并仍有巨大的发展潜力。欧盟的公司也是西巴尔干最大的投资者，最近5年来，其对这一地区的直接投资总额达100亿欧元。加入欧盟不仅仅是一个技术过程，还是一个综合性的选择，它要求每个国家都必须遵循欧盟的基本价值，在此基础上加强相互之间的团结。欧盟西巴尔干战略的实施将继续检验欧盟作为一种规范性力量的能力。

# B.12
# 三海倡议：进展与挑战

孔田平*

**摘　要：** 三海倡议是中东欧国家过去30年最重要的地区合作倡议之一。三海倡议的出台一方面反映了中东欧国家南北轴线交通、能源和电信网络的发展需求，另一方面反映了中东欧国家在欧盟内部寻求主体性和形成中欧特性的需要。三海倡议从总体上看是一个地缘经济项目，但是在能源领域的博弈具有地缘政治色彩。三海倡议形成只有两年多，面临诸多挑战，其未来如何发展值得观察。

**关键词：** 三海倡议　中欧　中东欧　经济合作　南北轴线　地缘政治

亚得里亚海、波罗的海和黑海之间国家的合作倡议被称为亚得里亚海、波罗的海和黑海倡议，简称三海倡议。奥地利、保加利亚、克罗地亚、捷克、爱沙尼亚、匈牙利、拉脱维亚、立陶宛、波兰、罗马尼亚、斯洛伐克和斯洛文尼亚为三海倡议成员国。从成员国的构成看，三海倡议的成员国除奥地利之外均为欧盟新成员国。三海倡议成员国可称为"11+1"，即11个欧盟的中东欧新成员再加奥地利，奥地利传统上被视为连接中欧国家的纽带。三海倡议是2004年欧盟扩大后中东欧新成员国提出的地区合作倡议，其发展走向值得关注。

---

\* 孔田平，法学博士，中国社会科学院欧洲研究所研究员。

## 一 三海倡议的进展

三海倡议的提出首先应当归功于克罗地亚总统科琳达·格拉巴尔－基塔罗维奇（Kolinda Grabar Kitarovic）。2015年2月，克罗地亚总统基塔罗维奇就职，加强南北轴线上中欧国家的合作成为其外交政策的目标。9月8日，克罗地亚总统基塔罗维奇与波兰总统安杰伊·杜达（Andrzej Duda）在波兰克拉科夫举行会晤，两国总统重点讨论了三海倡议的中东欧国家合作问题。杜达总统认为亚得里亚海、波罗的海和黑海倡议是更具雄心和更加强大的外交政策的标志，与他的外交政策重点十分契合。此后，三海倡议成为克罗地亚总统基塔罗维奇和波兰总统杜达的共同倡议。在当年秋季举行的联合国大会期间，基塔罗维奇总统倡议举行亚得里亚海—黑海—波罗的海倡议预备会议。这一非正式倡议的目的在于加强该走廊沿线政府间的合作与协调，吸引致力于创新和投资的企业界的积极参与。这一机制不是现有机制或论坛的重复，而是将相关国家联合起来，确保与现有的次区域合作机制如波罗的海合作、维谢格拉德集团、其他的三边或四边合作的协同。9月29日，亚得里亚海—黑海—波罗的海倡议预备会议在联合国举行，保加利亚、罗马尼亚和波兰总统，斯洛伐克、匈牙利和波罗的海三国外长，奥地利和斯洛文尼亚常驻联合国代表，以及捷克外交部部长政治秘书出席了会议。美国国际能源事务特使作为观察员出席会议。同年12月，克罗地亚总统基塔罗维奇发表讲话，强调加强中欧合作是其外交和欧洲政策的支柱之一。她称横跨亚得里亚海、黑海和波罗的海的12个欧盟成员国的合作具有巨大的潜力。三海合作不仅有利于整个欧盟，而且有利于更加广泛的跨大西洋共同体。

2016年8月25~26日，首届三海倡议峰会在克罗地亚海滨城市杜布罗夫尼克举行，峰会的主题为"加强欧洲：连接南北"。克罗地亚总统基塔罗维奇和波兰总统杜达共同主持了首届三海倡议峰会。克罗地亚总统基塔罗维奇在论坛开幕式上强调，亚得里亚海、波罗的海和黑海地区是欧洲的生命线，其未来发展需要500亿欧元。由于历史原因，该地区落后于欧洲平均水平。欧洲统一后，东西方之间的关系得以重建，但是南北之间的连接受到了忽视。三海地区占欧盟面积的28%，占人口的22%，只占欧盟GDP的10%（见表1）。人均名义GDP为14750欧元，只相当于欧盟平均水平的约51%。基塔罗维奇总统认为，三海倡议作为非正式的倡议，有助于南北走廊的建设。她认为，这将使该地区更具竞争力、更加安全，欧盟因此也会得到加强。基塔罗维奇总统强调，三海倡议的目的并非使该地区摆脱欧盟，而是要缩短与其他具有漫长民主和自由市场历史的欧盟成员国的差距。杜达总统认为，目前的发展模式并没有充分发挥三海之间国家的潜力，应当通过南北联系丰富欧洲一体化进程。杜达总统认为，该地区的互联互通不仅对该地区，而且对发展与全球伙伴如中国的经济关系至关重要。最大的挑战就是建设波罗的海—亚得里亚海交通走廊。他指出中东欧能源安全面临挑战，认为该地区的能源供应由一个能源供应者主导，这对能源安全构成了威胁。杜达总统认为，中心与外围的关系的实质是政治、经济和文化解决方案的单向转移，这通常忽视了民族的敏感性和受不同的历史和传统局限的当地环境。

表1 三海地区在欧盟中的地位

| | 占欧盟的比重(%) |
| --- | --- |
| 面积 | 28.41 |
| 人口 | 22.34 |
| 国内生产总值(2014年) | 10.26 |
| 人均国内生产总值(2014年) | 45.89 |
| 外国直接投资(2014年) | 15.87 |
| 欧洲议会 | 28.89 |
| 欧盟理事会 | 33.50 |

资料来源：http://predsjednica.hr/。

2017年7月6~7日，第二届三海倡议峰会在波兰首都华沙举行。波兰作为峰会的东道国，为了方便美国总统特朗普参加峰会，将峰会主办城市从弗罗茨瓦夫移到了华沙。2017年三海倡议峰会的主题为"连通性、商业性和互补性"。华沙峰会决定建立三海商业论坛。波兰总统杜达强调，在波罗的海、亚得里亚海和黑海之间存在巨大的经济潜力。① 三海倡议是为该地区的商业活动提供政治支持的总统一级的保护伞。华沙峰会通过了三海倡议联合宣言，宣言重申加强三海倡议国家在南北轴线和东西轴线上的基础设施建设、经济和社会合作的互联互通，这将造福于三海倡议成员国以及整个欧盟。宣言表示支持在经济、交通联通、能源基础设施、环境保护、研究与开发和数字通信等领域的投资。宣言提出了三海合作的重点：加强地区交通连接，以融入泛欧交通网络；执行欧盟的能源政策目标；推广经济合作项目的商业性质；与欧盟政策完全对接。美国总统特朗普出席了此次峰会，特朗普总统强调要加强美国与中东欧地区的经济伙伴关系，支持建立三海商业论坛。特朗普总统特别强调美国将"更多地进入能源市场，减少能源贸易和发展的障碍，加强能源安全。三海洋倡议有可能实现所有这些基本目标"。特朗普总统表示美国不会利用能源胁迫中东欧国家，也不允许其他国家如此行事。"美国坚定地致力于开放、公平和竞争性的全球能源贸易市场。在出口和销售我们高质量和低成本的能源和技术上，美国将是一个忠实和可靠的合作伙伴。""三海倡议不仅将使你们的人民富裕，而且将确保你们的国家保持主权、安全和不受外国胁迫。"② 华沙峰会决定2018年三海倡议峰会将在罗马尼亚首都布加勒斯特举行。2018年罗马尼亚将主办三海倡议峰会、三海商业论坛和三海国家总统国际顾问会议。

三海倡议涉及许多重大的基础设施项目，如通过喀尔巴阡地区，连接立陶宛克莱佩特到希腊萨洛尼卡的高速公路；连接波兰和克罗地亚液化天然气接收站之间的管线（克罗地亚科尔特的液化天然气接收站将于2019年建成）；从黑海经过保加利亚、罗马尼亚、匈牙利和奥地利的天然气管线。根据克罗地亚总统基塔罗维奇委托项目的研究成果，三海倡议区域将有超过150个基础设施项目。

---

① Andrzej Duda o potencjale gospodarczym Trójmorza, http：//biznes.onet.pl/wiadomosci/kraj/andrzej – duda – o – potencjale – gospodarczym – trojmorza/06hqrv.
② "Donald Trump's Remarks at the Three Seas Initiative Summit in Poland", https：//www.yahoo.com/news/read – donald – trump – remarks – three – 142511949.html.

## 二 三海倡议面临的挑战

### （一）克波两国对三海倡议的不同关切

如何处理克罗地亚和波兰两国对三海倡议的不同关切点是三海倡议面临的首要问题。克罗地亚和波兰为三海倡议的共同发起者，但是克罗地亚与波兰对三海倡议的关切点不尽相同。波兰作为中东欧地区的大国，具有地缘政治雄心，期望在中东欧地区乃至欧洲有所作为，因此对三海倡议的关切具有地缘政治色彩。而克罗地亚作为一个小国，希望在西巴尔干地区发挥建设性作用，缺乏更大的地缘政治雄心。克罗地亚总统基塔罗维奇称促进中欧合作是克罗地亚外交和欧洲政策的支柱之一，三海倡议旨在提升克罗地亚在中欧地区的影响力。2016年8月24日，在首届三海倡议峰会举行前夕，波兰总统杜达访问了乌克兰，参加了乌克兰独立25周年纪念活动。杜达总统在乌克兰年度大使会议发表演说，阐释了其三海倡议理念。杜达总统认为，该地区必须获得自己的政治主体性，以避免中东欧成为大国游戏场历史的重演。尽管杜达总统强调这可以在欧盟和北约内部做到，但是他还是建议建立独立于东方或西方的行为体的集团。他呼吁该地区国家放弃短期考量，关注长期利益。在他看来，该地区的长期利益在于地区一体化。杜达总统列举了建立共同体的三个问题：第一个问题是安全，建立三海的军事能力，保持北约在地区的持久存在，加强军事合作，其模式是立陶宛－波兰－乌克兰旅。第二个问题是能源，关键是建立能源的互联互通，以避免俄罗斯的讹诈。第三个问题是克服历史问题引起的敌意。杜达总统强调只有获得历史真相，和解才有可能。[①] 波兰总统府国务秘书克什斯托弗·什

---

① Wizyta prezydenta Polski na Ukrainie. Duda przedstawił ambitną wizję geopolityki, chce silnego paktu państw "Trójmorza", https：//wiadomosci.wp.pl/wizyta－prezydenta－polski－na－ukrainie－duda－przedstawil－ambitna－wizje－geopolityki－chce－silnego－paktu－panstw－trojmorza－6029524008985217a.

柴尔斯基（Krzystof Szczerski）强调三海倡议是为了寻找中东欧地区一体化的地缘政治难题的解决之道，以使中东欧国家获得独立和主体性。

## （二）地缘经济项目抑或地缘政治项目？

从杜布罗夫尼克峰会到华沙峰会，三海倡议峰会的正式声明表明三海倡议是一个关注欧洲南北轴线发展的纯地缘经济项目。波兰总统杜达强调三海倡议首先是基础设施和经济工程，而不是政治工程。

波兰总统杜达2016年8月在乌克兰年度大使会议上的讲话传达的信息是，波兰关注的重点是安全与能源。波兰总统府国务秘书、国家安全局局长帕维乌·索洛克（Paweł Soloch）认为，三海合作的起点是安全。这是波兰总统任期开始提出的政策的继续。布加勒斯特北约东翼9国会议强调安全事务上的合作，波兰希望将乌克兰等非北约成员国纳入。他认为，在杜布罗夫尼克举行的三海倡议峰会包含安全的维度。波兰力推三海倡议使人回想起两次世界大战期间波兰领导人毕苏斯基推动的海际（Miedzymorze）构想。一战结束之后，毕苏斯基试图在波罗的海与黑海之间建立国家间的联盟，以抗衡苏维埃俄国和德国的影响。波兰期望在这一区域建立联邦国家，使之成为欧洲政治的一极，避免强大邻国德国和俄国的支配。当时波兰面临的主要问题是如何重建波兰主权国家，并确保其安全。毕苏斯基要实现其目标需要两个条件：俄国彻底的军事失败和相关国家的深入合作。1921年的里加和平条约对于海际构想来说是一个灾难。该条约事实上认可了俄国和波兰瓜分乌克兰和白俄罗斯，损害了波兰与该地区其他国家的关系[①]。由于波兰邻国对波的不信任以及中东欧国家倾向于保持国家独立，海际战略未能实施。二战之后，海际构想在波兰成为禁忌，而在巴黎，海际构想仍是波兰流亡知识分子《文化》杂志关注的重要议题，当时非常著名的表述是"没有自由的立陶宛、白俄罗斯和乌克兰，就没有自由的波兰"。东欧剧变之后，海际构想

---

① Daria Nałęcz, "Intermarium vs the Three Seas Initiative", http://neweasterneurope.eu/2017/07/06/intermarium-vs-the-three-seas-initiative/.

再次成为议题。2013 年，维托尔德·瓦什奇科夫斯基（Witold Waszczykowski）议员强调需要恢复波兰作为地区代言人的作用，重建自治地区即喀尔巴阡。阿尔卡蒂乌什·姆拉尔奇克（Arkadiusz Mularczyk）议员强调波兰应当成为欧盟内中东欧的领袖和代表。① 一些观察家认为，三海倡议是波兰海际计划的复活。② 德国媒体认为，海际构想是许多波兰人的地缘政治梦想。波兰非正式的统治者卡钦斯基捡起了旧的概念。三海倡议并不应被视为俄罗斯与西方之间的缓冲地带，也不应被视为将这些国家联合起来的随机的斯拉夫共同体。三海倡议是一个政治概念，"是对自由进行个体的解释，这要求继续留在欧盟，实行威权主义的治国方式、民族主义与孤立主义"。③ 而波兰当局认为，三海倡议与历史上的海际构想没有联系，与海际构想相比，三海倡议不具有地缘政治性质，其目的纯粹是务实性的。波兰积极推动三海倡议不排除有地缘政治的考虑，但是将三海倡议称为波兰海际构想的翻版失之偏颇，毕竟三海倡议的倡导者并非波兰一家，克罗地亚的作用也不可忽视。波兰所处的地缘政治环境与二战期间有天壤之别，波兰为北约和欧盟成员国，尽管乌克兰危机后对俄疑虑增加，但波兰并无迫在眉睫的安全威胁。

值得注意的是，波兰在三海倡议中也有自己的考虑，特别是在能源领域。波兰积极推动南北能源走廊建设，提高地区天然气市场的竞争力，确保能源供应的安全。波兰期望成为欧洲能源供应的枢纽，特别是成为欧洲进口美国液化天然气的中心。建立三海液化天然气走廊将改变中东欧地区的能源供应格局。克罗地亚考虑在其北部建设液化天然气接收站，以与波兰的液化天然气接收站相互连接。2017 年 6 月底，来自美国德克萨斯的液化天然气船抵达波兰希维诺乌伊希切液化天然气码头，美国开始向波兰出口液化天然

---

① Daria Nałęcz, "Intermarium vs the Three Seas Initiative", http：//neweasterneurope. eu/2017/07/06/intermarium – vs – the – three – seas – initiative/.
② Janko Bekić and Marina Funduk, "The Adriatic-Baltic-Black Sea Initiative as the Revival of 'Intermarium'", IRMO Brief, No. 02, 2016.
③ Szczyt Trójmorza. Niemiecka gazeta o "marzeniu Polaków, które podjął Kaczyński, nieoficjalny władca Polski", http：//weekend. gazeta. pl/weekend/1, 152121, 22024819, szczyt – trojmorza – niemiecka – gazeta – marzenie – kaczynskiego. html#MT2.

气。美国希望与波兰签署供应液化天然气的长期合同。波兰则可以美国的液化天然气供应三海倡议国家以及乌克兰,以摆脱对俄罗斯的能源依赖。波兰液化天然气码头可以接收年50亿立方米的天然气,约占波兰天然气年消费量的1/3。波兰要向三海倡议国家提供稳定的能源供应尚有漫长的路要走。波兰力图成为欧洲能源供应的枢纽也有抵制俄罗斯与德国的"北溪-2"天然气管道项目的意图。"北溪-2"项目即俄德波罗的海海底天然气管道一旦建成,经过乌克兰和波兰的天然气管道将被逐步停用,波兰将失去天然气过境费。波兰、波罗的海国家和乌克兰强烈反对"北溪-2"项目,担心欧洲将增加对俄的能源依赖。2016年2月,波兰总统杜达称"北溪-2"项目已经成为波德关系的主要问题,强调"北溪-2"项目事关波兰、乌克兰、斯洛伐克等国的安全。美国也反对"北溪-2"项目,美国国会的对俄制裁清单包括对参与"北溪-2"项目公司的制裁。2017年11月1日,波兰总统办公厅主任什柴尔斯基宣布波兰政府将尽一切可能阻止"北溪-2"项目。"'北溪-2'不是一个小项目,而是德俄利益的基础。同时,该项目具有深刻的反欧性质。"① 基于此,三海倡议的南北能源走廊建设确有抵御俄罗斯能源影响的功能。三海地区成为能源领域地缘政治博弈的场所。

### (三)三海倡议与欧洲一体化的关系

三海倡议的倡导者尽管一再强调三海倡议有助于欧洲统一,但是三海倡议的出笼在一定程度上反映了中东欧国家对欧盟日益集中化趋向的不满。中东欧国家反对欧盟集中化的趋势,有意或无意地从地缘政治上抗衡欧盟的核心成员国及其政策。波兰总统杜达强调,需要摆脱中心与外围的区别以及从富裕和稳定的西方国家向欧盟的东方国家单方面的模式转移,这是对欧盟对待中东欧国家的方式隐晦的批评。三海倡议首先聚焦三海地区南北走廊的发展问题。波兰总统办公厅主任什柴尔斯基认为,欧洲对东西轴线感兴趣,而

---

① "The Geopolitics of Poland's Three Seas Initiative", https://www.sgtreport.com/articles/2017/12/8/the-geopolitics-of-polands-three-seas-initiative.

对南北轴线则缺乏兴趣。在某种意义上，这是打破冷战分裂格局的自然结果，也是西方国家进入东方市场的经济层面的需要。在他看来，三海倡议从一开始就是一个欧盟内部的倡议。"我们意识到中欧需要额外的投资以促进发展，发展的需求很大，这超出了欧盟聚合政策的能力。""三海倡议仍是一个典型的欧洲项目。中欧越强大，欧盟就越强大。中欧越是连接，欧洲市场就运行得越好。中欧基础设施的障碍越小，整个欧盟市场的运行就更好。"① 早在2011年欧盟委员会就提出了南北能源走廊建设方案，以形成单一的能源市场。同年11月23日，奥地利、保加利亚、克罗地亚、捷克、德国、匈牙利、波兰、罗马尼亚、斯洛伐克和斯洛文尼亚十国代表在中欧能源伙伴的支持下签署了谅解备忘录，重申建立南北能源走廊为十国共同的目标。② 欧洲经济的走弱和预算约束阻碍了对基础设施的多边政府和商业投资。这冲淡了中欧统一的决心，降低了欧盟层次的关注和承诺。欧盟不再视南北能源走廊为政治和政策的重点。③ 三海倡议试图校正欧洲偏重东西连接的发展路径，将南北连接的发展提上议事日程。三海倡议与欧盟的泛欧交通网络（Trans-European Network-Transport）不无关系。波罗的海-亚得里亚海走廊将亚得里亚海港口与波兰三联城④的什切青/希维诺乌伊希切连接起来，克罗地亚的里耶卡港未被纳入其中。三海倡议的主要目标符合下列欧盟三个重要文件的精神："2030能源战略"、单一数字市场和单一欧洲交通区路线图。欧盟的连接欧洲基金（Connect Europe Facility）支持交通、能源和数字服务领域的泛欧网络的发展。三海倡议国家的南北基础设施项目如果能够充分利用连接欧洲基金，则可部分解决项目的融资问题。迄今为止，未见欧盟委员会对三海倡议的任

---

① Tematem szczytu Trójmorza-współpraca Europy Środkowej i USA dot. Inwestycji, http://dziennikzwiazkowy.com/polska-2/tematem-szczytu-trojmorza-wspolpraca-europy-srodkowej-i-usa-dot-inwestycji/.

② 中欧能源伙伴（Central Europe Energy Partners）为代表中欧能源和能源公司利益的组织。

③ Completing Europe, "From North-South Corridor to Energy", Transportation and Telecommunication Union, http://www.atlanticcouncil.org/images/publications/Completing-Europe_web.pdf.

④ 在波兰北部有三座不同历史与特点的城市，其组成了特异功能的城市联合体，被称为三联城，这就是格但斯克、索波特和格丁尼亚。

何声明。欧洲的一些观察家担心三海倡议会成为维谢格拉德集团的扩大版,会导致欧盟内部进一步分裂。如果没有欧盟的支持,三海倡议将很难取得成功。

### (四)三海倡议与域外国家的关系

三海倡议作为中东欧国家新近推出的经济合作倡议,已获得域外国家的关注。三海倡议旨在发展南北轴线的能源、交通和通信基础设施,实现中东欧欧盟成员国的统一。三海倡议也旨在削弱俄罗斯对欧洲能源部门的影响。美国作为三海倡议国家的盟友,高度关注三海倡议的发展。美国著名智库大西洋理事会近年来一直关注三海倡议国家间的合作问题。在三海倡议的形成中,大西洋理事会发挥了重要作用。2014年11月,在于土耳其伊斯坦布尔举行的大西洋理事会能源和经济峰会间隙,大西洋委员会与中欧能源伙伴(Central Europe Energy Partners)一道发布了《使欧洲完满:从南北走廊到能源、交通和通信联盟》。该报告是美国前国家安全顾问詹姆斯·琼斯(James L. Jones)和中欧能源伙伴理事会主席奥莱赫诺维奇联合支持的研究项目成果。该报告呼吁加快建设从波罗的海到亚得里亚海和黑海的能源、交通和通信南北走廊。该报告为跨大西洋在南北走廊合作提供了路线图。[①] 美国前国家安全顾问、大西洋理事会主席琼斯参加了首届三海倡议峰会总统圆桌会议,并发表了演说。他认为,三海倡议将加强北欧和中东欧以及跨大西洋共同体的安全和适应能力。目前,俄罗斯政府利用能源和经济力量作为对欧洲实行分而治之战略的手段,以此推进俄罗斯的地缘政治目标。通过能源的互联互通将北欧与南欧连接起来,三海倡议可以扭转对俄的不利形势,削弱俄罗斯的战略。发展三海倡议不仅是促进欧洲繁荣和发展,而且是加强欧洲安全和适应能力的关键因素。三海倡议应当形成一个更加大胆的愿景:将欧盟与国家广泛的欧洲空间连接起来,与乌克兰、格鲁吉亚、土耳其和非欧盟的西巴尔干国家建立能源和基础设施的联系。促进与这些国家的经济、能

---

① Completing Europe, "From North-South Corridor to Energy", Transportation and Telecommunication Union, http://www.atlanticcouncil.org/images/publications/Completing-Europe_web.pdf.

源以及政治联系将加强国家广泛的欧洲的繁荣与安全,并继续统一欧洲的理念:完整、自由和和平;强调私营部门参与三海倡议的重要性,需要三海地区的政治领导人和欧盟培育能产生私人投资的商业环境和明晰政策。① 特朗普上台后,詹姆斯·琼斯认为,鉴于俄罗斯在欧洲利用能源作为武器,三海倡议作为旨在将三海之间的国家通过能源基础设施连接起来的项目,应当成为美国新政府的战略重点。他认为,"这是一个真正的跨大西洋项目,具有巨大的地缘政治、地缘战略和地缘经济影响"。② 2017 年 7 月,美国总统特朗普出席了第二届三海倡议峰会,特朗普总统高度评价了三海倡议,认为三海倡议将改造和重建整个地区。美国重点关注的问题是中东欧国家的能源安全,承诺将向中东欧地区提供美国能源,帮助中东欧国家实现能源多元化。

中国十分关注亚得里亚海、波罗的海和黑海国家的合作。2015 年 11 月,在第四次中国-中东欧国家领导人会晤上,国务院总理李克强倡议开展亚得里亚海、波罗的海和黑海"三海港区合作",在有条件的港口合作建立产业聚集区。大力支持双方企业参与其中,拓展中国装备、欧洲技术和中东欧市场的结合,形成更多产能合作项目亮点。克罗地亚议长莱科强调,在能源领域,"16 + 1 合作"平台可以与中东欧区域性战略规划相对接,例如可以与克罗地亚总统提出的"波罗的海-亚得里亚海-黑海"倡议对接。2016 年 8 月 25 日,中国外交部部长助理刘海星参加三海倡议峰会,并发表了演说。他强调"三海港区合作"和"三海连接倡议"理念上高度契合、地理上基本重叠、内容上相当一致、目标上追求相同。"三海港区合作"是"三海连接倡议"具体化的体现,是其在中东欧地区先行先试、早期收获的样板,两者完全可以相互借鉴、相互补充,共同推进。③ 克罗地亚代表表

---

① "Remarks by General James L. Jones, Jr. at the Dubrovnik Three Seas Initiative Presidential Roundtable", http://www.atlanticcouncil.org/news/transcripts/remarks-by-general-james-l-jones-jr-at-the-dubrovnik-three-seas-initiative-presidential-roundtable.
② "The Geopolitics of Poland's Three Seas Initiative", https://www.sgtreport.com/articles/2017/12/8/the-geopolitics-of-polands-three-seas-initiative.
③ 《外交部部长助理刘海星出席"杜布罗夫尼克论坛"》,中华人民共和国外交部网站,2016 年 8 月 28 日,http://www.fmprc.gov.cn/web/wjbxw_673019/t1392444.shtml。

示,中欧陆海快线符合亚得里亚海-波罗的海-黑海倡议的目标。波兰总统杜达在杜布罗夫尼克峰会上强调,本地区的互联互通不仅对本地区,而且对发展与全球伙伴如中国的经济关系至关重要。2016年11月5日,第五次中国-中东欧国家领导人会晤发表了关于开展亚得里亚海-波罗的海-黑海三海港区基础设施、装备合作联合声明。声明强调三海港区合作的重点是构建包括亚得里亚海、波罗的海、黑海及内河沿岸港区、园区在内的交通运输枢纽,在港口合作建立产业聚集区,并建设现代公路、铁路以及河运通道,实现各产业聚集区的互联互通。必要时经过磋商也可以开展其他领域的合作。[①]中国关注三海倡议的交通基础设施发展,并针对三海倡议提出了"三海港区合作"倡议。"16+1合作"和中国的"一带一路"倡议有助于加强中国与三海倡议国家的经济合作。

## 三 结论

三海倡议的出台一方面反映了中东欧国家南北轴线交通、能源和电信网络的发展需求,另一方面反映了中东欧国家在欧盟内部寻求主体性和形成中欧特性的需要。三海倡议从总体上看是一个地缘经济项目,但是在能源领域的博弈具有地缘政治色彩。美国的介入旨在削弱俄罗斯作为欧洲能源主要供应国的地位,削弱俄罗斯以能源作为武器影响欧洲的能力。三海倡议形成只有两年多,其未来如何发展值得观察。目前三海倡议有12个国家,未来是否会向西巴尔干国家和苏联的继承国开放尚不明确。奥地利提出了三海倡议应当向西巴尔干国家开放的建议,但是该建议并未获得其他国家的支持。美国智库大西洋理事会认为,将西巴尔干非欧盟国家纳入三海倡议将削弱俄罗斯利用能源手段限制该地区国家独立的能力。三海倡议要想取得成效,需要落实南北走廊项目。重大基础设施项目能否真正落地将是对三海倡议的最大考验。

---

① 《关于开展亚得里亚海-波罗的海-黑海三海港区基础设施、装备合作联合声明》,中华人民共和国外交部网站,http://www.fmprc.gov.cn/web/ziliao_674904/1179_674909/t1413197.shtml。

# 专题报告篇
Special Reports

## B.13 美国退出《巴黎协定》后的欧盟气候能源政策

傅聪*

**摘　要：** 2017年欧盟和法国开展积极的气候外交推动了《巴黎协定》执行规则的谈判进程，并挽回了由于美国退出《巴黎协定》而产生的消极情绪，重振了全球抗击气候变化的士气。2017年欧盟完成了历时多年的温室气体减排机制改革，在能效和清洁能源立法上也取得了进展。但是，成员国间的利益协调困难让欧盟气候和能源举措的力度大打折扣。欧盟希望填补美国退出留下的全球气候治理领导真空，但其领导模式面临挑战。

**关键词：** 欧盟　气候变化　清洁能源　气候外交

---

\* 傅聪，中国社会科学院欧洲研究所副研究员。

2017年,欧盟气候和清洁能源治理取得了一定的进展。在气候外交方面,欧盟法国积极行动,在美国退出《巴黎协定》给全球气候行动造成冲击的情况下,推进了《巴黎协定》执行规则的谈判进程,重振了全球抗击气候变化的士气。在内部立法方面,2017年欧盟完成了温室气体排放贸易机制改革、减排责任分担磋商、能源效率指令修订和清洁能源立法几项重要的工作。但是,成员国纷纷强调以本国利益为中心,这让欧盟治理不仅行动迟缓,而且举措无力,同时也给欧盟领导全球气候治理带来了挑战。

## 一 欧盟积极的气候外交

美国宣布退出《巴黎协定》给全球气候行动造成了巨大的冲击,其负面影响不仅体现在温室气体减排信心和气候资金方面,它还冲击了全球抗击气候变化的士气。美国退出《巴黎协定》在全球气候治理方面留下了领导真空,欧盟不希望这种权力真空影响到全球的低碳转型事业。欧洲理事会首脑们重申其减排承诺不变并将全面执行《巴黎协定》。欧盟委员会(以下简称"欧委会")主席容克说,"美国退出《巴黎协定》留下的真空需要有人填补,在这个过程中欧洲渴望自然地成为领导"。欧洲议会主席安东尼奥·塔贾尼称,欧盟必须继续充当先锋,其长期承诺和决心是榜样,欧盟不会错失《巴黎协定》为公民、环境和经济提供的机会。[①] 德国总理默克尔表示,《巴黎协定》非常重要,不容再次谈判。法国总统马克龙提出了"让星球重新伟大"的口号。

从《联合国气候变化框架公约》(UNFCCC,以下简称"《公约》")第23次缔约方大会(COP23,2017)达成的决议来看,欧盟的国际气候机制主张得到了进一步的推进。《巴黎协定》的主要成果之一,即计划于2018年开始的"促进性对话"(Facilitative Dialogue)在此次大会完成了对话开展的部署,被命名为"塔拉诺阿对话"(Talanoa Dialogue)。在此次大会上,主

---

① http://www.caneurope.org/publications/press-releases/1403-us-decides-to-pull-out-of-the-paris-agreement,访问时间:2017年1月3日。

席国斐济和下届大会主席国波兰还提前一年共同启动了"对话",而根据《巴黎协定》,"促进性对话"本应在COP24(2018年)上正式启动。此外,减缓成为该"对话"进程的核心议题,使"对话"几乎成为2023年全球气候行动盘点的预演。"促进性对话"的这种发展导向符合欧盟一贯支持的"自上而下"地构建国际气候制度的主张,与其自哥本哈根大会以来秉持的加重有能力的发展中国家的减缓气候变化责任的主张也是一脉相承。

"塔拉诺阿对话"安排背后有欧盟积极的政府外交与民间外交的双重努力。在COP23大会召开前的几天,瑞典政府资助的"欧洲能力建设项目"邀请斐济长驻联合国副代表、最不发达国家集团主席等到波恩参加了缔约方大会前研讨。[①] "欧洲能力建设项目"在大会开幕前还发布了一份报告——《启动巴黎协定的雄心:2018"塔拉诺阿"对话》[②]。该报告与最终纳入《公约》决定附件的内容基本一致。德国则以成为本届大会"技术东道国"的方式显示了对欧洲领导全球气候治理的支持。

但是,在COP23大会上,欧盟在为抗击气候变化提供公共资金方面依然是"口惠而实不至"。应对气候变化资金目前缺口巨大,美国退出《巴黎协定》将是雪上加霜。根据2017年经济合作与发展组织(OECD)发布的报告,每年需要6.3万亿美元才能实现到2030年全球升温不超过2摄氏度的目标。到目前为止,各国政府承诺的资金每年不过区区1万亿美元。[③] 国际社会将填补资金缺口的希望寄托在欧洲发达国家身上。在《公约》秘书处气候资金第二次双年报中,欧洲国家里法国提供的气候资金中只有2%是赠款,德国的赠款占45%,只有瑞典、丹麦的气候资金全部为赠款。[④] 欧盟在COP23大会上重申了到2020年之前发达国家对发展中国家的资金援助增加至每年1000亿美元的承诺,但具体的出资金额和计划依然语焉不详。对于小岛国集团、非洲

---

① http://www.eurocapacity.org/homepage.shtml.
② http://www.eurocapacity.org/downloads/FD_2017.pdf.
③ https://www.forbes.com/sites/davekeating/2017/12/12/what-was-the-point-of-macrons-climate-summit/#bde6cac32b79.
④ https://www.chinadialogue.net/article/show/single/ch/10208-Little-money-in-sight-at-climate-summit.

集团和最不发达国家集团非常关心的全球变暖造成的"损失与危害"议题,欧盟也乐于躲在美国的背后,拒绝向这些对气候变化最为敏感和脆弱的国家提供适应资金。德国在此次大会上提出,保险机制是解决"损失与危害"问题的出路。欧盟的这种表现不符合发展中国家心目中全球气候制度领导者的形象。

法国在2017年展开的气候外交颇为亮眼。法国新总统马克龙希望法国成为全球气候变化议程中的主要协调人,复兴欧盟的全球气候领导者地位。12月12日巴黎主办了"一个星球"气候行动融资峰会,纪念《巴黎协定》签署两周年,回应特朗普的退出决定,并且号召世界各国政府和私营部门为抗击气候变化提供更多的资金。

"一个星球"气候行动融资峰会提振了全球应对气候变化的士气,金融和商业界也随政府一起加快了减缓全球变化的行动步伐。欧盟能源联盟副主席马洛斯·塞夫科维奇(Maroš Šefčovič)提出了"星球行动计划",承诺为欧洲之外的国家抗击和适应气候变化提供90亿欧元的融资。他还指出欧洲致力于成为城市创新的"温床",欧盟预算中至少有20%的资金用于支持与气候相关的地方项目。① 英国宣布将为发展中国家适应气候变化影响项目提供新的1.4亿英镑的资金支持。世界银行集团宣布自2019年起,停止对上游石油和天然气项目的投资。全球23家最大的国家区域开发银行同意调整融资结构,使其与《巴黎协定》保持一致。英格兰银行称已有总市值超过6.3万亿美元(约合417亿元人民币)的230多家公司承诺与其"气候相关金融信息披露工作组"合作,披露有关气候危害性投资的信息。② 法国跨国保险集团安盛(AXA)、荷兰国际集团(ING)都宣布撤离煤炭行业,联合利华和维珍集团也宣布逐步停止使用煤炭。

2017年,欧盟进一步提升了与中国的气候能源合作。中国和美国是全球最大的两个温室气体排放国,在美国退出《巴黎协定》后,中国对《巴

---

① https://www.forbes.com/sites/davekeating/2017/12/12/what-was-the-point-of-macrons-climate-summit/#bde6cac32b79.
② https://chinadialogue.net/blog/10292-One-Planet-Summit-raises-ambition-on-climate-finance/ch,访问时间:2017年1月3日。

黎协定》的支持就变得至关重要。欧盟与中国在2017年中欧领导人峰会上宣布建立"紧密的气候行动和清洁能源转型伙伴关系"。这标志着中欧在应对气候变化领域的合作迈上了一个新高度。"紧密的气候行动和清洁能源转型伙伴关系"和《巴黎协定》将中国与欧盟紧紧地系在了引领全球应对气候变化国际合作的同一条战线之上。

## 二 欧盟的气候能源立法缓慢推进

欧盟致力于推动全球气候治理。但是，其向国际社会展现的雄心勃勃的愿景、精心设计的机制、高超的外交和谈判技巧并没有帮助欧盟在全球应对气候变化事务中成为无可争议的领导者。究其原因，除了实现低碳发展需要周期，欧盟近年来债务、难民、外交、一体化麻烦缠身外，欧盟在气候能源政策上口号与行动不相匹配是关键原因。

### （一）保守的温室气体减排目标

2018年将迎来《巴黎协定》通过后全球气候机制谈判的一个小高潮。气候变化政府间委员会（IPCC）将在2018年公布全球变暖1.5摄氏度影响特别报告。旨在促进各国就应对气候变化行动和自主贡献目标展开交流的"塔拉诺阿对话"逐渐展开。波兰将主办COP24大会。在此背景之下，国际社会对欧盟提高温室气体减排目标的期待将会上升。然而，欧盟无意提高2020年、2030年和2050年减少温室气体排放的目标。

欧洲的气候积极派主张欧盟在2018年COP24会议上宣布提高2030年温室气体减排目标，继续充当全球气候治理先锋的角色。荷兰气候部部长敦促欧盟将2030年温室气体减排目标提高到55%。法国在2017年发布的《法国气候行动规划》中提出，推动欧盟在2018年《公约》促进性对话中提高温室气体减排目标。2017年北欧国家联合发布了一项《北欧气候领导声明》，要求欧盟考虑在2018年《公约》缔约方大会上提高温室气体减排承诺。德国、英国、奥地利、比利时、葡萄牙也支持欧盟提高2030年减排

目标。欧洲议会在2017年10月4日通过了一项决议，呼吁欧盟提高2030年温室气体减排目标。对于2050年减排目标，欧洲议会工业和环境委员会在2017年12月7日通过了一项共同立场，支持欧盟最晚到2050年将温室气体排放从至少降低80%提高到实现净零排放。

然而，从当前的政策走向来看，欧盟根本没有提高近、远期气候目标的意愿和动力。在2017年COP23大会上，欧盟避而不提30%目标，只是强调到2016年欧盟相对于1990年水平温室气体排放已经下降23%，2020年时将会达到26%，欧盟能够完成2020年减排目标。至于提高2030年减排目标，欧委会缺乏行动的意愿。欧盟气候委员米盖尔·卡涅特表示，欧盟减排温室气体40%已经是《巴黎协定》中最具雄心的目标了，提出新目标将是2019年下一届气候委员的工作。欧盟理事会认可当前的2030年欧盟温室气体减排目标。以波兰为首的煤炭依赖度高的中东欧国家坚决反对欧盟在2030年前提高减排目标，这一立场也一直没有动摇。

### （二）艰难的排放交易体系（ETS）改革

欧盟ETS改革磋商历时两年，在2017年11月由欧洲议会、欧委会、欧盟理事会签署了《欧盟2020年后修订ETS临时协议》。这项改革翻倍吸收了ETS第四阶段中累积的碳配额，提高了碳价，为欧盟完成在《巴黎协定》中承诺的到2030年减少温室气体排放40%的目标铺平了道路。

在ETS改革过程中，欧盟理事会、欧洲议会、欧委会对许多举措意见不同，例如怎样提高碳价格、如何不损害竞争力、怎样利用资金帮助落后国家等。尽管欧盟碳市场中存在规模高达17亿的冗余配额[①]，欧盟理事会却不希望大量缩减ETS第四阶段的排放总配额，欧洲议会的立场正好相反，欧委会较为中庸。

欧盟28个成员国意见不一。瑞典、法国、荷兰支持砍掉过多的碳配额。

---

① https://www.enerdata.net/publications/daily-energy-news/eu-institutions-reach-landmark-agreement-ets-reform-after-2020-eu.html，访问时间：2017年12月25日。

德国、意大利、奥地利、希腊特别重视引入更加灵活的拍卖比例等措施以留住大企业。① 波兰是反对改革的主要力量，它认为 ETS 改革法案损害了成员国塑造本国能源构成的权利，担心改革会给能源密集型工业和燃煤电厂带来沉重的负担。波兰环境部部长甚至表示，不排除到欧盟法院提起诉讼的可能。② 欧洲的钢铁、化学、化肥和炼油等重工行业认为，囿于当前的可得技术，进一步减少碳排放的机会有限，因此，当务之急是建立一个强大的碳泄漏保护机制，保障欧洲高碳行业能够在一个公平的全球竞争环境中生存。

欧盟达成的 ETS 改革并不彻底，第四阶段仍将存在大量冗余配额。据路透社报道，翻倍吸收碳冗余仅会使其到 2022 年减少 1.11 亿吨，碳价到 2030 年才会达到 20 欧元的最佳价格。③ 这不利于欧盟 2050 年碳排放净零目标的实现，也对低碳、可再生能源和节能产业投资造成负面影响，并将拖慢欧盟低碳转型的步伐。

### （三）软弱的减排任务分担条例（ESR）

经过一年多的谈判，2017 年底欧洲议会、欧盟理事会和欧委会就欧盟 2021~2030 年 ETS 未覆盖领域的温室气体减排任务分担条例④（Effort Sharing Regulation，ESR）达成了临时协议，2020 年后欧盟各国的减排任务终于尘埃落定。

欧盟 60% 的温室气体排放发生在 ETS 之外。农业、运输业、建筑物排放、废弃物管理、中小企业和服务业排放都由 ESR 规定。根据 2014 年欧盟环境理事会的决议，欧盟非 ETS 部门到 2030 年应在 2005 年水平上减少 30% 的温室气体排放。欧委会提出了相对保守的 ESR 立法建议，将 ESR 减

---

① http://www.euractiv.com/section/climate-environment/news/eu-ministers-reach-compromise-on-carbon-market-reform/，访问时间：2017 年 1 月 2 日。
② http://www.euractiv.com/section/emissions-trading-scheme/news/poland-challenges-eus-carbon-market-reform/.
③ http://www.euractiv.com/section/energy/opinion/eu-carbon-market-at-risk-of-another-lost-decade/.
④ http://data.consilium.europa.eu/doc/document/ST-13224-2017-INIT/en/pdf.

排基准划定在2016~2018年欧盟排放的平均值；为了降低减排成本和碳泄漏风险，除保留原有的灵活机制外，新增一次性使用ETS配额和使用土地利用减排信用完成国家减排指标两项灵活措施。①

但成员国希望ESR的规定尽量宽松，争相在立法中引入"后门"，降低减排责任。ESR立法过程被批评为一场"双面游戏"。欧盟首脑在美国宣布退出《巴黎协定》后一致发声表示要迅速、全面地执行《巴黎协定》，但是在立法磋商中，各国都拒绝接受严苛的减排基准，不愿放弃各项"后门"措施。这导致各国ESR部门实际承担的减碳任务大打折扣，如欧盟ESR减排30%的目标将被弱化为23%，瑞典减排40%的目标被削弱为29%，法国的目标从37%降到28%，爱尔兰30%的目标甚至会因这种宽松的规则而降低至仅1%。②

### （四）任重道远的清洁能源立法

2017年欧盟在能效和清洁能源立法上取得了进展，但能效目标不高，成员国能源转型规则薄弱，电力市场仍允许大规模的煤炭补贴。

2017年6月，欧盟能源部长理事会通过了修订《能源效率指令》（2021~2030年）的共同立场。共同立场支持了欧委会宽松的能效指令草案，成员国实际需承担的责任降低了一半。这将严重削弱欧盟的能源效率政策，打击对能效产业的投资，并对欧盟实施《巴黎协定》造成严重的损害。此外，欧盟能源部长理事会还将2026年后的节能义务降到了1%，对于2030年能效目标是否具有法律约束力也含混其词。

2017年底，欧盟能源部长理事会就"可再生能源指令"、"能源联盟治理条例"和"电力市场设计指令和条例"形成了立场文件。下一步，待欧洲议会就上述文件形成立场后，欧盟理事会、欧洲议会、欧委会三方磋商将

---

① COM（2016）482 final, http://eur-lex.europa.eu/legal-content/EN/TXT/?uri=CELEX: 52016PC0482, 访问时间：2017年1月2日。
② http://www.caneurope.org/publications/op-eds/1473-europe-s-two-faced-climate-change-game, http://effortsharing.org, 访问时间：2017年1月2日。

在 2018 年启动。在电力市场方面，欧盟成员国一致要求在一定条件下保留价格管制。各国在发电补贴基准线和单位发电排碳上限问题上有很大的意见分歧。最后磋商的结果是，在一定时期内，没有达到碳排放低于 550 克二氧化碳/千瓦时的电厂仍可获得补贴，同时还将引入一个补贴退出机制。在逐步淘汰煤炭发电问题上，欧盟理事会的立场文件中和了保守派和积极派的意见，2025 年后仅有碳排放低于 550 克二氧化碳/千瓦时或平均年度装机千瓦排放低于 700 公斤二氧化碳的新设施才能加入欧盟内部电力市场。①

在能源联盟治理方面，成员国将提交 2012～2030 年国家能源和气候一体化规划，并且每 10 年更新一次。成员国每两年提交一份能源和气候一体化进展报告，欧委会负责监督、评估成员国的行动，决定是否需要在成员国或欧盟层面采取额外措施。

## 三 欧盟能"让星球再次伟大"吗？

《巴黎协定》正式将全球气候治理带入了行动安排"自下而上"以及行为体和驱动力更为多元的时代。但是，去中心化的治理机制依然需要有效、坚定的政府支持和政府间国际合作作为引领。欧盟能够填补美国退出《巴黎协定》在全球气候治理中留下的领导真空，"让星球再次伟大"吗？

强化自身抗击气候变化行动的力度是欧盟贯彻《巴黎协定》、领导全球气候治理的途径。但是，现实中欧盟在提高温室气体减排目标、ETS 改革、清洁能源立法诸多领域表现为行动迟缓、雄心不足。究其原因，一方面在于欧委会行动消极，更重要的则是在"多速欧洲"的大背景下，成员国在气候和清洁能源发展中步调不一、利益多元化。

德国与法国一向是欧盟的政策发动机，但它们在去碳发展之路上均表现不佳。近年来，德国在煤炭利益集团面前无所作为，减碳目标执行得不好，

---

① http://www.euractiv.com/section/electricity/news/live-ministers-hash-out-future-of-eu-energy-policy/.

煤炭的使用量不降反增。早在2014年，德国联邦经济与环境部就发出警告，德国可能无法完成2020年减碳目标。默克尔虽然是全球气候治理的积极践行者，但面对化石能源、汽车等行业利益集团的游说，其诸多减碳和节能政策都没有落实。除绿党外，德国各主流政党也无意采取进一步举措加大去碳化的力度。

2017年经济增长和接收大量难民使德国的减碳形势更加恶化。默克尔在2017年大选期间承诺将恪守应对气候变化的各项目标，但基民盟在大选中的支持率严重下滑，默克尔也遭遇组阁困难。2018年初，有可能组成大联盟政府的联盟党和社民党在组阁谈判中明确表示推迟完成德国2020年温室气体减排目标。①

德国的可再生电力发展良好，能够部分替代核电和天然气发电，但它对燃煤发电的替代作用是比较弱的。因为在可再生能源发电尚不能全面、安全、经济地替代传统能源发电的情况下，全面弃核政策和天然气供应安全隐患都给燃煤电厂留下了生存空间。联盟党和社民党虽然在组阁谈判中就2030年电力消费中可再生能源的比重应当提高到65%达成了共识②，但如何落实还需要观察。另外一个很大的疑问是，大联盟政府平衡点府能否推行已有共识，设立委员会起草到2018年底弃用煤炭的方案。

法国虽然在气候外交上有亮眼的表现，但在能源转型方面也是小步前行。马克龙总统宣布法国计划在2021年关闭所有火力发电厂，向电力行业弃煤迈出了一大步。但是，他又宣布将2014年《能源过渡法》中确定的到2025年核能发电比例从75%降低到50%的目标推迟5～10年完成。这一延迟将大大放缓法国能源系统向100%可再生化转型的步伐，对欧盟的清洁能源政策也带来了非常消极的示范。

波兰作为气候和清洁能源治理最不积极的欧盟成员国，其国内政策给欧

---

① http：//www.euractiv.com/section/climate-environment/news/german-coalition-negotiators-agree-to-scrap-2020-climate-target/.
② http：//www.euractiv.com/section/climate-environment/news/german-coalition-negotiators-agree-to-scrap-2020-climate-target/.

盟的全球气候能源战略带来的多是"负能量"。波兰有庞大的煤炭利益集团，煤炭行业从业人员众多，而且其未来10年的能源安全保障仍需依赖煤炭行业。波兰政府一直给予传统能源行业大量的补贴。欧盟长期为波兰输入巨额资金，但波兰的转型仍需时间。

此外，2017年欧英开始退欧谈判，未来欧盟的减碳压力将增大，在国际谈判中的地位也面临被弱化的挑战，因为英国是欧盟中碳排放下降较快的国家，由成员国分担的2030年ESR减排任务在英国退欧后需要重新分配。英国的ESR减排任务是37%，而欧盟成员国的平均水平是减排22%左右。欧盟如果要完成既定减碳目标，需要其他成员国加大减排量。

英国退欧后，欧盟失去了一个气候和能源转型的积极推动者。成员国在欧洲理事会中的分量和影响力可能会出现变化，丹麦、瑞典、荷兰3个在气候和清洁能源治理中较为先锋的国家可能会被边缘化，波兰在欧盟的影响力将会上升。这对于欧盟的气候能源治理来说不是一个好消息。

## 四 结语

2017年美国宣布退出《巴黎协定》，拖累全球气候治理的闹剧再次上演。欧盟作为发达国家集团中坚定不移地抗击全球变暖的先行者又一次走到台前，呼吁全球不能放松应对气候变化行动的力度，不能放慢向低碳转型的步伐。在COP23大会中，欧盟协助大会主席国斐济启动了"塔拉诺阿对话"，向落实《巴黎协定》前进了一步。

在欧盟内部，温室气体减排和清洁能源发展步履维艰。欧盟一直承受着2030年减碳目标力度不足的批评和要求提高目标的压力，但在2017年依然没有进展。2017年欧盟在ETS改革、成员国2030年减排任务分担以及清洁能源立法方面取得了突破，完成了相关立法。但是不得不指出，上述立法中存在诸多漏洞和"后门"，立法成果与初衷之间存在着不少的差距。

欧盟在气候能源治理中的对内和对外差异导致其对全球气候治理的领导面临挑战。一直以来，欧盟向世人树立了一种以气候道义和价值为取向的国

际气候治理领导者的形象。然而,自哥本哈根气候大会以来,欧洲国家开始向关注本国利益回归,不再以高减碳目标和高气候出资博取世界的目光。尽管欧盟仍认为自己的减碳目标和气候出资引领全球,但其努力显然达不到被"吊高"了的国际社会的要求和期待。在欧洲国家向本国利益回归的同时,欧委会没能用有效的政策做好欧盟应对气候变化和向低碳转型的工作。欧盟气候、能源一揽子法规复杂、低效,执行不到位。欧盟减碳总体目标的实现不是依靠政策措施的实施,而是得益于经济增长的疲弱、金融危机的出现,以及结构上的去工业化。这都损害了欧盟应对气候变化行动的可信性,影响了其全球气候治理先锋的形象,降低了其全球号召力。

但仍须承认的是,欧盟在应对全球变暖中发挥的制度引领作用是成功的。在《京都议定书》之后,欧盟通过《巴黎协定》使全球保持在一个适度的减碳压力之下,这对于推动全球向低碳转型是非常必要的。欧盟以其"规范性"力量著称于世,拥有强大的软实力。欧盟在气候制度设计、实践以及气候外交方面有着丰富的经验、教训和强大的智力储备。未来欧盟如何在外交上将气候道义形象与气候责任行动协调起来、如何将内部治理中的经验和教训向外输出服务于全球低碳发展,是欧盟能否继续引领全球气候治理的关键。

# B.14 反全球化浪潮在欧洲的新表现

贺之杲*

**摘 要:** 欧洲反全球化浪潮已成为当前西方政治话语的关键参照物和政治风向标。反全球化浪潮是不容小觑的一股力量,与反对欧洲一体化的力量并驾齐驱,成为影响欧洲经济、社会和政治生态的因素。反全球化浪潮在欧洲的新表现包括四个方面:对开放贸易政策的质疑、对难民及难民政策的抵制、民粹主义及其政党的快速发展和反全球化与反一体化并行。欧洲反全球化浪潮是全球化与一体化的机会和风险被不均衡地分配在欧洲社会中,真实或感知到的相对剥夺感与异化感带来双重压力,多重危机背景下欧盟也无暇有效应对这种双重压力。欧盟及其成员国在应对反全球化浪潮时,既要关注社会认可,又要关注社会资源再分配。

**关键词:** 反全球化 欧洲 民粹主义 反一体化 贸易政策

## 一 引言

全球化意味着物质的发展、技术能力在全球层面的扩散,以及去领土化趋势的发展。尽管全球化存在诸多解读,但我们一般认为全球化是一系列体现社会关系和社会事务的空间性组织方式变革的进程。① 全球化包括经济、

---

\* 贺之杲,中国社会科学院欧洲研究所助理研究员。
① Angela M. Crack, *Global Communication and Transnational Public Spheres*, Palgrave Macmillan, 2008, p. 118.

社会和政治三个维度。从经济层面来看，全球化意味着私人化、最大限度减少经济管控、降低福利水平、减少公共产品支出、加强财政纪律、资本自由流动、减税等。从社会层面来看，全球化意味着语言的边界、政治的界限、文化的隔阂的弱化，即边界弱化（甚至消亡）后的世界如何组织与运转。从政治层面来看，全球化意味着政治规则的改变，政治权力等级制度的复杂化，民族国家与跨国企业、跨国非政府组织、国际组织和地区性组织出现在国际舞台并影响国际社会进程。

反全球化和去全球化潮流成为国际社会的关注点，全球化与去全球化两种潮流交织在一起。欧洲当前阶段的反全球化浪潮既是一种继承，更是反全球化的新发展。反全球化在欧洲是一直存在的，比如激进主义的左派与改良主义的左派，即存在反对资本主义与改变全球化的区别，以及审慎理性行为体与草根积极分子的分野。① 但当前欧洲反全球化浪潮具有一些不同的特征：反全球化浪潮的政党基础在某种程度上发生了变化，从左翼政党转为（极）右翼政党；反全球化浪潮的民意基础也发生了变化，从草根阶层、中下层转移到中上层甚至最高层；反全球化浪潮的内容范畴发生了转移，从经济议题扩展为经济、社会和政治议题。

当全球化与一体化相遇时，一体化与全球化的关系很微妙。一体化可以产生全球化的效果，但也是全球化深化的阻碍。可以说，一体化保证了欧洲在全球化中的地位，但一体化又是抵抗全球化的方式，某种程度上甚至是屏蔽全球化的方式。② 随着体系层次与地区层次的互动越来越频繁，地区层次与国家层次的关联性越来越紧密，欧盟议题之间的穿插度越来越高，一方面推动了多层次行为体之间的互动，一定程度上加快了全球化的进程；另一方面，边界使国家与国际有了物质和观念意义，它也成为一个"危险的临界点"，反映了"他者与自我的歧视"③，强化了边界内主体的主权。当全球化

---

① Raphael Schlembach, *Against Old Europe：Critical Theory and Alter-Globalization Movements*, Farnham, Ashgate Publishing Ltd.，2014.
② Vivien A. Schmidt, "Trapped by Their Ideas：French Elites' Discourses of European Integration and Globalization", *Journal of European Public Policy*, Vol. 14, No. 7, 2007, p. 993.
③ Neil Walker, *Europe's Area of Freedom, Security and Justice*, Oxford：Oxford University Press, 2004.

与一体化相关的机会和风险被不均衡地分配在欧洲社会之间以及社会内部时[1],民众和各种组织对全球化的态度就会被真实或感知到的输赢感所激化。经济全球化的影响会蔓延到社会全球化和政治全球化,因此,作为一体化组织的欧盟面临着全球化、一体化、再国家化的三重影响,政治全球化进程与欧洲再国家化撕裂着欧盟的治理矩阵,意味着政治权威场域的变革。

## 二 欧洲反全球化浪潮的表现

反全球化、逆全球化一直伴随着全球化进程。因此,全球化进程仍处于变动和发展中,全球化体系仍在形成中,全球化远未终结。西方反全球化浪潮意味着西方主导的全球化进程正在式微,意味着非西方主导的全球化进程正在强化,意味着正面全球化和负面全球化并行存在。但当前反全球化、逆全球化力量的急剧增长正冲击着欧洲对全球化的态度,因为全球化进程正产生一种新的断裂,一方是期望超越民族国家的更深层次的一体化,允许货物、人口、价值等跨国界自由流动,另一方是强调闭关锁国或国家间的划界。[2] 我们可以发现的一个逻辑关系是,欧洲民众对全球化的态度(悲观或乐观)与他们对政治和社会的态度有较大的一致性。反全球化浪潮在欧洲的新表现体现为对开放贸易政策的质疑、对难民及难民政策的抵制、民粹主义及其政党的快速发展、反全球化与反一体化并行四个方面。

### (一)对开放贸易政策的质疑

开放贸易成为欧洲反对全球化争论的焦点之一,这是因为货物和服务的

---

[1] Céline Teney, Onawa Promise Lacewell and Pieter De Wilde, "Winners and Losers of Globalization in Europe: Attitudes and Ideologies", *European Political Science Review*, Vol. 6, No. 4, 2013, pp. 575 – 595.

[2] Hanspeter Kriesi, Martin Dolezal, Marc Helbling, Dominic Höglinger, Swen Hutter, Bruno Wüest, *Political Conflict in Western Europe*, Cambridge: Cambridge University Press, 2012; Hanspeter Kriesi, Edgar Grande, Romain Lachat, Thimoteos Frey, *West European Politics in the Age of Globalization*, Cambridge: Cambridge University Press, 2008.

欧洲蓝皮书

自由流动招来敌意，造成了欧洲与世界其他国家、欧洲国家之间、欧洲国家内部的不平等。贸易政策被认为是一个技术层面的议题，但是在过去的全球化背景下，贸易政策在西方社会具有较高的政治意义。超全球化（hyper-globalisation）①意味着商品价格的上涨导致欧洲工薪阶层的购买力下降，并造成生活水平下降。欧洲议会国际贸易委员会主席贝恩德·朗格（Bernd Lange）警告说："开放贸易政策不再是欧洲民众认为的理所当然的。"② 从某种程度上说，欧洲民众认为诸多不可控的因素正在发生，他们由于担忧而开始反对全球化，倾向支持贸易保护主义政策，反对自由贸易政策。

最典型的例子是"跨大西洋贸易与投资伙伴关系协定"（TTIP）和欧盟－加拿大综合性经济贸易协定（CETA）。"跨大西洋贸易与投资伙伴关系协定"和"欧盟－加拿大综合性经济贸易协定"并不仅仅涉及关税壁垒的消除、食品安全、国际标准和消费者保护等，还有地缘政治和战略意义。虽然特朗普反对奥巴马政府推动的新贸易条例，但欧洲反对TTIP的力量也非常强大。如果说地缘与战略意义较为抽象，那民众的关切是可以理解的，因为他们更关注贸易协定带来的经济增长与失业率的降低。他们还担心谈判的不透明，可能会为了跨国公司而损害民众的利益。此外，欧洲还提出了新的投资保护模式——投资者—国家争端解决（ISDS），虽然增加了谈判的透明度，但是成员国仍然面临着游说集团与市民社会的巨大压力。这为民众反对自由贸易政策提供了渠道。欧盟－加拿大综合性经济贸易协定遭到了欧洲数百万民众的反对，特别是比利时的瓦隆地区（Wallonia）的反对，使加拿大最终不得不直接去瓦隆地区谈判。2017年9月21日，欧加协定临时生效，最终生效需要欧盟成员国议会的批准。欧加协定是欧盟开展自由贸易协定的一个重要维度，也是欧盟寻求WTO多边贸易规则之外的一种尝试，更是欧

---

① Daniel Gros,"The Globalisation Litany",11 October 2016,https：//www.ceps.eu/publications/globalisation - litany. 超全球化并非因贸易壁垒的消失而出现的，而是主要由于商品价格的激增。

② Eric Maurice, Europe in Review, Euobserver, 2016, p. 25, https：//euobserver.com/europe - in - review/136125.

盟贸易保护主义政策的变体，可能引发新一轮全球贸易战。

此外，大量民众开始质疑欧盟的经济贸易政策，并且有64%的欧洲民众对欧洲经济的未来持悲观态度。这强化了一个观点，即在许多民众看来，欧盟是一个负担，而不是一个优势，就算是已存在40年的欧盟贸易政策也面临着越来越多的批评。欧盟共同贸易政策将成员国聚合在一起，与潜在贸易伙伴谈判时更有分量，更能维护成员国的整体利益。但现在的情境发生了变化，比如法国要求更多国家主权、英国退出欧盟、中东欧国家寻求更大的自主性，欧盟共同贸易政策受到挑战。数据显示，进口对欧盟劳动力市场的负面影响将会增加欧洲民粹主义政党的支持率。[1]这意味着欧洲诸多民众并未享受到自由贸易带来的好处，反而失去了就业机会。因此，在全球经济和金融危机导致欧洲经济长期低迷的情况下，欧洲民众反对经济全球化带来的经济结构的不平衡和社会分配的不公平。作为欧盟经济成功的原动力的欧洲内部市场也遇到了全面的危机。虽然德国呈现出稳定和强劲的增长，但大部分成员国的GDP难以达到危机前的水平，失业率（特别是年轻人）居高不下，短期内无法扭转，这与难民涌入交织在一起，影响着反全球化浪潮的深度和广度。

### （二）对难民及难民政策的抵制

除了自由贸易议题，难民议题是欧洲反对全球化的另一个表现。值得注意的是，仅有35%的欧洲民众对全球化的恐慌是经济层面的，可以说，全球化给欧洲的社会带来了较大风险，这体现在难民的大范围涌入。根据国际移民组织的报告，2017年乘船通过地中海抵达欧洲的难民为171635人，2016年的数字达到363504人。[2] 此前，2014年进入欧洲的难民达到28.3万人，2015年涌入欧洲的难民数量呈现出爆炸性增长，超过了100万人。欧

---

[1] Christian Dippel, Stephan Heblich and Robert Gold, "Globalization and Its (Dis) Content: Trade Shocks and Voting Behavior", NBER Working Paper, No. 7853, 2015.

[2] International Organization for Migration, *World Migration Report 2018*, https://www.iom.int/wmr/world-migration-report-2018.

盟与土耳其在2016年3月签署了一揽子难民安置合作协议,大量难民通过地中海进入欧盟境内。2017年初,欧盟加大了对地中海偷渡路线的管控力度,不仅继续为利比亚海岸警卫队提供装备和培训,还决定划拨2亿欧元专款,完善利比亚等地中海南岸国家的边境管控设施。但是欧盟内部的难民摊派计划进展缓慢,大部分中东欧国家认为难民摊派计划是无效的,这意味着难民危机仍然困扰着欧盟,成为欧洲反全球化浪潮的重要表现。

当失业率居高不下时,难民涌入成为欧洲民众反对全球化的主要关切点,约53%担忧全球化的民众认为移民是一个全球挑战。申根区域的免签证政策与欧洲的难民政策成为欧洲反对全球化的重点。2017年欧洲年轻人失业率依然较高,希腊、西班牙、意大利、葡萄牙、法国的失业率分别为40.2%、38.2%、35.7%、25.6%和22%;反观德国,其失业率为6.6%;波兰、匈牙利、斯洛伐克和捷克的失业率分别为14.4%、10.8%、14%和7.2%。① 移民本身能够填补欧洲人口空缺,为维持经济发展与福利体系提供条件。由于技术和自动化的引入,大量劳动力被机器和人工智能所代替。这加重了难民涌入带来的冲击,一方面,这在很大程度上是因为移民涌入速度太快、规模太大,对于经济停滞的欧洲来说难以吸收消化,以及欧盟当前无力保证内部安全和有效打击恐怖主义;另一方面,难民危机后,以德国为首的成员国促使欧盟采取难民摊派计划,以团结一致的姿态解决难民问题,但是维谢格拉德集团(波兰、匈牙利、捷克和斯洛伐克)反对难民摊派计划,强调以自愿原则接受难民。

此外,欧洲民众警惕本国的移民情况,有超过一半的民众(大约59%)认为难民的涌入会增加恐怖主义发生的可能性,并对经济有负面影响,如占有就业岗位和社会福利,也会改变欧洲的少数族群和国籍分布。当财富从欧洲国家流出,欧洲国家的税收来源不断减少。欧洲财政枯竭导致欧洲福利国家的福利保障能力下降。当代欧洲社会稳定的两个最关键因素是中产阶级和

---

① "Youth Unemployment Rate in Europe", Trading Economics, 2017, https://tradingeconomics.com/country-list/youth-unemployment-rate?continent=europe,访问时间:2018年1月8日。

社会保障。在全球化的冲击下，这两个支柱出现了动摇。这动摇了欧洲制度的根本稳定性，动摇了欧盟及其成员国在世界范围内的控制能力。同时，这也意味着欧洲国内公共物品和国际公共物品都严重短缺。在这种背景下，财富从欧洲流向新兴市场国家，但是难民从发展中国家涌向欧洲。难民涌入带来的社会危机加深了欧洲的财政危机。更重要的是，文化对抗与文明冲突进入欧洲国家社会内部，而不仅是抽象的文明圈之间的冲突。所以，排外主义和民粹主义将难民涌入的负面后果归咎于全球化浪潮。

### （三）民粹主义及其政党的快速发展

民粹主义本身不是新鲜事物，但其在欧债危机之后获得了迅速发展，并借助民粹主义政党进一步扩大了影响力。此前，瑞典极右翼政党民主党已是议会第三大党，丹麦右翼民粹主义政党丹麦人民党也成为议会第二大党。在反全球化浪潮中，欧洲民粹主义的洪流来得更为迅猛，右翼民粹主义政党将继续与主流政党分庭抗礼，甚至跻身主流政党群。经济与社会层面的问题会引发政治层面的反应，这表现为民粹主义政党的快速发展。这一切都取决于欧洲传统政党能否在经济和安全领域避免危机进一步发酵，并改善人们的生活。

民粹主义群体（包括极右和极左）利用经济和社会层面的关切获取政治收益。欧洲国家的传统政党正在失去支持者，反建制政党获得越来越多的支持，"异化政治取代了真正的政治"。[①] 更多的民粹主义意味着更大程度的保护主义和排外主义，民粹主义是反全球化浪潮在政治层面的表现。这充分体现在2017年欧洲各国大选的过程与结果中。从过程来看，欧盟成员国选举中均存在民粹主义政党的身影，并且通过直接且具有煽动性的口号收获了巨大的关注度；从结果来看，荷兰自由党成为国内第二大党，德国选择党一跃成为议会第三大党，法国国民阵线候选人进入了第二轮总统竞选，英国独立党虽然在本国大选中惨败，但在2016年成功实现了英国脱欧。具体来看，

---

① 〔美〕艾伦·沃尔夫：《合法性的限度》，沈汉译，商务印书馆，2005，第411页。

荷兰极右翼政党自由党赢得了荷兰议会的20席,比上届增加了5席;法国大选改变了左翼的社会党和中右的民主党长期主导的法国政局,极右翼政党国民阵线候选人勒庞在首轮投票中获得21.3%的有效选票,比2012年骤增了13个百分点;德国大选也遭遇了民粹主义政党的阻击,右翼政党德国选择党获得12.6%的选票,赢得94个席位,成为联邦议院的第三大党,并且也是自1960年以来第一个在联邦议院中占有席位的极右党派;奥地利极右的自由党可能与中右的人民党联合组阁,执政新一届政府,这可能会带来奥地利政坛的右转;被称为"捷克特朗普"、持疑欧立场的安德烈·巴比什领导的ANO2011运动党获得了200个议会席位中的78席。

## (四)反全球化与反一体化并行

欧洲一体化是应对欧洲"硬化症"的最佳途径,一体化能够改变欧洲国民经济机体,给劳动力市场带来活力,降低高失业率,扭转财政开支失控、高税收局面,建立与完善有竞争力的规章制度。但2008年以来,欧洲一体化遇到了多重挑战,经济一体化与政治一体化渐行渐远。欧洲一体化已超越成员国无法有效处理的社会经济议题的决策。政治竞争(political contestation)从精英主导的代议民主转移到公共空间,这在一定程度上也意味着政党与利益集团开始让步于草根阶层及相应的社会运动。

根据皮尤研究中心的调查[①],仅有18.8%的受访民众认为欧盟在应对全球复杂挑战中扮演着不可缺少的角色。调查显示大部分受访者对欧盟持一种负面看法。大部分担忧全球化的民众对政治和欧洲一体化持怀疑态度,47%的民众倾向于脱离欧盟,40%的民众不支持进一步一体化,只有9%的民众信任本国政治家。反观支持全球化的民众,83%的民众支持留在欧盟,20%的民众信任本国政治家。可以说,一体化组织本身具有诸多先天性不足,而多重危机则将这些缺陷置于了聚光灯之下。在欧盟无力达成自己宣称的目

---

① Bruce Stokes, Richard Wike and Jacob Poushter, *Europeans Face the World Divided*, Pew Research Center, June 13, 2016. 皮尤研究中心(Pew Research Center)是一个美国独立性的民调机构,这次的调查对象包括欧洲10个国家中的11494名民众。

标时，民众的情绪受到民粹主义政党的引导，民众既反对全球化，又反对区域一体化。他们在新媒体的影响下开展新型的社会运动模式，释放出一种离心的政治能量，给欧盟带来了更大的困境，即再国家化及与欧盟（或全球）共识的对抗。

欧盟再国家化趋势加强，56%的欧洲民众认为本国应该处理自身问题，倾向于内向政策。欧洲经济一体化的深化伴随着进一步的政治一体化，这可能会出现抵制财富和工作公平分配的脆弱需求，要求国家政府收回控制权。成员国民众认为全球化是外部带来的威胁，要求更多的边界管控。不确定性和不可预测性为民粹主义政党散播简单的解决方案铺平了道路，即国家主义、孤立主义、反全球化和弱化欧盟。在不确定的时期，欧盟被认为是问题的一部分，而非解决方案，认为是欧盟的存在才使成员国政府无法保护本国民众与经济。当系统整合出现持续失调，社会系统结构所能容许解决问题的可能性低于该系统继续生存所必需的限度时，欧洲国家及其民众将会反对造成危机的全球化与一体化来源。从内部来看，经济增长停滞、失业率高位持续、福利制度困境、外来难民冲击、恐怖袭击威胁、认同感下降等内部因素造成了欧洲反全球化浪潮。从外部来看，特朗普上台使欧盟内部更加分化，一方面，美国可能不再是欧洲的支持者与伙伴；另一方面，某些成员国会与美国结盟，有些成员国可能会远离美国。此外，欧盟成员国面对全球化的态度并非一成不变和完全一致。德国对全球化的态度是积极支持的，法国对全球化的态度是负面的，其与奥地利一起成为对全球化的看法最负面的欧洲国家；中东欧国家对全球化的态度是复杂的，一方面支持经济全球化，另一方面反对社会全球化，但总体上是受益于全球化与一体化。

## 三　结论

欧洲反全球化浪潮是欧洲民众面对经济、社会与政治全球化的一种反应，涉及政治、经济、社会、文化等各个因素，而且这些因素又相互交织在一起。全球化带来的财富分配极不均衡和利益严重失衡产生了新

的不平等。经济发展和移民议题是互相嵌套的,体现为社会经济体制改革的诉求与文化认同的社会冲突交织在一起。被剥夺感和对全球化的认知等主观感知也会影响民众对全球化的态度。这被真实或感知到的输赢感所激化,因为与全球化相关的机会和风险被不均衡地分配在欧洲社会之间以及社会内部。经济发展和利益分配出现问题后,大范围的运动和政治先驱利用挫败感精心策划反抗活动,加剧了社会分裂。在反全球化浪潮中,"被剥削(夺)群体可能后退至更有凝聚力的文化单元,并要求获得自治权或者接替国家权力进行管理"。①

尽管反全球化浪潮仍笼罩在欧洲大陆,但反全球化浪潮在欧洲开始出现回落的趋势,这一是由于民粹主义政党高开低走,民粹主义政党在2017年大选中并未出现大获全胜的局面,尚未具备完全成为欧盟及其成员国决策者的条件,但值得注意的是,民粹主义政党会不断冲击欧洲主流政治。二是由于难民的涌入趋于平缓,难民及潜在的恐怖主义对欧盟民众的威胁在下降,但难民危机演变为了难民摊派计划的危机,中东欧国家对难民摊派计划的抵触加深了中东欧国家与西欧国家的龃龉。三是由于欧盟整体经济发展趋好。在2017年欧洲经济表现良好的情况下,2018年欧洲经济发展的良好势头将会持续,因为欧元区具有可持续的需求,就业率的提升带来私人消费的增长,商业情绪的高涨带来稳健的固定资本形成,欧洲中央银行继续实行宽松的货币政策将会继续支撑国内需求的提升。四是由于德法"同盟"助推欧洲一体化进程,亲欧盟的政党(马克龙和默克尔)在大选中获胜为欧盟赢得了喘息的时间,德法双引擎开辟了欧洲一体化的新篇章,包括欧元区改革和共同防务政策等。

一直以来,欧洲一体化框架是欧洲国家应对全球化和实现欧洲繁荣的最佳选项。但是在危机背景下,欧盟不能有效应对经济恐慌、安全担忧、文化不安问题,以及民众对政治机构缺乏信心,反全球化力量挑战欧洲开

---

① Nancy Fraser and Axel Honneth, *Redistribution or Recognition? A Political-Philosophical Exchange*, London: Verso, 2003, p.31.

放与自由社会的价值,既是对欧洲一体化的挑战,也是对一体化背后欧洲治理理念的挑战。所以,反全球化浪潮中的欧洲需要协调民众利益、国家利益、欧洲(盟)利益和全球利益,即如何组织一个经济边界、社会边界和政治边界被弱化的世界及如何在其中实现社会正义是欧洲应对反全球化浪潮的关键。

# B.15
# 欧洲反恐怖主义极端化新困境

沈晓晨*

**摘　要：** 2017年，欧洲所面临的恐怖主义威胁依然严峻，甚至比之前更加复杂。"外籍恐怖战士"将在短期内大量回流，本土恐怖主义出现不受极端意识形态驱动的"纯粹的恐怖"发展趋势，吉哈德主义与极右翼的相互复仇式恐袭不断升级。欧洲各国对现有反极端化措施做出了相应调整和强化，但并没有触及因威胁认知不当而带来的政策困境。欧洲各国反极端化措施在2017年依然无法做到有效遏制极端主义意识形态及其蔓延，欧洲反恐怖主义极端化尚未走出困境，反恐形势短期内不会明显好转。

**关键词：** 欧洲反极端化　外籍恐怖战士　纯粹的恐怖　吉哈德主义　威胁认知

　　反恐的核心在于对明确的"敌人"制定有针对性的对策。那么，反恐针对的"敌人"是谁？对这个问题进行回答，构成了欧洲自"9·11"事件以来反恐思路发展的最核心议题。围绕这个核心议题，欧洲反恐先后经历了"全球反恐"阶段（2001~2004年）、"反激进化"阶段（2005~2010年）。2010年左右，欧洲主要国家又放弃了"反激进化"阶段关于"恐怖敌人"的认知，进入"反极端化"阶段，认为接受极端思想，也就是个体"极端

---

\* 沈晓晨，中国-上海合作组织国际司法交流合作培训基地（上海政法学院）专职研究员。

化",是一个人成为恐怖分子的最关键变量,反恐打击的对象就是极端意识形态及其蔓延、个体的极端化。2014 年前后,从"反极端化"角度开展反恐工作成为一种"欧洲模式"①,这一威胁认知与工作思路在 2017 年依然延续。

也正是从"恐怖敌人"的变化角度而言,2017 年对于考察欧洲反极端化政策的可行性、未来发展至关重要。"伊斯兰国"这一当前全球最大的恐怖分子阵营行将崩溃,但它作为一个极端思想象征符号仍将继续给全世界的恐怖形势发展带来极大的不确定性。2017 年,宗教极端势力,特别是吉哈德主义相关恐怖极端活动依然是欧洲最主要的恐怖主义威胁,但同时期欧洲恐怖主义图景中出现了与本土极端化逐渐脱离的三方面新特征。面对新的"恐怖敌人",笔者遗憾地发现,欧洲反恐可能正在沿着反极端化的逻辑,朝着一个妥协甚至可能是错误的方向发展,距离反恐的本质越来越远。

## 一 欧洲"恐怖敌人"的新变化

与 2016 年的情况相似,2017 年,吉哈德主义相关恐怖极端活动依然是欧洲最主要的恐怖主义威胁,甚至还在继续恶化。首先,在所有恐怖主义类型中,吉哈德主义恐怖事件虽然不是最多的,但欧洲刑警组织(Europol)《欧盟恐怖形势与发展趋势年度报告(2017)》显示,从 2010 年开始,它却是欧洲几乎所有的恐袭活动导致人员伤亡的罪魁祸首。② 其次,虽然近年来欧洲各国加大了对恐怖极端活动的打击力度,在挫败恐袭策划方面取得了显著成效,但 2017 年成功发动的吉哈德主义恐袭数量仍有所上升,居于历史最高值。最后,2017 年发生吉哈德主义恐袭的国家数量继续增多,英国、德国、法

---

① 自 2014 年开始,欧洲主要国家在既有反极端化工作的基础上均制定了专门的反极端化国家战略[英国《反极端战略》(2015 年),比利时《打击暴力极端主义 18 点行动计划》(2015 年),荷兰《打击吉哈德主义综合行动项目》(2014 年),丹麦《国家反暴力极端化行动计划》(2015 年)等],或对原有《反恐法》进行了大幅调整[法国《反恐怖主义法》(2014 年修订版),德国《反恐怖主义法》(2015 年修订版)等]。
② EUROPOL, *EU Terrorism Situation and Trend Report* (*TE - SAT*), 2017, p. 10.

国、比利时等恐袭"重灾区"仍在名单之中,西班牙时隔13年再次遭遇严重恐袭事件,芬兰遭遇历史上第一次恐袭,欧洲发生过恐袭的国家数量上升至18个。① 面对吉哈德恐怖主义,欧洲已经没有"绝对安全"的国家。

但从"恐怖敌人"变化的角度而言,2017年的情况可能比2016年更加严重和复杂,出现了以下三个重要的发展趋势。

### (一)新一批极端分子:后"伊斯兰国"时代的归国"外籍恐怖战士"

"伊斯兰国"的溃败是2017年全球最重要的恐怖主义里程碑事件。而这一事件给欧洲带来的直接影响,就在于大量从欧洲前往中东作战地区的"外籍恐怖战士"(Foreign Terrorist Fighter)集中回流。欧洲将在短期内出现一大批毫无疑问的极端分子,其中还有相当数量的妇女和儿童,这给反极端化工作带来了极大的挑战。

知名安全分析智库苏凡中心(Soufan Center)在2017年10月的报告中指出,数以千计的"外籍恐怖战士"正在离开"伊斯兰国"在伊拉克与叙利亚占领地区返回欧洲,这将立即构成欧洲各国的重大安全问题。首先,来自欧洲的"外籍恐怖战士"数量很大,按照地区划分,来自欧洲参加"伊斯兰国"的海外战士为5718人,在所有地区中名列第三,占比近20%,仅次于前苏联地区和中东地区。② 其次,欧洲"外籍恐怖战士"的归国比例非常高。据欧盟"激进化观察网"(Radicalization Awareness Network)在2017年7月做的估算,在来自欧盟成员国的"外籍恐怖战士"中,30%左右已经回到了欧洲,在一些国家,例如丹麦、瑞典、英国,这个比例甚至已接近一半。③

虽然对于这些回到本国的"外籍恐怖战士"是否会对他们的居住国构

---

① 18个国家分别为:英国(英格兰、威尔士、苏格兰、爱尔兰均发生过)、俄罗斯、法国、德国、土耳其、瑞典、意大利、比利时、奥地利、西班牙、芬兰、格鲁吉亚、保加利亚、荷兰、瑞士、马其顿、挪威、丹麦。
② Richard Barrett, *Beyond the Caliphate: Foreign Fighters and the Threat of Returnees*, Soufan Center, October 2017, pp. 10-11.
③ RAN, *Responses to Returnees: Foreign Terrorist Fighters and Their Families*, October 2017, pp. 6, 15.

成威胁以及在哪些方面构成威胁还存在不同的意见,例如苏凡中心的报告中指出,"相比于那些留在本国实现激进化的'伊斯兰国'同情者,海外战士显然更加愿意去参加一些新的组织,而不是去破坏旧的东西";① 一些欧洲国家反极端化工作报告中也指出,回国的"外籍恐怖战士"带来的问题似乎比预想的要小得多②,但是有一点是肯定的,即他们都是毫无疑问的极端分子,其中肯定会有相当一部分人仍然认可"基地"组织和"伊斯兰国"所灌输的那种暴力吉哈德思想与斗争形式。从阿富汗抗苏战争之后的全球恐怖形势可以看到,归国的"外籍恐怖战士"会给所在国家带来长达几十年的安全隐患。

### (二)新的发展趋势:"纯粹的恐怖"

"外籍恐怖战士"的回流将从外部迅速改变欧洲的恐怖形势,而另一方面,欧洲内部的本土恐怖主义也逐渐呈现出与之前完全不同的发展趋势。2017年发生了多起重大恐怖袭击,虽然打着"伊斯兰国"或"基地"组织的旗号,甚至也得到了后者的"认领",但其背后的驱动因素并不完全是极端意识形态,而更多是基于不满或群体间仇恨的恐怖模仿。兰德公司于2017年6月发布报告,将这种本土恐怖主义发展趋势命名为"纯粹的恐怖"(pure terror)。它区别于2016年之前的"传统"欧洲本土恐怖主义,具有两个新的特征。其一,在袭击目标方面,不再执意袭击具有象征意义与价值的场所或对象,而是转而选择音乐会、体育赛事集会、火车站、宾馆、俱乐部、繁华的商业街等人群集中地,目的就在于造成尽可能多的伤亡;其二,在袭击方式方面,强调工具手段的便利性与袭击的随机性,事件之间呈现出相互刺激和模仿关系。③

---

① Richard Barrett, *Beyond the Caliphate: Foreign Fighters and the Threat of Returnees*, Soufan Center, October 2017, p. 7.
② Colin Clarke, "All for One and One for All: Toward a Coordinated EU Approach on Returnees", *Georgetown Journal of International Affairs*, November 25, 2017, https://www.georgetownjournalofinternationalaffairs.org/online-edition/2017/11/25/all-for-one-and-one-for-all-toward-a-coordinated-eu-approach-on-returnees.
③ Brian Michael Jenkins, "London Bridge Attack: The Latest Example of 'Pure Terror'", *RAND*, June 5, 2017.

"车辆恐怖袭击"是2017年欧洲"纯粹的恐怖"发展趋势的最典型代表。它以制造尽可能大的伤亡为目标,方式和袭击目标选择随机性很大,使用汽车冲撞人群,并匹配其他刀刺、枪击等恐怖袭击手段。"车辆恐怖袭击"方式在当代并不少见,但在2017年的欧洲却被使用得尤其频繁。在2014年以来欧洲40余起"车辆恐怖袭击"中,2017年一年就发生了超过20起,而且遍及欧洲各个国家。较典型的如3月23日比利时安特卫普市商业街汽车冲撞事件、6月3日英国伦敦桥恐怖袭击、6月19日法国香榭丽舍大街汽车冲撞事件、8月9日巴黎近郊汽车冲撞军人事件,以及8月17日造成西班牙13年以来最严重恐怖伤亡的巴塞罗那恐怖袭击事件。2017年,欧洲有超过150人死于"车辆恐怖袭击",近800人受伤,其中不少人伤势严重。"车辆恐怖袭击"日益成为欧洲本土恐怖主义的"主流"方式。

2017年欧洲的多起恐袭还体现出另外一个特征,即一连串前后发生的恐袭并没有得到"伊斯兰国"的中央指令,它们之间呈现出相互刺激关系,方式上彼此模仿。事实上,鼓励其他人采取类似的行动也正是恐怖主义的目标之一。在2017年6月4日就伦敦桥恐怖袭击发表的讲话中,英国首相特雷莎·梅首次承认,2017年英国发生的数起恐怖袭击事件之间并无关联,"一个新的威胁趋势正在出现:恐怖威胁并非仅来自接受多年恐怖培训和策划的老兵,也不仅仅是互联网上激进化的'独狼',还包括恐怖分子之间的相互模仿与刺激"。①

与之类似,3月30日,意大利威尼斯警察在一次反恐突袭中逮捕了3名试图炸毁著名的里亚托桥(Rialto Bridge)的恐怖分子,警方在监听他们的电话时发现,3人是在意大利家中观看了"伊斯兰国"袭击视频后临时起意,庆祝并模仿伦敦3月22日的议会大楼枪击事件。② 8月18日,芬兰西南部城市图尔库市中心发生了第一起恐怖袭击事件,袭击者持刀特别针对女

---

① Gordon Rayner, Jack Maidment, "Theresa May Says 'Enough Is Enough' in Wake of London Bridge Terror Attack as She Confirms General Election Will Go Ahead", *Telegraph*, June 4, 2017.
② Nick Squires, "Italian Police Break up Alleged Jihadist Cell That Planned to Attack Venice's Rialto Bridge", *Telegraph*, March 30, 2017.

性发动连环袭击。10月1日法国发生的马赛·圣夏尔车站刀刺事件中，袭击者也以相似的刀刺方式袭击了两名年轻女性。

### （三）吉哈德主义与右翼极端主义冲突恶性循环

2014年至2016年，欧洲本土恐怖主义以2015年巴黎恐袭和2016年布鲁塞尔恐袭为代表模式，即由法国和比利时从叙利亚归国的恐怖战士所实施，并得到"伊斯兰国"在当地的分支组织的支援。为什么这一方式在2017年欧洲本土恐怖主义发展中开始逐渐减少？这可能涉及从2016年至2017年欧洲恐怖主义另一个重要但往往被忽视的深层次发展趋势，即吉哈德主义与极右翼冲突恶性循环。

如表1所示，2016年6月以来，欧洲发生了3波较为明显的吉哈德主义与极右翼相互复仇式恐袭，几乎在吉哈德主义恐怖袭击之后短暂的几天内，甚至是当天，都会发生明确针对穆斯林的右翼极端恐怖袭击。在2017年的"血色6月"，这种相互复仇甚至形成了有来有往的恶性循环与冲突升级。换言之，可能第一次恐怖袭击确实与极端思想有关，但是在一种两个极端立场的相互对立环境中，恐怖主义变成了群体之间的冲突和相互报复的手段。

**表1　吉哈德主义与极右翼的3波复仇式恐袭**

| 恐怖袭击实施者 | 时间 | 国家 | 事件 |
| --- | --- | --- | --- |
| 吉哈德主义 | 2016年6月13日 | 法国 | 马尼安维尔警察夫妇被刺事件 |
| 极右翼 | 2016年6月16日 | 英国 | 议员乔·考克斯枪杀案 |
| 吉哈德主义 | 2016年12月19日 | 德国 | 柏林圣诞集市恐怖袭击 |
| 极右翼 | 2016年12月19日 | 瑞士 | 苏黎世清真寺恐怖袭击案 |
| 吉哈德主义 | 2017年6月3日 | 英国 | 伦敦桥恐怖袭击 |
| 吉哈德主义 | 2017年6月6日 | 法国 | 巴黎圣母院袭击事件 |
| 极右翼 | 2017年6月18日 | 英国 | 伦敦芬斯伯里公园恐怖袭击事件 |
| 吉哈德主义 | 2017年6月19日 | 法国 | 香榭丽舍大街汽车冲撞事件 |
| 吉哈德主义 | 2017年6月20日 | 比利时 | 布鲁塞尔中央火车站爆炸事件 |

来源：作者自制。

近年来，欧洲反极端化工作在很大程度上仅仅指的是伊斯兰主义或吉哈德主义的恐怖极端问题，而对同时期以排斥内外穆斯林群体、拒斥伊斯兰文明为显著特征的右翼极端主义暴力缺少必要的关注与应对。欧洲刑警组织无奈指出，右翼极端分子和组织所制造的暴力袭击数量在全欧洲范围内持续上升，然而，成员国在向欧洲刑警组织汇报年度恐袭数量时，却根本没有将右翼极端主义暴力袭击归为恐怖主义事件纳入汇总。①

然而事实是，自难民危机以来，欧洲社会右翼极端主义情绪持续激化，暴力事件的烈度也在不断升级。2016年4月，英国极右翼"英国优先"（British First）组织成员在伦敦东区一所清真寺外打出标语"不要清真寺"（No more mosques），与反示威穆斯林形成了暴力冲突。2016年10月3日，德国总理默克尔和总统高克等政要在德累斯顿出席德国统一26周年庆典时，遭到了主要来自"佩吉达运动"（Pegida）的右翼极端分子的抗议。2017年，新纳粹组织"北欧抵抗运动"（Nordic Resistance Movement）发动了3次针对难民和穆斯林宗教的爆炸袭击。② 这在一定意义上可以解释为什么当前欧洲本土恐怖主义朝向"纯粹的恐怖"，而不是极端意识形态驱动方向发展。恐怖主义作为一种独特的属于（自认为）弱者或受害者的政治暴力行为，它极易煽动起不同群体极端立场之间的对抗。恐怖主义一旦发生，一种相互仇视、恐惧的社会环境就是它得以继续滋生蔓延、作为一种独立于极端思想的现象继续发展的决定性因素。

## 二　欧洲反极端化措施新发展

2017年，欧洲内外恐怖极端主义发展迅猛，境内重大恐袭事件此起彼伏，各国在多个方面对既有反极端化措施做了进一步的强化。2017年，英国政府两次将国家恐怖威胁评估提升到最高级别"危急"（Critical），法国以新的《反恐法》取代了持续两年的国家紧急状态，荷兰、比利时均通过

---

① EUROPOL, *EU Terrorism Situation and Trend Report*（*TE‐SAT*），2017, p. 10.
② Hate Speech International, *Neo‐Nazis in the North: The Nordic Resistance Movement in Finland, Sweden and Norway*, March 24, 2017, pp. 20‐23.

了新的反恐法令，欧洲几乎所有国家都大幅提升了反极端化工作预算。在具体措施方面，欧洲反极端化两方面的工作均有明显的新发展：第一，在打击极端意识形态方面，出现第一份官方的"反叙事"（counter-narrative）指导文件，加强风险场所的极端思想传播防控；第二，在打击极端分子方面，加强边境治理与人员流动管控，增强反极端化硬性手段。

## （一）打击极端主义

### 1. 极端意识形态"反叙事"

一直以来，欧洲反极端化国家战略与行动计划始终将"极端意识形态"列为首要的打击对象，但迟至2017年底，欧洲才出现第一份官方的"反叙事"指导文件。英国内政部在2016年向议会提交了报告《制定反极端叙事，识别个体激进化的临界点》[①]，在2017年12月终获通过。该报告提出了12项针对恐怖主义激进化与极端化的政策建议，但遗憾的是，在唯一的一项有关"反叙事"的建议"制定并传播替代性讯息"中，除了两条空洞的口号，即"加强与穆斯林社群组织的合作"，"确保极端主义的每一条宣传都能够被更加深思熟虑的反叙事宣传所驳斥"，丝毫没有提及这个"更加深思熟虑的反叙事宣传"到底应该包括哪些内容。

相比而言，法国的一项措施反而可能更加直接。法国政府在2016年9月于巴黎西郊建立第一所反极端化中心之后，在2017年又建了11所，遍布法国全国。该反极端化项目不同于监狱改造项目，而是旨在对那些尚处于接触极端思想早期阶段的个体进行及时的介入与改造。相关报道没有透露思想改造的具体内容，但可以确定的是，该项目很快就出现了挫折。一名曾参加该项目的个体就在被发现试图前往叙利亚之后被逮捕，被捕后，他强烈谴责项目的所谓诊疗手段和人身安全限制。[②]

---

① Home Office, *Radicalisation: The Counter-narrative and Identifying the Tipping Point Government Response*, December 18, 2017, pp. 18 – 19.
② Counter Extremism Project, *France: Extremism & Counter-Extremism*, January 4, 2018. https://www.counterextremism.com/sites/default/files/country_ pdf/FR – 01042018.pdf.

### 2. 遏制极端思想的传播

在遏制极端思想的传播方面，2017年欧洲有两项措施值得关注。第一项措施是法国与比利时在监狱中的极端分子隔离制度。监狱是欧洲恐怖极端化的一大温床，为了有效控制这一问题，法国在2015年实施在部分监狱中实施一项试点措施，将恐怖分子嫌疑人和监狱中的其他犯人隔离开来，试图通过这种方式避免极端思想感染到其他羁押人员。但是在2016年10月末，法国政府叫停了这项试点措施，担心隔离制度会对极端分子的去极端化带来负面影响。也恰恰是在2016年10月，比利时开始采取这一制度，至2017年底，设置在比利时的两座监狱中的这种隔离区共关押有20名恐怖分子。该项做法目前在比利时仍在继续，并有进一步扩展的可能，但它的效果并不理想。据比利时国家安全机构总负责人雅克·拉斯（Jaak Raes）所说，有迹象表明这种隔离做法基本没有作用，因为这些被隔离关押的犯人事实上总能找到机会与其他犯人聊天，而且往往用阿拉伯语交谈，而比利时的狱警大多不懂阿拉伯语。①

第二项值得关注的措施，是依赖社交媒体网络公司控制网络极端主义言论的传播。在这一方面，英国最为积极。② 但与之前的情况不同的是，2017年，这一措施的实施不再是温和地呼吁与社交媒体网络公司合作，而是切实地提出相关公司网络监管不力的处罚规定。2017年4月，英国议会内政事务特别委员会再度重申社交媒体网络公司在移除这些内容上"一次又一次"失败，委员会主席伊薇特·库珀（Yvette Cooper）称之为一种"羞耻"，指责Google、Facebook、Twitter以及其他"腰缠万贯"的互联网公司反过来要求花着纳税人的钱的政府机构帮它们管理平台上传播的内容。③ 2017年6月

---

① Counter Extremism Project, *Belgium: Extremism & Counter-Extremism*, December 29, 2017, https://www.counterextremism.com/sites/default/files/country_pdf/BE-12292017.pdf.
② 主要是因为英国网络极端主义问题最为严重。2017年9月，英国智库"政策交流研究所"（Policy Exchange）发表报告，指出在欧洲所有国家中，英国是互联网极端主义信息点击量最高的国家，在全世界也排第五。Martyn Frampton, Ali Fisher, Nico Prucha, *The New Netwar: Countering Extremism Online*, Policy Exchange, 2017, pp. 25–30.
③ Alan Travis, "MPs Press Social Media Firms over Failure to Take Down Hate Speech", *The Guardian*, December 19, 2017.

3日,英国首相特蕾莎·梅与法国总统马克龙共同启动了一项打击互联网极端主义的联合行动。梅指出,该联合行动是要给那些没有移除网络极端内容的互联网公司一项"法律责任";对社交媒体网络公司征收一项新的税收,用以资助"打击互联网上极端主义讯息的预防性行动";并建立新的政府机制对移除网络极端内容行动不力的公司予以处罚和制裁。①

## (二)打击极端分子

与遏制极端思想的传播同步的,是对已经实现极端化的个体的干预和打击。从2010年欧洲国家开始实施反极端化措施以来,这一方面的工作一直是反极端化工作人员资金投入的重点领域。2017年,为了应对回流的"外籍恐怖战士"和国内"纯粹的恐怖"问题,欧洲各国均大幅强化了既有措施,一方面加强对极端分子的堵截,加强边境治理与人员流动管控;另一方面加强对极端分子的打击,增强反极端化硬性手段,加大资金和人员投入。

### 1. 堵截与控制

为了堵截国内更多人员前赴叙利亚和伊拉克冲突地带,以及控制"外籍恐怖战士"在"伊斯兰国"覆灭后大规模回流,2017年,多个欧洲国家采取了一系列新措施。

荷兰的做法较为典型和突出。2017年2月,荷兰参议院通过3项新的法令来加强既有反恐立法,补充既有的荷兰"打击吉哈德主义综合行动路径项目"。荷兰司法与安全负责人表示,3项新的法令的通过"意味着基于行动计划的一个重要立法工作已经实现"。值得注意的是,3项法令均与应对"外籍恐怖战士"的堵截与控制密切相关。第一项法令《荷兰公民身份的废除或撤销法令》,允许政府有权取消任何荷兰公民的公民身份,只要此人"超过16岁,自愿参加与荷兰及其盟友处于敌对战争状态的国家的武装行动……或参加荷兰政府所列出的参与国家或国际武装冲突、对荷兰国家安

---

① Jessica Elgot, "May and Macron Plan Joint Crackdown on Online Terror", *The Guardian*, June 12, 2017.

全构成威胁的组织"。第二项法令《旅行禁令和其他暂时性行政措施法令》，允许政府对任何荷兰公民设定6个月的旅行禁令，禁止此人在这段时间离开荷兰，或参加某个特定的会面，或访问某个特定的地区。第三项法令《护照法案修正案》，对《荷兰护照法案》进行了修正，法案允许政府对某个犯罪嫌疑人设置旅行禁令，而此修正案则规定旅行禁令会立即导致个体的护照及身份证件失效。同时，2017年，荷兰政府增加了反恐和防务预算。专门划拨1000万欧元用于反恐工作，并计划在2019年增至2200万欧元。另有2000万欧元被划拨用于提升边境安全管控和对移民的背景调查。政府还专门划拨500万欧元用于冲突预防和境外打击暴力极端分子。①

其他国家也在2017年通过了类似措施。2017年初，比利时通过一项立法，授权政府可以将涉嫌参与恐怖活动的合法居民驱逐出境。② 5月22日曼彻斯特恐袭之后，英国政府有史以来第一次禁止那些涉嫌参加海外恐怖活动的英国公民回国。这一做法被称为暂时性驱逐法令，要求嫌疑人需要首先与英国政府联系，然后才能被决定是否允许入境回国。③

2. 硬性手段打击

首先，欧洲各国在2017年普遍继续增加了对反极端化硬性措施的投入。法国政府在2017年通过立法建立了国民警卫队，以加强本土和国际反极端化工作，该部队预计在2018年人员规模将达到85000人。④ 2017年5月，英国政府宣布在接下来的5年时间中支付1.14亿英镑以再武装1000名警察。⑤ 比利时政府专门拨款超过4亿美元以提升其恐怖主义调查与打击能

---

① Library of Congress, *Netherlands*: *Three New Laws Adopted to Further Counterterrorism Efforts*, March 14, 2017, http://www.loc.gov/law/foreign-news/article/netherlands-three-new-laws-adopted-to-further-counterterrorism-efforts/.

② Counter Extremism Project, *Belgium*: *Extremism & Counter-Extremism*, December 29, 2017, https://www.counterextremism.com/sites/default/files/country_pdf/BE-12292017.pdf.

③ Rajeev Syal, "Suspected Islamist Terrorists Barred from UK Return as Police Hunt Manchester Network", *The Guardian*, May 28, 2017.

④ Counter Extremism Project, *France*: *Extremism & Counter-Extremism*, January 4, 2018, https://www.counterextremism.com/sites/default/files/country_pdf/FR-01042018.pdf.

⑤ Frank Gardner, "Terror Threat: UK Upgrades Armed Police Response", *BBC News*, May 4, 2017.

力。这一时期的反恐资金预算增加,主要是用于打击恐怖主义,而非恐怖主义的预防。① 2015年《查理周刊》事件之后,奥地利政府宣布划拨3.35亿美元用于接下来4年的反恐工作,针对这一部分拨款,奥地利宪法保护与反恐局前任负责人格特—勒内·波利（Gert-René Polli）指出,"虽然在我看来应该将更多的钱用于恐怖主义预防,……但是此次拨款将主要用于提升反恐特别部队的装备,恐怖主义预防不是预算的重点"。②

其次,进一步加强硬性手段,打击极端威胁。2017年1月,奥地利政府发动了一系列反恐突袭,逮捕了14名与"伊斯兰国"有关联的恐怖分子嫌疑人,大约有800人参加这一系列突击行动,系列行动在维也纳与南部城市格拉茨同时展开。③ 2017年10月30日,法国总统马克龙签署通过新《反恐法》,其特点就是强化反恐硬性手段,加强法国地方省长和内政部部长的反恐权力;以"住宅搜查"取代以往的搜查;软禁实施范围扩大,准许内政部部长对有参与恐怖组织嫌疑者采取"个别监视措施";以行政手段关闭宗教场所更加容易,允许省长以散布支持恐怖主义的言行、煽动仇恨及歧视等理由关闭宗教场所,时间可达6个月;增加身份检查,授权警察在火车站、国际港口和机场方圆20公里的范围内检查人员身份。④

## 三 对欧洲反极端化措施新发展的评价与展望

对比上述"新的敌人"与"新的措施"可以发现,2017年,欧洲的反极端化措施针对"外籍恐怖战士"的回流、"纯粹的恐怖"发展趋势相应地

---

① Counter Extremism Project, *Belgium: Extremism & Counter-Extremism*, December 29, 2017, https://www.counterextremism.com/sites/default/files/country_ pdf/BE - 12292017. pdf.
② Counter Extremism Project, *Austria: Extremism & Counter-Extremism*, April 28, 2017, https://www.counterextremism.com/sites/default/files/country_ pdf/AT - 04282017. pdf.
③ Jack Moore, "AUSTRIA ARRESTS 14 ISIS - LINKED SUSPECTS IN MAJOR RAIDS", *Newsweek*, January 26, 2017.
④ Nocholas Vinocur, "New French Anti-terror Law to Replace 2 - year State of Emergency", *Politico*, October 31, 2017.

做出了调整,即加强边境治理与人员流动管控,提升反极端化硬性手段的资金和人员投入。那么,相比于之前的反极端化工作,2017年的政策调整有多"新"?新的措施能够有效应对新的极端问题吗?

### (一)新的敌人、旧的措施:"反极端化"解决不了极端意识形态及其蔓延问题

就本质层面来看,欧洲的反极端化在2017年的发展并没有突破原有的思路。事实上,从2014年左右欧洲各国反极端化思路通过国家战略或国家行动计划被固定为一种泛欧洲的反极端化"欧洲模式"以来,各国在反恐方式上就再也没有出现根本性的变化,只是在部分措施方面进行了强化。面对"新的敌人",却依然沿用"旧的措施",这也就意味着反极端化的固有问题不仅还将继续,而且会进一步恶化。

首先,依然沿用"旧的措施"是欧洲各国反极端化措施依旧无法从根本上做到有效打击极端主义的根本原因。

2010年之后,认为接受极端思想的"极端化"过程是一个人成为恐怖分子的最关键变量成为欧洲各国的共识,反恐被压缩为以极端思想及其蔓延、个体的极端化为主要打击对象的"反极端化"。但这一威胁认知对于现实的反恐实践的指导意义非常有限,最重要的一点就在于,欧洲世俗国家并不具有应对极端意识形态的"反叙事武器"。在当前的世界各国中,欧洲各国对反极端化工作的重视程度最高,相关措施的设计也最为全面细致,相比而言,中东地区伊斯兰国家反极端化工作的政策制定与实施效率均有明显不足,有些国家还存在严重的恐怖主义外溢问题。但在打击极端思想方面,后者却有明显更好的效果。该地区如沙特阿拉伯、约旦等国家能够较好地发挥本国中正温和且有较高社会公信力的伊斯兰宗教理论家的独特作用,甚至可以以国家推进唯一一种官方伊斯兰解读的方式打击极端伊斯兰思想,这两点是欧洲国家所无法具备的优势。欧洲各国的世俗国家性质决定了它们很难拥有和使用反极端化"思想武器"。从反极端化工作开始以来至今,欧洲尚没有一份提出明确具体的"反叙事"措施的官方指导文件。

其次，面对"新的敌人"没有做出深层次调整，可能会导致反极端化"欧洲模式"在短期内还是无法真正做到反极端。

针对极端思想的"反叙事"和思想改造流于一句空话，几乎所有的所谓"打击极端意识形态"措施事实上都是"遏制极端思想的传播"。但是，在当前的全球化和网络化时代，完全做到遏制极端思想的传播几乎是不可能的。可能更关键的是，2017年新出现的极端主义和极端分子问题不是各国内部遏制极端思想的传播就可以解决的。第一，从中东作战地区回流的"外籍恐怖战士"已经是毫无疑问的极端分子；第二，逐渐成为欧洲本土恐怖主义主流形态的"纯粹的恐怖"的驱动因素并不是极端意识形态，而更多的是一小撮已有不满的"自我选择者"（self-selector）与极端宣传之间的共鸣；第三，吉哈德主义与极右翼冲突恶性循环的驱动因素是两个极端立场的相互对立，这种冲突变成了群体之间的冲突和相互报复的手段，也非极端意识形态驱动。

显然，欧洲反极端化工作之前因为威胁认知而一直存在的问题不仅将继续，而且随着新的"恐怖敌人"的出现，当前政策无法充分应对甚至都没有充分认识到这些问题，因此，一些反恐的目标是注定实现不了的。

## （二）重"打击"而轻"预防"，会在未来带来更多的麻烦

2017年，欧洲反极端化工作的发展很明显地体现出重"打击"而轻"预防"的政策偏好，大幅提升资金和人员投入以加强边境治理与人员流动管控、增强反极端化硬性手段。但是笔者认为，这个趋势如果继续下去，可能会给欧洲反恐带来更多的麻烦。

首先，重"打击"而轻"预防"偏离了反恐的本质，不断加强硬性手段只能使偏离反恐本质越来越远。

"反极端化"对"反激进化"的一个重要更新就在于，在个体层面，从原先反激进化阶段的"预防"个体对社会产生的不满转变为强调在个体接受极端思想影响后的"干预"。从2014年以来，在打击极端思想被证明很难实施之后，这一方面的工作成为反极端化的主流。但问题在于，首先，这

种停留在行为层面的"露头就打"的打击方式仅仅是一种事后的"止损",不仅不会动摇恐怖主义产生的根源,在一些情况下甚至是在帮助恐怖极端主义丰满其行动的合法性,陷入一种反恐与恐怖在话语上的事实"共谋"。其次,可能更关键的在于,反极端化放弃了个体层面的"预防"工作,而本来用于实现反恐"预防"目标的意识形态"反叙事"又被逐渐证明不可行,那么,恐怖主义"预防"的阵地在事实上就已经完全丢掉了。

其次,面对新的"恐怖敌人",试图仅靠加大硬性手段投入实现反恐效果也会面临现实问题。

第一,2017年大量"外籍恐怖战士"回流欧洲,欧洲反极端化工作面临着和3年前反激进化工作相似的现实困境。"反激进化"以缺乏社会融合的个体为目标,但2015年之后难民危机的出现让各国政府意识到,强化社会融合措施且不论能否实现反恐目标,其所带来的成本就已经是各国政府无法承受的了。① 2017年之后,欧洲将面临短时间内涌入大量"天然"是反极端化工作对象的极端分子,这本身就会给欧洲反极端化工作带来难以承受的负担。第二,在这种情况下,政府增加反极端化硬性手段的投入必将会影响其他反恐部门工作。2017年6月伦敦桥恐袭之后,英国政府制订了一个名为"罗塞特行动"(Operation Roset)的为期3个月的紧急行动计划,将其他部门的警察力量调至反恐部门,这种做法给英国警察资源带来的极大制约导致许多正在跟进的调查被悬置。②

最后,2017年新出现的一些恐怖极端新问题,并不是硬性手段能够解决的。

第一,目前还没有一种既有手段能够有效应对"纯粹的恐怖"。一方面,"纯粹恐怖主义"利用了恐怖分子在安全袭击方面的固有优势,他们可

---

① Lasse Lindekilde, "Value for Money? Problems of Impact Assessment of Counter-Radicalisarion Policies on End Target Groups: The Case of Denmark", *European Journal on Criminal Policy & Research*, Vol. 18, No. 18 (Jun., 2012), p. 393.

② Jamie Grierson, "Stretched Police Shelving Other Inquiries to Focus on Terrorism, Says Met Chief", *The Guardian*, June 21, 2017.

以在任何时间、任何地点袭击任何人，但反恐显然无法在所有地方、所有时间保护住所有人。另一方面，恐怖事件之间呈现为相互袭击与模仿，意味着像曼彻斯特爆炸案可能需要详细的策划与准备，但是威斯敏斯特桥袭击与伦敦桥恐怖袭击就要更加"即时"发生。因此对于反恐工作而言，挑战不在于是否能够瓦解一个帮派或团伙，而是判断到底有多少人在暴力的边缘摇摆不定，进而思考应该如何劝说他们不要走上恐怖极端道路。第二，2017年欧洲出现吉哈德主义与极右翼冲突恶性循环，这意味着，一方面，反极端不应该只关注这个恶性循环的一端而忽视另一端；另一方面，制止恐怖事件的发生当然非常重要，但遏制恐怖事件发生后引发的相互仇视、恐惧的社会环境可能更加关键，因为后者是恐怖主义得以继续滋生蔓延的决定性因素。而要缓解一个不断升级的暴力冲突，暴力手段可能是最需要谨慎选择的。

当然，在积极应对新的"恐怖敌人"方面，欧洲反极端化工作在2017年也有不少开创性举措。例如2017年1月，意大利内政部宣布将出资为全国伊斯兰和其他"非官方宗教"的宗教人员进行意大利宪法课程培训。内政部希望能够通过这一课程，"形成宗教与文化间的对话，帮助构建一个和平和非暴力的社会"。[①] 2017年1月，英国内政大臣安珀·路德（Amber Rudd）取缔了新纳粹组织"国家行动组织"（National Action），正式宣布加入或支持该组织为非法，并将该组织界定为恐怖组织。这是英国历史上第一次禁止公民加入某个极右翼组织。这些措施虽然并未形成泛欧洲规模，其成效也尚有待观察，却无疑代表了一些在反极端化工作基础上的思路创新。但是总体而言，笔者对2017年欧洲反极端化工作的评价并不乐观，各国在反恐怖主义极端化既有逻辑下无可奈何地不断加强硬性措施，欧洲反恐可能在沿着一条妥协的，甚至一些情况下错误的道路前进，距离反恐的本质越来越远；同时，因威胁认知设定不当而形成的一些反极端化工作固有问题仍继续存在，在新的敌人越来越多、越来越复杂的情况下，欧洲反恐形势短期内可能不会明显好转。

---

① Lizzie Dearden, "Italy to Train Muslim Imams on Constitution to 'Create Climate of Tolerance' and Fight Radicalisation", *Independent*, January 11, 2017.

# B.16
# 欧盟外资安全审查机制立法草案评述

叶 斌\*

**摘 要：** 2017年9月，欧盟委员会公布了一份建立欧盟外资安全审查机制的立法草案，计划以安全或公共秩序为由审查外国对欧直接投资，试图建立一个类似于美国外国投资审查委员会的欧洲机制。然而，这部立法恰恰反映了欧盟在这一政策领域雄心有余、能力不足的尴尬局面。一方面，起草者将欧盟委员会外资安全审查的考虑因素尽可能地扩张，赋予欧盟委员会非常广泛的想象空间，涉及经济安全、基础设施建设、高新技术的知识产权、核心竞争力，乃至能源安全、网络安全等众多领域；另一方面，又考虑到部分成员国外资安全审查的现有框架，不能一步到位地建立一个统一的欧盟外资安全审查机制。欧盟立法草案释放出了对当前中国对欧投资的不信任信号，使中国对欧投资面临不确定性。

**关键词：** 欧盟 外资安全审查 国家安全 公共秩序

2017年9月13日，欧盟委员会公布了首部在欧盟层面建立外资安全审查机制的立法草案①，其目的是在欧盟层面建立外资安全审查框架，赋予欧

---

\* 叶斌，中国社会科学院欧洲研究所欧盟法研究室副主任、副研究员，国际法学博士。
① European Commission, "Proposal for a Regulation of the European Parliament and of the Council Establishing a Framework for Screening of Foreign Direct Investments into the European Union", 2017/0224（COD），COM（2017）487 final, Brussels, 13.9.2017.

盟委员会以安全或公共秩序为由审查或者指导审查外国直接投资交易的权力。对于没有建立外资安审机制的成员国而言，该草案将建立一种全新的欧盟层面的外资安审机制。对于已经建立外资安审机制的成员国而言，该草案不是取代它们，而是将成员国外资安审机制置于欧盟委员会的意见之下，通过提供意见的方式影响成员国现有外资安审决策。

欧盟外资安审立法的对象很明显地针对中国迅猛增长的对欧投资。欧盟委员会声称，外国国有企业或外国控制企业对欧盟关键技术、基础设施、防务投入品和敏感信息等战略性领域的收购不仅会损害欧盟的技术优势，而且会给欧盟带来安全和公共秩序方面的风险。[①] 本报告将分析欧盟外资安审立法的动因、最新立法进展、主要内容、可能存在的问题和影响。

## 一 欧盟推动外资安审立法草案的动因

### （一）外因

近年来中国快速增长的对欧洲基础设施和高新科技领域的并购与投资项目，是引发欧盟及其部分成员国加强外资安审机制的直接诱因。例如，中国美的集团收购德国机器人制造商库卡集团（Kuka）案，引起了欧洲对关键技术流向中国的担忧。[②]

根据欧盟的统计，欧债危机以来，巴西和中国（统计数据包括中国香港）等新兴国家对欧投资势头迅猛。1995 年两国对欧投资存量分别仅占欧盟吸收外资的 0.2% 和 0.3%，而 2015 年分别升至 2.2% 和 2%，巴西和中国已成为欧盟第五大和第六大投资来源国。[③] 欧盟援引 2017 年《世界投资

---

[①] European Commission, "Communication on Welcoming Foreign Direct Investment While Protecting Essential Interests", COM (2017) 494 final, Brussels, 13.9.2017, p. 5.

[②] http://www.eppgroup.eu/news/State-influenced-foreign-investment%3A-EU-must-be-able-to-intervene.

[③] European Commission, "Communication on Welcoming Foreign Direct Investment While Protecting Essential Interests", COM (2017) 494 final, Brussels, 13.9.2017, p. 3.

报告》认为，近年增长的外国投资集中于战略设施领域，国有企业在其中发挥的作用越来越大。

欧盟及其部分成员国政府担心，某些投资项目存在外国投资者获取或者影响具有关键技术、基础设施、防务投入品或者敏感信息的风险。当外国投资者是该国所有或者受该国控制时，风险会大大上升。这种投资可能使相关国家使用这些资产，从而损害欧盟的技术优势，威胁欧盟的安全和公共秩序。① 2016 年，中国对欧盟的投资引起了部分成员国监管机构前所未有的担心，导致多项中国对欧投资项目推迟或者取消。

中欧之间政治、经济运行方式的差异，以及意识形态的分歧，是引发欧盟建立外资安全审查机制的深层原因。一份有欧盟官方背景的报告认为，由中国投资引起的关于安全和不公平竞争的担忧，很大程度上来自中国特殊的政治、经济运行方式，即国家干预强过市场的力量，公私产业之间的界线模糊。该报告认为，与前一轮来自日本、韩国和美国的投资潮不同，中国对欧直接投资背后隐藏着政治意图。该报告还指责中国进行政治和经济方面的间谍活动、出口管制记录不佳、在保护知识产权方面不力，以及向其东部某邻国扩散敏感技术。该报告进而担心来自中国的直接投资可能控制战略性资产（诸如核能企业），控制关键防务投入品（诸如军用半导体）的生产，可能向有敌对目的的外国转移敏感技术，以及从事间谍、颠覆等破坏行动。②

一国对外国投资进行限制或者审查，原本属于各国政府的主权范围内事项。欧盟成员国将相关权力移交给欧盟，在欧盟层面建立外资安审机制本无可厚非。然而，将被审查的投资类型特定化实质上是歧视性地针对来自中国的投资，既不符合比例原则，也有违欧盟自身标榜的非歧视原则。

---

① European Commission, "Communication on Welcoming Foreign Direct Investment While Protecting Essential Interests", COM (2017) 494 final, Brussels, 13. 9. 2017, p. 5.
② Gisela Grieger, "Briefing-Foreign Direct Investment Screening: A Debate in Light of China – EU FDI Flows", *European Parliamentary Research Service*, PE 603. 941, May 2017, pp. 4 – 5.

## （二）内因

欧盟一半以上的成员国并无外资安审机制，而当前部分成员国的外资安审机制尚不足以反映所谓联盟利益，这些内部因素促使欧盟建立外资安审机制，以充实其政策工具箱。

2007年《里斯本条约》将外国直接投资纳入到欧盟的共同商业政策范围内，从而使欧盟取得对外国直接投资的专属权能，这是欧盟推动外资安审机制的权力基础。从2010年起，欧盟积极推动国际投资政策和规则的一体化[1]，那时的工作重点不是外国对欧投资，而是保护和扩大欧盟的海外投资，其方式是通过新一代双边投资协定或贸易协定投资章节取代传统成员国投资协定，以提升外国对欧盟投资的保护水平和扩大欧盟对外投资的市场准入。[2]

2017年初，在德国、法国和意大利三国的推动下，欧盟开始正式考虑建立外国外资安全审查机制。在此之前，欧盟层面与外资有关的审查集中在对外资并购的反垄断调查，主要考虑外资并购是否影响欧盟单一市场运作的公平竞争，几乎不涉及安全方面的考量。欧盟层面的其他政策领域，如政府采购、环境政策、交通政策等，尽管也涉及外国投资，但是这些政策领域不属于欧盟的专属权能，一体化程度较低，欧盟难以施加足够的影响。例如，对于中国援助贷款的匈塞铁路建设项目，欧盟委员会对此密切关注，但是由于其工具箱内的工具有限，欧盟对该项目缺乏满足其期待的审查能力。

在欧盟成员国层面，仅有12个欧盟成员国建立了外资安审机制[3]，其余16国对外资不施加安全审查。就审查的考量因素而言，欧盟成员国现有外资安审机制着重考虑本国安全利益，对于欧盟而言，这些机制不足以反映整个联盟的安全利益。有欧盟报告认为，现有欧盟与成员国机制不足以应对

---

[1] European Commission, "Communication on Towards a Comprehensive European International Investment Policy", COM (2010) 343 final, Brussels, 7.7.2010.

[2] 参见叶斌《欧盟国际投资政策解读》，载《欧洲法律评论》（第一卷），中国社会科学出版社，2016年7月，第46~57页。

[3] 根据欧盟委员会的资料，设有外资安全审查机制的12个欧盟成员国为奥地利、丹麦、德国、芬兰、法国、拉脱维亚、立陶宛、意大利、波兰、葡萄牙、西班牙和英国。

来自中国的"不公平竞争",这种竞争将损害欧盟的工业基础、长期全球竞争力以及未来的经济繁荣。①

2017年2月,法国、德国和意大利三国的经济部长共同致函欧盟委员会贸易委员塞西莉亚·马尔斯托姆(Cecilia Malmström),建议在欧盟层面建立外资审查机制。② 共同致函不指名道姓地指责有些国家正在进行不公平的游戏,批评这些国家对来自欧洲企业的直接投资设置重重障碍,仅允许它们在歧视性的条件下进行投资,然而与此同时,受这些国家补贴的投资却大量收购欧洲企业,将欧洲企业作为其国家战略性产业政策的一部分。对于三国政府的呼声,欧盟委员会快速做出了回应,认为尽管对外资开放是欧盟的一项基本原则和经济增长的主要来源,但是需要对近期外国国有企业投资引发的担忧采取适当的行动。③

## 二 欧盟推动外资安全审查立法的最新进展

2017年3月20日,欧洲议会欧洲人民党团10名议员提议就审查战略产业的外国投资制定欧盟立法,要求在欧盟层面干预可能导致市场扭曲的、不符合市场规则或者受国家补贴的第三国对欧投资。④

2017年6月14日,欧洲议会就战略产业的外国投资议题进行辩论。⑤ 辩论中指出,外国对欧投资的激增不是市场力量的结果,更多的是外国国家

---

① Gisela Grieger, "Briefing-Foreign Direct Investment Screening: A Debate in Light of China – EU FDI Flows", European Parliamentary Research Service, PE 603. 941, May 2017, p. 2.
② "Proposals for Ensuring an Improved Level Playing Field in Trade and Investment", Berlin, Paris, Rome, February 2017, available at http://www.bmwi.de/Redaktion/DE/Downloads/E/eckpunktepapier – proposals – for – ensuring – an – improved – level – playing – field – in – trade – and – investment. pdf?__blob = publicationFile&v = 4.
③ European Commission, "Reflection Paper on Harnessing Globalisation", COM (2017) 240 final, Brussels, 10. 5. 2017, p. 15.
④ Daniel Caspary, Manfred Weber et al., "Proposal for a Union Act on the Screening of Foreign Investment in Strategic Sectors", B8 0302/2017, 26. 4. 2017.
⑤ Debate in Parliament on Foreign Investments in Strategic Sectors (EU actions), 2017/2730 (RSP), Strasbourg, 14 June 2017, available at http://www.europarl.europa.eu/sides/getDoc.do? pubRef = -//EP//TEXT + CRE + 20170614 + ITEM – 018 + DOC + XML + V0// EN&language = EN.

战略性产业政策的结果,这种并购不符合欧盟的长期利益,呼吁欧盟委员会加快启动立法。

2017年6月23日,欧洲理事会通过决议,仅背书欧盟委员会关于应对全球化和分析第三国对战略产业的投资的动议,未支持法国总统关于建立外资安全审查机制的建议,决议要求充分尊重成员国的权能。① 这表明成员国对建立外资安全审查机制存在分歧。②

2017年6月28日,欧洲议会通过决议,呼吁欧盟委员会对第三国向欧盟战略基础设施、未来关键技术和其他重要资产的投资进行审查。③

2017年7月12日,德国联邦政府通过对《外国贸易与支付条例》第9次修订案,延长审查时间和扩大审查范围,对非欧盟的外国投资施加更严格的审查。④

2017年9月13日,欧盟委员会公布欧盟首部对外国直接投资进行安全审查的条例草案⑤,同时发布《欢迎外国直接投资,同时保护核心利益》的通讯⑥和关于该立法草案的委员会职员工作文件。⑦ 当天,德、法、意三国

---

① "European Council Conclusions on Harnessing Globalisation and Analysing Investments from Third Countries in Strategic Sectors", 23 June 2017.
② https://euobserver.com/economic/138341; Hermine Donceel, "EU Summit: Investment Screening Divides Member States", 23/06/2017, https://borderlex.eu/eu-summit-investment-screening-divides-member-states/.
③ "European Parliament Resolution on Building an Ambitious EU Industrial Strategy as a Strategic Priority for Growth, Employment and Innovation in Europe", 2017/2732 (RSP), 28.06.2017, available at http://www.europarl.europa.eu/sides/getDoc.do?type=MOTION&reference=B8-2017-0440&format=XML&language=EN.
④ See http://www.bmwi.de/Redaktion/EN/Pressemitteilungen/2017/20170712-zypries-besserer-schutz-bei-firmenuebernahmen.html.
⑤ "Proposal for a Regulation of the European Parliament and of the Council Establishing a Framework for Screening of Foreign Direct Investments into the European Union", COM (2017) 487 final, 2017/0224 (COD), Brussels, 13.9.2017.
⑥ European Commission, "Communication on Welcoming Foreign Direct Investment While Protecting Essential Interests", COM (2017) 494 final, Brussels, 13.9.2017.
⑦ European Commission, "Commission Staff Working Document on Accompanying Proposal for a Regulation of the European Parliament and of the Council Establishing a Framework for Screening of Foreign Direct Investments into the European Union", SWD (2017) 297 final, COM (2017) 487 final, Brussels, 13.9.2017.

政府发表联合新闻稿，欢迎欧盟委员会立法草案。①

2017年9月25日，欧洲议会国际贸易委员会（INTA）讨论欧盟委员会提出的外资安全审查立法草案。② 多数议员肯定欧盟委员会的建议稿，但是也有不少人对是否需要制定条例持保留意见，有人认为建议稿的范围过大，有人认为草案缺乏要求互惠的雄心。很多议员担心欧盟委员会将干涉成员国的决策过程。

2017年9月27日，欧洲议会就有关建立成员国协调组的进展做出书面回复，透露欧盟委员会正在以委员会专家小组的方式建立协调组。③

2017年10月5日，欧洲议会就"审查战略产业中的外国投资"发起一项新的立法动议。④

2017年10月24日，欧盟委员会将外资安审立法草案纳入请求欧洲议会和欧洲理事会在2018年加快通过的立法清单。

2017年10月26日，欧洲议会全体会议宣布移交相关委员会启动关于外国直接外资安全审查立法的一读程序。⑤

2017年12月，法国参议院、捷克参议院和意大利参议院先后出具意见，支持欧盟委员会立法草案。⑥ 法国参议院欢迎欧盟立法草案，要求外国投资的有关信息应更加透明，建议快速成立常设的成员国信息交换协调组，由其定期分析联盟利益和外国对欧投资，并且呼吁促进成员国外资安全审查机制的趋同。捷克参议院支持本国政府的立场，要求澄清无外资安全审查机制的成员国通知义务的范围。意大利参议院则认为欧盟立法草案过于谨慎，

---

① http：//www. bmwi. de/Redaktion/EN/Pressemitteilungen/2017/20170913 – eu – vorschlag – zu – investitionspruefungen – wichtiger – schritt – fuer – faire – wettbewerbsbedingungen – in – europa – und – besseren – schutz – bei – firmenueberahmen. html.

② https：//theparliamentmagazine. eu/articles/eu – monitoring/screening – foreign – investment – strategic – sectors.

③ http：//www. europarl. europa. eu/sides/getDoc. do? type = WQ&reference = E – 2017 – 006135&format = XML&language = EN.

④ See http：//www. europarl. europa. eu/oeil/popups/ficheprocedure. do? lang = &reference = 2017/2205（INL）.

⑤ See http：//www. europarl. europa. eu/oeil/popups/ficheprocedure. do? lang = &reference = 2017/0224（COD）.

⑥ See http：//www. connefof. europarl. europa. eu/connefof/app/exp/COM（2017）.

不赞同某些成员国要求在充分影响评估之后再立法，认为这会妨碍欧盟委员会采取行动，呼吁加强欧盟委员会意见的执行力，并且建议推动相关的国际立法。

2017年12月13日，欧洲议会经济与货币委员会（ECON）就欧盟委员会立法草案出具修订意见。① 该意见认为草案是建设性的，建议扩大直接投资的定义范围，将某些成员国的"现金换护照"政策纳入受审查的投资范围，并且将媒体纳入受审查的行业清单，等等。

2017年12月14日，欧盟委员会、欧洲议会和欧洲理事会通过联合声明，将外资安审立法草案作为2018年欧盟优先立法之一。②

2017年12月12日，德国工业联合会（BDI）发表咨询意见，严重质疑欧盟立法草案。③ 该意见认为，欧盟应该维持开放的投资环境，不应强制要求成员国建立外资安全审查机制；欧盟有理由评估可能影响联盟利益的投资，但是必须明确定义。该意见批评草案中的产业清单和附件中的项目清单范围过大，认为清单应该是穷尽的，未来不应扩大；认为禁止国外投资的最终权力应该保留在成员国的手中。该意见要求对第三条中"欧盟资助的重要份额"做进一步的澄清。该意见担心扩大"安全和公共秩序"会给成员国发送错误信号。该意见更直接代表德国工业发声，称德国工业强烈反对将经济问题作为外资安全审查的标准，指出将外国投资区分为国家投资和私人投资是不合理的，投资受到政府补贴或者与来源国的经济政策相一致，并不构成损害接受投资国自身经济的证据；欧盟委员会立法草案盲目地针对投资来源，未能提供有意义的和可适用的标准以确保国家补贴或者其他支持措施不扭曲竞争。

2017年12月12日，奥地利联邦商会（WKÖ）发表咨询意见，认为草

---

① "Draft Opinion of the Committee on Economic and Monetary Affairs for the Committee on International Trade on the Proposal for a Regulation of the European Parliament and of the Council Establishing a Framework for Screening of Foreign Direct Investments into the European Union", PE 615.441v01-00, ECON_PA (2017) 615441, Rapporteur: Roberts Zīle, 13.12.2017.
② http://www.europarl.europa.eu/oeil/popups/thematicnote.do?id=2063000&l=en.
③ https://ec.europa.eu/info/law/better-regulation/feedback/8162/attachment/090166e5b71ed952_en.

案是迈向正确方向的第一步，草案是适中的，审查范围广泛，而决定权还保留在成员国手中。① 该意见支持审查的因素包括投资是否属于外国政府，但遗憾的是草案未能纳入互惠原则。

2017年12月12日，比利时欧洲私人港口经营者和码头联合会（The Federation of European Private Port Operators and Terminals）也发表意见，相当委婉地表达对草案的质疑。该意见要求各成员国统一"国家安全"的标准，呼吁对草案针对的外国投资进行全面的分析，建议审查当前的欧盟并购立法。

2017年12月19日，21个成员国通过欧盟理事会时任轮值主席国爱沙尼亚就欧盟外资安全审查立法草案向欧盟委员会提出长达5页纸的问题清单，批评该草案未做影响评估分析，尚未做好立法准备。对于欧盟委员会未做影响评估一事，欧盟理事会决定在2018年1月保加利亚任轮值主席国时再次讨论。成员国希望欧盟委员会分析该外资安全审查机制在全球上会对欧盟产业造成什么影响，特别是欧盟是否会流失外商投资，并遭受"外商投资真空"。②

2018年1月23日，欧洲议会国际贸易委员会就外资安审机制进行公开听证，邀请美国外资投资委员会（CFIUS）主席、欧盟成员国代表以及经济合作与发展组织（OECD）、欧洲投资银行（EIB）和智库专家发表意见。③

2018年5月28日，欧洲议会就外资安审机制草案进行一读投票，通过了国际贸易委员会（INTA）提交的修改报告。④

目前，欧洲议会、欧盟理事会和欧盟委员会正在进行非正式的三方对话。根据共同立法程度，该草案尚待欧盟理事会投票。

---

① https://ec.europa.eu/info/law/better-regulation/feedback/8154/attachment/090166e5b71c63b1_en.
② http://eu.mofcom.gov.cn/article/jmxw/201712/20171202687536.shtml.
③ http://www.europarl.europa.eu/cmsdata/136220/Draft%20programme.pdf.
④ Report on the Proposal for a Regulation of the European Parliament and of the Council Establishing a Framework for Screening of Foreign Direct Investments into the European Union, Committee on International Trade, COM (2017) 0487 - C8 -0309/2017 -2017/0224 (COD), 5 June 2018.

## 三 欧盟外资安全审查立法草案的主要内容

### (一)欧盟外资安全审查机制的对象和定义

该立法草案的目的是在欧盟内部建立对外国直接投资的审查机制(framework for the screening of foreign direct investments)。草案第1条规定,成员国和欧盟委员会可以基于安全或者公共秩序的理由审查外国投资。对于"安全或者公共秩序"的含义,草案前言第22条要求,对本条例的实施须符合《世界贸易组织协定》,特别是《服务贸易总协定》(GATS)第14条一般例外(a)项和第14条之二安全例外,以及欧盟或者成员国签订的贸易或者投资协定中基于安全或者公共秩序的理由采取限制性措施的相关要求。

草案规定"外国直接投资"是指,外国投资者为了在成员国内开展经济活动而做的任何类型的投资,其目的是在该外国投资者与资本投向的企业家或企业之间建立或者维持持久并且直接的联系,包括使其有效参与管理或者控制公司开展的经济活动的投资。这一定义与欧洲联盟法院对《欧盟运行条约》第63条至第66条中直接投资的解释相一致[①],排除了间接投资或证券投资。

### (二)欧盟层面的外资安全审查机制:审查的因素、框架和效力

立法草案一方面维持成员国现有的外资安审机制(第3条第1款),另一方面建立欧盟层面的审查机制,欧盟委员会可以基于安全或公共秩序的理由审查可能影响具有联盟利益的计划或者项目的外国直接投资(第3条第2款)。

尽管草案在前言中援引了世界贸易组织规则以限定"安全或公共秩

---

① European Commission, "Communication on Towards a Comprehensive European International Investment Policy", COM (2010) 343 final, Brussels, 7.7.2010, pp. 2-3.

序",但是草案第3条审查的因素实质上扩大了安全的范围,将"经济安全"纳入考虑的因素。对于哪些属于"可能受影响的具有联盟利益的计划或者项目",草案没有直接定义,而是采取举例的方式,其中包括对欧盟经济增长、就业和竞争力具有重要贡献的联盟计划和项目,以及受欧盟立法调整的关键基础设施、关键技术和关键防务投入品。草案附件一直接列举了6项具有联盟利益的欧洲项目或计划,即欧洲全球卫星导航系统项目(GNSS)、哥白尼项目(地球环境安全监控)、"地平线2020"(研究与创新项目)、泛欧交通网络(TEN-T)、泛欧能源网络(TEN-N)和泛欧通信网络。该清单并不是穷尽的,欧盟委员会未来还会考虑其他欧盟立法中涉及的事项,例如内部天然气市场共同规则指令、军民两用物项控制条例、网络基础设施安全指令,等等。[①]

对于外资安审中须考虑的因素,草案第4条列举了可能受到潜在影响的四个方面,并且强调可以对特定来源的投资加以特别考量。这四个方面非常广泛,包括:(1)关键基础设施,(2)关键技术,(3)关键防务投入品的供应安全,(4)获得敏感信息与控制敏感信息的能力。其中,关键基础设施包括能源、交通、通信、数据存储、空间、财政基础等设施,以及敏感设施;关键技术包括人工智能、机器人、半导体、潜在的军民两用技术、网络安全、空间和核能等技术。对于投资的来源或性质,草案第4条特别强调,成员国和欧盟委员会应考虑外国投资者是否受到外国政府直接或者间接的控制,其中包括外国政府对其提供重大资助。

关于欧盟委员会的审查框架和程序,草案第9条规定欧盟委员会可以向被投资成员国就计划中的或者已经完成的外国投资发表意见。欧盟委员会可以要求成员国提供与投资有关的任何必要信息,在必要时可要求补充信息。欧盟委员会须在合理的时间内发表意见,但不得晚于收到成员国信息之后25个工作日。欧盟委员会的意见也向其他成员国通报。

---

① European Commission, "Proposal for a Regulation of the European Parliament and of the Council Establishing a Framework for Screening of Foreign Direct Investments into the European Union", COM (2017) 487 final, 2017/0224 (COD), Brussels, 13.9.2017, note 24.

对于欧盟委员会外资安审意见的效力，草案并未赋予强制的法律约束力，而是要求成员国应尽最大可能考虑欧盟委员会的意见。如果成员国未遵循欧盟委员会的意见，须向欧盟委员会做出解释。草案在前言第 16 条中特别援引《欧洲联盟条约》（TEU）第 4 条中的"真诚合作"义务，以此强调其软法效力。尽管欧盟委员会的意见无约束力，但可通过政治施压达成类似效果。

### （三）成员国层面的外资安审机制：通报机制和评议机制

对于成员国层面的外资安审机制，立法草案的重点是设立通报机制和评议机制。草案对成员国外资安审机制做了四个方面的要求。

其一，要求成员国建立通报和年度汇报机制，成员国应及时和定期向欧盟委员会公开本国的投资审查情况或外国直接投资的数据信息。草案要求成员国向欧盟委员会通报现有的外资安审机制制度，并且提交年度审查报告。草案要求各成员国在条例生效后 30 天内向欧盟委员会通报其现有的外资安全审查机制，日后的任何修订也应及时告知欧盟委员会。对于已建立外资安审机制的成员国，要求其向欧盟委员会提交年度安审报告，报告中应汇报受审查的外国直接投资的相关信息、成员国所做的禁止或者批准决定等信息。对于尚未建立外资安审机制的成员国，草案要求其每年向欧盟委员会汇报其境内发生的投资。

其二，要求建立合作机制，其实就是互相评议机制，允许成员国对其他成员国的外资安全审查发表评论，允许欧盟委员会发表意见。草案要求成员国在启动外资安全审查后的 5 天内将有关信息通知给欧盟委员会和其他成员国。对于某成员国计划中的或者已经接受的外国直接投资，如果其他成员国认为该投资可能影响其自身安全或者公共秩序，可以在合理的时间内对该国做出评论。如果欧盟委员会认为外国直接投资可能影响一个或者多个成员国的安全或者公共秩序，无论是否有成员国做出评论，其都可以发表意见。欧盟委员会和成员国可以要求接受投资的成员国提交任何必要信息。接受投资的成员国无论是否具有外资安审机制，都应充分考虑其他成员国的评论和欧盟委员会的意见。

其三，要求成员国现有的外资安审机制满足一定的程序要求。草案要求成员国审查机制透明，并且不在第三国之间构成歧视。在机制方面，要求成员国制定启动审查的条件、审查的理由和详细的程序规则；成员国须对做出审查决定设定时间表；要求保护外国投资者和企业家相关的秘密信息，包括商业敏感信息；对于成员国主管机关做出的审查决定，草案要求成员国允许外国投资者和企业家寻求司法救济。

其四，要求成员国建立防规避机制。立法草案要求成员国建立反规避机制，防止外国投资通过在欧盟设立投资公司等方式隐藏资金来源以规避成员国的外资安审，其目的是确保审查机制和审查决定的有效性。

## 四 对欧盟外资安审立法草案的评价

### （一）欧盟外资安审立法草案的法律基础存在疑问

欧盟委员会声称外资安审立法草案的法律依据是欧盟共同商业政策，并称对外资安全审查有专属权能，仅联盟对此有立法权限。这导致了几个法律问题。其一，欧盟是否对外资安审拥有专属权能；其二，如果承认欧盟对外资安审具有专属权能，德、法、意等12个成员国现有的外资安全审查机制将失去法律基础；其三，如果欧盟具有专属权能，该立法草案将不能采取加强型合作立法（enhanced cooperation），因为欧盟基础条约中仅规定在共享权能领域采取这种仅部分成员国参加的立法方式，譬如欧元区立法，而该立法草案在本质上却是加强型合作的。

尽管直接投资属于欧盟专属权能，但是对于外资安全审查是否属于欧盟专属权能是存在疑问的。在该立法草案中，外资安全审查涉及欧盟的多个政策领域，既涉及投资政策，又涉及安全政策，而安全政策属于欧盟成员国的专属权能。另外，立法草案中的考虑因素包括运输、泛欧网络和能源，而这些领域明确属于欧盟与成员国的共享权能。

与投资有关的机制不一定属于欧盟的专属权能。2017年5月欧盟法院对

《欧盟-新加坡自贸协定》做出法律意见,指出欧盟的专属权能仅及于欧盟基础条约明确授权的"直接投资"领域,自贸协定中涉及"间接投资"和"投资者诉国家争端解决机制"(ISDS)的条款还需要得到成员国的批准。欧盟法院认为,投资者诉国家争端解决机制移除了成员国法院的司法管辖权,不具有欧盟判例法意义上的纯粹附属性质,属于欧盟与成员国的共享权能。① 由此推论,外资安审机制更多地涉及成员国的安全政策领域,欧盟主张外资安审机制属于其专属权能,不一定会得到欧盟法院的支持。尽管瑞典曼斯律师事务所错误地从欧盟法院的意见中推论欧盟对外资安审机制具有专属权能,但其在推论中也不得不承认,欧盟法院的意见并未对欧盟能否要求成员国进行外资安审给出任何明确的指示。② 值得寻味的是,欧洲议会法务委员会(JURI)决定对该立法草案不发表意见。③

## (二)欧盟外资安全审查范围广泛

对于外资安全审查的考虑因素,欧盟立法草案给予欧盟委员会和成员国广泛的考虑空间,特别是借鉴了近10多年来美国对外国投资委员会的改革,将关键基础设施纳入审查范围。

欧盟立法草案举例说明了何为关键基础设施,即包括能源、交通、通信、数据存储、空间、财政基础等设施,以及敏感设施。这种举例方式将安全与公共秩序的考虑因素做了巨大的扩张。欧盟委员会将有权对广泛领域、多个行业的外国投资进行审查。欧盟立法草案没有对审查的投资额设限,这意味着即使是中小型的相关投资也将成为审查对象。

欧盟立法草案标志着欧盟管理机制从投资自由转向事实上的准入前审查机制。对于草案列举的联盟项目和行业,欧盟立法草案拒绝给予外国投资者国民待遇。

---

① Opinion 2/15 of the Court (Full Court), 16 May 2017, para 292-293.
② Mannheimer Swartling, "EU FDI Screening-Legal Considerations", June 2017, p. 8.
③ http://www.europarl.europa.eu/oeil/popups/ficheprocedure.do?lang=&reference=2017/0224(COD)#tab-0.

### （三）欧盟成员国对该立法草案存在意见分歧

德国、法国和意大利是该立法草案的倡导者，他们积极游说欧盟委员会建立全欧范围的外资安审机制。尽管英国正在与欧盟进行退欧谈判，但是英国政府称将在当前的审查机制中引入新的"跨领域的国家安全要求"。

北欧国家和荷兰、卢森堡都希望避免将该立法草案作为保护主义的"木马"。瑞典、荷兰、马耳他、葡萄牙、捷克、波兰等国担心这一举措被解释为保护主义的信号。爱莎尼亚担心这一草案可能招致中国和其他国家的反制，导致对方引入更加严格的立法措施。

在当前28个欧盟成员国中，仅有12国（英国、德国、法国、意大利、奥地利、荷兰、丹麦、西班牙、葡萄牙、波兰、拉脱维亚和立陶宛）设有外资安审机制。目前该立法草案须经过欧盟理事会和欧洲议会的批准，如果无法得到特定多数的成员国（55%的成员国，代表至少65%的人口）同意，草案将无法通过。

### （四）欧盟立法草案使当前中国对欧投资项目面临不确定性

欧盟立法草案反映出了欧盟对中国对欧投资的严重不信任和疑虑，由于其权限和自由裁量的空间广泛，存在被滥用的可能，将可能成为排除中国对欧投资的工具。

由于欧盟立法草案赋予欧盟委员会对已经完成的外国直接投资发表意见的权力，这使当前中国对欧投资项目面临法律上的不确定性。需要欧盟委员会进一步澄清，在条例生效之前的外国投资项目是否仍属于其审查范围。另外，由于增加了欧盟层面的外资安全审查机制，中国投资者需要同时了解成员国和欧盟的投资政策、安全政策和相关法律，中国对欧投资将面临更大的难度与不确定性。

# B.17 欧盟"地平线2020"中期评估及前景展望

赵俊杰*

**摘　要：** "地平线2020"计划是欧盟推动欧洲创新和经济增长的一大政策工具，卓越科学、产业领导力和社会挑战是其三大战略优先领域。2017年6月，欧盟委员会发布《"地平线2020"中期评估报告》，系统评估了2014～2016年该计划实施3年的情况。报告肯定了"地平线2020"对欧洲研发框架和科技资源的整合作用，用五项创新绩效评价标准深入分析了"地平线2020"的交叉问题、资助模式、各种创新工具和行动，侧重对三大战略优先领域取得的成效及存在的问题进行评估。报告认为"地平线2020"是一个很诱人且表现良好的研发创新计划，其创新效应、研发成果及社会影响正在释放出来，正在为欧洲创造就业岗位、经济增长和科学成就做出贡献。从不确定因素来看，英国脱欧、欧洲极右翼政党反欧洲一体化的态度以及欧盟财政紧缩政策等，都有可能影响"地平线2020"的走向，从长远来看，还会影响欧盟下一个研发框架计划（FP9）的制订和战略目标取向。

**关键词：** "地平线2020"中期评估　创新绩效评价　立场文件　欧洲创新记分牌

---

\* 赵俊杰，法学博士，中国社会科学院欧洲研究所研究员。

欧洲蓝皮书

2010年3月,针对欧债危机蔓延、欧盟经济结构性缺陷、欧洲人口老龄化和居高不下的失业率等问题,欧盟委员会出台了"欧洲2020战略",它是21世纪欧洲第二个中长期经济社会发展蓝图,旨在提升欧洲整体竞争力,破解欧洲经济社会发展的困局。① 这一蓝图包含三大增长战略、五大量化指标和七大配套旗舰计划,其中,构建创新型联盟被列为七大配套旗舰计划之首。为了实现这一战略目标,欧盟委员会随后又推出了创新政策工具——"地平线2020"计划,它被欧盟视为推动欧洲创新和经济增长、创造就业岗位的一大法宝。

欧盟"地平线2020"计划的宗旨是消除欧洲科学创新障碍,推动欧洲研发创新,促进高新技术向市场转化,培养世界顶级科学家。该计划也有三大战略优先领域:卓越科学、产业领导力和社会挑战。卓越科学涵盖欧洲研究理事会(ERC)、未来和新兴技术(FET)、玛丽·居里计划(MSCA)和欧洲基础研究设施4个行动计划。产业领导力包括3个行动计划:保持使能技术和工业技术领先、风险融资通道、中小企业创新计划。社会挑战领域则含有7个行动计划,诸如健康、人口变化和福利,安全、清洁和高效能源,智能、绿色和综合交通,等等。

"地平线2020"实际上是欧盟第八研发框架计划(FP8),实施时间从2014年至2020年。② 与欧盟前7个研发框架计划相比,它共投入创新经费770.28亿欧元,加大对优先行动计划的资助力度。其中,在卓越科学板块投入244.41亿欧元,在产业领导力板块投入170.16亿欧元,在社会挑战板块投入296.79亿欧元。这三大战略优先领域合计投入711.36亿欧元,占"地平线2020"计划总预算的92.35%。

---

① 21世纪头10年,欧盟制定并实施了"里斯本战略",但目标定位过高过散,量化指标缺乏约束力,实施效果大打折扣。在汲取教训后,欧盟出台了"欧洲2020战略",其英文全称是 EUROPE 2020: A European Strategy for Smart, Sustainable and Inclusive Growth,中文全名是"欧洲2020:灵巧性增长、可持续增长和包容性增长战略",它简化了目标和量化指标,决策更加科学并切合欧洲社会实际。
② 欧盟第一研发框架计划始于1984年,投入32.71亿欧元。2007~2013年实施第七研发框架计划(FP7),周期为7年,共投入505.21亿欧元。

## 一 "地平线2020"中期评估:成效及问题

2017年既是"地平线2020"计划实施的第四年,也是中期年,经过3年多的实施,该计划是否初见成效?预算投入比和研发产出比是怎样的?科研机构、企业界和欧洲公众对该计划的认可度究竟怎样?该计划在实施中还存在什么问题?这些都是欧盟和欧洲社会所关注的话题。为此,欧盟委员会组织相关工作组对该计划做出了科学而严格的审核,并于2017年6月13日发布了《"地平线2020"中期评估》工作文件(以下简称"中期评估报告"),系统评估了2014~2016年该计划实施的情况。[①]

这份中期评估报告共50页,从12个方面论述了"地平线2020"计划的重要性、初步成效、主要特点及其存在的问题。概括起来,有以下四个要点:

其一,报告充分肯定了"地平线2020"对欧洲研发框架和科技资源的整合作用,对其简单结构、突出重点和创新手段更是赞赏有加。报告认为,与FP7相比,"地平线2020"的结构更加简单,重点聚焦在三大战略优先领域,而鼓励中小企业创新的工具(SME Instrument)行之有效。以往欧盟的研究、教育和创新基金包括各自独立的欧盟研发框架计划(FP7)、欧盟竞争与创新计划(CIP)和欧洲创新与技术研究所(EIT)等,既分散资源,又缺乏统筹管理。[②] "地平线2020"的一大创新之处就在于它整合了这些重要的研发资源,采用单一架构促进欧盟相关资源的协调发展。

其二,报告设计了五项创新绩效评价标准:相关性(Relevance)、有效性(Effectiveness)、效率(Efficiency)、一致性(Coherence)和欧盟附加值(EU Added Value),侧重对"地平线2020"三大战略优先领域存在的问题

---

① 该评估报告英文名称是 Commission Staff Working Document:Interim Evaluation of Horizon 2020。
② European Commission, Commission Staff Working Document:Interim Evaluation of Horizon 2020, Brussels, 13.6.2017 SWD (2017) 221 final/2, p.3.

进行评估。"相关性"旨在评估"地平线2020"的初衷是否改变、它确立的社会挑战问题是否仍然存在、它是否还是欧盟优先行动的目标。"有效性"突出欧盟所有的支柱行动计划是否有助于实现科学影响、改善跨界和跨部门的创新协调和研发效果、促成新技术的出现。"效率"注重考虑资源、预算及实施过程等创新方案的投入与产出的关系，判断创新方案到底是产生积极的还是消极的影响。"一致性"涉及"地平线2020"在多大程度上与欧盟其他创新项目和行动协同一致，侧重评估"卓越科学"支柱在研发与创新以及成果转化方面的协同作用。"欧盟附加值"则是从规模、速度或绩效范围进行评估，强调"地平线2020"比任何成员国或地区层面的科技计划带来的附加值都高。

其三，在研究方法上，报告重视理论与调查相结合，采用定性与定量分析法，对"地平线2020"做出科学的评估。报告引用大量来自欧盟委员会内部、欧盟统计局和经济合作与发展组织的数据，通过外部专家组的支持，深入分析了"地平线2020"的专题评估、交叉问题、资助模式、各种创新工具和行动，内容涵盖创新快车道、中小企业创新工具、欧洲创新与技术研究等。报告还分析了欧盟其他机构的评估资料，诸如欧洲理事会对FP7的评估结论、欧洲议会及欧洲经济与社会理事会对"地平线2020"中期评估的观点及报告等。报告针对"地平线2020"简化创新措施的影响展开了问卷调查，共收到10%的项目参与者4125次答复，还有595个项目利益相关者的答复。报告开放咨询调查共收到来自69个国家的近3500份反馈，还有超过300份的立场文件（position papers）。这些相关数据和咨询调查确保了评估报告的客观性和真实性。

其四，报告同时也强调了评估所受到的限制和挑战，认为现在谈论"地平线2020"计划的影响还为时过早。由于大部分项目尚未选定和启动，该计划主要的产出、成果及影响还未能产业化，业已开始的项目短期内也难以产生效益。截至报告发布之时，在启动的11000多个项目中，只有10%的项目结项。此外，"地平线2020"中期评估一直面临数据的可用性、可测性和可靠性挑战，同时缺乏一个完整的产生社会影响的指标监测体系。

欧盟中期评估报告得出的结论主要有以下几个方面：

从满意度调查结果来看，欧洲绝大多数受访者认可"地平线2020"。在"地平线2020"利益相关者中，有78%的受访者和86%的企业界人士非常满意该计划。89%的受访者认可有必要在欧盟层面增加研发经费预算。77%的利益相关者完全同意或在某种程度上同意"地平线2020"的研发主题足够灵活，足以应付环境变化，而12.4%的受访者则完全不同意。75%的受访者认为该计划在很大程度上有助于促进"卓越科学"。[1]

从创新绩效评价标准来看，报告强调加强欧洲科学基础、提高工业主导地位、应对社会挑战和促进国际合作，仍然有助于实现欧盟当前确立的诸多关键战略目标。专题评估大量数据显示，"地平线2020"仍是支持和落实当前欧盟政策目标的一个重要机制，它成功地吸引欧盟及全球最优秀的研究机构和研究人才参与其中，发表了大量世界一流的科学论著。通过大量简化参与规则和资助模式，把欧洲不同类型的研发和创新组织整合起来，该计划的有效性与FP7相比有很大的提高。此外，"地平线2020"还试图整合欧洲结构和投资基金以及欧洲战略投资基金，产生"1+2大于3"的创新附加值效应。[2]

从创新取得的实际成果来看，报告虽慎重强调时间有限以及实施项目的数量有限，却仍然列举出了"地平线2020"不少成效显著、联合攻关的创新实例。案例一，针对2014年西非出现埃博拉病毒和2015年拉美爆发寨卡病毒，欧盟以"地平线2020"为杠杆，迅速启动应急预案，整合欧洲相关资源开展病毒防疫工作，分别投入2.4亿欧元和4500万欧元，提高了该计划在全球的知名度。案例二，"石墨烯旗舰计划"是欧盟有史以来最大的资助研究项目之一，由20多个欧洲国家、150多个合作伙伴负责，研发将持

---

[1] See section 4 and section7 of the In-depth Interim Evaluation of Horizon 2020.
[2] 欧洲结构和投资基金（the European Structural and Investment Funds，ESI）是欧盟用于支持实体经济的一大基金，规模超过6000亿欧元，其中一部分资金支持欧洲小企业进行研发创新。欧洲战略投资基金（the European Fund for Strategic Investments，EFSI）规模超过3000亿欧元，主要用于欧洲中小企业融资和基础设施建设。

续10年以上。该项目涵盖了从原料生产到组建和系统集成整个价值链,试图在柔性电子、印刷电子、5G移动技术、临床医学以及航空航天等领域实现新材料革命。它最新的创新突破是,研发出欧洲第一台全功能微处理器、第一个以高分辨率研究大脑活动的神经探针。另外,高效太阳能电池和超高灵敏度石墨烯红外探测器也有望获得突破。[①] 案例三,为了促进纳米技术在医学中的广泛应用,"地平线2020"计划从2015年至2018年投入630万欧元,建立一个欧洲纳米药物试验厂,展开干眼症治疗和艾滋病纳米疫苗临床试验。案例四,开放式颠覆性创新方案(ODI)在"地平线2020"中小企业创新工具中最受欢迎,它接纳健康、光子学和云计算申请者,扶持高度创新型中小企业的成长。

中期评估报告最后得出的结论表明:

(1)"地平线2020"是一个很诱人且表现良好的研发创新计划,它吸引了来自130多个国家高校、科研及私营部门大批顶级的人才,其中52%属于新参与者。

(2)"地平线2020"正在为欧洲创造就业岗位、经济增长和科学成就做出贡献。通过建立跨部门跨学科、内部和外部的欧洲研究和创新网络,为创新型企业特别是中小企业提供风险融资,产出高质量、商业化、有价值的专利和其他知识产权,巩固欧洲工业领导地位,应对重大社会挑战。

(3)当前和未来"地平线2020"也面临诸多挑战,诸如因资金不足制约了大量的项目申请,造成欧盟巨大的科研资源浪费;该计划与欧洲结构和投资基金等协同不够;"创造市场的创新"(market-creating innovation)力度不够;与国际合作的力度也有待加强等。因此,中期评估报告将有助于改进"地平线2020"的执行情况,确保2018~2020年欧盟第三阶段的实施方案更加高效合理。[②]

---

① See section 9.1 of the In-depth Interim Evaluation of Horizon 2020 for Example box: Results of the Graphene FET Flagship.
② See section 12 (Conclusions) of the In-depth Interim Evaluation of Horizon 2020.

## 二 对"地平线2020"的看法及其前景展望

欧盟内部对"地平线2020"的中期评估报告较为中肯,因该计划实施仅3年(2014~2016年),大部分研发选题有待确定和启动,故中期评估报告得出的结论相对务虚一些,但并非乏善可陈。它充分肯定了该计划确立的三大战略优先领域以及开展的相关研发项目,对该计划简化申请程序、注重财务管理、整合欧洲科技创新资源(研发机构、团队及各类基金)等赞赏有加。

事实上,"地平线2020"实施4年来,其创新效应、研发成果及社会影响正在释放出来。欧盟提供的相关数据显示,截至2016年底,"地平线2020"共收到102076个项目申请,申请者有379169人。批准立项11108个,参与者有49090人,拨付资助资金204亿欧元,仅占"地平线2020"总预算的1/4多。其中,该计划确立的三大战略优先领域合计得到拨付资金总额的95.1%,约75%的资金流向合作研发创新项目。高校和科研机构合计得到约65%的资助金,私营部门得到27.7%的资助金。[①]"地平线2020"实施的第一阶段(2014~2016年),全世界有131个国家参与进来,足见它的社会影响力很大。其中,欧盟28个成员国参与者共收到近93%的资金支持,又可见"肥水不流外人田",资金大头和项目负责均由欧盟国家主导。正因如此,在欧盟开放咨询时,绝大多数欧洲项目参与者或利益相关者才会对"地平线2020"表示"十分满意"。

从2014年至2017年,"地平线2020"共投入研发和创新资金400多亿欧元,共资助15000多个研发项目。从其产生的社会影响来看,仅第一阶段它就成功吸引了24位诺贝尔奖得主和526位其他科技奖项获得者,至少有30余万名欧盟科技人员也参与了进来。2017年2月欧盟发布了《工业数字

---

① See section 6 of the In-depth Interim Evaluation of Horizon 2020, p.11. Also see CORDA, cut-off date by 1/1/2017.

化记分牌2017》，指出欧洲采用数字技术的企业在增加，但各成员国间的数字化程度差距还很大。6月欧盟发布了《2017年度欧洲创新记分牌》（European Innovation Scoreboard，EIS），强调欧盟的创新绩效不断提升，在未来两年有望增长2%。10月欧盟发布了《公私合作伙伴关系和公公合作伙伴关系》（Public-Private Partnerships and Public-Public Partnerships）的中期评估报告，指出通过"地平线2020"，欧盟与产业界和成员国之间已建立7个公私伙伴关系和5个公公伙伴关系，对欧洲经济增长和生活质量提高发挥了显著效果。12月欧盟发布了《产业研发投入记分牌》报告，指出欧盟产业界在研发领域的投入显著增加，增速高于世界平均水平。2016年全球2500强企业的研发投入比2015年增加了5.8%，而欧盟企业的增速达7%。

从其产生的创新成果来看，欧洲对地观测计划（Europe's Earth Observation Programme）已构建起当今世界最先进的地球观测系统，它使地球整体成像时间从10天缩减至5天。欧盟飞机生物燃油科技创新联盟（ITAKA）正致力于飞机生物燃油的商业化推广应用，成效相当显著。欧盟名为"ResCoM"的循环经济研究项目走在世界前列，已在线推出面向欧洲生产商和消费者的、先进的循环经济服务工具平台。

展望"地平线2020"未来的发展前景，有值得肯定的积极因素，但同时也存在某些不确定因素，这两种因素都会对该计划第三阶段的实施效果产生影响。从积极因素来看主要有三点：

一是2018年欧盟正式启动"地平线2020"最后3年的行动计划，进入攻坚阶段，必定会调动各方资源为实现三大战略优先领域目标而奋斗。2017年10月27日，欧盟发布了"地平线2020"第三期（2018~2020年）计划项目。强调未来3年欧盟将投入300亿欧元用于研发创新，其中，卓越科学领域投入104.565亿欧元，产业领导力领域投入45.359亿欧元，社会挑战领域投入79.991亿欧元。大力支持能够催生新市场的创新行动，高度整合低碳、循环经济以及气候变化等领域的大项目，重视创新成果的转化。

二是2018年欧盟将创立欧洲创新理事会（EIC），其职能是推动欧洲公共机构的卓越创新，促进卓越中小企业创新发展，提出全球挑战解决方案。

3年内它掌管26.482亿欧元的创新资金，重点支持2018年"地平线2020"卓越科学领域启动实施的第三个FET旗舰项目——量子技术旗舰项目。

三是欧洲研究理事会（ERC）2017年9月通过"启动基金"（Starting Grants）资助了406名欧洲青年科研人员，资助总额达6.05亿欧元，旨在帮助他们创建自己的研发创新团队。12月ERC又发布了2018年"巩固基金"（Consolidator Grants）资助项目，来自欧洲22个国家的329位顶尖科研人员共获得6.3亿欧元资助。这些资金如雪中送炭，势必会调动欧洲科研人才的研发和创新积极性。

从不确定因素来看，英国脱欧、欧洲极右翼政党反欧洲一体化的态度以及欧盟财政紧缩政策等都有可能影响"地平线2020"的走向，从长远来看，还会影响欧盟下一个研发框架计划（FP9）的制订和战略目标取向。英国脱欧不但刺激了欧洲极右翼反欧洲一体化的政治思潮，使未来欧盟的生存发展充满变数，而且削弱了欧盟的研发创新能力，迫使欧盟紧缩财政、减少开支，这势必会对"地平线2020"的走向产生负面影响。

作为欧盟的一个大国和科技强国，英国脱欧产生的负面影响是显而易见的：一是减少了欧盟的财政收入，使欧盟各项重大项目都面临资金不足的问题；二是英国的科技创新能力和科技人力资源十分强大，英国也是"地平线2020"研发创新的主要参与国和受益国，一旦2019年3月英国正式退出欧盟，其承担的"地平线2020"研发项目就会受到影响。另外，德国选择党、奥地利自由党等欧洲极右翼政党进入国家权力核心，势必会挑起"疑欧"争论甚至"脱欧"公投，反对或限制本国政府增加对欧盟研发框架计划的财政支持。

前述这些不确定因素肯定会影响"地平线2020"的走向，但也不必悲观。欧洲一体化虽有挫折却无退路，欧洲经济的提振、竞争力的提升，离不开欧洲联合和团结协作。英国政府虽已走上一条脱欧的不归路，但英国科学大臣乔·约翰逊表示，在科研领域英欧之间一直是互利关系，英国今后仍将参与"地平线2020"的研发项目，并愿意付费继续与欧盟开展科研合作。原因很简单，无论是从参与项目的程度还是获得资助的力度来看，英国都是

一大受益者,离开欧盟资源它将孤掌难鸣、难有作为。

目前看来,欧盟最担心的是未来欧洲研发创新资金投入不足的问题,针对欧洲理事会削减欧洲研发框架计划科研经费的提案,2017年9月欧盟科研与创新委员卡洛斯·莫达斯公开表达了不满:"对于一个想要抢占发展先机、谋求世界领先地位的欧洲来说,怎么能削减科研预算?"① 由于各成员国政府都面临着财政短缺困境,未来的欧盟研发框架计划(FP9)还能不能维持FP8水平或略有增长,倒是个值得关注的新问题。

---

① 《欧盟科研与创新委员强烈反对削减科研预算》,中华人民共和国驻欧盟使团官网,2017年9月11日,http://www.fmprc.gov.cn/ce/cebe/chn/kjhz/kjdt/t1501550.htm。

# B.18 在竞争、连贯性与凝聚力之间的欧洲"工业4.0"

丹尼尔·布尔(撰) 黄萌萌(译)*

**摘 要:** "工业4.0"的概念诞生在德国,但很快它就获得了欧洲重要政治角色的关注。"工业4.0"本属于创新政策领域的研究范畴,但它具有较强的跨学科性。"工业4.0"的内容涉及大量政策领域,包含不同层级职能权限的分布。"工业4.0"领域的欧洲创新政策处于多层次治理框架之中,介于竞争、连贯性和凝聚力的目标之间。很多现有的创新政策倡议可以置于欧盟与成员国层面。但需要指出的是,各层级的创新政策之间仍然缺乏协调。欧盟层面不仅拥有很多与创新政策相关的总干事与专员,各成员国的国内部委也牵涉其中,此外还包括很多非国家角色。因此,关于"工业4.0"创新政策的横向与纵向协调意义重大。除了数据保护、数据安全、数据可用性等技术问题之外,工作组织、资格认证、开发新服务模式以及商业模式等问题还有待解决。

**关键词:** 欧洲 工业4.0 创新政策

---

\* 丹尼尔·布尔(Prof. Dr. Daniel Buhr),蒂宾根大学经济与社会学系教授,德国史太白(STEINBEIS)社会与技术创新转移中心主任。黄萌萌,中国社会科学院欧洲研究所助理研究员,2017~2018年德国联邦总理奖学金获得者。

## 一 引言

近年来,"工业4.0"成为世界经济政策争论的焦点。2011年,由经济界和学界组成的研究联盟在德国"高科技战略"框架内提出了"工业4.0"概念,并将其引入了公共辩论之中。"工业4.0"的概念首先在德国,后经欧洲、美洲再至亚洲,在全球范围内产生了惊人的公众影响力。

"工业4.0"呈现出工业生产日益数字化的愿景。它集网络化、自动化和分散化三位于一体。"工业4.0"包含两个方面:一方面,它是再一次的工业进程演化。在"工业4.0"之前,按照工业革命的不同阶段,已有"工业1.0、2.0与3.0"。另一方面,这些发展也具有破坏性潜力,熊彼特曾将此称为"创造性破坏"。[1] 在第四次工业革命中,这将会涉及企业、商业模式、技术、行业,甚至是整个国民经济。

因此,数字化进程,具体而言是"工业4.0"议题,很快就获得了重要政治行为体的关注,首先是在国家(比如德国)与欧洲层面,后来在德国联邦州与地区层面(如巴符州、柏林、北威州)。"工业4.0"本属于创新政策领域的研究范畴,但它也具有较强的跨学科性。[2] "工业4.0"的内容涉及大量政策领域,包含不同层级职能权限的分布。因此,从调控理论出发研究"工业4.0"也会得到很有意思的发现。但是,本文关注的重点仍是基于实证研究,研究问题是:在有关"工业4.0"的创新政策中,谁做了什么?在不同政策领域的多层次治理中,挑战在哪里?在回答这些问题之前,首先需要解释这个问题:"工业4.0"究竟是什么?"工业4.0"的发展带来了哪些创新?

## 二 什么是"工业4.0"

"工业4.0"在许多地方仍然是一个愿景:物体、数据、服务、人员和

---

[1] Schumpeter, Joseph A. 1912: Theorie der wirtschaftlichen Entwicklung, Berlin; Neuausgabe hrsg. von *Röpke*, *Jochen/Stiller*, *Olaf*, Berlin 2006.
[2] 比如科研与科技政策、工业与经济政策以及教育和就业政策等。

机器，所有东西都可以相互联网，这将大幅改变生产、物流以及工作流程。有关"工业4.0"的部分愿景已成为现实，尽管因区域、行业和企业规模不同，"工业4.0"的发展仍存在显著差异。

"工业4.0"将带来技术飞跃：未来机器可以读取物品信息，即使是那些还没有配备电子元件的物品，也将获取专有IP地址。传感器与制动器可确保物品数据通过扫描仪与计算机进行分配，并直接进行下一步处理。由此，物联网得以创立，"物理世界"和"虚拟世界"最终将融合在一起，形成所谓的"信息物理系统（CPS）"。最新互联网协议IPv6促使其成为现实，因为它提供了大量的潜在互联网地址、更简化的加密和真实性验证程序。[1]例如，一个智能制件可以自行操控下一台机器，或者选择合适的生产工厂。其实，如今已经出现数亿个这样的"智能"物件，从单个制件到生产机器人，再到交通工具，通过互联网融入全球价值创造网络之中。生产零件和生产工序的全方位互联令"工业4.0"大有前景，比如：

——工业过程的实时互联将令生产成本更加低廉、生产效率更高并且更加节约资源；

——数字化网络可直接将客户意愿与成本低廉的个性化生产与服务相融合；

——工作环境更加人性化；

——"工业4.0"为新产品、服务和解决方案的产生带来巨大的潜力，这将丰富人们的日常生活。

总之，"工业4.0"的数字化潜力巨大，并触及很多行业：从农业和能源领域到物流和信息通讯业，再到机械与车辆制造部门。

## 三 创新的产生与系统相随

在日益数字化和全球化的国际环境下，创新伴随着系统产生，也就是

---

[1] Buhr, Daniel 2015: Soziale Innovationspolitik für die Industrie 4.0 (auf Chinesisch). Electronic ed.: Shanghai: FES 2015: http://library.fes.de/pdf-files/bueros/china/11526.pdf (19.12.2017).

说，创新在不同行为体的相互作用下产生，它超越了企业与行业界限，以及市场和国家界限。为此，"工业4.0"涉及多个议题，如数据保护、数据安全、商业模式、工作组织形式以及法律、社会与技术标准。此外，技术创新激发了社会创新，而社会创新也反作用于技术创新。[①] 社会创新是一个有意图的、有针对性的社会实践重组或重构，其目的是在已有的社会实践基础上更好地解决社会问题或者满足社会需求。也正是因为出现新的组织形式，新的社会实践才被常规化，这将促进新技术与新科技的产生。

用户、供应商和其他角色共同加速创新过程，同时也有助于标准进步。为此，过去习惯于内部封闭式创新流程的大型跨国公司开始尝试开放式创新，因为它们无法单凭企业组织的内部力量就能提供大量的知识库存，或者独自处理高度复杂的问题。因此，在开放式创新过程中产生了越来越多的革新。[②] 这就要求企业组织具有高度的"吸收能力"与[③]"互动能力"[④]，也就是将外部知识内化以及将内部知识外化的能力。在这两个过程融合的过程中，供应商、客户、研究机构与高校积极参与创新发展。此外，以创新为核心的市场在创新的同步外化过程中应越来越多地以平台形式建立（比如开放源代码软件）。

开放式创新与封闭式创新的差异在于对创新的理解不同。根据熊彼特的观点，他认为创新的"独有性"是创新者成功的主要原因，这也被视为创业者的动力。在开放式创新过程中，重点发生了根本性转变。传统创新模式

---

[①] Howaldt, Jürgen/Kopp, Ralf/Schwarz, Michael（Hrsg.）2014: Zur Theorie sozialer Innovationen. Tardes vernachlässigter Beitrag zur Entwicklung einer soziologischen Innovationstheorie, Weinheim/Basel.

[②] Chesbrough, Henry William 2006: "Open innovation: The new imperative for creating and profiting from technology", Boston MA.

[③] Cohen, Wesley M./Levinthal, Daniel A. 1990: "Absorptive Capacity: A New Perspective on Learning and Innovation", in: *Administrative Science Quarterly* 35 (1), S. 128 – 152.

[④] Howaldt, Jürgen/Beerheide, Emanuel 2010: Innovationsmanagement im Enterprise 2.0: Auf dem Weg zu einem neuen Innovationsparadigma?, in: Howaldt, Jürgen; Jacobsen, Heike（Hrsg.）: Soziale Innovation: Auf dem Weg zu einem postindustriellen Innovationsparadigma, Wiesbaden, S. 355 – 370.

是以技术推动为主,主要依靠投资供给侧。而新型创新模式的重点落在需求侧一方,以用户为中心的创新过程主导着新型创新模式,其中社会创新发挥着越来越重要的作用。[1] 技术发明的失败往往不是因为缺乏工艺技术,而是因为缺少市场以及令人信服的商业模式,或者是缺少相应的服务供应商或组织结构。因此,在数字化时代,技术创新与社会创新密切相连,例如 Web 2.0(利用万维网 Web 平台,由用户主导而生成内容的互联网产品模式)、电子商务或者参与产品开发的消费者。在"工业4.0"进程中,进一步考虑这些发展趋势十分重要:客户、客户需求以及工作环境是创新成功的起始点。[2]

## 四 创新政策的任务

一个复杂的多层次体系,比如欧盟对于创新政策意味着什么?创新政策是一项交叉任务,同时也是一个尚未完全成熟的政策领域。因此,学界对创新政策并没有统一的定义,而是具有不同的定义。[3] 原则上,这些定义基于两个理想类型。[4] 第一类可描述为"自由放任"型,它主要是指,创新产生的框架条件除了最基本的对基础性研究的资助以及有关知识产权保护的法律规定之外,其余的都将留给市场决定,这正符合古典经济学以及哈耶克的说法。[5]

---

[1] Buhr, Daniel 2015: Soziale Innovationspolitik für die Industrie 4.0 (auf Chinesisch). Electronic ed.: Shanghai: FES 2015: http://library.fes.de/pdf-files/bueros/china/11526.pdf (19.12.2017).

[2] Buhr, Daniel 2015: Soziale Innovationspolitik für die Industrie 4.0 (auf Chinesisch). Electronic ed.: Shanghai: FES 2015: http://library.fes.de/pdf-files/bueros/china/11526.pdf (19.12.2017).

[3] Reillon, Vincent 2016: EU Innovation Policy-Part I, EPRS, PE 583.778, Brüssel/Strasbourg, S.3.

[4] Lundvall, Bengt-Åke/Borrás, Susanna 2006: "Science, Technology, and Innovation Policy", in: Fager-berg, Jan/Mowery, David C./Nelson, Richard R. (Hrsg.): The Oxford Handbook of Innovation, Oxford, S.599–631.

[5] Hayek, Friedrich August von 1968: Wettbewerb als Entdeckungsverfahren, in: Schneider, E. (Hrsg.): Kieler Vorträge, Neue Folge 56, Kiel/Tübingen, S.3–20.

而第二种类型则是一种"系统"式变体,它对国家调控的要求明显加强,特别是通过干预创新角色之间的互动与关系。按照这种理解,创新政策不仅仅是技术、科研和产业政策的总和,上述内容主要是通过供给侧来推动的,在此背景下,创新政策的重点应逐渐转向需求侧。① 因此,政治角色必须兼顾直接和间接需求,既作为主要用户和采购者,也要通过命令、建议以及财政手段进行软性控制,在必要时还要采取强制监管措施与禁令。这些不同的手段遵照创新政策的不同目标,这些目标可以是出于经济动机(比如促进增长、就业和提升竞争力),也可以是出于生态或者社会动机。因为创新通常不具备自身目的性,而是更好地服务于某些社会目标的手段。为此,上述抽象目标必须先要转化为创新政策上的具体挑战与问题,下一步才能通过相应的政策得以解决。② 创新政策与管理工具组合涵盖了不同的政治层级,从地方或地区政府到联邦州,再到国家和欧盟政治层面。

## (一)欧盟层面

2000年通过《里斯本议程》后,创新政策终于成为欧洲占据政策的重点,并在其后的"欧洲2020战略"以及"容克计划"中占据优先地位。总体目标是欧盟成员国到2020年应将其国内生产总值的3%用于研发(1%来自公共部门投资,2%来自私人部门投资),由此创造370万个就业机会,并将欧盟年度国内生产总值提升近8000亿欧元。一方面,欧盟层面的创新措施旨在与国家和地方层面的创新政策形成互补;另一方面欧盟也有自身目标,即提升欧盟社会凝聚力、促进欧盟地区政策发展以及加强欧盟内部市场与竞争政策。欧盟在某些领域拥有相应的职权,如竞争法案和创建欧洲研究区;欧盟在科研政策与税收政策领域享有部分权限,而在传统工业和教育政策上欧盟的权力却很有限。在很多创新政策领域,欧盟通过发布监测报告以

---

① Edquist, Charles/Zabala, J. M. 2012:"Public Procurement for Innovation as mission-oriented innovation policy", in: *Research Policy*, 41 (10), Philadelphia, S. 1757 – 1769.
② Borrás, Susanna/Edquist, Charles 2013:"The choice of innovation policy instruments", in: *Technological Forecasting and Social Change*, 80 (8), S. 1513 – 1522.

及提供比较指标和数据库（如创新联盟记分牌、数字化记分牌、数字经济和社会指数等），即采用开放性协调方式等"软性"调控工具支持成员国和地区制定和实施创新政策，借此强调竞争力的重要性。①

目前，欧盟正在努力推进"工业4.0"。2014年1月，欧盟启动了新的科研计划——"地平线2020"，其目标是到2020年，欧盟委员会将提供近800亿欧元资金，其中244亿欧元用于尖端科研，170亿欧元用于资助工业创新以及关键技术创新。在此过程中，可以感知到欧盟使用创新政策手段促进欧洲再工业化的雄心。例如，"欧洲2020战略"包括七项旗舰倡议计划，其中之一便是致力于制定"全球化时代的综合产业政策"。② 近年来，欧盟委员会、欧洲理事会以及欧洲议会都支持该方针战略。例如，2014年1月15日欧洲议会通过了2013/2006（INI）系列声明以及"欧洲工业复兴"系列通讯（COM/2014/014）。其目标是：至2020年，大幅提高工业在欧盟国内生产总值中的比重，从2013年占国内生产总值的15.1%增长至20%。值得注意的是，这一数值比例在欧盟成员国之间的差异很大，比如罗马尼亚的工业比重是24.8%，而卢森堡仅为5.3%。德国在2012年仍然是工业比重最高的国家之一，具体比例为22.4%左右。

为此，欧盟委员会在其创新政策项目中正致力于打造关于"工业4.0"的"领先市场"（lead market）战略。这集中反映在"欧盟单一数字化市场战略"上。"领先市场"被定义为一个地域上的独特市场，通过有利的区位优势和具有优势的框架条件促进全球创新。③ 上述优势包括价格和成本优势，技术转移、外溢和出口优势，创新需求侧中较强的收入弹性，以及有利的市场结构（比如竞争）。

创新政策继续发展的本质特征是强调需求侧的重要性。芬兰前总理埃斯

---

① Reillon 2016.
② Europäische Kommission 2014:"For a European Industrial Renaissance", https://ec.europa.eu/growth/industry/policy/renaissance_en（19.12.2017）.
③ Klodt, Henning 2011: Zum Konzept der Leitmärkte-Eine Einführung, in: Bundesministerium für Bildung und Forschung (BMBF)(Hrsg.): Wettbewerbsfähiger durch Leitmarktstrategie?, Berlin, S. 7–12.

科·阿霍（Esko Aho）在其关于加强欧盟研究和创新绩效的报告中提出了有关该发展方向的第一个步骤①，现在欧盟委员会的创新政策就在试图实施阿霍的建议，例如，"促进创新"的采购与国家援助以及减少官僚机构，在欧盟层面推进规范与标准的统一设定（比如欧盟单一数字化市场和创新联盟），支持建立地区生态系统（比如欧洲创新伙伴关系），以及促进中小企业数字化和国际化等措施。此外，欧盟还积极推动欧洲投资银行和欧洲投资基金的专项资金用于现行的"投资计划"，这也正是"容克计划"中所强调的。

然而，值得注意的是，2014年容克当选欧盟委员会主席后也未成立由副部长级官员专门负责的项目组来管理或者协调创新政策，创新政策仍由欧盟的科研与创新专员负责。②令人惊讶的是，他们隶属"工作、增长、投资和竞争力"或者"数字化单一市场"项目组，而他们在项目团队中只具有"准成员"的地位。因此，欧盟在创新政策领域的总体协调仍不甚有力，即使欧盟科研与创新专员莫达斯在2015年6月就已经向"创新联盟"提交了后续议程。在具有象征意义的行为之外，欧盟委员会科研与创新总司的有关负责部门更名为"开放式创新"。此外，还出现过关于设立"欧盟创新委员会"以及"创新高级顾问"的提案，它们可以直接向欧盟委员会主席报告。

### （二）成员国层面——以德国为例

目前，德国还没有找到传统手段之外（比如负责人管理、流通程序、消极协调）的有关创新政策的正式协调机制。大多数情况下是德国各部委之间进行工作协调，各种研讨会、专家听证会以及委员会为这种非正式的协调方式提供支持（比如"经济与科学研究联盟"和"科研与创新专家委员会"等）。随着2006年"高科技战略"的颁布，德国联邦政府才首次提出一份包含具体目标的中期战略，并为创新政策的连贯性打下基础，这在德国

---

① Aho, E. 2006: "Creating an Innovative Europe". Report of the Independent Expert Group on R&D and Innovation, Luxembourg.
② Reillon 2016.

后续创新计划——《德国2020高科技战略》中可以明显感知到。"工业4.0"被列为十大未来项目之一,旨在将德国打造成数字设备、数字工艺和数字产品的长期领先供应商和生产基地。[①] 在此过程中,德国联邦政府发起了一系列以科技为中心的研究项目,比如,德国联邦经济和能源部提供4000万欧元用于支持"工业4.0自主技术"项目;德国联邦教育与研究部划拨1.2亿欧元支持"工业4.0——未来产品之创新"项目。德国联邦教育与研究部关于"工业4.0"研究的另一个重点项目是尖端集群——"智能技术系统:东威斯特法伦-利普联盟(OstWestfalen-Lippe OWL)"。自2012年起,该项目支持地区技术领先型中型企业和科研机构进行合作,共同开发新技术平台。这些举措隶属于德国联邦政府"2014~2017数字议程"框架。作为一项跨部门战略,它涉及数字化的各个领域:从加强宽带建设到工作场所的数字化,再到信息技术安全以及"工业4.0"领域。[②] 此外,越来越多的示范工厂、技能中心以及企业项目得到支持,它们致力于在德国范围内进一步开发新生产技术并且进行企业实践。

德国联邦政府较早就感知到"工业4.0"即将带来的快速社会与技术发展,并为重要行为体在创新过程中的合作创建构架,即使其重点仍致力于技术发展层面。其间,在"领先市场"的概念下产生了大量倡议,并汇集至"工业4.0平台"之中。德国联邦经济和能源部与教育与研究部的部长以及来自经济界、学术界和工会的高级别代表共同管理并领导该平台。专家们在各自的工作组为具体的标准与规范制定、系统网络安全、法律框架条件以及科研和工作结构提供可行性解决思路。圈内的企业代表制定工作组成果的技术执行战略。政界、工业团体、学界、工会、联邦与联邦州的职能部门代表组成战略小组,其任务不仅在于进行政治调控,而且在关于"工业4.0"效应的社会政治讨论中发挥乘数作用。由隶属德国联邦教育与研究部的经济与

---

[①] Ittermann/Niehaus/Hirsch–Kreinsen 2015.
[②] Bundesministerium für Bildung und Forschung BMBF 2014:Industrie 4.0. Innovationen für die Produktion von morgen, Berlin;Bundesministerium für Wirtschaft und Energie(BMWi)2014:Zukunft der Arbeit in Industrie 4.0, Berlin.

科学研究联盟组建的"工业4.0"工作小组是"工业4.0平台"的原型,该小组在2012年10月就提交了关于"工业4.0未来项目"的执行建议。起初是德国信息产业、电信和新媒体协会、德国机械设备制造业联合会以及德国电子电气制造商协会等团体组织一道要求继续发展与执行"工业4.0"相关项目,并于2013年4月缔结合作协议,创立跨越组织团体界限的"工业4.0平台",以理念主题形式进行合作。2015年4月,该平台得到扩建,继续吸收来自企业、联合会、工会、学界与政界的其他角色。①

### (三)区域层面

在联邦州与地区层面上,创新政策的重点除了对高校和非高校科研机构进行资助以外,主要是支持中小企业发展。德国所有联邦州都制定了关于创新政策目标的类似目录,例如,促进各区域的内生发展潜能,特别是在研究重点与研究潜能方面;发展和增强互补型与新型研发潜能;提升重要区域现代化产业结构;促进发展关键技术与高科技;提高知识与技术转让系统效能。② 而这些目标涵盖了一整套措施:从教育政策入手,到促进研发项目(主要是在特定的关键技术领域)与知识和技术转让,再到对企业成立的特殊支持,特别是对关键技术领域的企业,比如提供优惠贷款、风险投资、对科技与企业孵化中心的融资、建立示范工厂和实地实验室等。

在联邦州层面上,"工业4.0"的实践活动在很大程度上依靠的是国家传统的科研和技术政策支持。在这一层面,创新政策的广义概念较少被提及,跨部门项目的协调性不足。尽管如此,联邦州层面的创新政策也在逐步扩展其范围。③ 总体而言,德国用于研发的资金在逐年增加,但各联邦州之间的情况不同。按照国内生产总值计算,2015年德国研发支出占国内生产

---

① Plattform Industrie 4.0, http://www.plattform-i40.de (19.12.2017).
② Buhr, Daniel 2014: Koordination durch regionalisierte Innovationspolitik, in: Beck, Rasmus/Heinze, Rolf/Schmid, Josef (Hrsg.): Zukunft der Wirtschaftsförderung, Baden-Baden, S. 111-134.
③ z. B. BMBF 2016: Bundesforschungsbericht 2016, Berlin; Expertenkommission Forschung und Innovation EFI 2016: Jahresgutachten, Berlin.

总值的2.93%，几乎接近《里斯本议程》中3%的目标。然而，德国各联邦州研发支出的情况差异较大，萨克森-安哈尔特州仅为1.4%，巴登-符腾堡州的研发支出多达4.94%，这主要取决于德国各联邦州不同的经济潜力与实力。最后，私营经济部门贡献多达2/3的研发资金，约为610亿欧元。①

德国各联邦州的倡议大多与现有的创新集群、网络和生态系统密切相关，表明各联邦州致力于促进创新政策传统领域的发展，其首要目标是建立三股螺旋结构（国家、经济界和学界），未来也要建立更加开放的创新过程，即四股螺旋网络（国家、经济界、学界和社会）。德国联邦政府与欧盟创新集群项目［比如欧盟支持的区域创新智能专业化战略（Smart specialisation）］的前提是：各联邦州已从财政上与效率上对集群网络的建立有所投入。可以看到，欧洲层面的倡议看重的是经济界、学界和政界或者社会之间的合作，而德国联邦政府与联邦州的创新实践仍局限于经济界与学界的合作，且一如既往地重视技术领域的革新。

## 五 相互配合：“工业4.0”的区域化创新政策

负责"工业4.0"创新政策的职权不仅属于欧盟、联邦政府与联邦州，同时也在不同的主管部门和部委之间分配，跨领域的职权分配为形成高效协调机制造成了明显困难②，但这在多层次治理体系中也是司空见惯的。尽管按照联邦、联邦州以及乡镇等政治层级划分机构职能，但不同任务之间却是相互依存的，且各种机构系统也交织在一起。在20世纪60年代，"合作型国家"与"政治相互依存"就已成为联邦德国政治科学中的辩论话题。③然

---

① *Statistisches Bundesamt*；https：//www.destatis.de（19.12.2017）.
② Buhr, Daniel 2010：Chaos oder Kosmos？Die Koordination der Innovationspolitik des Bundes-Probleme und Lösungsansätze, Baden-Baden；*Buhr* 2015.
③ Z. B. Scharpf, Fritz W. 1973：Planung als politischer Prozeß. Aufsätze zur Theorie der planenden Demokratie, Frankfurt a. M. oder Lehmbruch, Gerhard 2000：Parteienwettbewerb im Bundesstaat：Regelsysteme und Spannungslagen im Institutionengefüge der Bundesrepublik Deutschland, Wiesbaden.

而,莱姆布鲁赫①和沙普夫②均指出,在正常情况下,合作者能够达成一致——即使并非极端的解决方案,也可能因地区不同而导致结果差异较大。③

在创新政策方面,我们有时会发现重要行为体之间的逻辑非常不同。国家层面的参与理由主要是提升国际竞争力。因此,无论是通过涉及关键技术的科技基础设施与科研领域的公共投资,还是通过协调相应的私人与公共部门,或是改善框架条件,都应为创新活动创造良好的环境。当然,不是所有地区都可以转型成为高科技集群。为此,超国家机构,比如欧盟就可以进一步发挥作用:它们一方面应该促进创新,另一方面应该维持平衡。超国家机构区别于创新政策领域的其他政治行为体,特别是区别于次国家层级机构,后者的主要目标是充分利用竞争优势。④ 一个以社会福利为原则以及平衡导向型的区域结构政策与以技术革新为核心的创新政策之间具有直接矛盾,比如后者就是指德国以生产和创新体系主导行业为基础的技术型创新。⑤

"工业4.0"领域的欧洲创新政策也结合了竞争、连贯性和凝聚力。可以看到,创新指数排名靠前的欧盟成员国,如德国和瑞典,它们的创新政策聚焦于国家层面的项目支持,而对欧盟的创新措施则较为怀疑,其他欧盟成员国在执行紧缩政策的时期主要依靠欧盟创新政策的资助经费。一方面,这些创新先锋国所遵循的竞争逻辑是不会因为欧盟的创新资助而降低其在国家

---

① Lehmbruch 2000.

② Scharpf 1973.

③ Benz, Arthur 2010: Multi-Level-Governance-Governance im Mehrebenensystem, in: Benz, Arthur/Dose, Nicolai (Hrsg.): Governance-Regieren in komplexen Regelsystemen, 2. Aktualisierte und veränderte Auflage, Wiesbaden, S. 111 – 136.

④ Asheim, Björn T./Moodysson, Jerker/Tödtling, Franz 2011: "Constructing Regional Advantage: To-wards State-of-the-Art Regional Innovation System Policies in Europe?", in: *European Planning Studies*, 19 (7), London, S. 1133.

⑤ Rehfeld, Dieter 2014: Clusterpolitik im Rahmen des strukturpolitischen Mehrebenensystems: Pfadabhängigkeiten, Rahmenbedingungen und Herausforderungen für die kommunale Wirtschaftsförderung, in: Beck, Rasmus/Heinze, Rolf/Schmid, Josef (Hrsg.): Zukunft der Wirtschaftsförderung, Baden-Baden, S. 591 – 611.

层面的创新投入，或者为其他欧盟成员国开放参与机会。另一方面，从新功能主义视角出发①，特别是在标准和规则、数据保护与数据安全方面，似乎有必要在整个欧洲进行更为深入的合作。因此，在欧洲网络中应该建立系统性的解决方案，以便在世界范围内形成更强大的欧盟立场。

未来在欧洲创新政策框架内，对于在"工业4.0"领域已取得领先地位的创新基地的特有资助和竞争必将在凝聚力目标上产生冲突。因此，欧盟仍然没有成功地弥合成员国创新能力的差距，欧盟创新指数记分牌便是证明。

国家和区域的科研活动通过多层次治理体系与欧洲共同纲领相接轨，这展现了第三个目标：连贯性。这种努力基于如下事实：20世纪80年代中期，欧洲科研与创新政策就具有多层次治理的特征。一方面，欧盟自此逐渐扩大对研发活动的财政支持；另一方面，欧盟委员会采取了更为广义的创新政策思路，其中也包括地区层级的措施，这促使区域行为体能够参与到欧洲政策进程中。然而，在区域创新政策角色之间也涉及竞争与差异，同时，欧盟委员会与国家行为体资助创新落后的地区，有时也背离了竞争的目标。

为了试图缓和这一固有的目标冲突，我们可以将区域创新政策与地区化的创新政策区分开来。② 区域创新政策包括区域组织在促进创新的框架下制定和实施的所有措施。这些措施可能来自自筹资金，但也可以在其他政治层级进行共同筹资。而地区化的创新政策涵盖了由更高层级政治领域（欧盟、成员国）为个别地区制定和实施的所有公共政策。这些政策可以但也不必定要与地区的政治行为体协调一致。然而，当地角色的早期参与可以保证这些措施综合考虑各地的区位因素和特殊情况。③

创新政策的地区化相较于"浇灌"式的资助模式具有一定优势，即创新过程中的空间维度和特殊地区环境会被考虑在内。地区化的创新政策目标

---

① Haas, Ernst B. 1968: "The Uniting of Europe. Political, Social, and Economic Forces 1950 – 1957", Stanford CA.
② Buhr 2014.
③ Buhr 2014.

更加精确,相较于仅在国家层面运作的创新政策更具有效率,特别是地区角色参与执行创新措施,并且将一部分职权转移到区域层级。但是,国家层面的创新政策并非不重要。对其正确的理解是:国家层面与地区化的创新政策并不是相互竞争的战略,而是相辅相成、相互补充。①

## 六 总结

"工业4.0"领域的欧洲创新政策处于复杂的多层次治理框架之内,并且介于竞争、连贯性和凝聚力的目标之中。"领先市场"的概念在此有所助益,因此很多现有的创新政策倡议可以置于欧盟与成员国层面。但需要指出的是,各层级的创新政策之间仍然缺乏协调。不仅欧盟层面拥有很多与政策相关的总干事与专员,各成员国的国内部委也牵涉其中,同时还包括很多非国家行为体。因为,关于"工业4.0"创新政策的横向与纵向协调意义重大。除了数据保护、数据安全、数据可用性以及数据互操作性等技术问题之外,工作组织、资格认证、开发新服务模式以及商业模式等问题还有待解决。对此,一些新想法大有前景,比如推广大型实地实验室与试点项目,这样就可以借助"学习中实践"的模式在操作过程中发现和解决具体问题,并且测试新服务理念的可行性与大众的接受度。因此,制定为民众普遍接受的标准以及欧盟层面的立法尤其重要。

然而,无论是欧盟还是德国联邦政府,或是德国各联邦州,都没有能力为促进"工业4.0"发展提出一个整体概念,更不用说去协调不同的措施与手段。目前的状况是,很多倡议一并运行,有时也在相互竞争。为了改变这种状态,德国提出了建立"工业4.0"平台的倡议。但是"工业4.0"的各种因素是否成功还有待证明,这涉及开发共同商业模式、建立平台、设立技术标准,以及用户能否更好地参与到创新过程中。

---

① Fritsch, Michael /Stephan, Andreas /Werwatz, Axel 2004: Regionalisierte Innovationspolitik sinnvoll. Wochenbericht des DIW, Nr. 27/2004, Berlin, S. 283-386.

## 在竞争、连贯性与凝聚力之间的欧洲"工业4.0"

如果我们认为欧洲一体化可以在国家和地区层级的关系中产生有利于地区的影响,那么地区化的创新政策理念似乎大有前景①,但在"工业4.0"的领域中还未明显察觉。目前,只是可以明显观察到成员国的政策成功地"上传"至欧盟层面。例如,"工业4.0"平台的建立,德国联邦劳动和社会事务部关于"工作4.0"的对话进程及其支持的创新政策措施,它们成为很多欧盟行为体的行动蓝图。欧盟委员会、欧洲议会与欧洲理事会也在其出版物中使用"工业4.0"这一用语。然而,从连贯性和凝聚力的意义上来说,下一步应该是欧洲层面的创新政策目标成功"下放",特别是要借助欧盟"地平线2020"计划、创新联盟以及欧盟区域发展基金项目。一方面,这样的"软框架"②具有"功能溢出"效应,符合重要经济角色的利益,它们在德国"工业4.0"平台中终归起到主导作用。另一方面,这也为"工业4.0"领域的欧洲"领先市场"概念带来延滞,因为这涉及审查技术发展的风险,并且要以"智能、可持续和全面增长"的理念指导这一过程的发展。③

---

① Z. B. Große Hüttmann, Martin 2010: Multi-level Governance: Ein zukunftsfähiges Konzept für die Europäische Union?, in: Abels, Gabriele/Eppler, Annegret/Knodt, Michèle (Hrsg.): Die EU-Reflexionsgruppe "Horizont 2020 – 2030". Herausforderungen und Reformoptionen für das Mehrebenensystem, Baden-Baden, S. 111 – 123; Bieling, Hans-Jürgen/Lerch, Marika (Hrsg.) 2015: Theorien der europäischen Integration, Wiesbaden.
② Radaelli, Claudio M. 2003: "The Europeanization of Public Policy", in: Featherstone, Kevin/Radaelli, Claudio M. (Hrsg.): The politics of Europeanization, Oxford, S. 27 – 56.
③ Nationale Kontaktstellen zum EU – Programm Horizont 2020: Die Europa 2020 – Strategie, http://www.horizont2020.de/einstieg – europa2020.htm (19. 12. 2017).

# B.19 欧洲资本市场联盟建设

胡琨*

**摘 要：** 欧盟尝试通过欧洲资本市场联盟的建设增强非银行融资体系，从而克服经济对银行体系的过度依赖，并推动绿色金融发展，加速资本向可持续发展领域流动。资本市场联盟的建设不但会促进欧洲资本市场发育和跨境投资、增强欧盟整体经济竞争力，还将对欧洲金融市场的空间结构产生深刻影响。但是，欧盟成员国发展水平差异巨大，而资本市场联盟涉及金融、经济、社会与法律等各个方面，其建设也注定是一个选项开放而又历时漫长的复杂工程。

**关键词：** 欧洲资本市场联盟 金融市场 非银行融资体系

为了应对欧盟因投资不足经济和就业增长缓慢的问题，欧盟委员会于2014年11月推出了被称为"容克计划"（Juncker Plan）的欧洲投资计划（Investment Plan for Europe），希望通过撬动投资提高欧盟竞争力，以支持经济长期增长。一个欧洲战略投资基金（European Fund for Strategic Investments，EFSI）、确保资金进入实体经济以及改善投资环境被视为实施这一计划的三大支柱，而破除投资壁垒，建立资本市场联盟（Capital Market Union，CMU），即覆盖所有欧盟成员国的单一资本市场，则是落实三大支

---

\* 胡琨，理学博士，中国社会科学院欧洲研究所副研究员。

柱，尤其是改善投资环境的关键措施。① 为此，欧盟委员会设立了"金融稳定、金融服务与资本市场联盟委员（Commissioner for Financial Stability, Financial Services and Capital Markets Union）"②，于2015年9月30日发布了《建立资本市场联盟行动计划》③，该计划随后得到了欧洲议会相关决议背书④，欧洲资本市场联盟建设正式启动。

## 一 资本市场联盟建设的背景

长期以来，尽管成员国的金融结构各不相同，但欧盟金融体系总体上被银行所主导，资本市场发展停滞不前；进入20世纪80年代以后，在布雷顿森林体系崩溃和经济全球化加速的背景下，欧盟为了推动统一大市场建设，通过各种文件与指令，不断放松对资本流动的限制。然而，由于独特的历史与制度原因，金融自由化虽然促进了欧洲资本市场的发展，但并没有从根本上撼动欧盟银行主导的金融结构，甚至在欧元引入后银行体系的发展反而更为迅猛。⑤

在国际金融危机的冲击下，欧盟银行主导金融结构的弊端暴露无遗。具体而言，首先，银行融资模式对价格信号不敏感，在资产市场不发达而银行业又缺乏有效监管的情况下，金融市场风险无法被及时识别，导致必要的日

---

① 欧盟理事会官网，http://www.consilium.europa.eu/en/policies/investment-plan/, last accessed on 31 December 2017.
② 2014年11月1日，乔纳森·希尔被任命为首任委员，见 J.-C. Juncker, "Mission Letter to Jonathan Hill. Commissioner for Financial Stability, Financial Services and Capital Markets Union", 1 November 2014, https://ec.europa.eu/commission/sites/cwt/files/commissioner_mission_letters/hill_en.pdf, last accessed on 01 January 2018.
③ European Commission, "Action Plan on Building a Capital Markets Union", COM (2015) 468 final, 30.9.2015, Brussels, http://eur-lex.europa.eu/legal-content/EN/TXT/?uri=CELEX%3A52015DC0468, last accessed on 01 January 2018.
④ European Parliament, "Stocktaking and Challenges of the EU Financial Services Regulation", http://www.europarl.europa.eu/RegData/seance_pleniere/textes_adoptes/provisoire/2016/01-19/0006/P8_TA-PROV (2016) 0006_EN.pdf, last accessed on 01 January 2018.
⑤ 本节主要内容可参阅胡琨《国际金融危机背景下欧洲金融结构的转型——走向银行与资本市场并重均衡的欧洲金融体系》，《欧洲研究》2017年第4期，第29~33页。

常市场出清难以出现，从而不断累积资源错配产生的系统性风险，削弱金融与经济体系抵抗外部冲击的能力，极易引发危机；其次，当银行业因外部冲击而陷入危机时，金融体系内缺乏相应的替代机制缓冲危机对经济基本面的冲击，而只能仰仗于公共财政，在部分国家引发主权债务危机，并演变为银行业危机和主权债务危机的恶性循环；最后，在后危机时代，仅靠元气大伤的银行业与公共财政无法为企业和经济发展提供必要的投资，经济复苏进程缓慢。

上述情况使欧盟逐渐认识到，尽管银行主导金融结构或许有利于企业及宏观经济的平稳运行，但银行业本身如果陷入危机，整个金融体系就会出现问题，从而对投资环境及经济基本面产生难以估量的负面影响，而且以关系型融资为主的银行体系内部又容易积累风险。因此，在加强银行业监管的同时，调整与改善金融结构，即促进非银行融资体系暨资本市场发展成为危机后欧洲金融治理的重要任务。在以银行体系健康稳定发展为目标，由单一监管手册（single rulebook）、单一监管机制（Single Supervisory Mechanism，SSM）及单一清算机制（Single ResolutionMechanism，SRM）构成的银行业联盟（banking union）初步成型后①，欧盟便开始着手建设金融体系的另一支柱——资本市场联盟。②

## 二 资本市场联盟的主要任务与措施

改善投资环境，即让投资者有更多选择与更高收益，同时，不同类型与处于不同阶段的企业也可获得更便利与更低成本的融资，促进资本市场发展

---

① 2012年中，银行业联盟构想被提出，2013年建立SSM与SRM的决议先后在欧盟理事会获得通过，并分别在2014年11月4日与2016年1月1日正式启动。参见SSM官网，https://www.bankingsupervision.europa.eu/about/bankingunion/html/index.en.html，last accessed on 01 January 2018。

② V. Constancio, "Synergies Between Banking Union and Capital Markets Unon", Brussels, 19 May 2017, https://www.ecb.europa.eu/press/key/date/2017/html/ecb.sp170519_1.en.html, last accessed on 03 January 2018.

无疑是实现这一目标的关键要素。而欧盟经济体量与美国相当，股市市值却不及后者的一半，债市规模更是不到美国的 1/3。资本市场离散无法产生规模效应及部分成员国资本市场不发达，是导致欧盟资本市场发展相对不足的关键因素。因此，要促进欧洲资本市场发育，就应清除投资者与投资机会之间的障碍，破除企业市场融资壁垒，推动资本的自由流动与资本市场的一体化，这便是欧盟建设资本市场联盟的根本出发点及原则。[①] 不过，尽管方向明确，但资本市场联盟建设千头万绪，难以一蹴而就，因此，结合现实需求，欧盟选取了一些优先领域作为现阶段建设资本市场联盟的重点任务，行动计划包括 33 个具体行动，计划至 2019 年全部落实。

首先，资本自由流动将在资本市场联盟建设中扮演关键角色，尽管跨境投资在过去数十年有长足发展，但各国法律差异以及资本市场碎片化所导致的资本流动障碍仍然存在。因此，欧盟将对阻碍资本跨境自由流动的障碍进行摸底，针对影响跨境投资的各成员国法律法规差异采取相应措施，尤其是关于跨境金融产品的物权法、破产法和税法等。同时，资本市场作为一个对价格信号极度敏感、不断出清的过程，资本跨境流动的加速必然会给金融稳定带来新的风险，这一挑战也同样不容忽视。因此，在不断壮大资本市场的同时，还要促进资本市场监管趋同，并逐渐在欧盟层面建立资本市场宏观审慎监管制度。

其次，个人投资者（尤其是散户）和各类金融中介机构（资产管理公司、人寿保险和养老基金等）在资本市场发展中扮演着关键角色。为了满足因人均寿命不断增长而持续上升的养老需求，个人投资者须进行更多储蓄，日常消费便会因此减少，而在低利率环境中，金融机构难以找寻到足够的合适的投资机会，这些无疑都是欧洲经济长期发展面临的巨大挑战。通过引入更广泛的竞争，辅以更严格的监管，可有利于更安全、更丰富、更便利与更透明的投资产品形成，从而提高散户与金融中介机构进入资本市场的热

---

① 可参阅胡琨《国际金融危机背景下欧洲金融结构的转型——走向银行与资本市场并重均衡的欧洲金融体系》，《欧洲研究》2017 年第 4 期，第 33 页。

情。另外,作为经济生活中重要的融资对象及资本市场中介结构,银行仍将在资本市场联盟建设及宏观经济发展中扮演关键角色,为此,须尝试放松信用合作社资本充足率监管,并引入简单、透明和标准化的资产证券化工具,提升银行放贷能力。

再次,与美国相比,欧洲企业,尤其是中小企业在资本市场融资更为困难,为此,欧盟在保障投资权益和金融稳定的基础上,促进风险投资和股权投资,破除投资信息壁垒,以鼓励各种形式的金融创新,如众筹、私募和信托基金等,支持初创、创新和中小企业资本市场融资;同时,欧盟还将调整公开市场发行标准和程序等,以降低企业在股市和债市融资的壁垒与成本。通过这些措施,扩充企业融资途径,改善其获取资金的便利性。

最后,公共基础设施是保持和提高欧洲竞争力的关键因素,对于这类长期投资需求,例如拟吸引3150亿欧元的"容克计划",资本市场应在撬动私人长期投资方面发挥更积极的作用。要招来私人投资者,首先就需要客观反映基础建设项目的风险,要实现这一目标,相应的法律制度建设必不可少,因此,须调整监管法规及审查危机爆发以来的相关立法与资本市场联盟的一致性。①

## 三 资本市场联盟建设的进展

根据欧盟委员会2017年6月8日发布的资本市场联盟行动计划中期评估报告,计划实施20个月以来,已落实33项行动的2/3,在许多方面有重大进展。

2017年3月,欧盟委员会提交了消除跨境资本自由流动障碍路线图,并于2017年5月23日在经济及金融事务委员会(Economic and Financial Affairs Council, ECOFIN)通过,进一步实质性推动资本自由流动。而为了

---

① European Commission, "Action Plan on Building a Capital Markets Union", COM(2015)468 final, 30.9.2015, Brussels, http://eur-lex.europa.eu/legal-content/EN/TXT/?uri=CELEX%3A52015DC0468, last accessed on 02 January 2018.

应对因此可能产生的金融风险，欧盟委员会经过 2016 年一年的磋商，将提高欧洲系统性风险委员会（European Systemic Risk Board, ESRB）的检测能力，以应对市场融资可能导致的金融稳定潜在风险。

为了提高各类投资者进入资本市场的热情，欧盟委员会于 2017 年 3 月推出了"消费者金融服务行动计划"（Consumer Financial Services Action Plan），提供给投资者更多选择，并能在整个欧盟境内更便利地获得零售金融服务；此外，欧盟委员会还加强了与欧洲监管机构的合作，以提高零售投资和养老金产品成本收益的透明度和可比性。提升银行支持实体经济能力的措施也有进展，2017 年 5 月 30 日，欧洲议会和欧盟理事会就简单、透明和标准化的资产证券化方案达成共识，而免除成员国信用合作社资本充足率要求的提案也正在程序中。

针对企业资本市场融资难问题，欧洲议会与欧盟理事会于 2017 年 5 月 30 日就建立欧盟风险投资基金（European Venture Capital Funds）与欧洲社会创业基金（European Social Entrepreneurship Funds）达成了共识，投资者投资于小型和中型创新公司更为容易，而相关的人事任命与税收激励制度的制定正在紧锣密鼓地进行中。同时，为了促进企业在公开市场融资，在 2016 年 10 月提出的共同统一公司税基（Common Consolidated Corporate Tax Base, CCCTB）提案之外，欧洲议会和欧盟理事会于 2016 年 12 月通过了新的招股说明书规则，并将于 2019 年中开始应用。2016 年 11 月，欧盟委员会引入了预防性充足规则，避免有竞争力但面临财务问题的企业破产，或在破产后给予企业家再次进入市场的机会；同时，还通过制定相应规则提高清算程序的效率，使之更具可预见性、成本更低、周期更短。

而 2015 年 9 月修订、于 2016 年 4 月生效的《第二偿付能力指令》[①] 使欧盟保险公司可以更低的成本投资合格的基础设施项目；欧盟委员会还已制定衡量对基础设施企业进行投资的风险标准；同时，为了鼓励银行投资基础

---

① Directive 2009/138/EC, eur-lex.europa.eu/legal-content/EN/ALL/? uri = celex%3A32009L0138, last accessed on 03 January 2018.

设施项目，欧盟在2016年11月呼吁修订《资金要求法规与指令IV》（Capital Requirement Regulation and Directive IV, CRR/CRD IV），通过建立对风险更敏感的监管环境推进高质量基础设施项目，并降低投资者风险。①

## 四 资本市场联盟2.0

尽管资本市场联盟建设的相关工作进展顺利，但是还有一些关键性的领域仍需积极推进。首先就是泛欧个人养老金产品（pan - European personal pension product, PEPP）的相关立法，以创建一个可在欧盟层面运作，更安全、收益更高和更具透明度的市场，借助更好的长期投资机会促进自愿养老保险发展，以补充现有养老体系，应对人口结构挑战。其次，债权转让第三方的国民待遇差异使对债券投资风险的定价极为困难，债权作为跨境抵押品也困难重重，因此，修订证券法，提高证券所有权的法律确定性，则是促进跨境交易的必要条件。最后，资产担保债券（covered bonds）是实体经济长期融资的重要渠道，欧盟委员会将在不破坏现有债券质量的前提下，推进欧盟资产担保债券市场一体化的建设；此外，还将探讨欧洲抵押票据（European Secured Notes, ESN）作为中小企业贷款及基础设施贷款工具的可能性。

同时，资本市场联盟建设启动两年以来，欧洲金融市场也出现了一些新的变化。英国脱欧的影响首当其冲，有必要尽快建立和完善资本市场联盟，以及加强欧盟层面的监管，以妥善应对相应的金融稳定风险。此外，金融科技（"FinTech"）的应用催生了新的市场交易主体和方式，降低了金融业务及投资者成本，金融体系的效率与竞争力不断提高，资本市场面临深刻的变革。因此，在评估已实施措施并兼顾新挑战的基础上，欧盟委员会又引入了9个新的行动，涉及前面提及的所有4个任务领域。

在资本自由流动领域，为了促进可转让证券集合投资计划（Undertaking

---

① European Commission, "Consultation Document Capital Markets Union Mid - Term Review 2017", https://ec.europa.eu/info/sites/info/files/consultation - document _ en _ 0. pdf, p. 4 - 6, last accessed on 3 January 2018.

for Collective Investment in Transferable Securities，UCITS）和私募股权、风险投资、基金的基金等另类投资（alternative investment funds，AIFs）的跨境交易与监管，欧盟将发布相关影响评估。同时，欧盟还将在维也纳倡议（Vienna Initiative）框架内资本市场联盟工作组报告的基础上，为支持跨境地区和区域资本市场发展而制定一个全面的欧盟战略。另外，欧盟还将为欧盟现有跨境投资规则出具指导意见，并就妥善解决投资争端设计适当的框架。而随着跨境交易的增多与协调监管成本的增加，欧盟层面加强监管有效性与一致性的必要性越发凸显，欧洲证券与市场监管局（European Securities and Market Authority，ESMA）将被赋予更多权限，与欧洲保险与职业养老金管理局（European Insurance and Occupational Pensions Authority，EIOPA）及欧洲银行管理局（European Banking Authority，EBA）在推动资产市场一体化方面发挥关键作用。

欧盟还注意到，资本市场同样可以加强银行融资与银行体系稳定，因此，欧盟将制定相应措施，借助二级资本市场缓解一些国家严重的银行不良贷款问题；并推动立法，加强债权人回收企业抵押贷款的能力。而面对金融科技应用对传统金融机构的挑战，早在2017年3月，欧盟委员会就发布了"消费者金融服务行动计划"（Action Plan on Consumer Financial Services），并就新技术对金融服务的影响进行了针对性的咨询。在此基础之上，为了确保传统金融市场行为主体与金融科技公司公平竞争，保护投资者与消费者的适当信心，欧盟将对金融科技活动的许可与牌照事务进行评估。

为了降低中小企业首次公开市场融资和向中小企业提供服务的投资公司的监管负担，欧盟将有针对性地评估审慎监管相关法律（MiFID II/MIFIR 及 CRR/CRD IV）并推动相应条款的修订，为中小企业融资创造更适度的监管环境。

而在长期融资体系中，可持续发展理念及绿色金融日益得到重视，因此，欧盟将继续跟进可持续金融高级别专家组（High Level Expert Group on Sustainable Finance）的相关建议。[①]

---

[①] European Commission 官网，https：//ec. europa. eu/info/sites/info/files/communication - cmu - mid - term - review - june2017_ en. pdf, p. 10 - 17, last accessed on 03 January 2018。

## 五 总结与展望

欧洲资本市场联盟是欧盟通过建设非银行融资体系,试图克服经济对银行体系过度依赖的尝试。其基本出发点与原则是结合欧盟当前经济的现实需求,在确保金融风险得到有效应对的基础上,通过资本市场一体化的相关制度建设促进金融创新,弥合投资者与融资者之间的信息差距,一方面为投资者提供更高收益的丰富投资产品,另一方面为企业尤其是中小企业及基础设施项目创造有利的融资条件。同时,在可持续发展理念的指导下,欧盟也希望借助资本市场联盟建设推动绿色金融发展,加速资本向可持续发展领域流动。

毫无疑问,发达的资本市场与繁荣的跨境投资不但可以有利于欧盟境内企业获取更低成本的融资、促进欧盟基础设施建设、增强欧盟整体经济竞争力,而且,资本自由流动将加剧欧盟境内各金融中心的竞争与整合,从而显著改善欧盟金融服务质量。就此而言,如果英国脱欧最终成为现实,伦敦被排除在资本市场联盟建设之外,顺利推进的欧洲资本市场联盟将对欧洲金融市场的空间结构产生深刻影响。[①]

不过,欧盟成员国发展水平差异巨大,而泛欧资本市场建设涉及金融、经济、社会与法律等各个方面,相关政策的落实只是第一步,市场与社会的相应成长却须尚待时日。而且,资本市场联盟的推进意味着欧盟更深层次的一体化,在欧盟特有的政治架构下,如何与各成员国充分沟通,打消部分成员国的疑虑,无疑是对欧盟委员会的巨大挑战,欧洲资本联盟的建设注定是一个历时漫长而又选项开放的复杂工程。

---

[①] 相关论述可见 O. Kaya, "Capital Markets Union. An Ambitious Goal, but Few Quick Wins", *Deutsche Bank Research*, 2 November 2015, p. 6。

# B.20
# 欧盟宏观经济失衡评析

秦爱华*

**摘　要：** 欧盟的经济形势好转有助于改善欧盟宏观经济失衡，但是欧盟内的经济失衡压力依然较大。本文阐述了欧盟应对经济失衡的主要措施，探讨了欧盟经济失衡的表现、特点和原因，展望了欧盟未来的发展方向。本文认为目前欧盟的经济失衡没有得到根本改善，经济失衡的主要特点是贸易失衡和财政失衡，欧盟提出的"多速欧洲"发展构想是对欧盟现状做出的战略选择，将对欧洲一体化的发展产生深远影响。

**关键词：** 欧盟　经济失衡　宏观经济失衡程序　多速欧洲

欧盟在2017年经历了英国脱欧、难民危机等事件，引发了人们对欧洲一体化未来发展的争论。与此同时，欧盟宏观经济失衡也成为一个备受关注的问题。经济失衡是导致欧洲金融危机的主要因素之一，为了避免欧盟内部的分化和再次爆发金融危机，欧盟将经济再平衡战略作为其走出金融危机的经济治理手段之一。2011年欧盟启动了"宏观经济失衡程序"，通过评估和纠正经济失衡，将经济失衡的风险控制在合理范围内，以避免欧盟的分裂。

2017年11月22日，欧盟完成了第七次欧盟经济失衡评估，发布了最新的《2018年欧盟经济失衡预警机制报告》。报告显示，随着欧盟国家经济

---

\* 秦爱华，经济学博士，中国社会科学院欧洲研究所副研究员。

欧洲蓝皮书

的复苏，存在经济失衡的欧盟国家继续减少，由2016年的13个国家下降为12个国家，这是欧盟执行宏观经济失衡程序以来第三次出现经济失衡国家的数量下降①，这主要得益于欧盟经济的复苏。

## 一 欧盟的宏观经济失衡程序

欧盟将"经济失衡"界定为宏观经济中不利于或潜在不利于经济发展的因素，这些因素制约着经济的均衡发展。欧盟通过定期评估确定导致经济失衡的主要原因，监督存在经济失衡风险的国家进行经济改革，促使这些国家实现经济再平衡。

欧盟于2011年开始实施"宏观经济失衡程序"。宏观经济失衡程序（Macroeconomic Imbalance Procedure，MIP）是欧盟应对金融危机的经济治理措施之一，欧盟的经济治理措施包括六项法案，有两项法案分别概述了经济失衡程序的内容和运行机制。宏观经济失衡程序是以1年为周期，在欧洲学期的框架内监督成员国进行经济改革，并判断成员国的经济改革政策是否有效缓解了经济失衡。宏观经济失衡程序是欧盟成员国应对经济失衡风险的预警机制，用于纠正和预防成员国的经济失衡。

欧盟宏观经济失衡程序的执行过程如下。

第一，欧盟委员会在11月根据评估情况发布"预警机制报告"，欧盟根据打分板的经济指标评估成员国的经济失衡风险，筛选出存在经济失衡风险的国家。

欧盟采用打分板（the MIP scoreboard）作为衡量经济失衡风险的指标体系，主要分析欧盟国家的外部失衡和内部失衡，一共包括10个经济指标。这些指标可以分为两部分，第一部分的5个指标用于衡量竞争力水平和外部经济失衡，具体包括3年内经常账户余额占GDP比重的平均值、净国际投资头寸占GDP的比例、3年内实际有效汇率的增长率、5年内出口市场份额

---

① 根据欧盟公布的《2015年欧盟经济失衡预警机制报告》、《2017年欧盟经济失衡预警机制报告》和《2018年欧盟经济失衡预警机制报告》，欧盟呈现经济失衡的国家分别为16个、13个和12个，比上年分别减少了1个、6个和1个国家。

的增长率、3 年内劳动力成本的增长率；第二部分的 5 个指标用于衡量成员国的内部经济失衡，具体包括 3 年内失业率的平均值、政府债务占 GDP 的比例、个人信贷占 GDP 的比例、住房价格的增长率、个人债务占 GDP 的比例。① 这 10 个指标用于动态分析成员国的经济失衡风险，欧盟每年公布所有成员国的打分板分值，通过量化分析综合评估成员国的经济失衡程度。

欧盟的打分板指标是欧盟委员会和欧洲议会等机构联合确定的，是一套用于判断成员国是否有潜在经济失衡风险的指标体系，用于在初期确定存在经济失衡的国家。欧盟通过分析这些指标的动态变化，参考成员国特定的经济环境和经济制度，以及成员国的当前经济状况和长远发展趋势，综合分析成员国存在的经济失衡风险。②

第二，欧盟深入评估存在经济失衡风险的国家。在这一阶段，欧盟通过更多的经济分析工具和数据，在各国的稳定与趋同方案和经济改革方案的基础上，对欧盟国家的经济失衡程度进行评估。欧盟对成员国进行深入评估的结果主要表现为以下几个方面：首先，对于不存在经济失衡风险的成员国，可以中止评估并退出该程序；其次，对于存在经济失衡风险的国家，欧盟会提出警告和政策指导，这些国家应该采取相应的经济改革措施；再次，存在严重经济失衡的国家将进入过度失衡程序，在欧盟委员会等机构的监督下进行经济改革；最后，对于经济改革措施执行失败的国家，欧盟将启动强制执行程序，对成员国收取一定比例的罚金。

第三，对于进入过度失衡程序的国家，欧盟委员会首先要评估该成员国的经济政策是否得当，然后由欧洲理事会对这个国家提出详细的经济改革意见。欧盟委员会主要负责监督成员国的经济改革执行情况。成员国需要定期向欧盟委员会提交经济改革的纠正方案，欧盟委员会和欧洲理事会共同审议纠正方案，欧盟委员会需要定期公布成员国的经济改革进展和成效。

第四，进入强制执行程序的欧盟国家，作为惩罚将要上交一定数额的罚

---

① European Commission, "Scoreboard for the Surveillance of Macroeconomic Imbalances", *Occasional Paper*, No. 92, February 2012.

② European Commission, "Alert Mechanism Report 2012", 14 February 2012.

金。欧盟还没有进入强制执行程序而被惩罚的国家，这在一定程度上是因为欧盟给予了成员国更大的宽容度，采取更多方式督促存在经济失衡风险的国家缓解经济失衡，实现经济再平衡。

## 二 欧盟经济失衡的表现

### （一）2017年欧盟宏观经济失衡状况

根据欧盟公布的《2017年欧盟经济失衡预警机制报告》，欧盟对2017年需要进行深入评估的国家进行了筛选。① 存在经济失衡风险的欧盟国家首次大幅度下降，由上年的19个国家减少为13个国家。② 经过深入评估后，除芬兰不存在经济失衡风险以外，其余12个国家都有经济失衡风险，其中6个国家有过度经济失衡风险。③ 另外，14个国家没有经济失衡风险④，希腊因接受金融救助未参加评估⑤。

欧盟的宏观经济失衡主要表现为：第一，欧盟成员国的贸易赤字和财政赤字有所缓解，多数成员国通过提高成本竞争力削减了经常账户赤字，但是部分国家仍然有大量的贸易顺差，并且在一些领域内的贸易顺差仍然有增长的趋势。第二，在金融方面，私人债务去杠杆化进展缓慢，高负债国家去杠杆化的难度较大。第三，房地产价格回升。大多数国家的房价止跌回升。第

---

① European Commission, "Alert Mechanism Report 2017", 16 November 2016.
② 保加利亚、克罗地亚、塞浦路斯、芬兰、法国、德国、爱尔兰、意大利、荷兰、葡萄牙、斯洛文尼亚、西班牙、瑞典。
③ 克罗地亚、保加利亚、法国、意大利、葡萄牙、塞浦路斯。其中，塞浦路斯在接受了欧盟的金融救助后经济好转，2017年开始接受宏观经济失衡程序的监管。欧盟规定，除了接受宏观经济调整计划（Macroeconomic Adjustment Programme）的金融救助的国家，所有欧盟成员国都要接受宏观经济失衡程序的监管。
④ 14个退出宏观经济失衡程序的国家是：捷克、丹麦、拉脱维亚、立陶宛、卢森堡、马耳他、波兰、斯洛伐克、比利时、匈牙利、罗马尼亚、英国、爱沙尼亚、奥地利。
⑤ 根据欧盟的规定，在宏观经济调整计划下接受金融救助的成员国只根据打分板进行打分，不接受宏观经济失衡程序的监管，也就是不参加预警机制报告和深入调查的评估。

四，劳动力市场继续复苏。成员国的失业率呈现下降趋势，各国之间的差距逐渐缩小，但是较高的青年失业率（近50%）仍然是社会的不稳定性因素。

2017年，存在经济失衡风险的成员国根据本国的经济失衡情况，采取了相应的经济和社会政策改革。但是由于宏观经济复苏缓慢，欧盟宏观经济失衡程序对于经济再平衡的效果有限，主要表现为：第一，存在过度经济失衡的成员国比较固定。其中5个国家连续3年存在过度经济失衡。第二，德国、法国、意大利和西班牙等欧盟主要成员国都是经济失衡国家。德国的经济状况最好，德国的经常账户盈余持续增加，公共储蓄和私人储蓄过剩、投资不足；法国存在过度经济失衡，表现为生产率增长较低、公共债务较高、竞争力较弱等；意大利也存在过度经济失衡，表现为政府债务高、生产率动力较弱；西班牙存在经济失衡，表现为公共债务和私人债务居高不下、失业率较高等。第三，成员国推进结构性改革，取得了一定成效。例如，芬兰中央劳动力市场组织达成的"竞争力公约"，将芬兰经济的成本竞争力提高了5%。在2017年的深入评估过程中，欧盟首次提出对成员国经济政策改革的执行情况进行长期评估，以评估全面结构性改革的长期效果。①

## （二）2018年欧盟宏观经济失衡展望

随着宏观经济形势的好转，2018年欧盟的经济失衡状况略有改善，存在经济失衡的国家继续减少。根据2017年11月22日欧盟公布的《2018年欧盟经济失衡预警机制报告》，欧盟有12个成员国处于经济失衡状态，包括瑞典、西班牙、葡萄牙、克罗地亚、塞浦路斯、爱尔兰、意大利、德国、斯洛文尼亚、法国、荷兰和保加利亚。② 根据分析可以看出，欧盟主要在以下几个方面存在经济失衡。

第一，欧盟成员国的大额贸易逆差逐渐好转，但是部分净债权国仍然存

---

① 2017 European Semester: Assessment of Progress on Structural reforms, Prevention and Correction of Macroeconomic Imbalances, and Results of In – depth Reviews under Regulation (EU) No. 1176/2011, Publishedby European Commission, 22 Feb. 2017.

② European Commission, "Alert Mechanism Report 2018", 22 November 2017.

在大量的贸易顺差，预期下调的幅度仍然有限。

第二，欧盟国家的房地产有过热风险。金融危机之后房价大幅度下降，而目前大多数成员国的房价加速上涨。虽然房价仍然低于金融危机之前的最高值，但是房地产信贷增速较快，房地产价格被高估，成员国的房地产市场需要加强监管。

第三，大多数国家的劳动力市场得到改善，工资增长缓慢。部分成员国的失业率仍然很高，例如希腊和西班牙的失业率在20%左右。过去10年里，劳动力市场的参与率逐渐上升，但是有些国家的劳动力市场参与率仍然较低，居民可支配收入有所增加，但仍低于2008年的收入水平。成员国的劳动力成本增长速度加快，除了芬兰的单位劳动力成本下降（-3.8%）以外，其他国家的劳动力成本都呈现加速上涨，其中，拉脱维亚的劳动力成本增长速度最快，为5.3%。劳动力成本上涨不仅会增加劳动力市场的压力，而且有可能削弱成员国的经济竞争力。

2018年度欧盟宏观经济失衡程序开始执行，首先是欧盟根据上年的深入评估和经济改革政策实施效果提出"预警机制报告"，之后再对存在经济失衡风险的成员国进行深入评估，进而对不同国家提出有针对性的经济改革建议。"预警机制报告"显示，欧盟存在经济失衡风险的国家数量略有减少。欧盟从2011年执行宏观经济失衡程序以来，进行了7次评估，其中陷入经济失衡的国家数量分别于2015年、2017年和2018年出现下降。

欧盟经济失衡的国家数量持续减少，主要得益于欧盟国家经济形势的改善。2017年欧盟和欧元区的经济增长率分别为2.3%和2.2%。欧盟的通货膨胀率达到历史最低（通胀率为0），2017年有所回升，为1.6%。随着经济形势的好转，欧盟的劳动力市场持续改善，各成员国的失业率持续下降，2017年欧盟失业率为7.8%。但是，各成员国的劳动力市场仍然存在较大差异，例如失业率最高的是希腊（21.8%）和西班牙（17.4%），失业率最低的是捷克（3.0%）和德国（3.7%）。[①] 目前来看，尽管欧盟国家的全要素

---

[①] European Commission, "European Economic Forecast", Autumn 2017, November 2017.

生产率仍然低于金融危机之前的水平，但是成员国的经济已经显著复苏，预期未来几年欧盟的经济形势仍将继续好转，这将有助于欧盟国家缓解和纠正经济失衡。

接下来欧盟将对这些国家进行深入评估，对经济失衡状况严重的国家提出改革要求，这些国家需向欧盟定期提交经济改革进展报告，欧盟将对这些国家的经济改革措施进行评估和监管。

### （三）欧盟经济失衡的特点

总体来看，贸易和财政失衡是欧盟经济失衡的突出特点。然而，其他一些经济指标也存在失衡的风险，例如失业率、通货膨胀率、房价增长率等，这些指标可能是欧盟经济失衡的更深层原因。这些指标与社会和政党政治有关，而且是欧洲特有的经济和社会现象，所以使分析欧洲经济失衡问题变得更为复杂。①

在欧盟启动宏观经济失衡程序之前的 10 年（2001～2011 年），欧盟成员国的经济指标都持续接近或者超过限定值。值得关注的是，与财政失衡和贸易失衡相关的经济指标超出限定值的幅度更大，时间也更长。这表明在金融危机之前，欧盟国家就已经长期存在财政和贸易失衡问题，而经济失衡问题在金融危机时期则更加凸显出来。

经济失衡的指标是相互关联的，外部失衡与内部失衡存在密切的联系，这二者可以互为诱因。如果一个国家的贸易失衡在一定时期内得到积累，这个国家就有可能因为贸易失衡而引起财政盈余或财政赤字，也就是财政失衡。欧盟提出将提高经济竞争力作为实现经济再平衡的主要目标，表明欧盟将通过经济改革提高落后国家的竞争力，纠正成员国的经济失衡，减小成员国之间的经济差异。对于德国长期的贸易顺差，欧盟提出解决问题的重点不是限制德国的对外贸易，而是尽可能通过经济

---

① Ferran Brunet, "The European Imbalances: Competitiveness and Economic Policy in a Non-optimal Monetary Union and a Global Recession", *CuadernosEconómicos de ICE*, No. 91, June 2016, pp. 27-54.

欧洲蓝皮书

改革提高欧盟内贸易逆差国的竞争力,从而促使这些国家实现经济再平衡。

## 三 欧盟宏观经济失衡的原因

欧盟国家经济失衡有多方面的原因,总体来看可以归纳为以下几点。

第一,欧盟国家贸易失衡的主要原因是成员国的经济竞争力差异较大。德国2017年经常账户盈余占国内生产总值的7.8%①,远远超过中国的贸易盈余。② 这主要是因为在欧盟内部德国的经济竞争力存在显著优势,德国的出口持续增长,而德国国内的需求不旺盛,进口较低,德国长年存在贸易顺差。另外,德国的贸易顺差因为欧元的出台进一步扩大。有数据表明,在欧元出台之前,德国的贸易呈现赤字状态,但是从2000年开始德国的贸易转为盈余,并且贸易盈余持续上升,在金融危机期间德国的贸易盈余仍然继续增加。贸易盈余也带来了财政盈余,2017年德国的财政盈余为1.1%,而在2010年德国的财政仍然表现为赤字,赤字率是-4.2%。③ 因此,欧洲货币联盟的实现,特别是统一货币——欧元的出台帮助德国的贸易由赤字转为盈余,同时也帮助德国的财政扭亏为盈。

欧元的出台有利于德国对外贸易的改善,但是德国的贸易伙伴却积累了更多的贸易赤字,经济竞争力的差异使欧盟内部的贸易失衡进一步扩大。对于欧盟内部贸易失衡的加剧,德国负有一定的责任。有研究结果表明,德国贸易顺差下降将有利于促进欧盟的经济增长和就业,因为德国扩大需求减少贸易顺差可以对欧盟具有溢出效应,带动其他国家的经济增长。另外,荷兰、丹麦、瑞典、奥地利等其他贸易顺差国拥有大量的私人储蓄,如果这些国家扩大国内需

---

① European Commission, "European Economic Forecast", Autumn 2017, p. 184.
② 2011年德国的贸易盈余首次超过中国,德国和中国的贸易盈余分别为2269亿美元和1361亿美元。
③ Organization for Economic Cooperation and Development (OECD), "OECD Economic Outlook", 2017, No. 2, p. 289.

求、持续增加进口，会对缓解欧盟内部的经济失衡有所帮助①。

第二，欧盟东扩使欧盟内部的经济差异进一步扩大。在欧洲一体化初期，欧盟内部的经济趋同具有比较显著的效果。在2004年欧盟东扩之后，新入盟的中东欧国家与欧盟老成员国在诸多方面都存在较大差异，欧盟内部的经济失衡进一步扩大。新成员国的经济增长速度比老成员国快，波动幅度也更大；老成员国的经济增长较慢，波动幅度较小；新老成员国的平均经济增长率分别为5%~10%和0~5%。而且，中东欧国家和欧盟老成员国在经济结构和竞争力等方面各有侧重，中东欧国家偏重发展劳动密集型产业，例如农业、纺织业等，而老成员国更擅长资金和技术密集型产业，例如金融业、精密仪器制造等。因此，新老成员国是两个经济特征存在显著差异的团体，短期内难以缩小和消除这种差距。

第三，欧盟统一货币政策和分散财政政策不协调。欧盟实行统一的货币政策，使成员国政府失去了用货币政策调控经济的政策途径，而且国家政府的财政政策受到制约，财政政策调控经济的能力也大打折扣。在经济发展差异较大的国家实行一致的经济政策，各国的政策效果不尽相同，对一些国家具有积极作用的经济政策对其他国家可能有负面影响，甚至可能加剧成员国的经济失衡。因此，为了实现经济再平衡，在宏观经济失衡程序的指导下，各成员国根据本国的经济情况制定相应的经济改革方案，并监督执行效果，及时发现和纠正经济失衡的风险。②

## 四 欧洲一体化的前景

欧盟的经济再平衡是欧洲一体化发展的经济基础。第一，统一的经济政策不适用于经济差异较大的国家和地区。如果成员国的经济发展存在较大差

---

① Signe Dahl & Anne Marie Krogsgaard Andersen, "Imbalance in the European Union", web: http://www.feps-europe.eu/assets/99ae05f4-8888-4f0c-84e1-4a86bcfccf9e/pb-1-2015-sdpdf.pdf.

② 秦爱华：《欧盟的宏观经济失衡与对策》，《河北经贸大学学报》2017年第6期，第68页。

异,在执行统一的经济政策时,成员国就难以取得预期的政策效果,国家间的差异会弱化经济政策效果,从而阻碍欧洲一体化进一步深化。第二,严重的经济失衡将增加陷入经济危机的风险。当经受外来冲击时,存在经济失衡风险的国家经济会更加脆弱,容易陷入经济危机。第三,经济失衡有可能导致欧盟内部的分裂。如果经济失衡持续深化和扩大,欧盟内部将有分化的风险。

欧盟的宏观经济失衡程序执行至今,成员国的经济再平衡取得了一些效果,但是欧盟整体的经济失衡状态并未从根本上得到改善。欧盟近几年危机频发,引发疑欧情绪上升,欧盟未来的发展增加了更多的不确定性。

欧盟委员会主席让-克洛德·容克(Jean-Claude Juncker)在《欧洲的未来白皮书》中首次在欧盟层面提出"多速欧洲"(Multi-speed Europe)的设想。容克对于欧盟未来的5个构想,其中一项就是"部分欧盟成员国可以在国防、内部安全、税收或社会事务等政策领域,通过组成一个或几个'意愿联盟'进行合作"。① 这意味着部分有意愿的欧盟成员国可以在一些领域先行一步,其他没有能力和意愿的国家可以先不参与。根据"多速欧洲"的设想,成员国将可以不按照同一速度发展,欧洲一体化的政策有可能从核心国家开始执行,再从核心国家逐步扩展到其他成员国。

尽管"多速欧洲"在欧洲一体化过程中已经得到了实践,例如1995年生效的《申根协定》和1999年成立的欧元区等都是只有部分欧洲国家参与,但是在欧盟层面提出"多速欧洲"的设想仍然引起了广泛争论。德国、法国、意大利、西班牙等人口多、资格老的欧盟成员国表示支持"多速欧洲",而罗马尼亚、匈牙利等中东欧国家担心被孤立和分化,对"多速欧洲"持反对意见。

"多速欧洲"的发展并不意味着欧洲一体化的失败。欧盟为成员国提供了一个公平竞争和稳定市场的机制和平台,欧盟成员国深知经济和社会的稳定是其实现高生产率的重要条件。而且,增长、改革、就业和自由是欧盟的

---

① European Commission, "White Paper on the Future of Europe—Reflections and Scenarios for the EU27 by 2025", 1 March 2017, p. 20.

经济社会发展模式所必需的，欧盟的经济社会发展模式能够更好地将竞争和团结、生产率和福利结合在一起。[①] 因此，欧盟国家不会放弃欧洲一体化。"多速欧洲"只是由于成员国的经济和社会差异客观存在，成员国根据本国的实际情况，选择参与一体化的程度不同，欧洲一体化发展的本质不会改变。

为了避免欧盟因为经济差异大而产生分裂，欧盟选择采用"多速欧洲"的方式，根据成员国的经济发展特点和意愿，在一体化中以不同的速度前进。"多速欧洲"是欧盟面对当前的现状和困境做出的战略选择，尽管不会很快到来，但是将对欧洲一体化进程产生深远的影响。

---

[①] Ferran Brunet, "The European Imbalances: Competitiveness and Economic Policy in a Non-Optimal Monetary Union and a Global Recession", *CuadernosEconómicos de ICE*, No. 91, June 2016, pp. 27-54.

# B.21
# 防务联盟：多速下的"欧洲项目"

曹 慧*

**摘 要：** 受俄-乌冲突升级、极端主义恐袭以及英国脱欧等事件影响，欧盟前所未有地将其共同安全与防务政策纳入了决策的"快车道"。本文认为，在"多速发展"理念下，欧盟2017年底通过的"永久结构性合作"（PESCO）机制具有不要求全体国家加入的实用性，以及军事合作以"模块"为基础的可操作性等特点。然而，面对碎片化的成员国国防产业结构和不同的经济利益，以及与美国、北约关系的影响，PESCO未来的走向仍面临严峻考验。同时，跨大西洋关系也因此面临"欧洲防务梦"的挑战。

**关键词：** 欧盟 安全与防务联盟 美国 北约

2017年是欧盟防务合作具有转折意义的一年。自乌克兰危机爆发，俄-乌冲突升级以来，建立防务联盟的提议频频被欧盟决策圈"置顶"。2017年，该提议终获突破性进展。2017年12月11日，欧盟部长理事会表决通过了一项名为"永久结构性合作"（Permanent Structured Cooperation, PESCO）的联合防务机制。该框架旨在强化欧盟成员国间的共同防御合

---
* 曹慧，博士，中国社会科学院欧洲研究所副研究员。

作，提高军工产品的联合研发能力。① 继成立"欧洲防务基金"之后，PESCO 机制的通过预示着欧洲共同防务领域将进入一个以多速形式深化的新时期。

## 一 碎片化的欧洲共同安全与防务政策

共同外交与安全政策（CFSP）是欧盟三大结构性支柱之一。在《罗马条约》签署以来的 60 年里，该领域的发展速度远远落后于经济货币一体化和内政司法一体化进程。作为共同外交与安全政策的组成部分，欧盟共同安全与防务政策（CSDP）尤其如此。这主要是因为该政策的决策方式遵从政府间协商式的一致通过原则，即成员国拥有一票否决权，欧盟机构发挥作用的空间不大。

长期以来，欧盟成员国在安全、防务领域拥有高度的自治权。各国制订各自的国防计划、编制本国的国防预算，规划军工产品研发，组织军工产品采买。《里斯本条约》通过后，情况发生了部分改变：成员国的防务自治权有所减弱，而欧盟机构的决策权则有所加强。《里斯本条约》里的《欧洲联盟条约》第 42.7 条款规定，成员国有承担共同防务的法律义务，即当一国领土面临武装攻击，其他成员国有义务为该国提供军事援助和其他协助。但该条款的使用范围存在两个例外，即那些传统上保持中立的成员国和北大西洋公约组织（NATO，以下简称"北约"）的相关条款。② 这也是欧盟迟迟未能在共同防务上"有所作为"的主要顾虑。那些传统上保持中立的国家如奥地利、爱尔兰等对强化欧洲共同防务多持"不支持、不反对"的中立态度。这相对降低了欧盟进行防务合作的热度。此外，如何协调与北约的关

---

① The Council of European Union, "COUNCIL DECISION: Establishing Permanent Structured Cooperation (PESCO) and Determining the List of Participating Member States", Brussels, 14866/17, 8 December 2017.
② 《欧洲联盟基础条约：经〈里斯本条约〉修订》，程卫东、李靖堃译，社会科学文献出版社，2010，第 51 页。

系也"困扰"着部分成员国。作为欧洲安全的首要保护者,北约依然扮演着欧洲防务领域不可替代的角色。部分东欧国家,如波兰,更加看重同美国的安全关系。在美国学者看来,欧盟提出"防务联盟"甚至"欧洲军队"等计划的战略目标是实现欧洲的防务独立。在一定程度上,它与美国对北约在欧洲的战略倚重相矛盾。①

在经费方面,欧盟防务合作的发展仍受制于有限的财政预算。欧洲防务局预算已在过去6年里保持不变。除个别国家外,大部分成员国的国防预算受财政紧缩影响,均有不同程度的削减。重复的研发项目投入、重叠的机构设置消耗着各国有限的国防经费,碎片化的共同安全与防务政策成为长期困扰欧盟有效执行共同外交与安全政策的"拦路虎"。自1992年以来,欧盟不断涌现的超国家机构,如"欧盟军事委员会"(EU Military Committee)、欧洲防务局(European Defense Agency)等功能有限,收效甚微。

## 二 建立欧洲防务联盟的紧迫性

俄-乌冲突升级、极端主义恐怖袭击、英国脱欧等事件加剧了世界局势的动荡,欧洲共同防务联盟建设驶入决策的"快车道"。

首先,乌克兰危机成为欧盟外交、防务领域合作实施突破的"催化剂"。② 自2014年以来,欧盟各国领导人多次在欧盟峰会上探讨防务合作问题,敦促由欧洲防务局和欧盟委员会(以下简称"欧委会")共同就国防产业和军民两用技术的发展制定路线图。欧委会随后发起了两项合作倡议,旨在从2014~2020年的结构基金中增加财政拨款,支持军民两用企业的"集群化"合作。

建立防务联盟、创建"欧洲军队"逐渐成为欧盟决策机构的核心议题。

---

① Luke Coffey, "EU Defense Integration: Undermining NATO, Transatlantic Relations, and Europe's Security", Background No. 2806, *The Heritage Foundation*, 6 June 2013.
② 曹慧:《欧盟外交》,载周弘、黄平、江时学主编《欧洲发展报告2014~2015》,社会科学文献出版社,2015。

根据《欧洲联盟基础条约》，北约仍是欧盟共同防务的第一提供者。欧盟共同安全与防务政策必须与北约保持一致。2014年乌克兰和俄罗斯之间爆发冲突后，欧盟应对危机的军事制衡行动均是在北约框架下进行的，如建立一支约4000人的北约快速反应部队，以提升盟军应对危机的应对作战能力；成立由德国、挪威和荷兰等国组成的"高度戒备联合特遣部队"。在北欧，2016年，瑞典和丹麦签署了互用领空、军事机场、水域等方面的军事合作，以应对俄罗斯战斗机在该地区的"挑衅性"飞行。① 在西欧，法国、英国、意大利在"埃斯特计划"（Aster Programme）下加强了地对空导弹研发和武器采购合作。② 在东欧，保加利亚和罗马尼亚也于2015年9月举行了联合军事演习。在技术服务方面，东欧国家正在逐渐摆脱对俄罗斯军事和服务的依赖，如2016年波兰和保加利亚就协助保加利亚维修米格-29战斗机达成合作意愿。实际上，在过去的20年里，波兰已逐渐成为北约和欧盟在该区域开展军事、政治一体化的关键因素和重要的安全合作伙伴。③

不过，这些措施依旧不能满足欧盟对自身安全和防务的迫切需求。2015年3月，欧委会主席容克上台伊始，便提议建立一支"欧洲军队"。容克认为，面对俄罗斯的军事存在威胁④和其他方面的威胁，欧盟需要拥有自己的军队，这样才能使其屹立于世界之林。他强调，北约已无法满足欧盟的防务需求，因为并非所有成员国都是大西洋防务体系中的一员。欧洲军队的成立

---

① "Memorandum of Understanding between the Government of the Kingdom of Sweden and the Ministry of Defence of the Kingdom of Denmark on Enhanced Cooperation within the Air and Maritime Domain", 14 January 2016, http：//www. fmn. dk/nyheder/Documents/signed – mou – danish – swedish – enhanced – defencecooperation – 2016 – 01 – 11. pdf.

② Nicholas de Larringa, "France Launches Upgrade of Aster 30 Missile's BMD Capabilities", in IHS Jane's 360, 17 January 2016, http：//www. janes. com/article/57248.

③ Piotr Buras and Adam Balcer, "An Unpredictable Russia：The Impact on Poland", commentary form *ECFR*, 15 July 2016, http：//www. ecfr. eu/article/commentary_ an_ unpredictable_ russia _the_impact_on_poland.

④ North Atlantic Treaty Organization, "Security Challenges in the Baltic Region in the Perspective of the Wales NATO Summit", Remarks by NATO Deputy Secretary General Ambassador Alexander Vershbow at Multinational Corps, Szczecin（Poland）, 18 Sep. 2014, http：//www. nato. int/ cps. en. natohq/opinion_ 113113. htm.

将向世界展示欧洲国家间再无战争之忧。它也将增进欧洲共同外交与安全政策的有效性，为世界安全承担应尽的责任。①

其次，愈演愈烈的恐怖袭击加快了欧盟防务合作的规划。自2015年遭遇系列恐袭后，法国政府申请启动《欧洲联盟基础条约》第42.7条款，呼吁成员国协助法国，共同加入到反对极端伊斯兰国际恐怖主义的行动中。② 该倡议随即得到了包括德国、英国在内的14个国家的积极回应。③ 这是欧盟在安全、防务领域中一次重要的集体安全合作。为了彻底遏制渗透到欧洲及法国国内的暴力恐怖活动，法国希望在非洲五国设立一支规模在5000人到10000人的反恐部队。④ 该提议得到了欧委会5000万欧元的资金支持。此外，法国、德国2017年7月还在两国首脑峰会上共同倡议成立维护地区安全的"萨赫勒同盟"。

最后，助力防务联盟迅速在欧盟层面获得通过的关键因素是英国退欧这一历史性事件。英国一直是欧盟加强防务联盟合作中坚定的反对者。原因在于，在英国看来，北约已为欧洲提供了可靠的安全和防务保障。如果在欧洲范围内建立类似的防务联盟、欧洲军队等机构，无异于损害业已牢固的大西洋关系和信任。从成本效益比上看，此举也得不偿失。随着2016年6月英国退欧公投获得通过，欧盟在担心欧洲一体化遭遇挫折的同时，也在庆幸终于可以摆脱总在关键议题上如加强防务合作、成立欧洲军队等与欧盟机构和大多数国家唱反调的"刺儿头"。2016年底，英国放弃使用一票否决权，使欧盟通过了欧洲防务局预算增加提案。在此前的6年时间里，英国是使该局年度预算一直处于零增长的主要"推手"。

---

① "Juncker: NATO Is Not Enough, EU Needs an Army", *EURACTIV.com*, 9th March 2015, http://www.euractiv.com/section/global-europe/news/juncker-nato-is-not-enough-eu-needs-an-army/.

② Suzana Elena Anghel and Carmen-Cristina Cirlig, "Activation of Article 42.7 TEU France's Request for Assistance and Member States' Responses", *EPRS Briefings*, December 2015, http://www.europarl.europa.eu/thinktank/en/document.html?reference=EPRS_BRI(2015)573883.

③ 这些国家包括德国、英国、比利时、保加利亚、捷克、丹麦、爱沙尼亚、拉脱维亚、立陶宛、卢森堡、罗马尼亚、斯洛伐克、斯洛文尼亚和瑞典。

④ 非洲五国包括毛里塔尼亚、布基纳法索、尼日尔、马里和乍得。

## 三 防务联盟：一个自上而下的"欧洲项目"

与许多"欧洲项目"一样，防务联盟也是欧盟一项"自上而下"的工程。在联盟层面，成立防务联盟得到了所有欧盟决策机构的认同。2016年11月22日，欧洲议会表决通过了一项旨在建立欧洲防务联盟的决议。该决议称，"欧盟的装备不足以应对日益严峻的防务挑战。成员国间缺乏长期合作……同时，欧洲防务继续严重依赖北约的能力及与美国的同盟关系。向有效的欧洲防务政策迈进的时代已经到来"。该决议同时补充到，欧盟领导人应当为共同防务政策做好准备，并为确保其执行提供更多的财政资源。

为了应对日益严峻的安全威胁，大多数成员国认为，欧洲化的防务联盟已成为当务之急。上述欧洲议会的决议不仅规划出了未来的欧洲军队及其欧盟总部，而且拟在以下领域加大务实合作的力度：成员国间防务能力的联合采购以及运输车辆及飞机等非致命装备的联营生产；对现实威胁做出更加迅速与强硬的反应；强化欧洲防务局在协调工作中的地位以及建立"欧洲防务学期机制"；允许成员国就相互之间的防务规划周期及采办计划进行咨询等。正如欧洲议会安全与防务政策委员会德国籍议员米夏埃尔·加勒所述，"我们必须建立自己的防务联盟。欧洲内部及周边的安全形势严重恶化，没有任何国家或组织能够单独应对这一情况。（同时）美国也不可能长期关注欧洲安全"。

实际上，欧洲议会的目标与2016年6月欧盟外交与安全政策高级代表莫盖里尼（Federica Mogherini）发布的《全球战略》文件中的观点不谋而合。2017年5月，她在其个人社交账号中宣布，"建立欧盟军队总部指日可待"。她表示欧盟这一计划既无须推迟，也无须类似28国在3月建立"军队规划与实施能力机制"（Military Plan and Conduct Capacity Facility，MPCC）时那样（通过协商一致方式）做出的决定。

作为联合立法机构，欧盟部长理事会全力支持建立欧洲防务联盟。2017年5月18日，欧盟部长理事会通过了《在全球战略背景下的安全与防务结论》文件。该文件指出，作为安全的提供者，欧盟应加强防务能力，应对危机和冲突，满足伙伴国家和公民的安全需求。欧盟部长理事会对欧委会和莫盖里尼高级代表提议的"欧洲国防基金计划"表示欢迎。欧盟部长理事会于同年12月表决通过了PESCO机制。

欧委会也对建立防务联盟持支持立场。2017年6月，欧委会设立了55亿欧元规模的"欧洲防务基金"（Europe Defense Fund），用于支持军队能力建设、建立类似NATO内抗击网络袭击的军队、更新武器装备、建立一支可以执行共同防卫任务的军队等。

在预算方面，2016年11月，欧洲防务局的年度预算（European Defence Agency，EDA）在历经6年"冻结期"后首次获得提高。虽然2017年仅比2016年提高了40万欧元，为3310万欧元，但其象征意义较大。预算的增加反映了欧盟27国对增强欧洲共同防务能力的认可和支持。欧盟外交与安全政策高级代表莫盖里尼表示："虽然提高预算只是象征性的，但它清楚地反映了欧盟27个国家的支持，未来欧防局将被赋予更多的任务，这会在未来几年中显现。"① 欧盟认为，作为一个集体，整体国防预算增加会减少对美国的依赖。预算资金将用于帮助成员国完善和采购更多的飞机及其他国防设施。

## 四 PESCO：欧盟多速发展下的共同防务合作机制

"多速发展"已成为推进欧洲一体化进程的重要理念。2017年3月，欧盟在《罗马条约》60周年纪念峰会上通过了旨在"增强欧盟核心国家（凝聚力）、多速发展、应对后英国脱欧时代"的政治宣言。但如何"多速"、在哪些领域选择"多速"，成为欧洲领导人政治抉择的难题。

2017年11月，23个成员国决定启动欧盟防务合作PESCO机制。已决

---

① 《欧盟同意提高欧洲防务局预算》，国防科技信息网，2016年11月21日，http://www.dsti.net/Information/News/102241，访问时间：2018年1月16日。

定脱欧的英国，以及丹麦、爱尔兰、葡萄牙和马耳他未加入该框架。同年12月11日，欧洲理事会表决通过，正式批准该机制。① PESCO 机制的通过意味着欧盟将在最难"啃"的地方开启后英国脱欧时代的"多速前进模式"，彰显一个"更紧密"、更独立的欧洲。②

从内容上看，PESCO 机制具有以下两个特点：首先，与以往"一致通过"的决策方式不同，PESCO 机制具有不要求全体成员国加入的"实用性"特征。如上所述，《里斯本条约》尽管规定了成员国对共同防务的责任，但国防政策的决定权仍归属成员国。换句话说，欧洲防务仍处于分散、碎片化状态。PESCO 机制或可扭转这种局面。参与国可共同筹谋，并确定各自所承担的部分。首先统一规划，然后分解任务，这样可有效地解决之前"散"、"乱"、低效的欧洲防务问题。在理想状态下，它既可以与北约的防务能力相互补充，也可以提高欧盟的整体防务能力。有欧洲学者认为，得益于 PESCO 机制，欧盟现有框架下的永久性对话，如"长期能力会议""能力汇集共同体"也得以修订或升级。简言之，欧盟所有的防务合作未来均可纳入 PESCO 机制。③

其次，建立在"模块"基础上的 PESCO 机制具有较大的可操作性。部分国家参与的灵活方式使 PESCO 机制帮助欧盟在共同防务领域具有更大的空间。由于成员国对共同防务的利益诉求不同，建立一个"大而全"、类似主权国家的国防部注定会无功而返。相比之下，借用欧洲一体化进程的"莫内方式"，即从一个"项目"入手、整合资源、推进共同防务建设的方法则更务实，如创建欧盟医务司令部、成立联勤保障中心及危机应对中心等，形成战略上各有侧重的"汇集池"。有欧洲学者推测，PESCO 机制下的多国、差异性的防务合作形式将为北约、欧洲共同安全与防务政策，甚至联合国以及波罗

---

① 2017年12月11日欧盟部长理事会通过 PESCO 机制时，由于葡萄牙和爱尔兰的加入，成员国扩大到25国。
② European Commission, "Permanent Structured Cooperation: Deepening Defense Cooperation among Member States", Factsheet, 13 December 2017, https://eeas.europa.eu/sites/eeas/files/pesco_factsheet_13-12-2017_final.pdf.
③ Dick Zandee, "2017: A Turning Point for European Defence?", Clingendael Institute, 2017.

的海地区等多国武装力量合作提供一个"鲜活"的"样本"。①

不过,欧盟内部对PESCO机制的期待分歧较大。在PESCO这个"宏大而包容"的防务合作机制里,各国因历史、地理、文化的影响,其安全利益和优先战略各有不同。以法国为例,该国政界、学界和军界几乎毫无异议地认为,非洲的动乱和不稳定性,尤其是萨赫勒地区,俨然已成为法国安全的头等问题。法国政府希望通过PESCO机制,将萨赫勒地区列为"欧盟最需行动"的目标之一。同时,与之前"战斗小组"的小规模行动方式不同,未来在PESCO机制下,法国希望欧盟可以以战斗旅的整编规模打击在非洲的反恐活动。由此可见,在PESCO机制下,法国希望欧盟借此机会,打造一个雄心勃勃的防务联盟,从而尽可能地提高其整体在防务领域的有效性。相比之下,德国则强调PESCO机制的"包容性",希望更多的成员国加入防务合作机制,避免盟内出现类似"核心-外围"国家的分裂态势。

"欧洲防务基金"助力欧盟防务领域的研发合作。欧盟计划在2017~2019年,共投入9000万欧元用于国防科技研发。在2021~2027财政年,计划每年以5亿欧元规模投入军工产业研发。此外,欧盟还将设立10亿欧元规模的"欧洲国防产业发展基金",弥补国防产业的战略短板,如机器人系统、空中加油机、提高太空站的卫星通信能力等。②

## 五 欧洲防务联盟展望

未来PESCO机制能否成为"游戏规则颠覆者"、能否打造出真正的欧洲防务一体化仍受制于以下几个因素。

首先,在内部,成员国现有的国防产业结构和经济利益分配很难在短时期内打破,欧洲层面上的武器联合研发和生产很难落地。项目间相互交叉设计使欧洲决策者不得不顾忌各自国家的经济利益和国防战略得失。同时,提

---

① Svan Bishop, "Differentiated Integration in Difference: A Plea for PESCO", *Istituto Affari Internazionali* (*IAI*) *working paper*, 6 February 2017.

② 2017年7月,欧委会提议在"欧洲防务基金"之外成立"欧洲国防产业发展基金"。

高跨国军队的协助作战能力和武器标准化必定会与成员国的国家机密、劳动力和就业等国家利益发生冲突。

其次,对外,与美国和北约的关系是决定 PESCO 成功与否的关键。在欧洲安全与防务领域,美国依然发挥着至关重要、不可替代的作用。其角色不仅仅限于军品采购,还在于参与欧洲防务多边、双边的军事行动和服务。作为全球安全的提供者,美国对外军售和服务持续上升。据美国国防安全合作局(U. S. Defense Security Cooperation Agency)统计,截至 2017 年 11 月底,美国年度对外军售规模已达近 420 亿美元。①

北约依然是欧洲防务的第一保障,也是美国对欧洲施加影响的主要"工具"。实际上,随着波罗的海三国、中东欧国家十国以及部分中亚国家的加入,北约俨然已成为一个横跨欧亚大陆的"守护神"。它也使欧洲、北约的"战略缓冲带"得到了有效的加强和巩固。以波兰为例,早在 2009 年波兰加入北约之际,美、波两国就已经在波兰部署反导系统、美军进驻波兰空军基地、采购美国军备等方面达成协议。2016 年,由保加利亚、美国主导的多国(还包括罗马尼亚、土耳其)联合军事演习在黑海西岸举行。

欧洲国家遏制俄罗斯、"去俄罗斯化"的战略巩固了美国在该地区防务领域的领导地位。随着 2014 年俄 – 乌冲突加剧,美国决定加快在罗马尼亚、波兰部署反导系统的建设计划。2016 年 3 月,其设在罗马尼亚空军基地的反导弹系统正式启动,并随时准备与北约在欧洲的反导系统接轨。随后,波兰政府宣布,美国部署在波兰的"宙斯盾"反导系统开始建设。②东欧国家摆脱俄罗斯影响的最直接做法是向北约成员国或欧盟成员国采购武器、更新军备。

美国部分保守派人士担心,欧洲建立超越国家主权的防务联盟甚至欧洲

---

① Richard Tomkins, "U. S. Sales to Foreign Militaries Top $41 Billion in Fiscal Year 2017", *UPI*, 30 November 2017, https://www.upi.com/Defense – News/2017/11/30/US – sales – to – foreign – militaries – top – 41 – billion – in – fiscal – year – 2017/8541512057729/? utm_ source = sec&utm_ campaign = sl&utm_ medium = 19.

② 《普京说美国在罗马尼亚和波兰部署反导系统给俄罗斯造成威胁》,新华网,2016 年 5 月 14 日,http://news.xinhuanet.com/world/2016 – 05/14/c_1118864601.htm。

军队的做法，可能损害或复制北约功能。① 究其原因，主要有三点：第一，欧盟成员国中有五国（包括奥地利、芬兰、爱尔兰、马耳他以及瑞典）明确表示在未来战争中保持中立立场。② 鉴于欧洲共同安全与防务政策"一致性通过"的决策原则，欧盟不太可能建立有效的军事联盟。即便欧盟层面已通过建立防务联盟的法律和政策，如 PESCO 机制，但涉及财政经费、军事装备和人员投入时，决策权仍保留在成员国层面，故无法与北约在功能上形成有效互补。

第二，美国认为，不断扩大的规模使欧盟越来越难以成为北约可靠的合作伙伴。任何一个国家的否决都可能导致合作计划"流产"，成员国数量越多，失败的概率就越大。以塞浦路斯为例，由于历史原因，该国与土耳其长期处于敌对态势，因此，不难理解其为何频频阻挠北约与欧盟之间的合作倡议。

第三，欧洲防务联盟可能潜在地损害欧美关系。欧洲国家将有限的国防经费用于搭建所谓的防务联盟或者欧洲军队，而不是投入到北约这种"事倍功半"、徒劳无益的做法必将侵蚀跨大西洋关系，尤其是在当下的特朗普执政时期。目前，在欧盟成员国中，只有个别欧洲国家达到了北约 2% GDP 的国防经费投入要求。许多国家包括法、德近年来的国防开支均呈持续下滑的状态。在无法保证北约经费的情况下，欧盟仍打算另开"炉灶"，建立独立的防务联盟，甚至欧洲军队，很容易被美国视为一种触犯底线的"挑衅"行为。秉持"美国第一"原则的特朗普政府不愿容忍欧洲任何的"不负责任"和"轻举妄动"行为，欧美关系或将因此面临严峻的考验。

---

① Luke Coffey, "EU Defense Integration: Undermining NATO, Transatlantic Relations, and Europe's Security", The Heritage Foundation, report no. 2806, 6 June 2013.

② "In Focus: Neutral European Countries: Austria, Switzerland, Sweden, Finland, Ireland", Slovenian Ministry of Foreign Affairs and Ministry of Defense, http://nato.gov.si/eng/topic/national - security/neutral - status/neutral - countries/; and Alex Sceberras Trigona, "30th Anniversary of Neutral Malta", Times of Malta, September 15, 2010, http://www.timesofmalta.com/articles/view/20100915/local/30thanniversary - of - neutral - malta.326944.

# 中欧关系篇

## China – EU Relations

# B.22
# 中欧关系：汇聚共识，深化合作

赵纪周*

**摘　要：** 2017年，中欧关系大局稳中有进，中国对欧洲的全方位外交持续、均衡、深入，同欧盟、成员国以及次区域的务实合作进一步巩固和提升。"汇聚共识，深化合作"成为2017年中欧关系的主题。一年来，中欧双方领导人互访频繁，中欧在经贸投资、科技人文、全球治理等领域的互利合作与友好交流不断拓展。与此同时，欧方将双边经贸问题政治化、投资保护主义上升以及对中国的政治疑虑加重等因素对中欧关系造成了消极影响。未来，中欧双边还需要继续加强政治互信、推进各领域务实合作、妥善处理和管控分歧，共同致力于中欧全面战略伙伴关系持续、稳定和健康发展。

**关键词：** 中欧关系　高层交往　一带一路

---

\* 赵纪周，政治学博士，中国社会科学院欧洲研究所助理研究员。

2017年，中欧关系发展稳中有进：双方之间高层交往密切，政治互信进一步巩固；在经贸、投资、产能、人文、安全以及全球治理等多个领域，中欧务实合作成就斐然。中欧全面战略伙伴关系发展已经"达到了前所未有的高水平和成熟度"①，但同时，欧方围绕中欧经贸投资、中国市场经济地位以及"一带一路"建设等的某些言论与做法也值得关注。未来，中欧双方应继续汇聚共识、深化合作，共同推动中欧关系更加成熟地发展。

## 一 中欧全面战略伙伴关系更加成熟

2017年，中欧之间高层互访频繁，保持和加强战略沟通。

首先，中国领导人多次出访欧洲，推动中欧关系取得新进展。2017年，中国国家主席习近平先后对瑞士、芬兰和德国等国成功进行了国事访问。在德国汉堡出席二十国集团（G20）领导人第十二次峰会期间，他同法国新任总统埃马纽埃尔·马克龙、英国首相特蕾莎·梅举行了会晤，保持和加强了中欧领导人之间的战略沟通。习近平主席2017年的首访就选择了欧洲，于1月对瑞士进行国事访问，出席在达沃斯举行的世界经济论坛2017年年会并发表题为《共担时代责任，共促全球发展》的主旨演讲，向世界发出了推进经济全球化进程再平衡、共同构建人类命运共同体的时代强音。4月，习近平主席对芬兰进行国事访问，这是中国国家元首时隔22年后首次访芬。中芬宣布建立面向未来的新型合作伙伴关系，两国在经贸、投资、创新、环保、旅游、冬季运动、北极事务等领域和"一带一路"框架下开展互利合作、谋求共同发展的前景十分广阔。2017年正值中德建交45周年。7月，习近平主席开启了他就任中国国家主席以来对德国的第二次国事访问，推进了中德全方位战略伙伴关系持续、稳定地向前发展，推动了二十国集团领导人汉堡峰会取得圆满成功。

---

① 《第十九次中国-欧盟领导人会晤成果清单》，中国政府网，2017年6月4日，http：//www.gov.cn/guowuyuan/2017-06/04/content_5199627.htm，访问时间：2018年1月18日。

中国-欧盟领导人年度会晤是最高级别的中欧政治对话机制,也是中欧双方关系稳定发展的重要表现。2017年5月31日至6月2日,中国国务院总理李克强出席第十九次中国-欧盟领导人会晤和中德总理年度会晤,并对德国、比利时进行正式访问。11月,李克强总理赴匈牙利出席第六次中国-中东欧国家领导人会晤并对匈牙利进行正式访问,同中东欧国家领导人共同推进了跨区域合作平台的建设。作为中国与中东欧16国共同创建的务实合作平台,"16+1合作"已经成为中欧友好合作的一大创举;"16+1合作"所搭建的"鹊桥"是中欧关系的重要组成部分和有益补充,实现了中国与欧洲国家之间的双赢、多赢,还为欧洲一体化进程的良性发展注入了能量,助推了中欧关系更均衡发展。

其次,欧洲多位政要纷纷来华,以加强同中国的务实合作。2月,法国、意大利两国高层领导人同期到访中国,其中,法国时任总理卡泽纳夫访华成为2017年中法之间的首次高层交往,而意大利总统马塔雷拉访华则是他任意大利总统以来首次对中国进行国事访问。3月,塞尔维亚时任总统尼科利奇访华,推动了中塞两国于2016年建立的全面战略伙伴关系的新发展。4月,挪威首相索尔贝格访华,成为继2016年12月中挪两国关系正常化后的新发展;欧盟外交与安全政策高级代表兼欧盟委员会副主席费代丽卡·莫盖里尼(Federica Mogherini)来华出席第七轮中欧高级别战略对话,欧方表示支持并积极参与中方举办的"一带一路"国际合作高峰论坛。5月14日至15日,意大利总理真蒂洛尼、西班牙首相拉霍伊、希腊总理齐普拉斯、波兰总理谢德沃、捷克总统米洛什·泽曼、匈牙利总理欧尔班、塞尔维亚当选总统武契奇、瑞士联邦主席洛伊特哈德,以及德国政府和默克尔总理特别代表、时任经济和能源部部长齐普里斯和英国梅首相特使、财政大臣哈蒙德等欧洲多国政要、高官来华出席"一带一路"国际合作高峰论坛,并对参与中国项目表示支持。这充分显示了欧洲国家对中国和"一带一路"倡议的重视,以及对同中国在"一带一路"建设框架下发展更紧密合作的热切期待。

近年来,中德关系在中欧关系中发挥着引领和稳定锚的作用。2017年4月,第三轮中德外交与安全战略对话涉及中德关系、中欧关系以及国际地区

问题等议题,双方同意深入推进全方位战略伙伴关系,落实人文、财金、安全三大高级别对话交流机制安排,为中德合作注入更多新动能。

## 二 中欧在经贸、科技、人文等领域的合作不断深化

1. 在经贸投资领域

2017年,中欧双边经贸关系保持了良好的发展势头。据中国商务部公布的数据,2017年前11个月,中欧双边贸易额达到5566.9亿美元,同比增长12.7%。其中,欧方进口额为3351亿美元,同比增长9.6%;欧方对华出口额为2215.9亿美元,同比增长17.8%。因此,至2017年,欧盟连续13年保持中国最大贸易伙伴地位,中国则连续14年位居欧盟第二大贸易伙伴,双方互为第一大进口市场和第二大出口市场。另外,在双向投资方面,截至2017年11月,欧盟对华直接投资项目数为44638个,实际使用金额达1197.6亿美元。① 受欧洲投资监管机制和保护主义以及中国加大对境外投资的规范等因素影响,2017年中国境外直接投资明显缩减,虽然中国对欧洲直接投资达到810亿美元,上升了76%,不过这主要是由中国化工对瑞士农业科技企业先正达的430亿美元收购推迟完成造成的。

2017年中英经贸合作迈上新台阶,双边货物贸易额达790.32亿美元,较上年增长6.2%。根据中国商务部的统计,2017年中国对英国出口额达567亿美元,同比增长1.8%,自英国进口达到223亿美元,同比增长19.4%。2017年英国对华投资额为15亿美元。截止到2017年底,英国累计对华直接投资225亿美元,是欧盟内第二大对华投资来源地;中国对英非金融类直接投资额达191亿美元,英国是中国在欧盟内的第二大投资目的地。② 12月,第九次中英经

---

① 中华人民共和国商务部:《商务部召开例行新闻发布会》,2017年12月21日,http://www.mofcom.gov.cn/article/ae/ah/diaocd/201712/20171202688447.shtml,访问时间:2018年1月18日。
② 《2017年中英双边货物贸易额逾790亿美元》,中国政府网,2018年1月24日,http://www.gov.cn/xinwen/2018-01/24/content_5260049.htm,访问时间:2018年1月28日。

济财金对话、第五次中法高级别经济财金对话相继成功举行,中英、中法之间分别达成72项和71项合作成果,推进了在"一带一路"建设等方面的务实合作。相对而言,2017年中德双边贸易额有所下降,中国对德贸易赤字有所增加。根据中国商务部的数据,1~6月中国和德国的进出口总额为780.46亿美元,其中中国对德国出口333.5亿美元,进口446.9亿美元。尽管如此,中德经贸关系依然是中欧经贸关系的重要引擎,其互利双赢的本质并未改变。此外,2017年8月中国同挪威举行了第九轮自由贸易协定谈判,有利于恢复并加强双方在经贸等各领域的务实合作。

2. 在"一带一路"建设方面

2017年,中欧班列开行数量的高速增长成为"一带一路"建设的重大标志性成果。至2017年底,中欧班列已经开通6年,累计开行6235列;仅2017年,中欧班列开行数量就高达3271列,超过此前5年的总和,大大提升了中欧之间的陆上货物运输能力。目前,中欧班列运行线多达57条,连接着35个国内城市和欧洲12个国家的34个城市。作为"16+1合作"在基础设施建设领域的旗舰项目,匈牙利至塞尔维亚的高速铁路(塞尔维亚境内贝尔格莱德至旧帕佐瓦段)在2017年正式开工建设,匈牙利段也宣布公开招标。中德两国已签署一项安哥拉水电站建设的合作协议,今后还将在"一带一路"框架下共同开发第三方市场。

此外,2017年中国与北欧国家的次区域合作取得了新的进展。5月,中国外交部副部长王超与北欧部长理事会秘书长赫布罗滕(DagfinnHøybråten)就中国-北欧合作进展和下阶段规划交换了意见,进一步拓展了中欧次区域合作的空间。

3. 在人文等领域

2017年4月,"中国-欧盟智库对话:《中欧合作2020战略规划》和四大伙伴愿景"在北京举行;5月,中德举行了首次高级别人文交流对话机制会议;11月,中欧高级别人文交流对话机制第四次会议和中法高级别人文交流机制第四次会议分别在上海和北京成功举办;12月,中英高级别人文交流机制第五次会议在伦敦举行。这些会议加强了中欧双方在教育、文化、媒体、青年等领域的交流,架起了中欧之间民心相通的桥梁,为中欧关系发

展注入了新的活力。此外，2017年还是"中国-欧盟蓝色年"、中国与希腊的"文化合作年"以及中国与瑞士的"中瑞旅游年"。

2017年，中欧智库交流合作也亮点纷呈。4月，中国首家在欧洲独立注册的智库——"中国-中东欧研究院"在匈牙利成立，成为对接和深化"16+1"智库交流与合作的创举和有益尝试，也是落实党和国家关于"智库走出去"战略的重要步骤和成果。5月，在第五届中国-北欧北极合作研讨会上，来自中国、芬兰、冰岛、丹麦、瑞典、挪威等国的专家学者就北极政策、治理、航运、可持续发展等问题进行了交流。

4. 在安全领域

2017年2月，中国-欧盟中亚问题磋商在布鲁塞尔举行，中欧就双边关系、中亚问题、"一带一路"建设、阿富汗局势等交换了意见，决定加强在中亚地区的合作，共同促进地区和平、稳定与发展。① 3月，在北京举行的中欧亚洲事务磋商涉及亚洲地区形势、各自亚洲政策、区域合作以及朝鲜半岛、阿富汗、缅甸、南海等热点问题，双方同意就亚洲事务加强对话，探讨合作。② 4月，中国公安部与欧洲警察署（EUROPOL）签署战略合作协议；中国民用航空局和欧洲航空安全局（EASA）共同主办首届中欧民用航空安全年会，探讨了进一步深化中欧民航合作、促进中欧航空安全发展等问题。

5. 在人权保护、法律等领域

2017年6月，中英第24次人权对话在北京举行，内容包括国际人权合作、难民权利及人权技术合作等问题。7月，"2017中欧人权研讨会"在荷兰阿姆斯特丹举行，来自中欧人权领域的专家、学者围绕残疾人权利保障主题进行了研讨。此外，2月，中法两国的外交部条法司长磋商及海洋法磋商在京举行，就外交部法律顾问制度、国家豁免、外交特权与豁免、国际刑事

---

① 《中国欧盟举行中亚问题磋商》，中华人民共和国驻欧盟使团网站，2017年2月26日，http://www.fmprc.gov.cn/ce/cebe/chn/stxw/t1441581.htm，访问时间：2018年1月18日。
② 中华人民共和国外交部：《外交部部长助理孔铉佑主持中欧亚洲事务磋商》，2017年3月30日，http://www.fmprc.gov.cn/web/wjbxw_673019/t1450158.shtml，访问时间：2018年1月18日。

法院、国内管辖权的域外延伸、欧洲人权法院司法案件、气候变化《巴黎协定》后续谈判,以及《联合国海洋法公约》强制争端解决程序、东南极保护区、国家管辖范围外海域生物多样性等重要国际法和海洋法议题深入交换了意见。这是中法两国外交部在此前举行的海洋法与极地事务对话的基础上,首次举行包括一般国际法和海洋法等广泛议题在内的条法司长磋商。双方同意将这一磋商机制化,以进一步加强两国在重要国际法问题上的沟通与合作。①

6. 在全球治理方面

2017年,中欧双方致力于共同维护气候变化巴黎大会的历史成果。6月,在美国宣布将退出应对全球气候变化的《巴黎协定》的背景下,中欧双方重申在2015年《巴黎协定》下所做的承诺,宣布将加强应对气候变化合作,推动落实好《巴黎协定》;7月,在二十国集团领导人汉堡峰会期间,中欧双方再次表示将共同推动落实气候变化《巴黎协定》。

## 三　当前中欧关系发展中的主要问题

这主要表现在以下四个方面。

(1) 欧洲部分国家政要和舆论对中国以及中国对欧政策的政治疑虑加重。

随着近年来中欧之间实力对比的变化、双方经贸摩擦的加剧以及"一带一路"建设的推进,欧洲一些国家政要和舆论出现了明显的"焦虑"情绪,并转而对中国和中欧关系产生疑虑。在2017年,这种情况表现得颇为突出。

例如,8月底德国副总理兼外交部部长西格马尔·加布里尔(Sigmar Gabriel)呼吁欧洲人必须尽快制定出共同的对华战略,声称"如果我们不能制定出共同的对华战略,中国就将成功地分化欧洲"。对此,中国外交部发言人明确指出,中国一贯坚定支持欧洲一体化进程,一贯高度重视发展与欧盟的关系;所谓"一个欧洲"概念既非明确的政治法律存在,也尚无国

---

① 中华人民共和国外交部:《中法外交部条法司长磋商及海洋法磋商在京举行》,2017年2月23日,http://www.fmprc.gov.cn/web/wjbxw_673019/t1441071.shtml,访问时间:2018年1月18日。

际共识；欧盟是由主权国家组成的地区组织，本身并不是一个主权国家。其他国家与欧盟机构及各成员国发展关系是并行不悖、互不矛盾的。显然，欧方的此类言论是不负责任的，不利于中欧的互信与合作。

(2) 欧洲的投资保护主义有所加剧，中国对欧投资门槛提高，将中欧关系中的经贸争端问题政治化趋势上升。

2017年，欧方对中欧之间竞争力的未来变化颇为"担忧"。3月，中国欧盟商会发布题为《中国制造2025：产业政策对弈市场力量》报告，批评了中国的产业政策，并称其将引发欧洲保护主义的反弹。6月，法国、德国、意大利三国在欧盟峰会上共同提出有关对"战略性行业外国投资进行审查"的提案，要求欧盟建立相应的审查原则和机制；欧洲议会则通过了欧盟委员会2016年11月起草的一份提案（其基本内容就是抵制中国的低价出口商品），并宣布将出台更加严苛的相关规则。7月，德国出台限制外资投资新规定，成为欧洲首个收紧他国公司收购本国资产的国家；法国、意大利、荷兰和英国计划效仿德国，采取主要针对中国的投资保护主义措施。9月，欧盟委员会发布欧盟外资审查法律框架草案，以欧盟需要"保护其集体安全"为名对外资并购欧盟公司进行更严格的审查。因此，中国企业在欧投资面临法律监管和商业环境等因素的挑战。

(3) 围绕"世贸十五条"的争端仍未妥善解决。

迄今，欧盟仍拒绝承认中国的"市场经济地位"。2017年6月，第十九次中国-欧盟领导人会晤上，中方强调欧方应遵守世界贸易组织（以下简称"世贸组织"）规则，履行《中国加入世界贸易组织议定书》第15条义务，共同维护自由开放的多边贸易体系，欧方表示正在修订相关法律，并将采取非歧视性的、符合世贸组织规则的做法。但12月欧盟出台的反倾销调查新方法修正案却引入了所谓"市场严重扭曲"的概念，并发布报告指责中国市场存在严重扭曲。对此，中国商务部发言人做出回应：欧盟作为世贸组织的重要成员，理应遵守国际规则，维护多边贸易体制的权威性；中国坚决反对欧盟以单方面制定的标准衡量其他国家是否存在所谓"市场扭曲"的做法，保留在世贸组织争端解决机制下的相关权利，并将采取必要措施坚决维护中方的合法权益。

（4）欧洲部分国家在中国南海、香港和澳门等涉及中国核心利益的问题上指手画脚，干涉中国内部事务。

自香港、澳门回归以来，欧盟通过定期发表年度报告干预港澳事务。2017年4月，欧盟委员会和欧盟对外行动署（EEAS）发表了《2016年香港特区年度报告》和《2016年澳门特区年度报告》[①]，再次对港澳事务妄加评论。对此，中国外交部发言人做出回应：中方一贯坚决反对并要求欧方停止有关错误做法，避免损害中欧关系的发展。

此外，欧洲部分国家还在亚太地区和中国南海问题上展示"国际存在"。2017年5月，英法两国参加了日本和美国在西太平洋举行的军事演习，内容包括相对敏感的两栖登陆演习。7月，英国外交大臣鲍里斯·约翰逊（Boris Johnson）声称未来有可能"在亚洲部署军队"，派航母进行所谓的"自由航行"；时任国防大臣迈克尔·法伦（Michael Fallon）更是扬言2018年英国航母将在南海地区进行"巡航"。对此，中国外交部发言人明确表示，希望域外国家不要在南海问题上兴风作浪、无事生非。

## 四 中欧关系未来发展的前景展望

展望未来，中欧全面战略伙伴关系的持续、稳定、健康发展还需要双方的共同努力。

首先，在政治层面，中欧双方应进一步加强政治互信，坚持从全球格局和战略高度重视并推进中欧全面战略伙伴关系更加成熟稳健地发展。

---

[①] EEAS, "European Commission and European External Action Service Issue 2016 Annual Report on the Hong Kong Special Administrative Region", https：//eeas.europa.eu/headquarters/headquarters-homepage/25116/european-commission-and-european-external-action-service-issue-2016-annual-report-hong-kong_en; "European Commission and the European External Action Service Issue 2016 Annual Report on the Macao Special Administrative Region", https：//eeas.europa.eu/headquarters/headquarters-homepage/25117/european-commission-and-european-external-action-service-issue-2016-annual-report-macao_en. last accessed by January 18, 2018.

中国始终坚持从全球格局和战略高度重视欧盟并推进中欧关系，认为"世界正处于大发展大变革大调整时期，和平与发展仍然是时代主题"。① 在当今国际舞台上，中国与欧洲（包括作为一个整体的欧盟）都是具有强大经济实力和重要影响力的主要力量。近年来，习近平主席提出的中欧"和平、增长、改革、文明"四大伙伴关系、"一带一路"倡议等，充分显示了中国对于发展更加成熟、稳健的中欧"全面战略伙伴关系"的战略性思考与规划。

2017年，欧方对中国和中欧关系的政治疑虑有所加剧，但"面对欧洲内部的各种不稳定因素，中国对欧政策稳如泰山，始终如一。中国始终坚持从全球格局和世界大势看待并推进中欧关系，坚定支持欧洲一体化进程，乐见欧盟的团结与发展，坚持在相互尊重基础上管控和处理分歧"。② 未来，中欧应继续本着相互尊重、平等互信、互利共赢的原则，充分发挥领导人会晤、高级别战略对话、经贸高层对话、高级别人文交流对话等对话与合作机制的作用，提升双方之间的政治互信水平，深化中欧四大伙伴关系，拓展双边、地区和全球层面的合作，推进世界多极化发展，共同致力于中欧全面战略伙伴关系朝着更加成熟稳健的方向前进。

其次，在经贸等领域，中欧之间的合作是主流，互利共赢则是中欧合作之大趋势。未来中欧之间仍可能产生贸易等摩擦，对此双方应理性看待、加强协调，妥善管控和化解分歧。

2017年，英国开启了同欧盟的"脱欧"谈判进程，同时也宣布将构建一个"全球化的英国"；随着荷兰、法国、德国等欧盟创始成员国的选举尘埃落定，欧洲极右翼民粹主义的上升势头暂时得到了一定的遏制。这对于中

---

① 习近平：《决胜全面建成小康社会 夺取新时代中国特色社会主义伟大胜利——在中国共产党第十九次全国代表大会上的报告》，新华网，2017年10月27日，http://www.xinhuanet.com/politics/19cpcnc/2017-10/27/c_1121867529.htm，访问时间：2018年1月18日。
② 王毅：《在2017年国际形势与中国外交研讨会开幕式上的演讲》，中华人民共和国外交部网站，2017年12月9日，http://www.fmprc.gov.cn/web/wjbz_673089/zyhd_673091/t1518042.shtml，访问时间：2018年1月18日。

欧关系持续、稳定发展来说，无疑是有利的。然而，随着整体经济形势的改善，欧洲的投资和贸易保护主义倾向却有所加剧，这给中国对欧投资乃至中欧经贸关系带来了一定的消极影响。

此外，当前欧洲一体化前进的动力和欧盟内部的凝聚力还面临一定挑战。2017年3月，欧盟发布的《欧盟的未来白皮书》阐述了英国脱欧后欧盟未来发展可能的五种选项。但实际上，对于所谓"多速欧洲"，欧盟内部特别是西欧与中东欧国家之间存在较大分歧，因此，欧洲人对于建设一个更加紧密的联盟仍缺乏明晰的路线图，"多速欧洲"的前景仍需观察。对于中国和中欧关系来说，今后与欧洲在经贸、投资、金融等领域的合作既需要针对不同区域推进次区域的多边或双边合作，也需要统筹兼顾欧盟和欧洲不同国家的利益诉求，加强同欧洲关系的全面性和均衡性，特别是要注重更好地发挥"一带一路"建设作为中欧关系发展的"引擎"作用。

因此，未来中欧双方不但应共同维护和促进经济全球化的健康发展，还需要继续深化彼此之间的全方位经贸合作关系，加快"一带一路"倡议与欧盟发展战略的对接。同时，中欧双方应不断挖掘合作潜力、扩展利益交汇点、打造新增长点，继续坚持在相互尊重的基础上，本着互利共赢的原则管控和处理有关分歧。

最后，2018年，对于中国、欧洲（包括欧盟和各成员国）和中欧关系来说，都将是意义非凡的一年。

2018年，中国将迎来改革开放40周年，中国将进一步加大对外开放的力度，欧洲和世界的发展、繁荣由此将获得更多的宝贵机遇。对于中国来说，欧洲与中国在互联互通方面合作的意愿和期待进一步强化，2018年欧盟将出台自己的欧亚大陆互联互通规划蓝图并将其与"一带一路"倡议对接。中欧双方秉持共商、共建、共享原则推动"一带一路"建设，不但有助于中欧伙伴关系取得更大发展，也将为构建人类命运共同体做出贡献。

2018年还将是中欧建立全面战略伙伴关系15周年。自20世纪70年代中国与欧盟（当时的欧共体）建交以来，无论国际风云如何变幻抑或欧洲面临各种危机，中国的对欧政策始终保持连续性和稳定性。随着2003年中

国与欧盟的关系提升为全面战略伙伴关系,中欧在政治、经贸、安全等领域合作的共识日益广泛,机制日益成熟,基础日益坚实。尽管2018年欧洲内部仍将存在一些不稳定因素,但随着中欧在政治、经贸等领域继续汇聚共识、深化合作,中欧全面战略伙伴关系将逐渐成为新时代中国构建的全球伙伴关系网络的成功典范。

# B.23 德国对"一带一路"倡议的政策分析（2013~2018）

塞巴斯蒂安·哈尼施（撰） 黄萌萌（译）*

**摘　要：** 德国联邦政府对于"一带一路"倡议总体上是积极的，并将中国视为重要的经济伙伴。德国希望参与"一带一路"倡议的对话过程，特别是涉及欧盟参与的投资项目所触及的欧盟现有规范与规则等领域。可以看到，自2014年开始，德国对"一带一路"倡议的政策反应随着时间的推移和政策领域的不同而变化，这是基于社会偏好的发展以及它们对德国政府政策的影响。出于各种原因，德国对"一带一路"倡议的政策反应随着时间的推移而愈加矛盾。本文从两个阶段分析了德国对"一带一路"倡议的态度，即2013~2015年的谨慎与迟疑阶段和2015年至今的合作与冲突元素并存的政治模式阶段。

**关键词：** 德国　一带一路　社会偏好

## 一　引言

本文旨在研究社会偏好在德国对"一带一路"倡议的态度中的作用。

---

\* 塞巴斯蒂安·哈尼施（Prof. Dr. Sebastian Harnisch），德国海德堡大学国际关系和对外政策首席教授；黄萌萌，中国社会科学院欧洲研究所助理研究员，2017~2018年德国联邦总理奖学金获得者。

价值理念和经济偏好,特别是它们的组合顺序,相较于权力政治或者地缘经济方法可以更为合理地解释德国的行为与立场。①

本文将从两个阶段分析德国对"一带一路"倡议的态度。第一阶段:2013~2015年的谨慎与迟疑阶段,主要表现为公众怀疑,以及中德之间虽然开展了密切对话,但具体的合作项目数量较少。第二阶段:2015年至今,双方形成了一种合作与冲突元素并存的政治模式,一方面,德国政府支持在中欧"互联互通"平台上开展全欧交通网络(TEN-T)项目与"一带一路"倡议对接,德国积极参与"一带一路"倡议在阿富汗和安哥拉的合作项目;另一方面,默克尔领导下的德国政府对中国与中东欧国家展开的各种双边与多边合作疑虑重重,比如"16+1合作"机制等。

## 二 德国对中国"一带一路"倡议的反应

自中国在2013年公布"一带一路"倡议以来,德国公众以及联邦政府对"一带一路"倡议的立场可以分为两个不同的阶段。第一阶段是从2013年到2015年上半年,即使中方做出了较多努力,但德国公众对"一带一路"倡议的反应仍然较为谨慎,而联邦政府对"一带一路"倡议在整体上持积极态度,但也保持观望。第二阶段则呈现了较为不同的场景,一方面,由于中国在中东欧国家的投资触及欧盟在中东欧国家的基础设施建设倡议,在德国的号召下,中欧"互联互通"平台机制得以建立,其目的在于避免中欧双方之间的矛盾并实现中欧倡议对接;另一方面,即使美国反对,德国联邦政府还是参与了中国在"一带一路"倡议下发起的亚洲基础设施投资银行(AIIB,以下简称"亚投行"),这表明德国对中国"一带一路"倡议的发展目标是支持的。

### (一)"宁愿多问路,而非走错路"

起先,德国社会公众对"一带一路"倡议的认知较为迟缓。2015年之

---

① Kundnani, Hans 2011. "Germany as a Geo-economic Power", *The Washington Quarterly*, 34: 3, 31-45.

前，德国只是出现了少量有关"一带一路"倡议早期阶段的专业出版物与报道，比如高婷婷（Nadine Godehardt）和鲁道夫（Moritz Rudolf）的著作。① 习近平主席在2014年3月到访杜伊斯堡，并首次清晰地刻画了"一带一路"倡议的具体内容，得到了中德媒体的广泛关注。② 早期阶段，德国企业参与"一带一路"倡议主要局限在物流领域。

2014年10月，600多位来自中欧政界与经济界的代表参加了汉堡峰会，但是"一带一路"倡议在此时仍然没有成为社会利益的核心关注点。2015年6月，120位中德经济界代表以及政治决策者在太仓市政府的邀请下齐聚一堂，就"一带一路"倡议与中德合作展开讨论。③ 2016年2月，由中国驻德国使馆和德国外交部在柏林举办的共同会议聚焦于"一带一路"倡议与现有的经济团体、欧亚联盟以及欧盟对接的可能性。④

德国对中国的社会认知在2014年呈现出整体积极印象。但德国民众、经济界人士与政治精英对中德政治与经济关系的认知不尽相同：中国被视为全球蓬勃发展的经济力量，49%的德国民众、43%的德国政治家以及51%的经济界人士对此较为担忧。此外，从调查中可以看到，受访者因为年龄层不同与中国当地经验的差异而产生了不同的认知。年龄偏大以及没有中国当

---

① Godehardt, Nadine 2016. "No End of History. A Chinese Alternative Concept of International Order?", Berlin: SWP, https://www.swp-berlin.org/fileadmin/contents/products/research_papers/2016RP02_gdh.pdf. Godehardt, Nadine 2014. Chinas《neue》Seidenstraßeninitiative Regionale Nachbarschaft als Kern der chinesischen Außenpolitik unter Xi Jinping, Berlin: SWP, https://www.swp-berlin.org/fileadmin/contents/products/studien/2014_S09_gdh.pdf, [30.11.2017] Rudolf, Moritz 2015. Häfen, Bahnen, Pipelines, Internationale Politik, 63: 3, 102-107.
② Cnotka, Daniel 2014. Großer Bahnhof für Xi Jinping, Westdeutsche Allgemeine Zeitung, 31.03.2014, https://www.waz.de/staedte/duisburg/grosser-bahnhof-fuer-xi-jinping-id9184012.html. [30.11.2017]
③ Lu, Anchetta 2015. "Taicang Promotes the Belt and Road Initiative", 03.06.2015, China Daily, http://www.chinadaily.com.cn/regional/2015-06/03/content_20902044_2.htm, [30.11.2017].
④ Ederer, Markus 2016. Implications of the One Belt, One Road Initiative for Europe and the Eurasian Continent-Rede von Staatssekretär Markus Ederer bei der Veranstaltung Bestandsaufnahme OBOR, 02.02.2016, https://www.auswaertiges-amt.de/de/infoservice/web-archiv-node/archivreden-node/2016-archivreden-node/-/278098, [30.11.2017].

地经验的受访者对中国经济崛起持明显怀疑的态度，但相较于2012年，2014年德国对中国成为强大经济力量的担忧明显下降。①

细观德国对中国"一带一路"倡议的公众意见，2014年该倡议逐渐引起公众的关注。2015年初，随着德国加入亚投行的讨论而出现对该倡议的第一次报道高峰。2015年以后，与"一带一路"项目相关的报道明显增多。2017年5月在北京举行了"一带一路"国际合作高峰论坛，2017年上半年的有关报道再创新高（见图1）。德国北威州、巴符州与汉堡媒体有关"一带一路"倡议的新闻报道与评论最多，这与基础设施示范项目所在地密切相关，比如杜伊斯堡港和投资密集型机械制造业集中的联邦州。

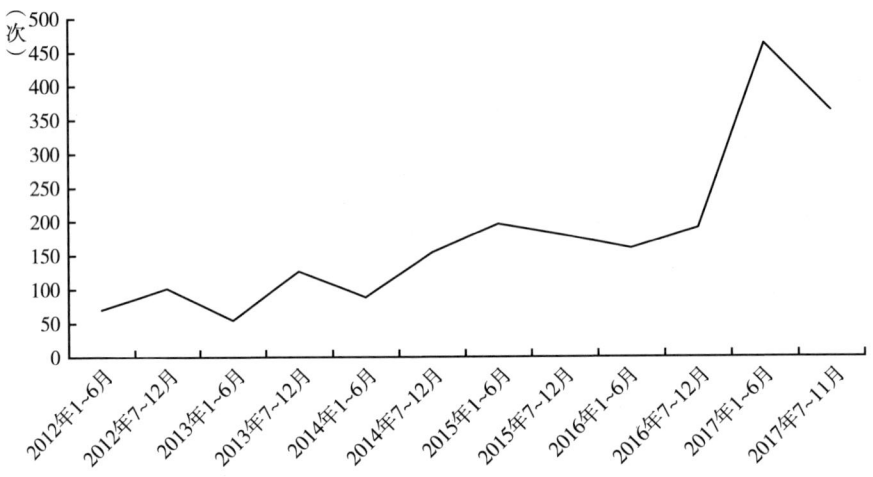

**图1　德国对中国"一带一路"倡议的媒体报道**

数据来源：根据Lexis-Nexis数据库调查结果自制表格。通过Lexis-Nexis检索德语"丝绸之路"和"中国"。统计类别包括报纸、行业新闻、杂志和期刊，不包括通信、网络出版物、网站和未分类媒体。

---

① Huawei (Hrsg. in Zusammenarbeit mit dem GIGA und TNS Emnid) 2014. Deutschland und China-Wahrnehmung und Realität. Die Huawei-Studie 2014, http：//www.huawei－studie.de/downloads/Huawei－Studie－2014－DE.pdf，[30.11.2017].

德国报道初期阶段的政治语调除了关注"一带一路"倡议为德国经济界带来的机会外，还关注该倡议的风险[①]：一方面，德国报道涉及该倡议的地缘政治动机，比如提高中国在世界不同区域的影响力以及抑制西方的影响力等；另一方面，德国报道关注利益层面，如中国向部分区域市场转移在某些领域出现的过剩产能。此外，还有关于"一带一路"倡议能够为中国产业结构较为薄弱的西部省市以及邻国带来稳定效应的报道。[②]

在第一阶段，德国公众的社会偏好与德国联邦政府的官方态度可以概括为谨慎与怀疑，当然，其中也有差异性，比如在2014年10月德国联邦政府就已表态支持"一带一路"倡议，这早于中国发展和改革委员会在2015年4月针对"一带一路"倡议提出进一步的行动指南。在第三次中德政府磋商的公报中可以看到如下内容："德国欢迎欧洲和中国进一步扩大跨洲陆路运输的贸易路线以及'一带一路'倡议沿线的经济轴线。这为中德和中欧合作开辟了新机遇，并且有利于促进中亚和沿线国家的稳定繁荣。"[③]

德国总理默克尔在2015年10月的一次讲话中进一步阐述了德国立场。她一方面赞扬中国领导层促进"一带一路"倡议发展的长期战略思想；另一方面，她特别提到建立欧盟与中国之间的"互联互通"平台，以确保将欧盟纳入到"一带一路"倡议中。[④] 而对于中国正在和部分欧盟成员国及

---

① Deutsche Welle 2014. Chinesische Investoren in Deutschland willkommen, Deutsche Welle Online, 16.01.2014, http://www.dw.com/de/chinesische-investoren-in-deutschland-willkommen/a-17368850, [30.11.2017].

② Gaspers, Jan/Lang, Bertram 2016. "Germany and the Belt and Road Initiative: Tackling Geopolitical Implications through Multilateral frameworks", in: van der Putten et al. (Hrsg.) 2016. *Europe and China's New Silk Roads*, ETNC Report, Dezember 2016, 24 - 29.

③ Bundesregierung/Presse-und Informationsamt der Bundesregierung 2014. Aktionsrahmen für die deutsch-chinesische Zusammenarbeit, "Innovation gemeinsam gestalten!", 10.10.2014, http://www.bundesregierung.de/Content/DE/_Anlagen/2014/10/2014-10-10-aktionsrahmen-dt-chin.pdf?__blob=publicationFile&v=1, [30.11.2017].

④ Merkel, Angela 2015. Rede von Bundeskanzlerin Merkel beim Bergedorfer Gesprächskreis am 29. Oktober 2015, 29.10.2015, https://www.bundesregierung.de/Content/DE/Rede/2015/10/2015-10-29-rede-merkel-bergedorfer-gespraechskreis.html, [30.11.2017].

其邻国在"16+1合作"框架内开展的谈判,默克尔此时的评论还较为谨慎:"我们看到,中国会在欧盟内部构建团体,并与之形成特殊的合作形式,比如在中东欧国家、南欧国家以及部分尚未入盟的欧盟候选国。我想说,中国也可以和整个欧盟进行谈判。但我也相信,中国有兴趣听到欧洲人的不同声音与意愿。当然,如果欧洲不能发出同一种声音,我们对此也负有责任。"①

总之,德国联邦政府在"一带一路"倡议早期阶段的表态比学术文章以及媒体意见要更为积极。在联邦政府的表态中可以清晰地看到,德国希望参与"一带一路"倡议的具体项目。但是,这一阶段德国联邦政府的积极评估更多的是基于"一带一路"倡议的历史发展潜力以及促进沿线国家经济发展与政治稳定的机会。因为"一带一路"倡议第一阶段的行动纲要仍不甚明确,所以德国联邦政府还可以相对独立地行动,强调该倡议的发展潜力。但是,德国联邦政府的这种行动余地在第二阶段明显缩小。

### (二)"好邻居比黄金宝藏更为重要"

德国对"一带一路"倡议第二阶段的反应是矛盾与合作的综合体。这是由中国"一带一路"倡议在德国和欧盟各国的具体分配效果以及在亚非等第三方地区的合作机会决定的。可以看到,中国"一带一路"倡议在三个区域带来了不同的分配效果:就德国本身而言,其正面效应大于负面效应;就欧盟及其邻近地区而言,在经济以外还有越来越多的政治效应;而对于欧洲以外的地区,则主要是由中欧联合项目引起的积极效果。

1. 分配效果与区域效果

2016年和2017年由"一带一路"倡议带来的持续性经济活力是显而易见的。中国在欧洲的直接投资,特别是在德国的直接投资迅速增长(见表1

---

① Merkel, Angela 2015. Rede von Bundeskanzlerin Merkel beim Bergedorfer Gesprächskreis am 29. Oktober 2015,29.10.2015,https://www.bundesregierung.de/Content/DE/Rede/2015/10/2015-10-29-rede-merkel-bergedorfer-gespraechskreis.html,[30.11.2017]。

和图2）。首先，2016年，关于出售关键科技公司（这里指机器人制造商库卡集团）的跨大西洋讨论致使德国联邦政府与其他部分欧盟成员国有意收紧非欧盟企业在欧并购的政策。①

表1 中国在德国和欧洲的投资项目与对德投资的市场比例（2006~2016年）

单位：个

| 年份 | 2006 | 2007 | 2008 | 2009 | 2010 | 2011 | 2012 | 2013 | 2014 | 2015 | 2016 |
|---|---|---|---|---|---|---|---|---|---|---|---|
| 德国 | 13 | 7 | 35 | 45 | 33 | 45 | 46 | 68 | 105 | 74 | 118 |
| 其他欧洲国家 | 45 | 44 | 52 | 66 | 82 | 95 | 82 | 85 | 129 | 164 | 179 |
| 欧洲整体 | 58 | 51 | 87 | 111 | 115 | 140 | 128 | 153 | 234 | 238 | 297 |
| 对德投资的市场比例（%） | 22 | 14 | 40 | 41 | 29 | 32 | 36 | 44 | 45 | 31 | 40 |

数据来源：根据安永数据自制表格，http：//www.ey.com/Publication/vwLUAssets/ey-direktinvestitionen-chinesischer-unternehmen-in-deutschland-und-europa/$FILE/ey-direktinvestitionen-chinesischer-unternehmen-in-deutschland-und-europa.pdf，[30.11.2017]。

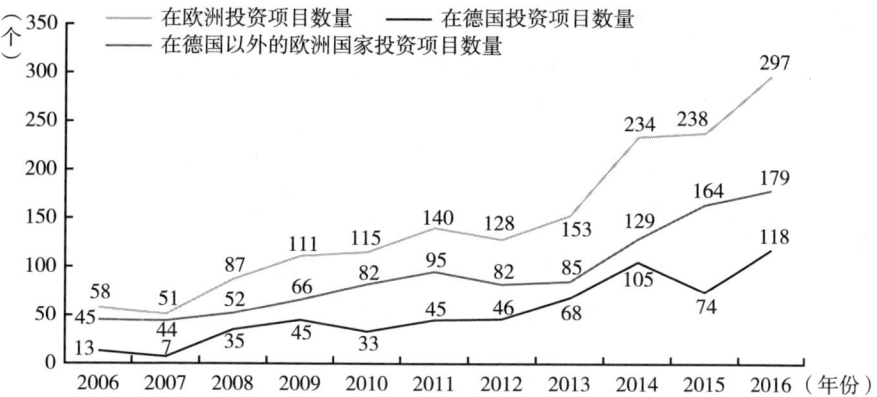

图2 中国在德国和欧洲的投资（2006~2016年）

数据来源：根据安永数据自制图表，http：//www.ey.com/Publication/vwLUAssets/ey-direktinvestitionen-chinesischer-unternehmen-in-deutschland-und-europa/$FILE/ey-direktinvestitionen-chinesischer-unternehmen-in-deutschland-und-europa.pdf，[30.11.2017]。

---

① Stanzel, Angela 2016. "China's Investment in Influence：The Future of 16+1 Cooperation", China Analysis, Brüssel：European Council on Foreign Relations, http：//www.ecfr.eu/page/-/China_Analysis_Sixteen_Plus_One.pdf，[30.11.2017]。

其次，因中国在欧直接投资迅速攀升，加之世界贸易组织内对于是否承认中国市场经济地位存在争议，相比于从前，德国更倾向于将中国对欧洲企业的市场开放程度（如太阳能、化学以及钢铁行业）作为议题。① 这直接导致2017年5月的"一带一路"国际合作高峰论坛上中欧双方在市场开放问题上产生了争执。由于中欧双方对此无法达成共识，因此很多欧盟国家包括德国没有签署最后的联合声明。②

德国对"一带一路"倡议在欧盟及其东部邻国不同分配效果的看法，引发了中德双方的另一个潜在冲突。一方面，德国认为中国的基础设施贷款为欧盟及其邻国政治角色规避欧盟标准，或者不按照入盟要求改善治理模式提供了机会，担心中国的投资活动可能会导致或者已与欧盟标准以及欧盟制定的巴尔干国家入盟战略产生矛盾。另一方面，中国给予了很多中东欧国家基础设施项目贷款，这将令中东欧国家对附有严格执行条款的欧盟资助项目的需求下降。为此，德国担心在短期内中国项目与欧盟项目将形成直接对冲。从长远来看，这些中东欧国家的债务负担或将更加严重，中国可以通过经济杠杆促使某些国家在外交问题上给予支持。

最后，德国认为欧盟内的新政治经济分配矛盾与中国投资有关。德国在2017年观察到，受欧元危机影响较大的南欧国家（希腊、葡萄牙、马耳他）为巩固经济而大量利用中国投资，它们在欧盟内的主张比较符合中国利益，欧盟在某些重大问题上无法形成对华的一致性立场，德国将中国"一带一路"倡议视为"分而治之"的战略。2017年8月底，德国外长提出了"一

---

① Deutsche Welle 2017. "Was bringt Chinas Neue Seidenstraße?", Deutsche Welle Online, 17.11.2017, http://www.dw.com/de/was-bringt-chinas-neue-seidenstra%C3%9Fe/a-41421445, [30.11.2017].
Von der Buchardt, Hans et al. 2017. "Europe and China: The Uneasy Truce", Politico. EU, 01.06.2017, https://www.politico.eu/article/europe-and-china-the-uneasy-truce-market-economy-export/ [30.11.2017].

② Lee, Felix 2017. Eklat bei Chinas Multimilliarden-Projekt neue Seidenstraße, Berliner Morgenpost, 16.05.2017, https://www.morgenpost.de/wirtschaft/article210592161/Eklat-bei-Chinas-Multimilliarden-Projekt-neue-Seidenstrasse.html, [30.11.2017].

个欧洲"的政策,并将其与"一个中国"的政策做对比。①

2. 公众意见与媒体报道

2016年,德国各界对中国经济力量的担忧总体上比2014年有所下降。根据相关调查数据,2016年有44%的德国民众对中国经济力量持有保留态度,而2014年的相关数据为44%;2016年有35%的德国政治家对中国经济力量较为担忧,而2014年该数据为43%;同样的问题对于经济界人士而言,其数据从2014年的51%下降到2016年的34%,降幅约为1/3。②

在第二阶段,关于德国对"一带一路"倡议的态度,不仅德国媒体的有关报道大幅增加(见图1),同时也涌现出了大量从德国和欧洲视角分析"一带一路"倡议的德、英文专业出版物。③ 比如,范德普特(van der Putten)等学者在2016年对欧盟大国对"一带一路"倡议的政策展开了研究,艾伯特基金会和瑞典和平研究所的联合报告从安全政治角度强调了"一带一路"倡议与欧盟之间的冲突与合作可能性④;施坦策尔(Angela Stanzel)等学者分析了"一带一路"倡议对中东欧国家与欧洲基础设施政策的意义⑤;史克

---

① Euractiv 2017. Sigmar Gabriel warnt Europa vor Spaltung durch China, Euractiv Online-Portal, 31.08.2017, http://www.euractiv.de/section/all/news/sigmar-gabriel-warnt-europa-vor-spaltung-durch-china/, [30.11.2017].

② Huawei (Hrsg. in Zusammenarbeit mit dem GIGA, Universität Duisburg-Essen und TNS Emnid) 2016. Deutschland und China-Wahrnehmung und Realität. Die Huawei-Studie 2016, http://www.huawei-studie.de/downloads/Huawei-Studie-2016-DE.pdf, [30.11.2017].

③ European Parliament 2016. "At a Glance: What Think Tanks Are Thinking: China and Europe", 11.03.2016, http://www.europarl.europa.eu/RegData/etudes/ATAG/2016/575703/EPRS_ATA (2016) 575703_EN.pdf, [30.11.2017].
European Parliament 2017. "Briefing: What Think Tanks Are Thinking: The EU and China", 16.06.2017, http://www.europarl.europa.eu/RegData/etudes/BRIE/2017/607257/EPRS_BRI (2017) 607257_EN.pdf, [30.11.2017].

④ Ghiasy, Richard/Zhou, Jiayi 2017. "The Silk Road Economic Belt. Considering Security Implications and EU-China Cooperation Prospect", Stockholm: SIPRI, https://www.sipri.org/sites/default/files/The-Silk-Road-Economic-Belt.pdf, [30.11.2017].

⑤ Stanzel, Angela 2016. "China's Investment in Influence: The Future of 16+1 Cooperation", China Analysis, Brüssel: European Council on Foreign Relations, http://www.ecfr.eu/page/-/China_Analysis_Sixteen_Plus_One.pdf, [30.11.2017].

(转下页注)

（Sebastian Schiek）的研究涉及"一带一路"倡议对中亚重要国家的影响①；2017年"亚洲之家"中国项目与中国论坛从发展政策角度分析了"一带一路"倡议，并就该倡议提供了通讯简报。②

将这两个研究阶段进行比较可以发现，第二阶段与第一阶段相比，报道的政治语调明显不同：第一阶段"一带一路"倡议为德国经济发展带来的具体机遇是利益关注点。③ 这从对中国外交官的采访中也可以获悉。④ 一方面，即使德国企业和城市还不能从"一带一路"倡议早期阶段所进行的

---

（接上页注⑤）Jakóbowski, Jakub 2016. "A Partial Success of Trade Cooperation within the '16 + 1' Formula: the case of food exports to China", OSW Commentary, Nr. 189, Warschau: OSW, https：//www. osw. waw. pl/sites/default/files/commentary_ 189_ 0. pdf,［30. 11. 2017］.
Schüller, Margot/Schüler-Zhou, Yun 2015. Chinas Seidenstraßen-Initiative trifft auf transeuropäische Infrastrukturpolitik, GIGA-Focus, Nr. 8/2015, https：//www. giga – hamburg. de/de/system/files/publications/gf_ asien_ 1508_ 0. pdf,［30. 11. 2017］.
Makocki, Michal 2017. "China in the Balkans: The Battle of Principles", Brüssel: ECFR, http：//www. ecfr. eu/article/commentary_ china_ in_ the_ balkans_ the_ battle_ of_ principles_ 721,［30. 11. 2017］.
Pepe, Jacopo Maria 2017. "China's Inroads into Central, Eastern and Southeastern Europe", Regional and Global Implications for Germany and the EU, DGAP – Analyse, 2/2017, Berlin: DGAP, https：//dgap. org/en/article/getFullPDF/29245,［30. 11. 2017］.

① Schiek, Sebastian 2017. Bewegung auf der Seidenstraße. Chinas Belt and Road-Initiative als Anreiz für zwischenstaatliche Kooperation und Reformen an Zentralasiens Grenzen, Berlin: SWP, https：//www. swp – berlin. org/fileadmin/contents/products/studien/2017S16_ ses. pdf,［30. 11. 2017］.
② China-Programm der Stiftung Asienhaus 2017. Wohin führen die Neuen Seidenstraßen? Chinas Belt and Road Initiative, https：//www. eu – china. net/uploads/tx_ news/Broschuere_ Chinas_ Belt_ and_ Road_ Initiative_ Wohin_ fuehren_ die_ neuen_ Seidenstrassen_ 2017. pdf,［30. 11. 2017］.
China-Programme/Stiftung Asienhaus, chinadialogue（Hrsg.）2017. "Silk road bottom-up: Regional perspectives on the 'Belt and Road Initiative'", https：//www. eu – china. net/uploads/tx_ news/Broschuere_ Silk_ Road_ Bottom – Up_ 2017. pdf,［30. 11. 2017］.
③ Deutsche Verkehrszeitung/DVZ 2017. Duisport setzt auf China-Karte, DVZ Online, 11. 04. 2017, http：//www. dvz. de/rubriken/land/binnenschifffahrt/single – view/nachricht/duisport – setzt – auf – die – china – karte. html,［30. 11. 2017］.
Heinritzi, Johannes 2017. Von Xian nach Duisburg, Focus Money Markets, 17/2017, 58 – 61.
④ Rheinische Post 2017. Generalkonsul Haiyang Feng im Interview: Chinesischer Job-Motor fürs Rheinland, Rheinische Post, 11. 05. 2017, http：//www. rp – online. de/nrw/staedte/duisburg/chinesischer – job – motor – fuer – das – rheinland – aid – 1. 6811298,［30. 11. 2017］.
Shi, Mingde 2017. Win-Win ist der Weg, Die Welt, 07. 02. 2017, http：//www. china – botschaft. de/det/dszl/dsjscf/t1436468. htm,［30. 11. 2017］.

基础设施建设中明显获利,但它们仍然期待一个更好的市场准入机会能够长期促进德国出口型经济发展;另一方面,"一带一路"倡议为欧洲与欧洲以外地区带来的经济和发展政策效应是德国媒体与专业出版物关注的焦点。① 特别是德国于 2015 年 3 月申请加入亚投行的决定引起了很多关注。②

3. 社会角色与利益团体

2015 年 3 月,中国制定了"一带一路"倡议的行动文件后,该倡议进入了具体实施阶段。除了加强地理上的连通性之外,还包括促进政府间政策协调、促进贸易投资以及民众交流等领域的措施。③ 德国经济界最大且最为重要的利益团体——德国工业联合会从一开始便对"一带一路"倡议持欢迎态度。④ 从 2017 年年中开始,德国工业联合会通过其北京代表处扩展现

---

① Erling, Johnny 2017. China will Merkels Anti-Amerika-Moment nutzen. Die Bierzeltrede der Kanzlerin wurde auch in Peking gehört, Die Welt, 31. 05. 2017, https://www.welt.de/print/die_welt/politik/article165100265/China-will-Merkels-Anti-Amerika-Moment-nutzen.html,[30. 11. 2017].
Heilmann, Sebastian/Gaspers, Jan 2017. Die Neue Seidenstraße. Seit Donald Trump in den USA regiert, kann sich China als Garant des Freihandels präsentieren. Das wichtigste Vehikel seiner ehrgeizigen Politik ist das globale Infrastrukturprojekt Neue Seidenstraße, Le Monde Diplomatique, 08. 06. 2017, https://monde-diplomatique.de/artikel/! 5408466,[30. 11. 2017].

② Horta, Korinna/Wang, Wawa/Sausmikat, Nora 2016. "The New China-led Investment Bank AIIB and Its Geo-strategical Meaning", Köln: Asienhaus, https://www.asienhaus.de/uploads/tx_news/Blickwechsel__INVESTMENT.pdf,[30. 11. 2017].
Ramsauer, Thomas 2016. Die neue Asian Infrastructure Investment Bank: Zuviel Wirbel um Chinas Vorstoß?, Arbeitspapier Sicherheitspolitik, Nr. 2/2016, Berlin: Bundesakademie für Sicherheitspolitik, https://www.baks.bund.de/sites/baks010/files/arbeitspapier_sicherheitspolitik_2016_02.pdf,[30. 11. 2017].

③ Miller, Tom 2017. "China's Asian Dream: Empire Building along the New Silk Road", London: ZED Books.
Rolland, Nadège 2017. "China's Eurasian Century? Political and Strategic Implications of the Belt and Road Initiative". Washington, DC: National Bureau of Asian Research.

④ China-Daily 2016. "China's Economic Transformation Opportunity for China", Germany: BDI Chief, 03. 09. 2016, http://www.chinadaily.com.cn/business/2016-09/03/content_26688759.htm,[30. 11. 2017].

有的联系网络,试图缓解新出现的冲突。① 此外,德国商会外贸负责人也对"一带一路"倡议为德国经济发展带来的机遇给予了积极评价。②

德国经济界代表人士,比如德国工业联合会主席肯普夫(Jochen Krempf)提出了中国扩大现有市场准入的诉求。他认为,如果中国投资来源(私人或者国家投资)与动机更加透明,且可以清楚地看到它们为德国就业带来的积极影响,就可缓解德国对中国在德投资不断增长的疑虑。③ 德国商会主席史伟哲(Eric Schweitzer)持有相似立场,但也略有不同。他认为,"一带一路"倡议无疑为德国经济提供了"新商机",但《中国制造2025》在关键技术领域的经济政策战略亦引起了德国的担忧,尚不确定该战略是否会对德国和其他国家的企业产生歧视。④

德国工业企业与物流行业,比如西门子、德国铁路货运股份公司以及德意志银行已通过大型项目参与或者计划扩大参与"一带一路"倡议。⑤ 然而,德国科研机构与社会组织指出,中德在第三方市场的合作可能会面临一些问题。例如,目前还没建立相应的知识交流平台,促使经济基础较为薄弱的国家找到可持续的解决方案,并就项目招标与融资制定共同标准。如果中

---

① Bundesverband der Deutschen Industrie/BDI 2017. Kempf,"Wir wollen das China sich öffnet", BDI-Agenda 2017/06, 07.06.2017, https://bdi.eu/newsletter/agenda/issue-2017-06-17/wir-wollen-nicht-dass-europa-sich-abschottet-wir-wollen-dass-china-sich-oeffnet,[30.11.2017].

② Deutsche Welle 2017. Was bringt Chinas Neue Seidenstraße?, Deutsche Welle Online, 17.11.2017, http://www.dw.com/de/was-bringt-chinas-neue-seidenstra%C3%9Fe/a-41421445,[30.11.2017].

③ Bundesverband der Deutschen Industrie/BDI 2017. Kempf,"Wir wollen das China sich öffnet", BDI-Agenda 2017/06, 07.06.2017, https://bdi.eu/newsletter/agenda/issue-2017-06-17/wir-wollen-nicht-dass-europa-sich-abschottet-wir-wollen-dass-china-sich-oeffnet,[30.11.2017].

④ Deutscher Industrie-und Handelskammertag/DIHK 2017. China-Geschäft:Schranken wären der falsche Weg, 15.05.2017, https://www.dihk.de/presse/nachrichten/news/?b_start:int=220&-C=.[30.11.2017].

⑤ Heilmann, Sebastian/Gaspers, Jan 2017. Die Neue Seidenstraße. Seit Donald Trump in den USA regiert, kann sich China als Garant des Freihandels präsentieren. Das wichtigste Vehikel seiner ehrgeizigen Politik ist das globale Infrastrukturprojekt Neue Seidenstraße, Le Monde Diplomatique, 08.06.2017, https://monde-diplomatique.de/artikel/!5408466,[30.11.2017].

亚国家的边境交通仅对中国产品保持开放,而不进行可持续的结构性改革,则有可能滋生腐败,这将会引起诸多问题。① 为此,投资目的国的当地抗议应引起重视,否则将有损"一带一路"倡议的经济成果与政治稳定的目标。② 对于中东欧国家亦是如此,如果它们未来无法偿还中国贷款而发生贷款违约,则将带来重大问题。如若发生大规模贷款违约,为"一带一路"倡议提供支持的中国金融机构的信用评级将随之下降。③ 德国认为既然参与了亚投行,就应在划拨贷款的过程中对相应的环境和社会标准提出建议。④

总体而言,第二阶段德国对"一带一路"倡议的态度源于混合型的社会偏好。商业机构强调"一带一路"倡议带来的机会,特别是在欧亚经济圈,中国的"一带一路"倡议将在中期内为德国高科技、制造业与物流企业在欧亚大陆带来更多的销售机会。同时,德国也提出了如下诉求,即欧盟

---

① Schiek, Sebastian 2017. Bewegung auf der Seidenstraße. Chinas Belt and Road-Initiative als Anreiz für zwischenstaatliche Kooperation und Reformen an Zentralasiens Grenzen, Berlin: SWP, https://www.swp-berlin.org/fileadmin/contents/products/studien/2017S16_ses.pdf, [30.11.2017].

② Heilmann, Sebastian/Gaspers, Jan 2017. Die Neue Seidenstraße. Seit Donald Trump in den USA regiert, kann sich China als Garant des Freihandels präsentieren. Das wichtigste Vehikel seiner ehrgeizigen Politik ist das globale Infrastrukturprojekt Neue Seidenstraße, Le Monde Diplomatique, 08.06.2017, https://monde-diplomatique.de/artikel/!5408466, [30.11.2017].
China-Programme/Stiftung Asienhaus, chinadialogue (Hrsg.) 2017. "Silk Road Bottom-up: Regional Perspectives on the 'Belt and Road Initiative'", https://www.eu-china.net/uploads/tx_news/Broschuere_Silk_Road_Bottom-Up_2017.pdf, [30.11.2017].

③ The Economist 2017. "China Faces Resistance to a Cherished Theme of Its Foreign Policy", 04.05.2017, https://www.economist.com/news/china/21721678-silk-routes-are-not-always-appealing-they-sound-china-faces-resistance-cherished-theme, [30.11.2017].
Gaspers, Jan 2017. Seidenstraße: Licht und Schatten, Wirtschaftsdienst, 97. Jahrgang, Heft 6/2017, 382.
Hoering, Uwe 2017. Die, Neue Seidenstraßen-Initiative. Chinas Anlauf zu globaler Präsenz, Informationsbrief Weltwirtschaft & Entwicklung (W&E), 08/2017.

④ Horta, Korinna/Wang, Wawa/Sausmikat, Nora 2016. "The New China-led Investment Bank AIIB and Its Geo-strategical Meaning", Köln: Asienhaus, https://www.asienhaus.de/uploads/tx_news/Blickwechsel__INVESTMENT.pdf, [30.11.2017].
Wissenschaftliche Dienste 2016. Sachstand. Die Sozial-und Menschenrechtsstandards der Weltbank und der Asian Infrastructure Investment Bank, WD 2 - 3000 - 091/16, https://www.bundestag.bude/blob/436482/216490962b566f7bdf5eef0b046389e5/wd-2-091-16-pdf-data.pdf, [30.11.2017].

是否对中国投资进一步开放内部市场与中国市场的对等开放相关。此外，德国社会团体和研究机构认为中国投资目的国的社会角色参与不足，这将削弱中国"一带一路"倡议在社会、经济与环境领域的可持续性成果，并为该倡议的中国参与者（如省政府和银行等）带来潜在风险。

4. 德国政府的立场

在第二阶段，德国政府对"一带一路"倡议继续保持基本的积极态度，并在2016年有所加强，比如德国是亚投行的创始成员国，作为亚洲以外的第一大股东积极参与"一带一路"倡议。德国政府领导层还呼吁将现有的区域组织与"一带一路"倡议进行积极对接（如欧亚经济联盟和"一带一路"倡议），以期在"互联互通"项目融资中发挥协同作用。① 中国国家主席习近平于2017年7月同德国总理默克尔举行了会谈，默克尔在会后的新闻发布会中阐释了德国的立场："德国积极支持'一带一路'倡议，正如今天所说，特别是该倡议的互联互通项目。我相信大家会很愿意参与这些项目，同时也希望通过透明的招标，德国也可以为实施这些项目做出相应的贡献。"②

透明的招标过程、对等市场开放以及符合社会与环境国际标准是德国联邦政府最为重要的经济诉求。由于中国在德投资大幅上升，但中国在市场准入方面仍有所限制，德国经济和能源部部长齐普里斯在2017年5月"一带一路"国际合作高峰论坛上进一步提出了德国对于市场开放以及反对保护主义的诉求。③

---

① Auswärtiges Amt 2017. "Eurasische Konnektivität"：Regionale Botschafterkonferenz im Auswärtigen Amt, 28.06.2017, https：//www.auswaertiges-amt.de/de/aussenpolitik/regionaleschwerpunkte/asien/170622-eurasische-boko/290956, [30.11.2017]．

② Merkel, Angela 2017. Pressestatements von Bundeskanzlerin Merkel und dem chinesischen Staatspräsidenten Xi Jinping, 05.07.2017, https：//www.bundeskanzlerin.de/Content/DE/Mitschrift/Pressekonferenzen/2017/07/2017-07-05-statement-merkel-xi.html, [30.11.2017]．

③ Reuters 2017. "Germany Demands More Free Trade Guarantees on China Silk Road Plan-minister", 14.05.2017, https：//uk.reuters.com/article/uk-china-silkroad-germany/germany-demands-more-free-trade-guarantees-on-china-silk-road-plan-minister-idUKKCN18A0AH? il=0, [30.11.2017]．

同时，德国认为应兼顾合作伙伴国家的政治与经济诉求，特别是来自不同企业团体有关各自项目的投资机会与风险的透明性分析。①

德国联邦政府看到了中德在"一带一路"倡议框架下开展第三国合作的机会，认为大型基础设施项目也需要德国企业已有的专业知识以及专业独立运作的风险评估，因此提出了兼顾德国等合作伙伴政治与经济意愿的诉求。在此背景下，德国政府并未听从美国政府的反对意见而是加入了亚投行，其资本份额为4.4832%。作为亚洲以外的最大股东，德国支持亚投行通过对基础设施和其他生产部门的融资以及与现有金融机构进行区域合作实现可持续发展的目标。② 德国前财政部部长朔伊布勒也认为，德国加入亚投行可以确保该行符合国际标准，同时获得更好的信用评级。

德国联邦议会中，几乎所有议会党团都认为中国更好地融入国际金融机构将大有益处。他们也强调，所资助的项目取得成功的关键是要符合社会与环境标准，而这些标准须以世界银行的现行规则为导向。③ 2016年2月初，德国职业外交官兼世界银行前副行长约阿希姆·冯·阿姆斯贝格被任命为负责政策与战略的亚投行副总裁，以便与作为股东的德国联邦政府进行密切磋商。

在亚投行的协调下，中德两国的第三方市场合作以及在阿富汗和安哥拉等国的双边项目进展顺利，这与由中国在中东欧国家日益增长的政治影响力引起的中欧潜在冲突形成了鲜明对比。为了尽早避免中国"一带一路"倡议与欧洲基础设施政策之间形成规制竞争，德国很早就主张所有欧盟国家形

---

① Claus, Michael 2017a. "Where the Rubber Meets the 'Belt and Road' – German ambassador answers the big questions", South China Morning Post, 13.05.2017, http://www.china.diplo.de/Vertretung/china/de/__pr/Kopie_20von_202016/reden__bo/170513-scmp-pm/170513-scmp-pm.html?archive=3366876, [30.11.2017].

② Bundestag 2015. Beschlussempfehlung und Bericht des Finanzausschusses zu dem Gesetzentwurf der Bundesregierung (Drs. 18/6163), Entwurf eines Gesetzes zu dem Übereinkommen vom 29. Juni 2015 zur Gründung der Asiatischen Infrastruktur-Investitionsbank, (Drs. 18/6568), 04.11.2015.

③ Bundestag 2015. Beschlussempfehlung und Bericht des Finanzausschusses zu dem Gesetzentwurf der Bundesregierung (Drs. 18/6163), Entwurf eines Gesetzes zu dem Übereinkommen vom 29. Juni 2015 zur Gründung der Asiatischen Infrastruktur-Investitionsbank, (Drs. 18/6568), 04.11.2015.

成对"一带一路"倡议的共同政策。① 为此,德国大力支持建立中欧"互联互通"平台,以促进双方在基础设施建设、设备、技术和标准方面的合作。② 与此同时,德国驻华大使不断主张欧盟各国主动应对中国的"一带一路"倡议,他认为:"应对中国'一带一路'倡议的方式有二。第一,与中国合作缩小发展差距,加强开放、透明和非等级化的世界秩序(……)。第二,欧洲可以作为友好的力量积极提供具有吸引力的发展理念,为当地劳动力、公司和产品提供最大的参与机会,即发展'互联互通'的欧洲模式(……)。最后,也要兼顾劳动安全、环境标准并且进行公平而可持续的融资。"③

2017年,德国联邦政府通过以下的一些案例日益认为中国利用其不断增长的投资活动对欧盟成员国与欧盟候选国施加政治影响。2016年夏天,希腊、匈牙利和克罗地亚在南海问题上反对欧盟立场。2017年6月,部分欧盟成员国(葡萄牙、马耳他、希腊、捷克和瑞典)因与中国保持密切的投资关系,欧盟加强对外国投资审查措施的提议被搁置。同月,希腊在联合国框架内阻止了欧盟在对华人权问题上的决议。④ 2017年8月底,德国外长

---

① Makocki, Michal 2017. "China in the Balkans: The Battle of Principles", Brüssel: ECFR, http://www.ecfr.eu/article/commentary_china_in_the_balkans_the_battle_of_principles_721, [30.11.2017].
   Wrießnig, Thomas 2017. Die geostrategische Bedeutung der Seidenstraßen-Initiative Chinas (OBOR), Arbeitspapier Sicherheitspolitik, Nr. 4/2017, Berlin: Bundesakademie für Sicherheitspolitik, https://www.baks.bund.de/sites/baks010/files/arbeitspapier_sicherheitspolitik_2017_04.pdf, [30.11.2017].
② Bundesregierung 2016. Gemeinsame Erklärung anlässlich der 4. Deutsch-Chinesischen Regierungskonsultationen, 13.06.2016, http://www.china.diplo.de/contentblob/4831674/Daten/6647312/160617merkelerklaerungdd.pdf, [30.11.2017].
③ Claus, Michael 2017c. "Why Europe and the US Cannot Afford to Ignore China's Belt and Road", South China Morning Post, 16.06.2017, http://www.china.diplo.de/Vertretung/china/de/__pr/Kopie_20von_202016/reden__bo/170616-scmp-pm/170616-scmp-pm.html?archive=3366876, [30.11.2017].
④ Gotev, Georgi 2016. "EU unable to Adopt Statement Upholding South China Sea Ruling", 14.07.2016, http://www.euractiv.com/section/global-europe/news/eu-unable-to-adopt-statement-upholding-south-china-sea-ruling/, [30.11.2017].
   Karnitschnig, Matthew 2017. "Beijing's Balkan Backdoor", Politico, 13.07.2017, https://www.politico.eu/article/china-serbia-montenegro-europe-investment-trade-beijing-balkan-backdoor/, [30.11.2017].

加布里尔在与法国大使进行会谈时说道:"我们当然同意'一个中国'的原则,但我们也期待中国奉行'一个欧洲'的政策(……)。"① 其后,德国驻华大使柯慕贤在《南华早报》的采访中再次表达了类似观点。②

总而言之,第二阶段德国对中国"一带一路"倡议形成了如下政治模式:随着"一带一路"倡议对各种政治、经济以及社会角色偏好的直接影响不断增强,德国对该倡议形成了更为清晰的外交政策反应。比如,德国2015年加入亚投行以及中德在第三方市场进行合作展现出了两国在共同经济与发展政策利益上的兼容性;然而,加布里尔在2017年提出的"一个欧洲"的政策也展现出了两国在政治认同与世界秩序理念上的不兼容性。从自由主义理论视角来看,建立中欧"互联互通"平台展现出双方正试图通过制度化政策协调并且拉近其利益形成的过程。

## 三 总结与展望

德国联邦政府对"一带一路"倡议总体上是积极的,并将中国视为连接经济增长区域的重要伙伴国,同时德国希望参与"一带一路"倡议的对话过程,特别是涉及欧盟参与的投资项目所触及的欧盟现有规范与规则等领域。可以看到,德国对"一带一路"倡议的政策反应随着时间的推移和政策领域的不同而变化,这是基于社会偏好的发展以及它们对德国政府政策的影响。出于各种原因,德国对"一带一路"倡议的政策反应随着时间的推移而愈加矛盾。

自由主义理论相对于权力政治或者地缘政治,可以更好地解读德国对中

---

① Euractiv 2017. Sigmar Gabriel warnt Europa vor Spaltung durch China, Euractiv Online-Portal, 31.08.2017, http://www.euractiv.de/section/all/news/sigmar-gabriel-warnt-europa-vor-spaltung-durch-china/,[30.11.2017].

② Claus, Michael 2017b. "Belt and Road Plan shouldn't be Globalisation with Chinese Characteristics, Ambassador Says", South China Morning Post, 06.10.2017, http://www.china.diplo.de/Vertretung/china/de/__pr/2017/reden__bo/171009-scmp-pm.html?archive=3366876,[30.11.2017].

国"一带一路"倡议政策反应变化的原因。整体而言,随着时间的推移,"一带一路"倡议项目越发具体,德国政治与经济界的决策人士对该倡议的参与构建意愿也越发强烈。还未有其他亚洲地区以外的国家像德国那样大力支持由中国发起的亚投行,但也没有欧盟其他国家像德国那样公开责备中国对欧盟内部程序施加影响。不久的将来,德国社会对于亚投行是否遵守国际社会与环境标准的关注度将加强。可以预见,这将导致作为股东的德国在贷款业务上提出更多限制性意见。

中德之间出现某些矛盾在所难免,从自由主义视角来看,这是由于双方利益具有不兼容性,即使是制度化的政策协调措施,如中欧"互联互通"平台,也无法完全克服这些矛盾。对于以市场经济为导向的德国来说,如果欧盟大型基础设施项目因为偏向非欧盟国家的大型企业而导致欧盟公共采购规则失效,则将带来监管政策上的问题。德国基本法将欧洲团结视为其国家目标,因此从政治秩序与政治认同的角度来看,如果欧洲以外的大国在部分欧盟成员国将其经济影响力扩展至政治影响力,并且对欧洲内部决策过程施加有利于该国的影响,那么这对于德国而言也是一个不小的问题。

要避免这些冲突,中德双方或许都需要进行调整与改变。德国认为这不仅包括中国国有企业的主导地位,同时还包括德国在中东欧国家建立的生产网络等深层次利益结构。然而,在可预见的将来,中德由于在价值观上的一些基本差异而无法在上述领域发生根本性转变。因此,德国对"一带一路"倡议较为矛盾的立场或将持续。但如果一些创新性政策能够协调中德双方的利益共识,那么德国的矛盾心理或将得以缓解。

# B.24
# 欧盟反倾销新规中的"市场扭曲"制度与中国的应对

胡建国*

摘　要： 第2017/2321号条例确立的欧盟反倾销反补贴新规已于2017年12月20日正式生效。相比于欧盟委员会MES建议，欧盟反倾销反补贴新规并无重大制度性变化，但在某些方面更为完善。"市场扭曲"制度是欧盟反倾销反补贴新规中最为重要的制度创新，包括"严重扭曲"认定机制、国别或行业"严重扭曲"报告机制和特殊的正常价值计算方法等三大基本要素。"市场扭曲"制度一定程度上纳入了环保和劳工标准。《中国经济严重扭曲报告》内容丰富，证明其歧视性存在一定难度，但不应低估其重要影响。中国诉欧盟价格比较方法案缓慢推进，中国与欧盟、美国深度博弈WTO诉讼，其他WTO成员的立场可能出现严重分化。建议中国政府积极稳妥地推进针对包括"市场扭曲"制度在内的欧盟相关措施的WTO诉讼。建议中国政府和中国企业密切关注并积极应对欧盟反倾销"市场扭曲"制度的实施，密切跟踪欧盟贸易工具现代化立法中"低税规则"的修订情况并予以适当应对。此外，应当重视《中国经济严重扭曲报告》中提到的"问题"，警惕美欧等发达国家通过包括反倾销工具在内的单边措施予以回应。

关键词： 中国市场经济地位　第2017/2321号条例　市场扭曲　严重扭曲报告

---

\* 胡建国，南开大学法学院副教授，主要研究国际经济法、世贸组织法和欧盟法。

经过2年多的争论与酝酿,在讨论是否给予中国"市场经济地位"的背景下,2017年12月欧盟终于通过了修改《反倾销基本条例》和《反补贴基本条例》的第2017/2321号条例(下称"第2017/2321号条例"或"欧盟反倾销反补贴新规")。① 新条例已于2017年12月20日正式生效。同日,欧盟委员会以员工工作文件的形式发布了《贸易防御调查意义上的中华人民共和国经济严重扭曲报告》(下称"《中国经济严重扭曲报告》"或"《报告》")。② 至此,为了回应《中国加入世界贸易组织议定书》(下称"《中国加入议定书》")第15段部分条款于2016年12月11日到期,欧盟修改贸易防御工具立法的工作告一段落。

本报告从法律层面简要回顾2017年以来欧盟对华"市场经济地位"立法的进展情况③和第2017/2321号条例确立的欧盟反倾销反补贴新规的基本情况,重点分析经第2017/2321号条例修改的《反倾销基本条例》相关条款(下称"欧盟反倾销新规")④确立的"市场扭曲"制度⑤和欧盟委员会发布的《中国经济严重扭曲报告》,结合中国诉欧盟价格比较方法案(DS516)的最新进展,提出中国的应对策略。

---

① REGULATION (EU) 2017/2321 OF THE EUROPEAN PARLIAMENT AND OF THE COUNCIL of 12 December 2017 amending Regulation (EU) 2016/1036 on protection against dumped imports from countries not members of the European Union and Regulation (EU) 2016/1037 on protection against subsidised imports from countries not members of the European Union, Official Journal of the European Union, L 338/1, 19.12.17.
② EUROPEAN COMMISSION, COMMISSION STAFF WORKING DOCUMENT ON SIGNIFICANT DISTORTIONS IN THE ECONOMY OF THE PEOPLE'S REPUBLIC OF CHINA FOR THE PURPOSES OF TRADE DEFENCE INVESTIGATIONS, Brussels, 20.12.2017, SWD (2017) 483 final/2.
③ 关于欧盟对华"市场经济地位"立法的背景、争论以及2017年之前的立法进展,参见胡建国《欧盟是否给予中国"市场经济地位"的影响因素及对策》,《欧洲研究》2016年第5期,第1~22页;胡建国、叶斌《欧盟对华"市场经济地位"立法草案:问题与对策》,载《欧洲发展报告》(2016~2017),社会科学文献出版社,2017,第199~203页。
④ 核心条款是《反倾销基本条例》第2(6a)条。
⑤ 欧盟理事会表示,新的评估第三国市场扭曲的国家中性方法的主要目标是发现并纠正这些国家境内的国家干预所导致的市场扭曲。由于新条例核心条款第2(6a)条旨在纠正政府干预导致的市场扭曲,本报告将《反倾销基本条例》第2(6a)条及相关条款确立的制度称为"市场扭曲"制度。

## 一 第2017/2321号条例确立的欧盟反倾销反补贴新规概况

### (一) 2017年以来欧盟对华"市场经济地位"立法的进展情况

2016年11月9日欧盟委员会提出修改《反倾销基本条例》和《反补贴基本条例》的建议草案（下称"欧盟委员会MES建议"）后，即进入欧洲议会和欧盟理事会一读立法程序。至欧洲议会和欧盟理事会通过第2017/2321号条例，较为重要的立法阶段包括：

(1) 欧洲议会完成一读审查程序。2017年6月20日，欧洲议会表决通过《欧洲议会立法决议草案》，并据此通过了国际贸易委员会在其最新提交的一份审读报告中提出的修改意见。

(2) 欧盟理事会达成共识。2017年5月3日，欧盟大使们批准了欧盟理事会关于评估第三国境内市场扭曲的国家中性新方法的立场，并要求欧盟理事会轮值主席启动与欧洲议会的谈判。欧盟理事会一读似乎没有对欧盟委员会MES建议做出修改。

(3) 欧盟三方机构达成共识。2017年10月3日，欧洲议会、欧盟理事会和欧盟委员会就修改欧盟反倾销和反补贴立法达成了临时协议。

(4) 欧洲议会表决通过。2017年10月12日，欧洲议会国际贸易委员会以31票支持、2票反对和5票弃权通过了欧盟三方机构MES临时协议。2017年11月15日，欧洲议会以554票赞成、48票反对和80票弃权通过了欧盟三方机构达成的非正式协议。

(5) 欧盟理事会表决通过。2017年12月5日，欧盟理事会28个成员国全体一致通过了欧盟三方机构MES临时协议。

(6) 第2017/2321号条例公布与生效。2017年12月19日，《欧盟公报》登载了第2017/2321号条例。根据第2017/2321号条例第3条，新条例已于2017年12月20日正式生效。

(7) 欧盟委员会发布《中国经济严重扭曲》报告。2017年12月20日，欧

盟委员会根据《反倾销基本条例》第2（6a）（c）条公布了《中国经济严重扭曲报告》，从三个不同的角度全面考查了与《反倾销基本条例》有关的中国境内存在的严重扭曲：中国经济当前轮廓和结构的核心特征、中国境内五种主要生产要素（土地、能源、资本、重要投入品、劳工）的市场扭曲总体情况、中国境内四个具体部门（钢铁、铝业、化学品、陶瓷）的市场扭曲情况。

### （二）第2017/2321号条例相比于欧盟委员会MES建议并无重大制度性变化，但更为完善

相比于欧盟委员会MES建议，第2017/2321号条例并无重大制度性变化，仍旧包含了如下主要内容：（1）废除了针对部分世界贸易组织（WTO）成员的有条件市场经济待遇制度；（2）创设"市场扭曲"制度；（3）现有反倾销措施或反倾销调查"祖父化"；（4）允许调查新发现的补贴项目。第2017/2321号条例并未涉及"低税规则"的修改问题。①

但是，第2017/2321号条例也在许多重要方面改变或者完善了欧盟委员会MES建议。例如，欧盟反倾销新规确立的过渡制度更为合理。根据规定，过渡期是指第2017/2321号条例生效至提起第一次到期复审这段时间。欧盟委员会MES建议不允许利害关系方在过渡期内提出中期复审请求，这就否定了利害关系方基于正常价值计算方法之外的理由提出中期复审的机会，明显不合理。第2017/2321号条例纠正了此种不合理之处，允许利害关系方在过渡期内提出中期复审，但在过渡期内需要适用旧法确定正常价值。

## 二 欧盟反倾销新规确立的"市场扭曲"制度

### （一）"市场扭曲"制度包括紧密相连的三大基本要素

欧盟反倾销新规确立的"市场扭曲"制度包括三大基本要素：（1）"严

---

① 参见胡建国、叶斌《欧盟对华"市场经济地位"立法草案：问题与对策》，载《欧洲发展报告》（2016~2017），社会科学文献出版社，2017，第203~205页。

重扭曲"认定机制。（2）国别或行业"严重扭曲"报告机制。此种机制旨在减轻反倾销申请的举证责任负担，方便欧盟委员会做出"严重扭曲"认定。（3）基于替代性成本的正常价值认定机制。

1. "严重扭曲"认定机制

"严重扭曲"（significant distortions）概念在整个"市场扭曲"制度中发挥着核心作用。根据第2（6a）（a）条，使用推算方法确定正常价值、使用替代性价格或成本信息确定被调查生产商或出口商的生产成本包括两大条件：第一，存在严重扭曲；第二，严重扭曲导致使用出口国的国内价格和成本并不适当。

第2（6a）（b）条定义了"严重扭曲"。"严重扭曲"是指相当大程度上影响到自由市场力量。如果报告的价格或成本（包括原材料和能源成本）由于受到实质性政府干预不是自由市场力量的结果，那么就存在导致严重扭曲的状况。欧盟委员会在评估是否存在严重扭曲时应当考虑如下一个或多个因素的潜在影响：（1）出口国当局拥有、控制或者在其政策监督或指导下展开经营的企业显著占据相关市场；（2）公司法中的国家存在允许国家干预价格或成本；（3）有利于国内供应商的歧视性公共政策或措施，或者以其他方式影响自由市场力量的公共政策或措施；（4）缺乏、歧视性适用或者不充分执行破产法、公司法或财产法；（5）工资费用受到扭曲；（6）获得执行公共政策目标的机构或者以其他方式没有独立于政府行事的机构提供的融资。

关于"国内价格和成本并不适当"，第2017/2321号条例序言第(5)段给出了一定的指导，即"出口国存在直接或间接的严重扭曲且导致相关当事方账簿反映出来的成本人为压低"。

2. 国别或行业"严重扭曲"报告机制

国别或行业"严重扭曲"报告机制是"市场扭曲"制度的重要方面，旨在减轻反倾销申请人的举证责任负担，方便欧盟委员会在具体反倾销调查中认定"严重扭曲"。根据第2（6a）（c）条，如果欧盟委员会有充分的理由表明可能存在第2（6a）（b）条所指的严重扭曲，并且认为对于有效适用本条例是适当的,欧盟委员会应当形成并定期更新报告,根据第2(6a)(b)条描述特定国家或者特定部门的市场环境。在反倾销调查或各类复审中,申请人可以依据国别或行业"严重扭曲"报告作为重要证据,提出反倾销调查审查以及进行后续调查程序。欧盟委员会也必须考虑此类报告及其所依赖的证据。

3. 特殊的正常价值计算方法

根据第2(6a)(a)条,如果认定存在"严重扭曲"且导致使用国内价格或成本并不适当,欧盟委员会应当利用推算正常价值的方法确定被调查企业的正常价值。推算正常价值应当基于反映出不受扭曲的成本或基准的生产和销售成本。

欧盟委员会可以使用的成本信息来源包括:(1)与出口国具有类似经济发展水平的适当代表性国家的相应生产和销售成本,条件是易于获取相关数据。如果存在不止一个此类国家,应当酌情优先考虑具有充分社会和环境保护水平的国家。如果从代表性国家获取数据并且欧盟委员会需要证明此类国家的社会和环境保护水平是否充分,欧盟委员会将会审查这些国家是否遵守了核心的国际劳工组织(ILO)公约和相关多边环境公约。(2)不受扭曲的国际价格、成本或基准。(3)国内成本,但仅限于依据准确和适当的证据积极证明这些成本不受扭曲。除生产成本外,推算正常价值还应包括不受扭曲且合理的行政、销售和一般费用以及利润数额。

### (二)"市场扭曲"制度在一定程度上纳入了环保和劳工标准

就劳工和环保标准、税收问题而言,欧盟委员会MES建议没有将其纳入"市场扭曲"制度。欧洲议会通过的草案明确规定,如果没有遵守核心的ILO公约、欧盟是缔约方的多边环境协议以及与税收领域有关的相关OECD公约并且导致了竞争扭曲,就存在"严重扭曲"。欧盟三方机构MES临时协议达成了妥协。首先,未将没有遵守核心的ILO公约或相关多边环境公约作为一类"严重扭曲"或者"严重扭曲"认定应当考虑的因素之一。其次,第2017/2321号条例序言第(4)段要求欧盟委员会在评估是否存在严重扭曲时"应该"酌情考虑核心的 ILO 公约和相关多边环境公约。最后，第 2（6a）（a）条明确规定，如果不止一个适当代表性国家，那么欧盟委员会应当酌情优先选择具有充分社会和环境保护水平的国家。关于"具有充分社会和环境保护水平的国家"，欧盟委员会在审查时有必要考虑此类国家是否遵守了核心的 ILO 公约和相关多边环境公约。

第 2017/2321 号条例的前述安排一定程度上将劳工和环保标准纳入了"市场扭曲"制度。欧洲议会国际贸易委员会在通过欧盟三方机构 MES 临时协议的新闻通稿中表示，从全球来看，欧盟贸易防御工具立法将会首次考虑国际劳工与环保标准。[①] 欧盟委员会认为，社会和环保标准可以在新方法下发挥一定的作用。尤其是，如果存在与被调查出口国具有类似经济发展水平的许多适当代表性国家，欧盟委员会在做出选择时将会考虑这类代表性国家的社会和环境保护水平。[②]

## 三　欧盟委员会《中国经济严重扭曲报告》

### （一）《中国经济严重扭曲报告》内容丰富

《中国经济严重扭曲报告》从三个不同的角度考查了中国境内存在的所谓"严重扭曲"。首先，《报告》第一部分审查了中国经济当前轮廓和结构的核心特征。这些特征包括：《宪法》和其他法律体现的"社会主义市场经济"概念；中国共产党在经济方面的作用；中国共产党领导下由各级政府发布并实施的广泛的规划体系；广泛存在的拥有大量国有企业的国有部门（包括各种监督与控制机制）；金融市场；采购市场和投资审查体制。所有这些主题都相互紧密联系。在中国境内开展经济活动的框架的总体图景是，

---

① European Parliament-Press Release, "Trade MEPs Back Informal Deal on EU Anti-dumping Measures", 12-10-2017.
② See European Commission-Fact Sheet, "The EU's New Trade Defence Rules and First Country Report: Questions and Answers", Brussels, 20 December 2017.

国家继续对资源分配及其价格施加决定性影响。

其次,《报告》第二部分分别考查了中国境内五种主要生产要素〔土地、能源、资本、重要投入品(例如原材料)和劳工〕的总体情况。分析表明,各种生产要素的分配和定价以非常显著的方式受到了国家的影响。

最后,《报告》第三部分分别考查了钢铁、铝业、化学品和陶瓷部门。关于钢铁部门,《报告》得出的结论如下:(1)钢铁产业被中国政府视为一个核心的支柱产业。(2)政府根据范围广泛的政策工具和指令指导钢铁部门的发展。(3)国有企业是政府发展钢铁部门的一个核心工具,国有企业服务于政府的战略性产业政策。政府鼓励产生更大的钢铁生产商(国家冠军)。(4)金融机构在执行钢铁部门的政府目标的过程中发挥了核心作用。前述四个因素一起表明,钢铁部门受到了政府的严重影响,导致了严重的市场扭曲。当前的钢铁产能过剩问题最为清楚地表明了政府政策的影响及其导致的扭曲。《报告》也对铝业、化学品和陶瓷部门得出了类似的结论。

### (二)《中国经济严重扭曲报告》初步评估

1. 较难证明《中国经济严重扭曲报告》的歧视性

首先,第2(6a)(c)条并未设置歧视性法律安排,要求针对中国等少数国家发布报告。其次,根据欧盟委员会的解释,针对中国发布第一份严重扭曲报告仅仅反映出如下事实:针对中国的反倾销调查和措施占到欧盟反倾销调查和贸易防御措施的最大比例。欧盟委员会将会根据相同的选择标准——这些国家在欧盟反倾销活动中的相对重要性——选定国家并准备其他报告,表明可能存在与政府干预经济有关的扭曲。依此标准,下一份国别报告将会涉及俄罗斯。

2. 不应低估《中国经济严重扭曲报告》的影响

首先,《报告》将会在对华反倾销调查中发挥重要作用。申请人将会依赖该份报告提出反倾销调查申请,提出"严重扭曲"指控。欧盟委员会也会深度依赖该份报告做出"严重扭曲"认定。《报告》将会是对华反倾销调查中极为重要的"严重扭曲"证据。但是,《报告》并不意味着在对华反倾销调查中自动适用替代国方法，特定案件中是否适用新方法取决于案件的细节。

其次，《报告》可能会在对华反补贴调查中发挥一定作用。欧盟委员会认为，该份报告是一种以事实为基础的信息渠道，仅仅应当被用于反倾销调查。但是，该份报告的标题为《贸易防御工具意义上的中国经济严重扭曲报告》，似乎表明该报告具有更为广泛的用途。无论如何，作为一份官方文件，其关于中国补贴的描述在对华反补贴调查中仍然可能具有极强的证据价值。

最后，《报告》关于中国经济体制总体特征、五种主要生产要素和四个部门市场状况的描述可能会影响中国在国际社会中的形象，并可能影响WTO专家组或上诉机构在相关案件中的判断。

## 四 中国诉欧盟价格比较方法案最新进展

### （一）中国诉欧盟价格比较方法案缓慢推进

2016年12月12日，中国针对欧盟《反倾销基本条例》第2（1）~（7）条向WTO提出磋商请求（下称"DS516争端"），指控这些条款违反了《1994年关贸总协定》和《反倾销协议》相关条款。[①] 2017年3月9日，中国请求WTO争端解决机构（DSB）设立专家组。专家组请求将欧盟反倾销反补贴新规纳入DS516争端。2017年4月3日，DSB设立了专家组。由于事关重大，澳大利亚等19个WTO成员保留各自的第三方权利。2017年7月10日，WTO总干事应中国的请求组建了专家组。2017年12月初，专家组举行了DS516争端的第一次听证会。专家组预计2018年下半年之前不会发布报告。

---

① European Union-Measures Related to Price Comparison Methodologies, Request for Consultations by China, WT/DS516/1, 15 December 2016.

## （二）中国与欧盟、美国深度博弈WTO诉讼

首先，2017年10月26日，美国商务部在对华铝箔反倾销调查的背景下提前发布了《中国非市场经济地位备忘录》（下称"《中国NME备忘录》"），意图在专家组举行第一次听证会之前形成舆论影响。

其次，2017年12月6日，中国常驻世界贸易组织代表团张向晨大使（亲历中国加入WTO谈判）和商务部条法司司长陈福利一起出席了DS516争端的专家组第一次听证会。这在中国参与WTO争端解决实践上是史无前例的。此外，中国还公布了张向晨大使发言的中英全文，这是中国政府首次公布WTO诉讼文件。

最后，美国和欧盟在第一次书面陈述中提出了许多令人吃惊的主张：(1) 拒绝非市场经济条件的价格或成本的法律授权来自《关税与贸易总协定》（GATT）第6条，而不是《中国加入议定书》第15段。(2)《中国加入议定书》不是GATT第6条的例外，而是澄清了第6条。(3) 关于举证责任，美欧第一次书面陈述也提出了新的论证思路。《中国加入议定书》第15条（a）（ii）项到期意味着举证责任向调查当局的回归。

## （三）其他WTO成员的立场可能出现严重分化

一般认为，DS516争端仅仅涉及中国，对其他WTO成员没有什么直接影响。当然，其他WTO成员乐见美欧等WTO成员继续在对华反倾销调查中使用替代国方法，因为这有利于他们的出口产品。因此，参与本案的第三方预计不会支持中国而是支持美欧。但是，美欧基于GATT第6条的法律主张与论证表明，这两个案件不再是专门针对中国的案件，而是有着非常深远的体制性影响。欧美基于GATT第6条的法律主张与论证可能导致外部基准的多边化，将会对三类国家产生重要影响：出口导向型国家、特殊体制国家、处于工业化阶段的国家。这类WTO成员预计会支持中方立场。

## 五 中国可能的应对措施

### （一）积极稳妥地推进针对欧盟相关措施的 WTO 诉讼

尽管"市场扭曲"制度涉嫌违反 WTO 规则，特别是考虑到 WTO 已在阿根廷诉欧盟生物柴油反倾销案中判定欧盟的类似做法（即成本调整方法）违反了《反倾销协议》相关条款，但是，"市场扭曲"制度是欧盟机构给予相关利害关系方的一个交代。对于中国而言，唯有通过 WTO 诉讼，由争端解决机构判定"市场扭曲"制度与 WTO 规则不符，才能改变欧盟内部的政治经济平衡，迫使欧盟再次修改《反倾销基本条例》，在反倾销调查中真正给予中国与其他 WTO 成员完全相同的待遇。

### （二）密切关注并积极应对欧盟反倾销"市场扭曲"制度的实施

欧盟反倾销"市场扭曲"制度已于 2017 年 12 月 20 日正式生效，欧盟委员会也公布了《中国经济严重扭曲报告》以及更新后的《如何提起反倾销申请指南》。可以说万事俱备，只待欧盟企业提出对华反倾销调查申请，"市场扭曲"制度就会正式运转。

通过外交途径已经无法迫使欧盟修改或者废除"市场扭曲"制度。唯有通过 WTO 诉讼，让欧盟败诉后为了执行 WTO 裁决这么做。这需要花费好几年时间。对于中国企业而言，在此期间应当根据"市场扭曲"条款积极应诉，争取较低的反倾销税率。

### （三）密切跟踪贸易防御工具现代化立法中"低税规则"的修订情况

与"市场扭曲"制度密切相关的一个问题是"低税规则"的适用范围。如果针对相同产品同时征收反倾销和反补贴（"双反"）措施，并且反倾销税以"市场扭曲"制度为基础，那么极有可能导致"双重救济"问题。欧盟目前在对华"双反"调查中运用"低税规则"避免双重救济。如果"低

税规则"的适用范围被压缩,将使欧盟在对华"双反"调查中无法采取措施避免双重救济,不仅涉嫌违反WTO规则,并可能增加对华反倾销壁垒。①

第2017/2321号条例没有涉及"低税规则"的修改问题。但是,压缩"低税规则"的适用范围是欧盟贸易防御工具现代化立法中的一个核心争议问题。2017年12月5日,欧盟三方机构就贸易防御工具现代化立法达成了政治协议。根据协议,在某些情况下,欧盟将会改变"低税规则"并可能征收更高的税负。这将会适用于受到不公平补贴的目标进口产品或者原材料和能源价格受到扭曲的国家的倾销产品。② 欧盟三方机构达成政治协议预示着欧盟贸易防御工具现代化立法将会加速推进,预计欧盟不久就会通过贸易防御工具现代化立法。

对于中国企业而言,2017年12月20日之后如果遭遇欧盟"双反"调查并且欧盟委员会适用了"市场扭曲"制度,应该积极要求欧盟委员会适用"低税规则"以避免双重救济。

对于中国政府和中国企业而言,应该密切关注欧盟贸易防御工具现代化立法的进展情况,特别是"低税规则"的适用范围问题。一旦欧盟通过贸易防御工具现代化立法并且压缩了"低税规则"的适用范围,中国企业应该在"双反"调查中据理力争,争取较低的"双反"税,中国政府则应该研究"双反"措施是否可能导致"双重救济"及其与WTO规则的一致性,并酌情提出WTO诉讼。

### (四)重视《中国经济严重扭曲报告》提到的"问题"

2017年10月26日,美国在对华铝箔反倾销调查的背景下公布了《中国NME备忘录》,认定中国仍是一个非市场经济国家。大约2个月后,欧盟公布了《中国经济严重扭曲报告》。《报告》虽然没有认定中国不是一个

---

① 参见胡建国、叶斌《欧盟对华"市场经济地位"立法草案:问题与对策》,载《欧洲发展报告》(2016~2017),社会科学文献出版社,2017,第206~209页。
② See European Commission-Press Release, "Commission Welcomes Landmark Deal Modernising the EU's Trade Defence Brussels", 5 December 2017.

市场经济体，但其关于中国经济的核心特征、中国生产要素扭曲的描述与《中国 NME 备忘录》却有类似之处。两份报告可能会在国际上导致较为负面的中国形象，并可能影响 WTO 专家组对 DS516 争端的看法。中国是否需要通过某种方式予以回应值得考虑。例如，中国是否需要反驳美欧两份报告？或者，中国是否需要主动公布报告，描述中国经济改革开放的成就、中国特色社会主义市场经济的运行等情况？

另外，美欧在两份报告中指出的各种"问题"，很大程度上是包括反倾销规则在内的现有 WTO 规则无法处理的。如果中国通过 WTO 诉讼堵死美欧通过反倾销工具回应这些"问题"的口子，想必美欧也会找到其他单边工具做出回应[1]，这是需要我们高度警惕的。

---

[1] 美国贸易代表莱特希泽认为，WTO 还没有准备好应对中国为了支持产业升级而采取的各种政策。为了发展中国经济，中国巨大规模的协调努力（补贴、培育国家冠军、强迫技术转移、扭曲中国市场和整个世界市场）是世界贸易体制的一种威胁，这是史无前例的。WTO 及其前身 GATT 的设计不能成功地应对如此规模的重商主义。美国必须发现其他方法保护美国的公司、工人、农民以及美国的经济体系。See Robert Lighthizer, "U. S. Trade Policy Priorities", September 18, 2017, https：//www.csis.org/analysis/us‑trade‑policy‑priorities‑robert‑lighthizer‑united‑states‑trade‑representative/? block1.

# B.25 中欧科技创新合作的新亮点与新趋势

张 敏*

**摘 要：** 建设创新型国家是当前中国建设现代化经济体系的核心内容，为中国与世界创新大国深化合作提供了新的机遇。近年来中欧关系日益紧密，围绕科技创新领域的合作趋于多元化、创新化和前瞻化。本文重点从三个不同的维度分析中欧科技创新合作的新亮点与新趋势：一是中国与欧盟科技创新合作里程碑及中欧在"地平线2020"计划上的协调合作新机制；二是中英科技关系发展及创新共同发布《中英科技创新合作战略》；三是中国与瑞士确立创新战略伙伴关系，开创东西方大国与小国创新合作的新典范。这三个层面的科技创新合作代表着中国与欧洲科技创新合作的新方向，具有战略性、前瞻性、突破性等特点，为"中欧全面战略伙伴关系"提升至"全面创新战略伙伴关系"奠定了基础。

**关键词：** 中欧科技创新 创新合作战略 创新战略伙伴关系

## 一 引言

近年来，中国对科技创新驱动发展的重视程度上升到了前所未有的战

---

\* 张敏，中国社会科学院欧洲研究所研究员、博士生导师、科技政策研究室主任，中国社会科学院西班牙研究中心主任。

略高度。中国在改革开放的40年里取得了举世瞩目的经济发展成果,成为世界第二大经济体。然而,经济高速增长模式存在着发展质量和效益较低、生态环境破坏严重、创新能力不强、实体经济水平仍有待提高等诸多问题,中国经济的年均增长速度已经无法维持过去40年接近10%的高速增长,因而转为7%左右的中高速增长,经济增长模式已经进入转型期,客观上要求经济增长动力发生转变,从"要素驱动""投资驱动"转向"创新驱动"。

在这一背景下,中共中央、国务院于2016年5月印发了《国家创新驱动发展战略纲要》,提出创新驱动发展战略。按照习近平总书记的指示:"创新是引领发展的第一动力,是建设现代化经济体系的战略支撑",并对建立创新型大国提出了明确的目标与任务。① 依靠创新驱动发展战略建设创新型国家的目标为中国与欧盟在科技创新领域开展合作创造了新机遇,也提出了更高的要求。

中国是一个处于技术追赶地位的国家,在科技发展过程中,首先依靠的是对外开放,引进、消化、吸收国外的先进技术。当前及今后时期要实现十九大报告提出的"创新型国家战略",中国在科技创新领域应加大对外开放程度,继续推进国际合作步伐。与美国、日本相比,中国与欧洲的科技合作更具战略价值,这是因为,中欧科技合作是中欧全面战略伙伴关系的核心内容,欧盟是中国引进技术的主要来源。近年来中欧科技合作日趋活跃,与欧盟及其成员国、欧洲其他国家之间建立创新伙伴关系成为推动中欧科技合作的新方向,中欧科技合作关系由传统意义上的技术合作逐渐转向科技创新合作。以下从三个层面阐述中欧科技创新合作的新亮点与新趋势。

---

① 党的十九大报告第五部分"贯彻新发展理念,建设现代化经济体系"中明确提出,中国经济已经由高速增长阶段转向高质量发展阶段,正处在转变发展方式、优化经济结构、转换增长动力的攻关期,建设现代化经济体系是跨越关口的迫切要求和中国发展的战略目标。加快创新型国家建设是建设现代化经济体系的关键环节。

## 二 科技创新：中国与欧盟关系中的新亮点

### （一）科技合作向创新合作转型

中国与欧盟在科技领域的合作逐渐上升为中欧全面战略伙伴关系的核心部分。迄今为止，中欧科技合作进程中的重要节点是：第一，1998年，中国与欧盟签署了《中欧科技合作协定》，欧盟的研发框架计划（印）和中国的高技术研究计划、基础研究计划（即"863"计划和"973"计划）向彼此开放，此后《中欧科技合作协定》在2004年、2009年和2014年先后三次续签。第二，2009年5月，中国与欧盟签订了《中欧科技伙伴计划》，中欧科技合作关系从以欧盟为主逐步转向寻求平等的合作伙伴关系。双方在彼此互为优先的领域共同决定、评选和资助研究项目。第三，2012年第十五次中欧领导人会晤期间，中国与欧盟签署了《中欧创新合作对话联合声明》，并于2013年11月21日在北京举行了第一次"中欧创新合作对话"，双方就优化和调整创新治理体系、推动富有成效的创新支持措施、提供更好的创新环境等一系列问题加强了沟通和协商。① 第四，中欧双方于2015年确立了科研与创新联合资助机制（CFM），这是年度"中欧创新合作对话"的成果之一。联合资助机制由中国科技部和欧盟委员会科研与创新总司各自投入资助经费设立。② 这一机制改变了原来中方各机构各自申请的方式，调整后的主要特征是欧盟项目的申报改为由国家科技管理信息系统统一申报，这为中方机构参与欧盟项目提供了便利性和主动性。为此，中欧双方对这一机制给予了高度评价。③

---

① "Delegation of the European Union to China", https：//eeas.europa.eu/delegations/china/15394/china‐and‐eu_en.
② 《欧盟与中国启动新的科研与创新联合资助机制》，国际在线 2015 年 9 月 8 日，http：//news.cri.cn/gb/42071/2015/09/08/8011s5094725.htm。
③ 万钢部长说："科技合作是中欧全面关系的重要组成部分，科学与创新将为经济增长和社会发展注入动力。"欧盟委员会科研与创新委员卡洛斯·莫达斯莫达斯表示："联合资助机制的设立将为中欧战略伙伴关系带来重大影响，科研与创新现已成为这一伙伴关系的重要内容。"

## (二)中欧科技合作的创新亮点

1. 科技合作治理体系的转型

中欧科技合作的管理模式经历了"一对多"集中管理①、多头管理和协作管理三个时期,管理模式的改进有效整合了中欧科技合作的现有资源,使双方的合作朝着高效平等的方向发展。

《中欧科技合作协定》签署之后,中欧合作的模式是典型的多头管理模式(1998~2015年)。1998年的科技合作协定明确提出中国将继续作为发展中国家参加欧盟为了发展的研究活动,这就保障了中国可以平等伙伴身份参与欧盟研发框架计划,并可享有发展中国家的项目合作地位。这就意味着只要中方机构可以找到欧盟国家的合作伙伴,就可以直接联系欧方伙伴,共同申请研发框架计划下的合作项目。② 这一国家层面的协定使中欧合作的"一对多"模式转变为"多对多"的多头管理模式,中欧科技合作进入了全面开花阶段。

中欧合作2015年至今进入协作管理模式阶段。按照中欧共同倡议设立科研与创新联合资助机制,自2016年起,中国科技部将为中方机构参与"地平线2020"计划科研创新项目及科研人员的交流提供资金支持,2016~2020年,中欧分别筹集15亿欧元和5亿欧元用于联合资助计划。这一科技合作模式有效整合了中欧科技合作的现有资源,改变了以往多头合作的分散状态,推动双方合作高效、平等发展。

采用协作管理模式的主要原因是:第一,多头管理模式促进了双方科研

---

① 中欧双方签署《中欧科技合作协定》之前适用"一对多"集中管理模式(1981~1998年):"一对多"集中管理模式是指在这一时期内,中方由当时的国家科学技术委员会统一负责与外方的科技合作,而欧方的能源总司、信息总司、发展总司等各部门均被赋予了科学技术决策和管理的功能,需要在中欧建交后通过发展相关科技领域的合作拓展本部门的职能。这一时期,中国与欧共体的科技合作多采用援助性、示范性的方式,欧共体作为主导,中国处于被动地位,人员培训、专家互访等各项费用基本都由欧共体承担。中欧合作项目大多与中国的"863"计划所属项目相关。虽然在合作时中国处于相对弱势的地位,但是也提高了国内科研人员的研究水平,积累了国际合作研究经验。

② 高洁、刘立:《中欧科技合作路径的演化及展望》,http://www.sohu.com/a/158869656_468720。

团队的培育，但无法避免不必要的竞争和资源浪费。中方科研团队直接申请欧方项目时无法得到科技部的直接支持，科技部也无从掌握项目合作的情况及实际进展，科技合作管理机构与具体项目执行部门之间存在脱节现象。第二，在2014年开始执行的"地平线2020"计划中，中国和其他新兴经济体将不再自动获得"地平线2020"项目资金，中方参与者必须提供资金或实物，作为他们身为项目参与方的财力贡献。因此，政府主导参与下的中欧科技合作，中国政府提供研究经费，是推动中欧构建科技创新伙伴关系的基础。

2. 中欧在研发框架计划下的合作成果

欧盟的研发框架计划从1998年起对华全面开放①，中国与欧盟在研发框架计划下的合作一直是中欧科技合作的主渠道。1998年正值欧盟第四研发框架计划执行期。"在欧盟第四研发框架计划中，我国共参与81个项目，其中52个项目是发展中国家合作计划（INCO－DC），获欧盟项目经费2500万欧元，是INCO－DC计划中获得项目和资金最多的发展中国家；在第五研发框架计划中，我国共参与项目数为110个，其中INCO－DC项目为44个；在第六研发框架计划中，我国参与项目239个，获得欧盟研究经费约3519万欧元，占第三国（非欧盟国家）获得欧盟项目经费总数的10.88%，仅次于俄罗斯排在第二位；第七框架计划中，我国共参与410个项目。"②

目前，中国作为欧盟"地平线2020"计划的最大合作伙伴，重点合作领域包括食品、农业与生物、能源、水、信息通信、纳米、太空和极地研究等。包括中国科学技术大学、清华大学、北京大学、上海交通大学等在内多所高校参与了"地平线2020"计划。

3. 中欧创新合作迎来发展新机遇

在第三次"中欧创新合作对话"（2017年6月2日）期间，中欧达成了

---

① 1998年，欧盟第四研发框架计划首次把与第三国之间的合作（简称INCO）纳入其中。INCO的子计划，即与发展中国家合作计划（INCO－DC）强调发展中国家的参与，这为我国参与欧盟科研计划提供了可能性。
② 张敏：《欧盟"地平线2020"科研计划新动向》，《瞭望》2018年第1期。

《中国科技部和欧盟委员会关于依托共同资助机制实施2018～2020年度中欧研究创新旗舰合作计划和其他类研究创新合作项目的协议》，为后续中欧双方开展政府间科研创新合作提供了指导和依据。

2017年10月底，欧盟委员会正式公布欧盟"地平线2020"计划（2014～2020年）①最后三年（2018～2020年）的创新研发资金分配分案。根据这一方案，在2018～2020年，欧盟投入"地平线2020"计划的资金总额将高达300亿欧元，其中27亿欧元用以启动欧盟新的科研管理机构——欧洲创新理事会。这一方案一经公布，便以资金规模大且聚焦具有重大突破性、社会性和市场驱动性的前沿科学研究引起了外界的广泛关注。新一轮项目的合作方式具有如下三大新特点：（1）欧盟在研发领域的资助将更为集中，以改变过去覆盖面广、资助项目多、近乎"撒胡椒面"的资助方式；（2）重点支持具有技术突破性、市场驱动性的创新研究，寻求技术突破点与市场驱动性之间的联动和均衡发展；（3）调整和改革欧洲研究理事会制度，建立和启动欧洲创新理事会。项目资助方式、重点突破领域以及科技创新治理方式均有所调整和改变，这为中欧开展更加有成效的创新合作提供了新的机遇。

不过，值得注意的是，"地平线2020计划"以对等开放、双向合作、资金分摊和共担作为中欧合作研究项目的新规则和新趋势，在研究重点、资金要求、科研成果的知识产权归属上均提出了更高的要求，这对中国学者参与研发项目具有很大的挑战性。

2018～2020年，欧盟委员会重点资助的创新研发领域是低碳、适应气候变化、循环经济、欧洲工业和服务业数字化及转型、欧盟安全、移民问题。此外，与清洁能源相关的四大领域：可再生能源、能效建筑、电动运输和储存方案等也有相应的研发投入。根据上述欧盟委员会未来3年的研发资助重点，中国可在研发低碳、绿色发展技术等方面与欧盟开展联合攻关，为中国在绿色发展、低碳增长等方面提供新技术、新方案、新实践。加强中国

---

① 欧盟"地平线2020"计划即欧盟第八研发框架计划，预算总额高达770亿欧元，是迄今为止欧盟科技创新领域资金规模最大的研发框架计划。第七研发框架计划的经费总额为558亿欧元。

与欧盟在低碳化、数字化、清洁能源技术等方面的研发合作,将有利于中欧共同为人类开创低碳绿色发展新时代做出贡献。

## 三 中英科技创新合作进入共商、共决时代

中国与欧盟及其成员国的合作分多个层面,包括欧盟成员国的超国家层面和欧盟各个成员国层面,中国与欧盟各成员国通过签订科技合作协定、成立科技合作委员会不断密切科技合作关系,其中与法国、德国等欧盟主要成员国的科技合作日益紧密。当前英国正在进行脱欧谈判,但中英双边科技合作进程持续推进,并取得了突破性进展,中英科技创新领域的合作可谓独树一帜,值得关注和研究。

2018年1月31日至2月2日,英国首相特雷莎·梅实现了其任内的首次访华,宣告了中英关系"黄金时代"新征程的开启,为两国实现战略对接、加强各领域的务实合作注入了新的活力。今后两国将共同打造中英关系"黄金时代"增强版,不断提升和凸显中英关系的战略性、务实性、全球性和包容性。

### (一)中英科技合作走在世界前列

中国国家主席习近平于2015年正式访英时,开创了中英关系的"黄金时代"。中英科技合作是中英关系"黄金时代"最具"黄金质地"的合作领域之一,其主要特点是务实性、开创性、战略性、前瞻性、全球性。在当今国际新形势下,中英科技合作契合了"全球化英国""全球化中国"的战略视野,期望实现东西方之间、发展中大国和发达国家构建新型合作关系的长远目标。

在中英科技合作关系发展史上,中英两国一直秉持"敢为天下先"的立场和原则。英国以面向全球、拥抱东西方世界的战略眼光,在1950年成为最早承认新中国的西方大国。1978年11月,中英两国签订了政府间科技合作协定和议定书。香港回归后,1998年中英关系升级为全面伙伴关系,同年9月修订了科技合作协定,并建立了定期科技合作联委会机制,两国的

科技合作具有深远的战略意义。2004年,中英两国确立了全面战略伙伴关系。2009年1月,英国政府首次发表题为"英中合作框架"的对华战略文件,进一步密切了中英两国全面战略伙伴关系。2015年10月习近平主席对英国的国事访问开创了中英关系"黄金时代",着手构建中英创新伙伴关系,至此中英科技合作关系迈进了科技创新合作的新时代。

### (二)"牛顿基金"和"研究与创新桥"计划结出丰硕果实

在中英全面战略伙伴关系框架下,两国科技合作朝着平等、互利互惠的方向平稳发展。"牛顿基金""研究与创新桥计划"等创新科研资助方式和合作研究关系模式,构成了中英科技创新合作进程中的一道道亮丽的风景线。

被冠以科学家之名的"牛顿基金",即中英联合研究创新基金,2014年正式启动,计划在5年内中英两国联合投入2亿英镑,在健康、环境科技、食品和水安全、城镇化、能源、教育及创意经济等七大关键领域开展科研及创新合作。"牛顿基金"系列项目的实施推动了中英两国政府间科技部门的强强联合,英方的执行机构包括英国皇家学会、医学科学院、研究理事会、社会科学院、皇家工程院、文化协会、创新署、气象办,中方的对应合作伙伴分别是中国科技部、国家自然科学基金委员会、教育部、科学院、医学科学院、工程院、社会科学院、气象局。迄今为止,"牛顿基金"一共支持了约460个合作项目,这是"两国创新合作的大手笔",为培养中英两国科学创新领域的顶尖人才提供种子资金。

2015年9月,刘延东副总理访英期间,双方签署了关于启动中英联合科学创新基金——"研究与创新桥"计划。该计划将投入3.5亿英镑,通过一系列的研发项目,激励两国人员开展一系列跨领域、全链条、高层次的创新研发活动,构筑两国产学研合作、科研成果转化之桥。牛津大学技术转移中心有序推进对华技术转移工作,目前已在常州等地设立4个合资公司等。这些产学研合作的未来成果将有力提升两国的国际研发水平,为中国向创新型大国方向迈进夯实基础。

## （三）中英科技创新合作跃上新台阶

2018年将迎来中英两国科技合作40周年，中英科技创新合作必将更加精彩，这始于政府间的科技合作协定，为两国迈向构建创新伙伴关系时代奠定了基础。2017年12月6日，中英两国签署《科技创新合作备忘录》，正式发布《中英科技创新合作战略》，实现了两国科技合作关系的一次飞跃。这是首个中国与其他国家联合制定的双边科技创新合作战略。中英两国前瞻性地预测，当今科技革命和产业变革正在孕育兴起，这是世界各国未来走向繁荣发展的重大机遇。共同制定科技创新合作战略，将进一步挖掘合作潜力、增强互补性，推动合作向多领域、深层次、全方位、高质量的方向发展。

这一联合战略将开启中英合作的新篇章，是中英关系"黄金时代"增强版的具体体现。按照《中英科技创新合作战略》的目标要求，中英两国都是负责任的大国，将通过提升两国的合作水平引领国际科技创新合作。

## 四 中国与瑞士创新战略伙伴关系

中国与瑞士在科技创新领域的合作日益成熟，2016年4月中瑞两国关系正式提升为创新战略伙伴关系，加深创新合作，成为中瑞关系的又一"创新亮点"。瑞士成为中国首个创新战略伙伴关系国，也是中国首个以五大发展理念定位和命名的外交关系国。中瑞建交67周年的关系发展进程表明，中瑞合作堪称不同社会制度、不同发展阶段、不同大小国家友好合作的典范，成为中欧双边科技创新合作层面上的新标杆。

### （一）中瑞关系发展创下多个第一

在与新中国的交往中，瑞士创下了多项"世界纪录"：瑞士是最早承认新中国成立的欧洲国家之一，1950年9月14日与中国正式建交；瑞士是积极参与中国改革开放进程的西方国家之一，瑞士迅达集团成为进入中国市场的第一家合资企业；与欧盟迟迟不愿承认中国市场经济地位形成鲜明对比，2007年瑞士在欧洲国家中率先承认中国完全市场经济地位;在欧盟国家经济增长乏力、贸易保护主义抬头之际,瑞士以更加开放的姿态同中国开展合作,十分重视与中国的合作;2013年瑞士成为首个与中国签署自由贸易协定的欧洲大陆国家;2016年中瑞建立创新战略伙伴关系,这是中国首次同外国建立以"创新"命名的伙伴关系。这一系列里程碑式的关系进程为东西方不同制度之间的开放包容、合作共赢做出了表率,为中欧在各领域的务实合作提供了正能量。

### (二)创新合作:凸显中瑞双边关系的战略性

中瑞在科技创新领域的合作具有领头羊的作用。2016年4月,中瑞两国《关于建立创新战略伙伴关系的联合声明》第五条明确表示:双方从基础科研到科技创新等全领域合作取得了显著成效。中瑞双方建立了科技合作联合工作组机制,为中国与瑞士两国的创新研发实现对接提供了制度性保障,有助于两国共同提升创新能力,支持并积极推动两国企业、高校和科研机构开展创新合作。

从国土面积、人均GDP水平和国际创新能力排名来看,中瑞之间是创新大国与发展中大国间的优势互补合作。瑞士是欧洲小国,面积仅为4万多平方公里,但依靠机械电子、金属、医药化工、钟表、金融等精细发达产业,瑞士位列全球经济前20强,居民人均拥有财富位居全球之首。瑞士高度重视创新,每年的科技创新研发投入占GDP的3%以上,瑞士钟表、瑞士军刀等带有"瑞士标签"的工业创新成就享誉全球。世界经济论坛发布的全球竞争力排名中,瑞士连续9年位居世界经济论坛全球竞争力排名榜首[1],连续7年居世界知识产权组织等联合发布的全球创新指数排行榜首[2],被誉为"创新之国"。

---

[1] 世界经济论坛发布的《2017~2018年全球竞争力报告》中,瑞士连续9年高居全球竞争力排名榜首。

[2] 2017年6月15日,世界知识产权组织发布了第十版全球创新指数报告——《2017年全球创新指数:创新养育世界》(*Global Innovation Index 2017: Innovation Feeding the World*)。报告通过81项指标,对全球127个经济体的创新能力和可衡量成果进行了评估。瑞士以67.69的高分继续领跑全球创新榜,这是瑞士连续第7年位列全球创新指数排行榜首。

中国是发展中大国，2017年人均GDP折合8583美元①（按市场汇率计），约是瑞士的1/10②。作为世界第二大经济体，中国国内生产总值和研发经费投入均排名世界第二，2017年研发总投入1.75万亿元人民币，占GDP的2.12%。③ 中国的创新能力与世界第二大经济体的地位并不匹配，研发投入不及美国的一半，科技创新能力世界排名靠后。2017年中国在全球创新指数排名中提升了3位，世界排名第23位，尽管是首个进入世界排名25位以内的世界中等收入国家，但与瑞士的差距巨大，瑞士连续7年位居榜首。未来中瑞加强创新合作将有助于提升中国的制造水平和创新能力，逐渐缩小与发达国家的人均收入差距。④

### （三）"中国制造2025"与"瑞士工业4.0"对接

2017年1月15～18日，习近平主席新年首访瑞士，也是21世纪以来对瑞士的首次国事访问。访瑞期间，两国签署了10项中瑞合作协议；在科技创新领域，最为重要的务实合作是建立中瑞科技创新对接务实合作平台，加强"中国制造2025"与"瑞士工业4.0"的对接，进一步凸显中瑞创新战略伙伴关系的创新含义。这也是继德国之后，中国明确提出的与欧洲国家进行技术对接的重要创新平台。

"中国制造2025"是中国实施强国战略第一个10年行动纲领，未来将在十大重点领域全面提升制造能力。"欧洲工业4.0"产业革命将为中国制造向中国创造转变、中国产品向中国品牌转变提供强大的技术支撑。"瑞士工业4.0"具体体现在：瑞士充分发挥其机械、纺织、工具、手表等传统精细制造的优势，大力推动智能制造，将机器、原材料和产品通过物联网传递

---

① 数据来源：IMF, World Economic Outlook Database, 2017年10月。
② 瑞士2017年人均GDP折合80837美元（按市场汇率计）。
③ 中国国家统计局2018年2月13日发布数据称，根据科技综合统计年快报初步测算结果，2017年中国研发经费投入总量为17500亿元人民币，比上年增长了11.6%，增速较上年提高了1个百分点。投入总量目前仅次于美国，居世界第二位。此外，中国研发经费投入强度（研发经费与国内生产总值之比）为2.12%，较上年提高了0.01个百分点。
④ 张敏：《中瑞关系的"创新亮点"》，《瞭望》2017年第4期。

信息，协力完成生产任务。未来，"中国制造2025"与"瑞士工业4.0"有效实现对接，通过一系列智能制造、数字经济、环保能源等技术合作，吸收和借鉴瑞士的"工匠精神"和"品牌意识"，将助力打造中国制造中立足世界、享誉全球的"金字招牌"。

## 五 小结

以上三个层面的科技创新合作代表着中国与欧洲科技创新合作的最新发展方向，具有战略性、前瞻性、突破性等特点，中欧科技合作凸显了"研发创新"性，为中国与欧洲其他国家之间的科技创新合作发挥了引领作用，更为中欧关系在将来升级为"中欧全面创新战略伙伴关系"① 提供了可能性。充分利用外部科技创新资源，是提升中国创新驱动力的重要途径之一。加强与欧洲国家之间、欧盟不同成员国之间的科技创新合作，有助于中国赶上世界科技发展最新前沿，加快提升科技创新能力，为创新型大国建设提供理论与实际指导。

---

① 中欧关系的基本定位是2003年建立的"中欧全面战略伙伴关系"。2013年双方签署了《中欧合作2020战略规划》，确定了在和平与安全、繁荣、可持续发展、人文交流等领域加强合作的共同目标，促进中欧全面战略伙伴关系深化发展。2014年提出将共同打造中欧"和平、增长、改革、文明"四大伙伴关系。

# B.26
# 中国-北欧合作及前景展望

张 蓓*

**摘　要：** 2017年中国与北欧合作成果丰富，双边政治、经济、文化交往密切，中国-北欧"1+5"合作也开始起步，北欧部长理事会将与中方一道推动该合作取得切实成效。中国-北欧合作构想是中国整体外交战略的体现，将对中国和北欧国家的双边合作起到补充作用，为北欧与中国创造更多的机会。中国-北欧合作在绿色发展、创新合作、"一带一路"倡议、北极治理等方面大有可为，但仍然面临调和北欧内部多样性、克服动力不足、应对"欧盟因素"等挑战。

**关键词：** 北欧　次区域合作　中国-北欧合作　中欧关系

## 一　2017年中国与北欧合作成果

2017年中国与北欧高层交往密切。4月，习近平主席成功对芬兰进行国事访问，双边关系进入新的历史阶段。同月，挪威首相索尔贝格成功访华。5月，丹麦首相拉斯穆森访华。6月，瑞典首相勒文、芬兰总理西比莱来华出席夏季达沃斯论坛，并会见习近平主席。11月，芬兰议长洛赫拉成功访华。2018年1月，北欧和波罗的海七国议长首次联合出访中国。习近平主席和冰岛总统约翰内松多次互通信函，李克强总理和冰岛总理雅各布斯多蒂

---

\* 张蓓，中国国际问题研究院欧洲所助理研究员。

尔也保持了密切沟通。

中国与北欧国家的经贸合作深入发展。2017年中丹双边贸易额同比增长11.1%，达107.2亿美元。中瑞贸易2017年达149.1亿美元，同比增长近19.5%，中方对瑞贸易从常年顺差首次转为逆差，中国企业累计对瑞投资超过36.7亿美元。2017年中冰贸易额近2.2亿美元，进口同比增长16.6%，中国已连续12年为冰岛在亚洲最大的贸易伙伴。2017年芬兰与中国双边货物进出口额为71.亿美元，同比增长12.1%。其中，芬兰对中国出口42.5亿美元，同比增长23.1%，对华贸易顺差14亿美元，占贸易额的20%。中挪2017年双边货物贸易额为56.2亿美元，其中海产出口中国总量攀升了26.4%。[①]

中国与北欧的人文交往深入发展。"中丹旅游年"完美落幕，赴丹中国游客达到30.8万人次。中国艺术展、书画展、丝绸展、摄影展、中医药论坛等人文交流活动在瑞典成功举行，在瑞中国留学生突破8000人。中国来冰岛游客逐年大幅增加，2017年达8.6万人次。芬兰各界人士热切期待大熊猫"华豹"和"金宝宝"抵芬。

"中国-北欧合作"蓄势3年终于起步。2017年5月，中国-北欧合作磋商在北京成功举行，北欧部长理事会秘书长赫布罗滕访华。双方积极评价中国-北欧合作的重要进展，一致认为这一合作十分重要，且蕴含巨大的发展潜力，进一步拓展和深化中国-北欧合作契合彼此的发展战略和各自的发展需要，符合双方的共同利益。双方将加强既有合作并提出新的合作倡议。

## 二 "中国-北欧合作"的构想基础

中国-北欧合作的设想最早由习近平主席提出。2014年习近平主席在与时任丹麦首相施密特会见时指出："中国-北欧次区域合作有着扎实基础和有利现实条件。双方可继续在绿色经济、生态农林、机械制造、北极科研

---

① 数据来源：商务部欧洲司网站以及中国驻丹麦、瑞典、芬兰、冰岛大使馆网站。

等领域开展合作,希望丹麦在促进中欧及中国-北欧合作方面发挥引领作用。"① 近年来,推动中国-北欧合作也逐渐成为中国与北欧国家双边合作的目标之一。2017年,习近平主席在会见瑞典首相勒文时提出,塑造健康、稳定、可持续的中瑞关系不仅符合各自的国家利益,也有利于推动中国-北欧合作。

中国-北欧合作倡议是中国整体外交战略的表现。近年来,中国积极推进整体外交,在大湄公河次区域合作、图们江次区域合作、中国-加勒比经贸论坛、中国-东非共同体经贸论坛等众多地区合作倡议都能找到整体外交战略的影子。整体合作外交是中国和平崛起过程中践行大国外交的积极尝试,是一种在区域、次区域层面展开的双多边外交相结合的新型外交模式。它的出现极大地推动了中国与非洲、东盟、拉美及阿拉伯国家的合作,提升了中国的国际影响力,为实现与合作伙伴的互利双赢、构建命运共同体提供了切实可行的机制与路径。②

推动中国与欧洲次区域的合作是中国对欧洲认识加深的表现,服务于加强中欧合作的目的。欧洲国家基于历史、地理、语言、发展水平而形成了北欧和南欧等具有代表性的区域性集合。虽然划分标准灵活,但不能否认欧洲各地区之间存在文化、行为方式的"软区别"③和经济科技发展水平的"硬区别"。随着欧洲对中国外交重要性的上升,在继续加强与欧盟、欧洲各国的沟通和合作之外,进一步加强与欧洲各区域的对话、寻求合作机会,从交流的角度讲,有利于中国了解欧洲的行为方式、思维习惯、利益诉求;从务实合作的角度讲,将更有利于以经济方式对接合作需求。④

---

① 《习近平会见丹麦首相托宁-施密特》,人民网,2014年9月10日,http://politics.people.com.cn/n/2014/0910/c1024-25629316.html,访问时间:2018年3月10日。
② 崖大威:《中国整体合作外交评析——兼谈中国-中东欧国家合作》,《国际问题研究》2015年第6期。
③ 参见 Lars Vissing,"European Integration Is Not Only a Question of Regulations and Directives: Cultural Markers of the North-South Antinomy",http://pure.diis.dk/ws/files/1165001/DIIS_WP_2017_3.pdf,访问时间:2018年3月8日。
④ 崔洪建:《中欧次区域合作:经验、设想及奥地利的角色》,中国国际问题研究院网站,2017年12月8日,http://www.ciis.org.cn/chinese/2017-12/08/content_40097230.htm,访问时间:2018年3月10日。

北欧五国的同质化水平较高,对外具有极强的辨识度:语言高度相似、历史深度交融、发展水平相当、社会政治准则相同。北欧次区域有成熟的合作基础,该地区在历史上经历过多次一体化尝试,二战后北欧地区合作开始使用现在的模式。20世纪50年代初北欧各国议会发起建立北欧理事会,70年代建立起北欧部长理事会,重点是促进北欧地区人文、地方政府和科研教育领域的合作与交流。

北欧合作最突出的成就是在北欧国家之间消除护照管制、建立起共同的劳动力市场,包括必要的社会和劳动立法的协调,这为欧盟人口自由流动提供了模板。北欧合作的主要方式是在众多政策领域中建立起北欧政府、民间融合的大网。北欧五国合作具有"自下而上"的特点,且民意基础很强。尽管现阶段北欧地区合作的主要任务仍是协调内部事务,但外界对北欧以整体开展对外合作的期待呈上升趋势,且近年来北欧国家在欧盟、联合国、北极理事会等机构内的外交协调增多,还与波罗的海三国、俄罗斯建立了非正式合作架构。

中国-北欧合作能为双边关系提供附加值。次区域合作首先是对双边合作的补充。通过中国-北欧合作,能解决规模问题,五个国家的集合能在中国获得更多的关注和资源。通过建立正式、非正式合作机制,调集中方和北欧资源,为北欧开设通向中国的通道;在政府提供的平台、营造的合作氛围中,双方企业也会获得潜在的合作机会,以实际合作夯实合作基础。

此外,中国的倡议也为北欧地区自身加强协调提供了机会。欧债危机、乌克兰危机以来,北欧意识到在国际舞台加强地区合作十分必要。包括美国、日本在内的其他国家也对北欧整体外交有所期待。而原本北欧国家在内部社会政策、劳动力市场、教育和文化领域的协调与合作已无法满足现实的需求,亟待扩展。中国的倡议能发挥"创造和触发"效应,刺激北欧国家之间加强沟通和协调,改革自身区域合作的方式。[①]

---

① 转述第七届中国-北欧国家智库圆桌会议(2017年,挪威奥斯陆)北欧学者的观点。

## 三 合作领域和路径展望

中国-北欧合作的概念一经提出,就受到了北欧政府和智库的正面回应。① 然而,一段时间内该合作却由于现实的原因没能立刻开展,主要是因为中国和挪威关系尚未正常化,而北欧方面也未找到合适的对接点。

这些障碍最终在 2017 年前得以消除。2016 年 12 月 19 日,中国外交部部长王毅在北京与挪威外交大臣布兰德举行会谈,会谈后,双方发表了《中华人民共和国政府与挪威王国政府关于双边关系正常化的声明》,标志着在挪方就未来如何处理对华关系做出明确重要承诺的基础上,两国关系重归正轨,这为推动中国-北欧合作向前发展扫除了重大障碍。2016 年 2 月 3 日,北欧部长理事会做出了"探索北欧次区域对华关系拓展方式"的决定。2016 年 10 月 28 日,与会领导人在于芬兰奥兰群岛举行的北欧首脑会议上表达了"促进国际层面合作"的远大志向。这表明北欧部长理事会准备接受中国-北欧合作的北欧协调者这一角色,中国-北欧合作整装待发。

中国-北欧合作有广阔的前景。在绿色发展和创新合作领域,在中国努力建设清洁、美丽世界的背景下,北欧国家的低碳发展模式、可持续发展城市理念、先进的清洁技术均可成为中国-北欧合作的重要内容。北欧的创新实力在欧洲首屈一指,北欧国家先进的高端制造业可与中国市场的巨大需求及"中国制造 2025"战略良好对接。以清洁能源为例,北欧是节能、绿色科技、可持续城市治理的世界领军者。中国拥有清洁能源的巨大市场,同时中国的清洁技术在现阶段仍与北欧有一定差距。在这一背景下,北欧企业有实力和技术开发中国市场,中国也能从与北欧的合作中提升技术水平和标准。

"一带一路"倡议为中国-北欧合作提供了众多潜在机遇,在北极航

---

① 转述第五届中国-北欧国家智库圆桌会议(2015 年,丹麦哥本哈根)北欧学者的观点。

道、俄罗斯、中亚及非洲等第三方市场开发上有广阔的合作空间。北欧看重"一带一路"倡议提供的进一步开发中国市场的机会，希望通过提供投资、商贸活动等方式进入消费者市场。"一带一路"倡议旨在完善中国联通欧洲的基础设施及亚洲其他地区的基础设施，为北欧企业提供机遇。北欧在第三方市场的经验和能力也为建设"一带一路"提供了帮助。

在北极领域，北欧与中国具有良好的合作基础。中国与北欧都不希望北极成为大国博弈的舞台，在保护北极生态环境上理念一致。北欧国家作为北极理事会正式成员国，在北极地区有治理能力和经验，而中国作为域外国家有科研实力和国际影响力。在中国发布《北极政策白皮书》的背景下，中国与北欧将在北极合作上取得更积极的进展。

在社会治理领域，北欧廉政建设、社会保障、男女平等等社会治理水平全球一流，将为中国在发展中保障和改善民生提供思路和启发。而在全球议题上，北欧认为中国崛起将极大地改变北欧所处的大环境，与中国多方位、深层次的交往是提升北欧全球影响力的重要支撑，必须加强与中国在全球治理领域的沟通。而中国也重视北欧在全球治理领域独特的专业和贡献，愿意在气候变化、可持续发展、维和促和等领域与北欧加强交流与合作。

从具体路径上看，中方应与北欧部长理事会一道，对中国-北欧合作提供规划和指导。中国-北欧合作在民间层面已经存在一些机制性安排，如中国-北欧青年领军者论坛、北欧—中国创新合作峰会、中国-北欧北极研究中心、中国-北欧国家智库圆桌会议等。在进一步巩固现有民间合作机制的情况下，还应探索建立中国-北欧政府部门和领导人会晤机制，为中国-北欧合作提供高层指导，发起中国-北欧经贸投资活动论坛，让中国-北欧合作制造更多的商业机会。

## 四 未来挑战

中国-北欧合作前景辉煌，但也存在诸多挑战，需要决策者、操作者、研究者共同努力，将中国-北欧合作做大、做实。

第一，北欧五国虽然社会内部同质化程度高，但在安全、外交和经贸关系上发展出了不同的制度安排。这不仅加大了北欧国家间协调的难度，也为中国-北欧合作提出了挑战。比如，北欧五国中丹麦、芬兰、瑞典三国是欧盟成员国，芬兰是欧元区成员国。欧盟成员国身份限制了多边合作的内容，欧盟成员国和非欧盟成员国或对中国-北欧合作机制的需求程度不同。丹麦、冰岛、挪威是北约成员国，因而具有"大西洋主义"倾向，在多边合作中可能会考虑美国因素。此外，北欧五国在北极理事会的地位差别也很大，务实的挪威、冰岛与"准则派"瑞典的立场有明显的差距。①

第二，一些北欧国家对当前双边合作的成效比较满意，对参与次区域合作平台的动力不足、热情不高。② 因此，需要充实中国-北欧合作的内容，提高这一合作机制的吸引力。针对这一点，有必要开展中国和北欧的联合研究，找准双方的合作需求，并按合作难度系数分级，由简入难，循序渐进，确保以实在的合作成果保持对参与者的吸引力。

第三，北欧部长理事会能把北欧国家层面的管理者聚到一起，因此能作为中国-北欧合作的协调者发挥重要作用。但北欧部长理事会权能有限，只协调内部合作，尚无推动对外合作的法律依据，缺乏欧盟和北约类似的管理及体制影响力。中国仍需在双边层面加大推动力度。

第四，中国与北欧合作中的"欧盟因素"高度存在。欧盟对中国-中东欧国家合作所展示的疑虑和关切也将在中国-北欧合作中出现。除了"分而治之"的忧虑外，欧盟更担忧中国通过加深与北欧的合作，在知识产权、高科技技术、战略性资产等领域"有不良居心"。因此，中国需与欧盟机构大量沟通，并在中欧合作的框架中缓和欧盟对中国的忧惧。

---

① ISDP, "Sino-Nordic Relations: Opportunities and the Way Ahead", http://isdp.eu/publication/sino-nordic-relations-opportunities-way-ahead/，访问时间：2018年3月9日。
② 参见 Bjrnar Sverdrup-Thygeson, WrennYennieLindgren and Marc Lanteigne (ed.), *China and Nordic Diplomacy*, Routledge 2018。

第五，中国-北欧合作的基础在于五组双边关系的健康发展。中挪关系冰冻6年的原因在于挪威公然干涉中国内政、粗暴侵犯中国司法主权。这一插曲也揭示了北欧一些国家与中国之间存在信任和理解鸿沟，这一鸿沟来源于双方在体制、文化、价值观上的巨大差异。双方应坚持做到互相尊重、平等交流，为中国-北欧合作夯实基础。

# B.27
# 中国-中东欧国家合作的趋势与挑战

鞠维伟*

**摘　要：** 中国-中东欧国家合作近两年来呈现出加速发展的趋势，在人文交流、金融合作等领域势头良好。但是中东欧国家民众及社会舆论对"16+1合作"的关注度不高；欧盟及重要成员国对"16+1合作"仍有质疑；"16+1合作"重大项目及投资推进困难，中东欧国家的需求难以满足；中国与中东欧国家的金融合作面临障碍和风险。对此，中方应加强对"16+1合作"的宣传，改善中东欧国家媒体的舆论态度；继续做好对欧盟及重要成员国的增信释疑工作；利用好人文交流的优势，推进"16+1合作"下的民心相通；提升中国与中东欧国家的金融合作水平。

**关键词：** 中国　中东欧　人文交流　金融合作

2012年中国-中东欧国家"16+1合作"机制正式建立，经过5年的不断发展，该机制成为中国与中东欧国家之间在政治、经贸、人文等各个领域加强合作与交流的重要平台。在"一带一路"倡议提出之后，中东欧国家也被纳入其中，"16+1合作"在推动区域合作、中欧合作发展的基础上，进一步契合了"一带一路"倡议的精神，在推动中东欧国家参与"一带一路"建设方面发挥了重要作用。目前"16+1合作"机制的内容不断

---

\* 鞠维伟，中国社会科学院欧洲研究所助理研究员。

丰富，合作基础日益巩固，虽然面临一些问题和挑战，但是发展前景良好。

## 一 中国-中东欧国家合作势头良好

随着"16+1合作"机制化发展，经过有关各方的不懈努力，中国与中东欧国家的合作近两年呈现出加速发展的趋势，人文交流、金融合作等领域呈现出良好的发展势头。

### （一）中国-中东欧国家合作加速发展

2017年"16+1合作"机制进入了第六个年头，经过之前5年的发展积累，该机制下的中国与中东欧国家合作明显加快，合作成果数量显著增加。

表1 中国-中东欧国家5年合作成果分类统计

| 合作领域\年份 | 2012年成果数量（次） | 2013年成果数量（次） | 2014年成果数量（次） | 2015年成果数量（次） | 2016年成果数量（次） | 2017年成果数量（次） |
| --- | --- | --- | --- | --- | --- | --- |
| 搭建政策沟通平台 | 2 | 2 | 3 | 5 | 10 | 6 |
| 提升互联互通水平 | — | — | 4 | 15 | 11 | 10 |
| 促进经贸务实合作 | 1 | 1 | 13 | 8 | 14 | 15 |
| 完善金融合作框架 | 2 | 1 | 4 | 4 | 9 | 8 |
| 拉紧人文交流纽带 | — | 8 | 10 | 14 | 23 | 30 |

数据来源：根据《中国-中东欧国家合作五年成果清单》整理，中华人民共和国外交部网站，2017年11月28日，http://www.mfa.gov.cn/web/zyxw/t1514537.shtml。

从表1中不难看出，"16+1合作"在政策沟通、互联互通、经贸合作、金融合作以及人文交流这几个领域呈现出加速发展的趋势。特别是2016~2017年，中国与中东欧国家各领域的合作成果数量明显增加，"16+1合作"多年的积累在这一时段集中体现了出来。尤其是人文交流领域，2017年的交流与合作成果数量达到30次，为"16+1合作"机制形成以来最多的成果数量。

除了合作成果数量上的增加外，近年来"16+1合作"成果"质量"也在不断提高。2017年11月公布的《第六次中国-中东欧国家领导人会晤成果清单》①中，中国政府分别与爱沙尼亚、立陶宛和斯洛文尼亚三国签署了《共同推进"一带一路"建设的谅解备忘录》，"一带一路"建设在波罗的海和亚得里亚海地区有了重要的支点国家；中国与匈牙利两国政府达成了《在共建"一带一路"倡议框架下的双边合作规划》；中国与爱沙尼亚两国有关部门还达成了《关于加强"网上丝绸之路"建设合作促进信息互联互通的谅解备忘录》，这些文件的签署表明"一带一路"合作在中东欧地区已不断深入到各个国家以及具体合作领域中。在金融领域，有关方面签署了《关于建立中国-中东欧银联体的合作协议》《中国-中东欧投资合作基金第二期和匈牙利进出口银行股份认购协议》《亚洲金融合作协会与匈牙利银行业协会推进亚欧金融合作意向书》等一系列深化与中东欧国家金融合作的文件。

此外，中国与保加利亚、罗马尼亚、塞尔维亚、波黑、斯洛伐克、波兰、拉脱维亚等国在能源和交通基础设施建设、海关、农业、生物技术、人文交流、地方政府合作等方面达成了丰富的合作协议。2017年11月公布的成果清单中的相关文件与合作协议多达40件，凸显了"16+1合作"步伐的加快。

## （二）人文交流显著增强，层次不断加深

人文交流是"16+1合作"的重要支柱，同时也是"一带一路"建设的社会根基和民意支撑。中东欧国家各具特色，社会经济发展水平、民族、宗教以及对华关系等诸多方面的差异较大，因此做好"16+1合作"的人文交流是切实推进民心相通、弘扬丝路精神的重要举措。

2016年被确定为"中国-中东欧国家合作人文交流年"，这一年中国与中东欧国家开展了丰富多彩的人文交流活动，比较重要的就有23次之多

---

① 参见中华人民共和国外交部网站，2017年11月28日，http://www.mfa.gov.cn/web/zyxw/t1514533.shtml。

（见表1）。2017年"16+1合作"机制下的人文交流势头有增无减，被列入《中国-中东欧国家合作五年成果清单》中的就达到30次之多，涵盖了媒体、青年、教育、艺术、旅游、文化创意、智库交流等诸多内容，极大地促进了中国和中东欧国家各类民众之间的了解与交往。与此同时，2017年中国国内政界、学术界以及企业界对中东欧地区进一步提高了关注度，其中一个重要的表现就是建立了许多研究机构（见表2）。

表2　2017年中国国内成立的与中东欧相关的研究机构

| 机构名称 | 主办单位 | 机构性质 | 职能/工作目标 |
| --- | --- | --- | --- |
| 中国-中东欧研究院 | 中国社会科学院 | 在匈牙利独立注册的海外智库机构 | 与中东欧国家以及欧洲学者和学术、智库机构开展合作，全面推动和加强"16+1"智库合作及中欧人文交流 |
| 浙江大学中东欧研究中心 | 浙江大学中国西部发展研究院、宁波海上丝绸之路研究院 | 国内中东欧区域研究机构 | 积极推进与宁波中东欧国家合作研究院互动合作研究机制，探索打造中东欧研究高端智库 |
| 北京语言大学中东欧研究中心 | 北京语言大学 | 国内中东欧区域研究机构 | 关注中东欧语言、文化研究以及加强与中东欧国家的教育合作 |
| 四川大学波兰与中东欧问题研究中心 | 四川大学 | 国内中东欧区域研究机构 | 主要关注波兰经济、文化、社会等问题。为四川省和成都市加强与波兰和中东欧的关系提供决策咨询服务 |
| 中东欧经济研究所 | 中国-中东欧基金、中欧国际工商学院 | 国内中东欧区域研究和智库机构 | 将通过相关研究，为中国企业投资中东欧市场提供智力支持和科研服务 |
| 中国-中东欧交通基础建设与投资合作研究中心 | 保加利亚交通部、索菲亚中国文化中心、宁波市政府 | 中国与中东欧国家交通领域专业合作研究机构（筹建中） | 搭建交通基础建设专业技术人员培训平台，加强在交通基础建设领域的专业技术人才培养跨国合作，为中国-中东欧在交通基础建设与投资领域的合作提供人才支撑 |
| 宁波中星中东欧新材料研究院 | 中国兵器科学研究院宁波分院、民营企业宁波星箭公司 | 与中东欧国家合作开展技术研究的机构 | 通过引进中东欧国家高精尖稀缺人才和项目，搭建新材料领域研发合作平台，探索金属新材料及相关技术领域的新技术研发并实现产业化 |

资料来源：根据相关网络资料整理。

由此可见,国内有关方面建立的涉及中东欧的研究机构在 2017 年不断出现,其中既有高校科研单位组建的智库型、学术型研究机构,也有政府参与建设的具有国际合作性质的机构,还有企业主导的科技创新型机构。国内的学界、政府和企业对认识和了解中东欧国家的兴趣不仅越来越高,而且通过建立相关研究机构认识、研究中东欧国家,这丰富和深化了"16+1 合作"机制下的人文交流,切实地为人文交流提供机构性保障。未来随着这些有关中东欧的研究机构的建设和发展,中国与中东欧国家之间的相互了解将更加深入,双方的民心相通将会更加顺畅。

### (三)金融合作成为显著亮点

在中国与中东欧国家合作关系的发展中,经贸投资领域的合作无疑是重中之重。"16+1 合作"机制建立以来,双边无论是贸易额还是投资额都有了较快的增长,中国与中东欧国家金融合作的重要性和必要性也凸现了出来。在与中东欧国家的贸易中,中国长期处于明显的贸易顺差地位,这一情况短期内难以扭转,通过对中东欧国家的投资,可以扩大有关国家对华贸易优势产业的发展,同时也是推进中国投资"走出去"的实际行动;中东欧国家的交通、能源等基础设施建设的公共投资不足,由于欧盟经济复苏乏力,这些国家从欧盟获得的资金援助减少[①];中东欧国家目前主要依靠欧盟市场参与全球化生产,自身很多产业处于较低环节,也需要欧洲之外的资金来改善本国在区域价值链中的地位。基于以上原因,中国与中东欧国家在经贸投资领域的合作有着巨大的潜力。

虽然"16+1 合作"机制下,中国对中东欧国家的投资近年来有了明显的增长,但是中国在中东欧国家的投资存量占比很低,投资增速也远不及对整个欧洲的投资增速,而中东欧国家对华投资额更是有限。加强金融领域的合作无疑将会促进中国与中东欧国家投资关系的发展,有利于释放双方经济

---

① 欧洲统计局数据显示,由于欧盟资金供应出现缺口,2016 年大多数中东欧国家的投资活动减弱。参见中华人民共和国商务部网站,http://www.mofcom.gov.cn/article/i/jyjl/m/201703/20170302531156.shtml。

合作的潜力。

近两年来,在"16+1合作"机制下,有关各方极为重视金融领域的合作,为此采取了各种措施,在货币合作、投融资合作等方面产生了具有实效性的成果。在货币合作方面,中国人民银行与匈牙利、阿尔巴尼亚(2013年9月)和塞尔维亚(2016年6月)等国签署了双边本币互换协议。在金融服务方面,中国的银行机构,如中国银行、中国工商银行已经在波兰、匈牙利、捷克、塞尔维亚等国设立了分支机构,2016年中国银行先后为匈牙利政府成功发行了10亿元人民的点心债、为波兰政府成功发行了30亿元人民币的熊猫债,2017年匈牙利在中国银行间债券市场发行了10亿元人民币的3年期熊猫债。在监管合作方面,中国银行保险监督管理会会已经与波兰、匈牙利、捷克等国家签署了双边监管合作谅解备忘录和监管合作协议。在投融资合作方面,2014年,中国-中东欧投资合作基金(一期)正式启动,2017年11月该投资合作基金二期正式启动,2016年11月由中国工商银行投资10亿元人民币设立的中国-中东欧金融控股有限公司正式落地。上述投资合作基金和金融公司的设立,有力地支持了中国在中东欧地区基础设施、能源、高新技术制造等重大项目的投融资。

## 二 中国-中东欧国家合作面临的挑战

自"16+1合作"机制建立以来,中国与中东欧国家的关系虽有了长足的进步,但仍面临一些挑战和问题。总体上看,中东欧国家民众及社会舆论对"16+1合作"的关注度不高;欧盟及西欧国家对"16+1合作"仍有质疑;中国在中东欧地区的大型项目进展较慢;中国在中东欧地区的投资活动面临诸多障碍等。

### (一)中东欧国家民众及社会舆论对"16+1合作"的关注度不高

中国-中东欧国家"16+1合作"机制已建立5年,期间先后在中东欧5个国家的首都召开了有关国家领导人峰会,此外,每年还在中东欧国家召

开各类部长级会议、举办各种国际论坛等活动，但是中东欧国家民众以及社会舆论对"16+1合作"的关注度仍旧不高。例如，2017年11月，在于匈牙利召开的第六次中国－中东欧国家领导人会晤期间，除了在会议期间匈牙利媒体有相关的报道，在会议召开前对这一活动的报道非常少，关于"16+1合作"的介绍则更是很少见诸匈媒体。有匈牙利媒体记者向笔者表示，在布达佩斯领导人峰会召开期间，当地民众见到各国领导人的车队以及因为峰会安保而封锁部分街道都感到吃惊，不知道发生了何事。

此外，中东欧国家媒体对于"16+1合作"以及发展对华关系也有不同的态度。根据笔者对部分中东欧国家媒体的跟踪研究，2017年的波兰、匈牙利、捷克等国媒体对发展与中国的关系及"16+1合作"仍有不少质疑，甚至持偏见的态度。总之，"16+1合作"在中东欧国家的民意以及舆论基础还不够坚实，未来如何夯实这一基础仍是各方亟须考虑的问题。

### （二）欧盟及其重要成员国对"16+1合作"仍存质疑

中国方面自发起"16+1合作"机制之始就强调该合作机制是中欧关系、中欧合作的重要内容和有益补充。然而，自"16+1合作"机制建立以来，欧盟及其重要成员国就发出了质疑的声音，担忧这是"分裂"欧盟的战略，并对中国发展"16+1合作"的动机和诚意有所怀疑。2017年8月，德国外长加布里尔表示，中国不要试图分化欧洲，而应遵守"一个欧洲"原则；中国的影响力已经渗入欧洲的日常政治中，许多欧盟成员国都不愿意为了欧盟利益而得罪中国。[①] 9月，有德国媒体称，布鲁塞尔对"16+1合作"十分担心，特别是因为该机制对于欧盟而言是一个难以操控的存在。[②]

事实上，这种将"16+1合作"视为对欧盟的"特洛伊木马"担忧一直伴随着中国－中东欧合作的进程，特别是与中东欧地区关系紧密的德国，

---

① 《中方震惊！德国外长要求中国遵守"一个欧洲"原则》，中华网，2017年9月1日，http://news.china.com/shendu/13000808/20170901/31250645.html。
② 《德媒：中国投资中东欧收获政治影响力》，参考消息网，2017年9月25日，http://column.cankaoxiaoxi.com/2017/0925/2234598.shtml。

这种担忧最为显著。德国是大多数中东欧国家最重要的贸易和投资伙伴，德国也把中东欧地区视作自己的"后院"，并对中国发展"16+1合作"给予了极大的关注。早在2013年，德国政府官员就从欧盟的角度出发，认为"16+1合作"对欧盟的共同外交与安全政策产生了挑战，一些中东欧国家很可能不会完全实施欧盟的指导方针，而是更倾向于关注与中国合作能够获得的实际利益。① 欧盟及其重要成员国（特别是德国）对"16+1合作"的质疑还需要各方共同努力，多做增信释疑方面的工作。

### （三）"16+1合作"重大项目及投资推进困难，中东欧国家的需求难以满足

中东欧国家之所以积极参与"16+1合作"，发展对华关系，最终是因为"16+1合作"的目的是实现各方的共赢，实现有效的区域合作。中东欧国家最为关切也是如何在"16+1合作"中获得实际的利益。在2017年12月召开的"第四次中国-中东欧国家高级别智库研讨会"上，斯洛文尼亚驻华大使普瑞泽就表示，期望中方关于合作共赢的承诺能够转化为强有力的行动，"16+1合作"如何能够给有关国家带来更多的福祉，这是我们所关心的问题。②

但目前由于"16+1合作"重大项目推进困难，中东欧国家的这一利益诉求还是难以满足。以匈塞铁路这一"16+1合作"下的重大项目为例，2013年11月，中国、塞尔维亚、匈牙利三国政府共同宣布开始实施这一全长为350公里的铁路改造项目，2017年11月该铁路项目塞尔维亚境内一段刚刚开始动工，匈牙利政府表示该项目匈牙利段的公共采购程序在2017年11月启动，预计2020年底将可开工建设。③ 该项目受到了匈塞两国各自不

---

① 〔匈〕塔马斯·马杜拉：《德国对中国-中东欧国家关系的影响——以斯洛文尼亚和黑山两国为例》，马骏驰译，《欧洲研究》2015年第6期。
② 作者根据2017年12月18日"第四次中国-中东欧国家高级别智库研讨会"的会议记录整理。
③ 《匈外长称匈塞铁路项目匈牙利段预计2020年底开工》，新华网，2017年11月27日，http://news.xinhuanet.com/2017-11/27/c_1122017692.htm。

同的国情、融资方式以及欧盟对该项目的审查的影响，在具体实施中可谓一波三折。此外，从中国企业赴中东欧国家投资的情况来看，目前大部分有分量的投资项目主要来自中国的国企或实力较强的民营企业，但这些投资项目往往集中在交通、能源、电信等领域，存在准入门槛较高、建设周期较长、回报率较低等问题。国内中小民营企业对欧洲市场的熟悉程度不足，正如国内相关领域人士所说，中小民营企业发展的时间很短，很多企业连国内的环境还没有熟悉过来，却指望它学习国际法、了解各国国情，显然不现实。①

总之，由于中东欧地区的特殊性，中国的重大项目进展缓慢，而中国企业在中东欧国家的投资仍然处于较低水平，2016年中国在中东欧国家的投资存量较2015年下降了约3.1亿美元，甚至略低于2014年的水平。② 这种情况会使有关国家感到没有从"16+1合作"中获得切实的合作利益，造成对"承诺"与"现实结果"的落差感。

### （四）中国与中东欧国家的金融合作面临障碍和风险

如上文所述，中国与中东欧国家的金融合作正方兴未艾，其中蕴含的巨大潜力和对"16+1合作"的推动作用更是毋庸置疑的，但也应当看到中国发展与中东欧国家的金融合作还面临一些风险和障碍。首先，中东欧各国国情差异较大，金融合作的关注点不同。中欧的捷克、波兰、匈牙利、斯洛伐克等国经济发展水平较高，制造业基础和投资环境较好，且作为欧盟成员国能获得欧盟的资金，这些国家更倾向于获得绿地投资以及加强金融服务方面的合作；东南欧、巴尔干地区的很多国家经济发展较为落后，基础设施建设不足，政府债务情况不乐观，从欧盟获得的援助资金有限，因此它们更需要解决基建项目融资困难的问题。由于中东欧各国的差异性，中国同其发展金融合作需要制定不同的政策。其次，中东欧国家与欧盟的金融关系密切，欧盟是否会成为中国与中东欧国家金融合作的制约因素还有待观察。中东欧国

---

① 根据国家开发银行代表在"第四次中国－中东欧国家高级别智库研讨会"上的发言记录整理。
② 根据《2016年度中国对外直接投资统计公报》相关数据整理得出。

家的金融业严重依赖欧盟,中东欧国家大部分的投资来自欧元区,中东欧的银行业基本上被西欧国家的银行所控制,中东欧国家的资本市场不同程度地融入了欧美资本市场。正如有学者所指出的,中国与中东欧国家发展金融合作,很大程度上取决于中国与欧盟以及西欧国家金融合作的程度。[①] 最后,中东欧国家还存在一定的金融风险。中东欧很多国家外债较多,政府主权信誉不高,有的中东欧国家还出现了外资流入减少的情况,这些都反映了中东欧国家金融环境不够完善的情况,中国预防金融风险的意识不能降低。

## 三 在困难与挑战下不断发展"16+1合作"

中国-中东欧国家合作机制建立5年多以来,面临很多问题和挑战,但无论是中国还是中东欧国家都对"16+1合作"寄予了高度期望,并都非常看好这一合作机制的发展前景。今后有关各方需要共同努力,提升对"16+1合作"的认知度、做好相关增信释疑工作、利用好人文交流的良好势头、发展好与中东欧国家的金融合作等。

### (一)"16+1合作"发展前景良好

中国与中东欧国家在政策沟通、道路联通、贸易畅通、货币融通以及民心相通等方面取得了显著发展,很好地契合了中国"一带一路"倡议的推进,使参与其中的国家和民众获得了切实的利益。经过5年多的发展和铺垫,当前"16+1合作"各个领域的成果的日益丰富,合作进一步深化。如上文所述,在金融合作、人文交流等领域良好的发展势头表明"16+1合作"具有巨大的发展潜力;相关的各类机制、机构不断建立和发展,合作的基础不断稳定;中东欧国家对"16+1合作"有了更高的期待,中国国内政界、学界和商界对中东欧产生了更高的合作交流的兴趣和意愿,这些都能在今后化作推动双边合作的巨大动力。

---

① 汤柳:《中国与中东欧的金融合作》,《全球瞭望》2016年第18期。

## （二）各方应正确看待困难与挑战

目前"16+1合作"机制建立仅有5年时间，如果各方立即要求这一合作机制将中国与中东欧国家关系、中欧关系提升到崭新的发展阶段，这显然是不现实的。当前取得的合作成果是双边在经历了相互间20年的"冷淡期"后产生的积极情况，说明"16+1合作"切实推动了双边各领域合作关系的有效发展，而且无论是欧盟还是中东欧国家都从"16+1合作"受益，或至少没有受到实质性损害，所以各方应以积极和耐心的态度看待与推动"16+1合作"的发展。对于"16+1合作"的民意基础不牢、欧方怀疑、经贸投资结构性失衡、金融合作障碍等一系列问题，这是政治、经济、文化、意识形态等领域问题和矛盾长期积累的结果，并不是因为有了"16+1合作"才产生这些问题，反而"16+1合作"就是要解决中国与中东欧以及欧洲之间存在的这些问题。"16+1合作"不仅能成为中欧次区域合作的示范，同时也能为解决中欧之间存在的问题、推动中欧战略伙伴关系健康稳定发展提供新视角和新方案。

## （三）积极应对当前存在的困难与挑战

面对困难与挑战，作为"16+1合作"机制的倡议者，中国可以从以下几个方面积极应对。

第一，改进对"16+1合作"的宣传，改善中东欧国家媒体的舆论态度。加强对"16+1合作"的宣传，了解中东欧国家媒体的关注点，对成功的、典型的与中东欧国家合作案例进行有效宣传。介绍中国社会建设的具体成就，中国民众生活改善的情况，中国推动与中东欧国家交流合作、让中东欧民众收益的具体案例，在此基础上介绍"一带一路"倡议、"16+1合作"等，以引起中东欧国家民众和媒体的共鸣。

第二，继续做好对欧盟及其重要成员国的增信释疑工作。应该使欧方意识到中欧处在不同的发展阶段，经济互补性很强。"16+1合作"机制为中欧更好地建设全面战略伙伴关系提供了目标、途径。"16+1合作"深入发展，欧盟的作用不可或缺，"16+1合作"机制建立以来已经用实际行动证明其对欧盟不存在"分裂"的企图。有关各方应该看到无论是"16+1合作"还是"一带一路"倡议，其本质上不同于过去的大国争夺"势力范围"，而是要打造利益共同体、命运共同体和责任共同体，追求共同的发展。

第三，进一步利用好人文交流的优势，推进"16+1合作"机制下的民心相通。首先，突出人文交流的重点，避免"跟风式"和"大而无当"的交流活动。其次，做好人文交流的持续性，各种新建的机制、机构需要持续发展，扎实地丰富各类人文交流成果。最后，重视中东欧华人华侨的作用，国内侨务部门和媒体可以借助中东欧华人华侨组织的影响力，加强双方信息采集和资源互享等方面的合作，推进人文交流发展。

第四，提升中国与中东欧国家的金融合作水平。今后在"16+1合作"机制下，有关各方应在增加互设双边金融机构的基础上，开展多领域金融业务；应完善双边、多边的金融合作机制，将"16+1金融合作"与亚洲基础设施投资银行、"一带一路"融资体系对接；以成立中国－中东欧金融控股有限公司为基础，搭建中国与中东欧金融合作信息交流平台，为企业特别是中小民营企业提供针对性的优惠贷款和专项配套政策；与欧盟及西欧国家加强针对中东欧地区的"第三方金融合作"，充分借鉴和利用西欧国家在中东欧地区开展业务的经验和手段，推进双边战略性金融合作。

附　录

Appendix

# B.28
# 2017年欧洲大事记

牟　薇[*]

## 1月

**1日**　马耳他担任2017年上半年欧盟轮值主席国。

**11日**　在欧盟的资助下，联合国世界粮食计划署启动"紧急社会安全网"救济项目，为土耳其境内的难民提供现金支持。

**15日**　中国国家主席习近平及其夫人于15日至18日访问瑞士，参加达沃斯世界经济论坛并发表主旨演讲。

中东和平会议在巴黎举行，共有七十多个国家和国际组织的代表出席，推动巴以恢复和谈。

**18日**　意大利中间偏右政界人士塔加尼当选欧洲议会议长。

**24日**　英国最高法院终审裁决，政府启动"脱欧"程序须经议会投票

---

[*]　牟薇，中国社会科学院欧洲研究所助理研究员。

批准。

**25日** 欧盟委员会宣布，计划出资2亿欧元帮助利比亚等北非国家加强边境管控。

## 2月

**3日** 欧盟非正式峰会在瓦莱塔举行，通过了旨在应对地中海难民危机的十点计划。

**5日** 列支敦士登举行议会选举，激进公民党和祖国联盟获胜，哈斯勒连任首相。

**12日** 德国举行总统选举，前外长施泰因迈尔当选第12任德国总统。

**15日** 欧洲议会通过欧盟－加拿大综合经济与贸易协定（简称CETA）。

**16日** 北约秘书长斯托尔滕贝格在北约成员国防长会议后表示，有8个成员国将参与组建驻罗马尼亚的多国部队，5个成员国将划拨支援部队。

**21日** 法国总理卡泽纳夫于2月21日至23日访华。

意大利总统马塔雷拉开始为期6天的访华行程。

**27日** 欧洲理事会宣布对朝鲜实施新制裁措施，包括禁止部分金属产品交易和暂停科技合作。

## 3月

**6日** 在美国可能退出《巴黎协定》之际，欧盟外长们在联合声明中承诺"强化欧盟的气候外交"。

**9日** 欧盟春季峰会于9日至10日在布鲁塞尔召开。会议通过现任欧洲理事会主席图斯克连任；欧盟表示将坚持实施积极的贸易政策，努力推进多边贸易体系。

**13日** 匈牙利举行总统选举，总统亚诺什获得连任。

**21日** 荷兰选举结果显示，荷兰首相吕特领导的中右翼自由民主党获胜。

**25日** 欧盟庆祝《罗马条约》签署60周年纪念活动在罗马举行，除英

国以外的欧盟 27 国领导人发表《罗马宣言》。

塞尔维亚共和国总统尼科利奇于 3 月 28 日至 4 月 1 日访华。

**29 日** 英国首相特雷莎·梅致函欧盟，正式开启英国"脱欧"程序。

除英国以外的欧盟 27 个成员国发表声明称，今后在与英国进行"脱欧"谈判的过程中，欧盟成员国将"行动一致"，并将优先选择让英国"有序脱欧"。

**30 日** 保加利亚国会选举结果显示，鲍里索夫领导的欧洲发展公民党获胜。

## 4月

**4 日** 中国国家主席习近平开始对芬兰进行国事访问。

**5 日** 欧洲议会通过决议，禁止英国在"脱欧"前与第三国进行贸易协定谈判；禁止英国与其他欧盟成员国在双边层面上商谈退出程序或未来关系问题。

**6 日** 欧盟宣布对朝鲜实施新制裁措施，扩大至投资与服务领域。

**7 日** 挪威首相索尔贝格于 4 月 7 日至 11 日访华。

**10 日** 七国集团外长会议在意大利卢卡举行，议题是叙利亚局势。

**11 日** 欧盟和芬兰、英国、美国、德国、法国、瑞典、波兰、拉脱维亚、立陶宛在赫尔辛基签署谅解备忘录，决定在赫尔辛基建立欧洲反混合威胁卓越中心。

**20 日** 塞尔维亚选举结果显示，总理武契奇在总统选举中获胜。

**26 日** 土耳其副总理希姆塞克在本月 24 日请求德国对土耳其进行经济帮助。德国外交部表态予以拒绝。

**27 日** 芬兰执政党宣布了 3 名新部长人选，联合政府成员从 14 人增至 17 人。

克罗地亚总理普连科维奇宣布解除联合政府中 3 名部长的职务。

**28 日** 阿尔巴尼亚举行总统选举，伊利尔·梅塔当选总统。

黑山议会通过了批准黑山加入北约的法律草案。

**29 日** 欧盟举行除英国之外的 27 国领导人会议，欧盟 27 国就与英国进行"脱欧"谈判的指导方针达成一致。欧盟将采取分阶段谈判的办法。

## 5月

**2 日** 捷克总理索博特卡宣布，因财政部部长巴比什财产来源可疑而导致了政府信任危机，他将向总统泽曼递交内阁辞呈。

丹麦首相拉斯穆森抵达成都，开始访华行程。

**4 日** 保加利亚国会批准以鲍里索夫为总理的新政府。

**8 日** 《联合国气候变化框架公约》新一轮气候大会于 8 日至 18 日在波恩召开。会议的主题为"巴黎协定后续：说了就做"。

**10 日** 奥地利副总理兼经济部部长米特勒纳宣布，他将辞去在党内和政府中的一切职务。

**11 日** 七国集团财长和央行行长会议在意大利巴里召开，议题为包容性增长。

**14 日** 法国新任总统马克龙宣誓就任法兰西第五共和国的第八任总统。

**18 日** 欧盟表示将为 79 个非洲、加勒比和太平洋国家提供 8 亿欧元资金，帮助这些国家施行《巴黎协定》。欧盟将为斐济提供 300 万欧元的资助。

欧盟 28 个成员国的外长和防长在布鲁塞尔决定成立联合防务指挥中心。

欧洲议会全体会议召开，会上签署了向乌克兰公民提供免签制度的最新协议。

**21 日** 德国联邦议院通过了旨在"改进实施遣送责任"的一揽子法律草案。

**22 日** 欧盟各国政府就英国退欧的谈判计划达成一致，表示除非英国同意解决其对欧盟的欠费问题，否则欧盟成员国不会与英国协商退欧后的贸易协议。

**24 日** 教皇方济各在梵蒂冈会见到访的美国总统特朗普。双方探讨了通过宗教间对话以及政治协商促进世界和平的话题。

**25 日** 北约峰会在布鲁塞尔举行，主要议题是反恐和公平分担责任。

欧盟领导人图斯克和容克会见了来访的美国总统特朗普。图斯克表示，欧盟与美国应通过"价值观"，而不仅仅是利益，来巩固"整个自由世界"。他还对"美国优先"政策表示了异议，认为欧洲和美国应坚持"价值观和原则优先"。

**29日** 英国首相特雷莎·梅强调，即使无法与欧盟在谈判中达成协议，英国也将"脱欧"。

**31日** 联合国大会选举斯洛伐克外交和欧洲事务部部长莱恰克为第72届联合国大会主席。

## 6月

**2日** 联合国大会通过决议，荷兰将接替意大利的安理会非常任理事国席位；波兰等5国则当选2018~2019年度安理会非常任理事国。

**4日** 马耳他举行议会选举，工党获胜，穆斯卡特连任总理。

**9日** 英国大选结果揭晓，保守党获胜但议席未达到半数。该党领袖特雷莎·梅拒绝辞去首相职务，并宣布了新内阁成员名单。

**11日** 科索沃举行议会选举。

**14日** 爱尔兰众议院选举瓦拉德卡为政府总理，接替13日辞职的肯尼。

**18日** 阿尔巴尼亚举行议会选举，社会党获胜，拉马连任总理。

**19日** 英国和欧盟正式启动"脱欧"谈判。

维谢格拉德集团和比荷卢经济联盟的政府首脑会议在华沙举行，议题为欧盟未来、移民政策、英国"脱欧"等问题。

欧盟外长莫盖里尼表示，支持科威特出面"斡旋"卡塔尔断交风波，并随时准备给予相应的支持。

**21日** 法国总统府宣布以爱德华·菲利普为总理的新政府名单。

**22日** 欧盟峰会于22日至23日在布鲁塞尔举行，重点议题是英国"脱欧"、反恐和移民政策。

**26日** 英国首相特雷莎·梅与北爱尔兰民主统一党（DUP）达成政治合作协议，同意向北爱尔兰提供10亿英镑资金。

**27日** 阿尔巴尼亚官方宣布，社会党在议会选举中获胜，拉马连任总理。

**29日** 塞尔维亚议会批准了以安娜·布尔纳比奇为总理的新政府。

罗马尼亚新任总理米哈伊·图多塞宣誓就职。

## 7月

**1日** 爱沙尼亚担任为期半年的欧盟轮值主席国。

**5日** 欧盟委员会就意大利难民问题制订了行动方案。

**6日** 欧洲议会通过了有关土耳其的决议。决议指出，如果土耳其当局不对宪法改革草案做出必要修订，欧盟将立即暂停与安卡拉的入欧谈判。

日本与欧盟经济伙伴关系协定（EPA）谈判达成框架协议。

**8日** 二十国集团（G20）领导人峰会在汉堡闭幕。与会各国在自由贸易议题上达成了一致。

**12日** 法国总理菲利普宣布政府的一套难民接待计划。

**31日** 爱沙尼亚、拉脱维亚和立陶宛3国总统在塔林与美国副总统彭斯会晤。彭斯再次重申美国对波罗的海三国和其他盟友的安全承诺。

## 8月

**25日** 匈牙利宣布，因荷兰驻匈牙利大使发表"侮辱性"言论，匈牙利已召回驻荷兰大使，并无限期中断与荷兰的大使级外交关系。

**28日** 非洲和法国、德国、意大利、西班牙等国领导人及欧盟代表在巴黎就移民问题举行小型峰会。会议决定加强对非洲难移民中转国家的支持，加大打击非法移民的力度。

乌克兰同欧盟联系国协定正式生效。

## 9月

**6日** 欧盟成员国防长非正式会议于6日至7日在塔林举行。立陶宛、比利时、荷兰、卢森堡、芬兰、爱沙尼亚等国防长共同提议，在"永久结

构性合作"联合防务机制框架下构建"欧盟军事申根区"。

欧洲法院驳回匈牙利和斯洛伐克政府的诉讼状,裁定欧盟2015年9月通过的难民分摊方案合法。匈牙利认为此裁决"蛮横而且不负责任",斯洛伐克政府拒绝接受强制性配额制。

**9日** 科索沃议会批准了以拉穆什·哈拉迪纳伊为总理的新政府。

**12日** 挪威保守党首相索尔贝格在议会选举中获胜。

**15日** 英国首相特雷莎·梅宣布将英国恐怖威胁级别调至最高级别"危急"。

**25日** 德国总理默克尔领导的联盟党在当天举行的德国联邦议院选举中获胜。

**26日** 欧盟委员会和欧盟成员国就采取19项措施应对食品安全问题达成共识。

## 10月

**13日** 土耳其总统埃尔多安表示,该国不需要加入欧盟,土方愿意停止与欧盟就该问题进行的谈判。

**15日** 奥地利举行国会选举。外交部部长库尔茨及其领导的人民党在选举中获胜。

**16日** 欧盟决定全面禁止对朝鲜投资以及对朝出售成品油和原油,并将向朝鲜的个人汇款限制降至5000欧元。

**19日** 为期两天的欧盟秋季峰会在布鲁塞尔举行,主要议题是英国"脱欧"谈判。

**20日** 挪威政府宣布,任命国防部部长索尔莱德出任外交部部长,欧洲事务部部长巴克-延森将接替防长职位。

**21日** 捷克议会选举结束。前财政部部长巴比什领导的ANO2011运动党获胜。

**26日** 欧洲央行宣布将资产购买计划(即量化宽松)延长至2018年9月末。从明年起,每月购买规模将减半至300亿欧元。

荷兰首相吕特组建的四党联合新大臣会议（内阁）宣誓就职。

**27 日**　西班牙加泰罗尼亚地区议会单方面宣布"独立"。

西班牙参议院通过决议，授权中央政府全面接管加泰罗尼亚自治区地方政府权力。

**28 日**　冰岛举行议会选举。总理贝内迪克松领导的独立党获胜。

**30 日**　法国总统马克龙正式签署"加强内部安全与反恐"新法案。

## 11月

**1 日**　欧盟与古巴的对话合作协议暂行实施。

**2 日**　冰岛总统约翰内松宣布，由左派绿色运动领袖雅各布斯多蒂尔组建新政府。

英国首相特蕾莎·梅提名加文·威廉姆森担任英国国防大臣，取代 1 日辞职的法伦。

**8 日**　为期两天的北约防长会议在布鲁塞尔召开，议题为北约指挥架构改革、阿富汗问题及朝核问题。

英国国际发展大臣普丽缇因秘密会晤以色列官员而被迫辞职。

欧盟委员会宣布，计划在 2021～2030 年使汽车二氧化碳排放量减少 30%。

**9 日**　法国总统马克龙在阿联酋宣布，法、阿两国将在法国成立一个共同投资平台，投资能力 10 亿欧元。

**12 日**　斯洛文尼亚选举结果显示，总统博鲁特·帕霍尔赢得连任。

**13 日**　欧盟 23 国代表在布鲁塞尔签署"永久结构性合作"防务协定。英国、丹麦、葡萄牙、爱尔兰、马耳他 5 国未签。

**15 日**　欧洲议会通过欧盟反倾销调查新方法修正案。

**16 日**　欧盟表示，多个欧盟成员国承诺将从北非和中东地区直接接纳 3.4 万名难民。

**18 日**　6 日至 18 日召开的联合国波恩气候变化大会闭幕。大会通过了名为"斐济实施动力"的一系列成果。

## 12月

**4日** 葡萄牙财政部部长森特诺在欧元区财长会上当选下一任欧元集团主席。

**5日** 欧盟外长莫盖里尼在布鲁塞尔与美国国务卿蒂勒森会晤后警告称,美国不应单边承认耶路撒冷是以色列的首都。该城市的性质应通过谈判予以定义。

**6日** 捷克总统泽曼正式任命ANO2011运动党主席巴比什出任政府总理。

**7日** 对于波兰、匈牙利、捷克3国拒绝难民配额的问题,欧盟委员会决定向欧洲法院提起诉讼。

葡萄牙和爱尔兰宣布加入防务领域的"永久结构性合作"。

法国总统马克龙在卡塔尔表示,法国与卡塔尔在多个领域签订总额达120亿欧元的合作协议。

**11日** 欧洲理事会宣布,25个欧盟成员国加入了防务领域"永久结构性合作",并提出了在该机制下初步开展的17个防务合作项目。

以色列总理内塔尼亚胡访问欧盟。针对耶路撒冷的地位问题,欧盟强调将继续遵循国际共识。

**12日** 英国首相特雷莎·梅证实,英国将为"脱欧"支付350亿英镑到390亿英镑的"分手费"。她在英国国会表示,如果不能达成"脱欧协议",英国将不支付约定的390亿英镑而脱离欧盟。

波兰议会批准马特乌什·莫拉维茨基出任总理。

**14日** 欧盟28个成员国于14日至15日在布鲁塞尔举行峰会,议题是英国"脱欧"和难民问题。会上同意和英国展开第二阶段"脱欧"谈判;重申欧盟就巴以问题坚定支持"两国方案",针对耶路撒冷地位的立场"不变"。

欧盟成员国领导人决定,延长2018年1月底将失效的对俄经济制裁期限。

**18日** 奥地利新一届政府内阁正式就职,库尔茨任总理。

**20日** 欧盟将英国"脱欧"过渡期的期限限定在2020年12月31日之前。

**28日** 意大利总统马塔雷签署了解散议会的法令。

# Abstract

In the aftermath of the multiple crises which Europe has been struggling with in the past decade, the European integration is confronted with unprecedented difficulties, and the uncertainties brought about by the UK's decision to exit from the EU has added new pressures on Europe. At a crossroads, looming over the Europeans is the question where the EU is going to head in the long run. After the outbreak of the European debt crisis, the Europeans have been taking pains in search for an impetus for the European integration. However, no consensual agreement has been reached until recently. Nevertheless, the Europeans have fully recognized that it is of utmost significance to give priority to European integration in order to defend Europe's international status and influences, international competitiveness and peace and development. However, in the absence of reforms and new orientations and momentums, it is almost impossible to maintain Europe's solidarity and unification.

Sixty years after the launch of the European integration project, the European leaders have finally presented the idea of a 'multi-speed Europe' as the future course to be followed. A Rome Declaration was signed by the leaders of the 27 member countries except the UK at the EU Summit celebrating the 60th anniversary of Rome Treaty on March 25 2017. While reaffirming their commitments to further integration and unity, the European leaders have for the first time unequivocally mapped out a 'multi-speed Europe' formula which will shape the future of the European integration, in which the member states will "act together, at different paces and intensity, while moving in the same direction, in line with the Treaties." However, in view of the underlying divergences among the member states not only to the notion itself, but to the paths taken in order to put it into practice, it reveals that a "multi-speed Europe" is at most a realistic choice in response to the multiple crises which Europe is stuck into rather than a satisfactory

strategy.

Whatever courses that the EU will follow in the future, the issue of most urgent concern for the EU is to rebuild consensus, confidence and unity. Instead of the crisis itself, what has hit Europe most hard is the surge of the Euro-skeptical force which has impaired to a great extent the support lent to the European integration. It is a matter of utmost urgency to rebuild trust and confidence of the public towards the European integration, for the attainment of which, it is crucial for the European leaders not only to find pathways to get rid of the existing dilemma, but to form an alliance capable of sustaining and leading the integration project, which depends in a large part on the positions and performances of the big powers. Based on the above analysis, the Keynote Reports in this book manage to explore the social foundations behind the European integration and the driving forces at the center of the EU against the background of the French and German general elections.

The series of elections held in Europe in 2017, especially those in France and Germany, have offered a sound foundation for the advancement of European integration. On one hand, the mainstream political forces in favour of European integration have secured victories in most of the elections. It is still the parties identifying with the European integration that dominate Europe's political arena and a sound social foundation which helps to promote the integration is still there. On the other hand, the newly elected leaders in both Germany and France are both passionate supporters of European integration. With new programmes put into place in order to rejuvenate the EU, the Franco-German tandem is back at the central stage of Europe which is expected to act as the engine driving the integration process forward. However, it still remains to be seen whether the newly established Franco-German alliance could assume the leadership as expected, which may be constrained by the gaps between the two countries on the reform plans of the integration due to their divisions on national concerns, political ecology, economic ideas and geopolitical priorities, which will damage to a certain extent the leadership and influences of the so-called Franco-German engine.

Apart from the German and French elections, this book makes a comprehensive analysis of European situations in 2017 from the perspectives of politics, economy, society and foreign relations. The situation of Europe as a whole is taking a turn for the better. But it differs greatly in different fields. In contrast to the positive scenario inside the EU, the impetus for and influences on promoting global governance and global cooperation has been weakened since the EU is focusing more attention on internal affairs.

On the issue of China-Europe relations, it is held that the overall China-Europe relations made steady progresses in 2017, with China consolidating and improving its pragmatic cooperation with the EU, EU member states and the sub-regions in Europe. Converging consensus and intensifying cooperation turned out to be the theme of China-Europe relations in 2017. In addition, remarkable achievements have been made in some of the specific areas.

This Annual Development Report further includes both Country and Regional Reports and Thematic Reports. The former covers topics such as the Brexit negotiations, French moralization law, Industry 4.0 in Italy, EU's policy adjustment towards the Western Balkans and the Three Sea Initiative. In the part of the Thematic Reports, we analyze the EU's policies after US' withdrawal from the Paris Agreement on climate change, anti-globalization wave in Europe, the EU's anti-terrorism actions, the EU's draft legislation on establishing a framework for screening of foreign direct investments, the Mid-term evaluation on 'Europe 2020', Industry 4.0 in Europe, the European Capital Markets Union, Europe's macroeconomic imbalance and the European Defence Union.

This year's Annual Development Report of Europe is aimed at reflecting the general situation, the big events and the major progresses, problems and challenges in some of the most important fields in Europe in 2017. However, the space and the preferences of the authors have prevented us from including every issue of importance to Europe in this book. Finally, all the findings and conclusions in the papers in this Report are entirely personal to the authors themselves and do not necessarily represent the view of any institutions or of the editors-in-chief.

**Keywords**: Multi-speed Europe; German Federal Elections; French Elections; Future of Europe

# Foreword

Cheng Weidong

In the aftermath of the multiple crises which Europe has been struggling with in the past decade, the European integration is confronted with unprecedented difficulties, and the uncertainties brought about by the UK's decision to exit from the EU has added new pressures on Europe. At a crossroads, looming over the Europeans is the question where the EU is going to head in the long run. After the outbreak of the European debt crisis, the Europeans have been taking pains in search for an impetus for the European integration. However, no consensual agreement has been reached until recently. Nevertheless, the Europeans have fully recognized that it is of utmost significance to give priority to European integration in order to defend Europe's international status and influences, international competitiveness and peace and development. However, in the absence of reforms and new orientations and momentums, it is almost impossible to maintain Europe's solidarity and unification.

Sixty years after the launch of the European integration project, the European leaders have finally presented the idea of a 'multi-speed Europe' as the future course to be followed. A Rome Declaration was signed by the leaders of the 27 member countries except the UK at the EU Summit celebrating the 60$^{th}$ anniversary of Rome Treaty on March 25 2017. While reaffirming their commitments to further integration and unity, the European leaders have for the first time unequivocally mapped out a 'multi-speed Europe' formula which will shape the future of the European integration, in which the member states will "act together, at different paces and intensity, while moving in the same direction, in line with the Treaties."[1]

---

[1] European Commission, "Rome Declaration of the Leaders of the 27 Member States and of the European Council, the European Parliament and the European Commission", http://europa.eu/rapid/press-release_STATEMENT-17-767_en.htm.

# Foreword

Ten years ago, the author argued when analyzing the crisis after France and the Netherlands rejected to ratify the Constitutional Treaty that compared with the ratification crisis itself and the political and economic situations in the member states, the fundamental discrepancies in the preferences for intergovernmentalism or supranationalism, priorities given to economic or political integration and the choices towards different social models would exert far more profound and lasting impacts upon the future of European integration and that resilient integration would be a pragmatic model for the future,[①] which could accommodate both commonalities and diversities within the overall framework of the EU. However, the strength of the EU as a whole would be weakened under the paradigm of resilient integration.[②] Such an argument is still applicable to the notion of a multi-speed Europe in view of the underlying divergences among the member states not only to the notion itself, but to the paths taken in order to put it into practice. It reveals that a "multi-speed Europe" is at most a realistic choice in response to the multiple crises which Europe is stuck into rather than a satisfactory strategy.

Whatever courses that the EU will follow in the future, the issue of most urgent concern for the EU is to rebuild consensus, confidence and unity. Instead of the crisis itself, what has hit Europe most hard is the surge of the Euro-skeptical force which has impaired to a great extent the support lent to the European integration. It is a matter of utmost urgency to rebuild trust and confidence of the public towards the European integration, for the attainment of which, it is crucial for the European leaders not only to find pathways to get rid of the existing dilemma, but to form an alliance capable of sustaining and leading the integration project, which depends in a large part on the positions and performances of the big powers. Based on the above analysis, the Keynote Reports in this book manage to explore the social foundations behind the European integration and the driving forces at the center of the EU against the background of the French and German general elections.

---

① "Resilient integration" is a more flexible approach to realizing integration which embraces but is not limited to "multi-speed Europe".
② Cheng Weidong, "The Reform Treaty and Resilient Integration", *People's Daily*, December 14 2007.

欧洲蓝皮书

The series of elections held in Europe in 2017, especially those in France and Germany, have offered a sound foundation for the advancement of European integration. On one hand, the mainstream political forces in favour of European integration have secured victories in most of the elections. In the French presidential elections, Marine Le Pen, the leader of the far-right National Front, was defeated by centralist Emmanuel Macron with a pro – European vision. In the German federal elections, despite the historical success of the AfD who won a third place and entered the Parliament for the first time in history and the hardships experienced during the coalition negotiations, it is still the parties identifying with the European integration that dominate Germany's political arena. It thus follows from the elections in the European countries in 2017, especially those in Germany and France, that a sound social foundation which helps to promote the integration is still there. On the other hand, the newly elected leaders in both Germany and France are both passionate supporters of European integration. With new programmes put into place in order to rejuvenate the EU, the Franco-German tandem is back at the central stage of Europe which is expected to act as the engine driving the integration process forward. However, it still remains to be seen whether the newly established Franco-German alliance could assume the leadership as expected, which may be constrained by the gaps between the two countries on the reform plans of the integration due to their divisions on national concerns, political ecology, economic ideas and geopolitical priorities, which will damage to a certain extent the strength and influences of the so-called Franco-German engine.

Apart from the German and French elections, this book makes a comprehensive analysis of European situations in 2017 from the perspectives of politics, economy, society and foreign relations.

In the field of European politics, two developments are worthy of our special attention. Firstly, it can be seen from the results of the general elections in most of the European countries that the political situation remains stable as a general picture across Europe. However, the strength and influence of the populist parties is still on a rise, which has posed serious challenges to the dominant position of the traditional mainstream parties. In addition, the European governments have been exposed to a number of other political and social difficulties and even threats to the integration in some states, as witnessed in Spain. Secondly, as far as the European political integration is concerned, apart from the initiative of a 'multi-speed Europe' set out by the EU and the reform plans put forward by France and Germany with an aim to furthering integration, initial achievements have been made towards the creation of a European Defence Union, which is expected to become one of the breakthroughs in moving the integration project forward. As an expression of the concept of a 'multi-speed Europe', the Defence Union not only represents a practical step in safeguarding Europe's security, but embodies the Europeans' dedication to building a closer and more independent Europe by launching a model of 'multi-speed' Europe in a field of political sensitivity at the eve of Brexit.

In relation to the European economic situation, full recovery was witnessed in 2017 and the growth rate of the euro zone reached its fastest pace in ten years, which therefore opened a new round of economic recovery. In the trade area, the rising of the trade volume within the EU has reached such a degree as to make the intra-trade share at the highest level in a decade. In such a context, the macroeconomic imbalance has been alleviated, thus reducing the number of the countries suffering from economic imbalance, and achievements having been made in the re-imbalance of the member states' economies. However, no fundamental improvements have taken place as to the EU's overall economic imbalance.

As to the EU's social situations, improvements were generally seen in the EU countries, with a number of positive trends emerging in the fields of labour market and social development. However, the problem of social injustice is becoming more outstanding, which has caught special attention from a number of European countries, who have pushed forward various policy reforms in order to promote social justice and help every citizen enjoy the achievements of economic and social progresses. The European countries have put a greater emphasis on social rights and attempt to reinforce European identity by consolidating social rights of their citizens, which will provide broader social foundations for European integration.

In the area of foreign relations, an inward-looking tendency was quite evident in the EU's diplomacy in 2017, with the relationships among the EU member states at the top agenda of the EU's political elites focusing on the future of

Europe. No breakthrough has been achieved in the EU's relations with the outside world, and what makes the situation even worse is the turning up of some negative signals. The year 2017 saw the most turbulent period in the history of transatlantic relations, with major divergences concerning both cognitive awareness and policies in the fields of values, trade and economy, security and global governance. The EU – Russia relationship was still filled with disputes and tensions, in particular given the EU's decisions on renewing its sanctions towards Russia and Europe's accusation of Russia's alleged intervention in the elections of some European countries. At last, very little has been achieved in the EU's relations with the other regions and countries.

To sum up, the situation of Europe as a whole is taking a turn for the better. But it differs greatly in different fields. In contrast to the positive scenario within the EU, the impetus for and influences on promoting global governance and global cooperation has been weakened since the EU is focusing more attention on internal affairs.

On the issue of China-Europe relations, it is held that the overall China-Europe relations made steady progresses in 2017, with China consolidating and improving its pragmatic cooperation with the EU, EU member states and the sub-regions in Europe. Converging consensus and intensifying cooperation turned out to be the theme of China-Europe relations in 2017. Apart from a comprehensive overview and discussion of China-Europe relations, we have chosen topics such as Germany's Policy towards the Belt and Road Initiative (2013 – 2018), the "Market Distortion" Regime in EU's Newly Amended Anti-Dumping Regulation and China's Countermeasures, the New Developments and Trends in Scientific and Technological Innovation Cooperation between China and Europe, China-Nordic Cooperation and Its Prospects and the Tendency and Challenges in China – CEECs Cooperation as examples for demonstrating the remarkable achievements that has been made in some of the specific areas. However, a number of problems still hamper further deepening of the bilateral relations, especially the doubts cast by some European political leaders and public opinions on China and China's European policy, Europe's growing protectionism in trade and foreign investment, the unresolved disputes on China's market economy status, and interference into

China's domestic affairs in relation to China's core interests by some of the European countries.

In addition, this Annual Development Report includes as usual both Country and Regional Reports and Thematic Reports. The former covers topics such as the Brexit negotiations, French moralization law, Industry 4.0 in Italy, EU's policy adjustment towards the Western Balkans and the Three Sea Initiative. In the part of the Thematic Reports, we analyze the EU's policies after the US' withdrawal from the Paris Agreement on climate change, anti-globalization wave in Europe, the EU's anti-terrorism actions, the EU's draft legislation on establishing a framework for screening of foreign direct investments, the Mid-term evaluation on 'Europe 2020', Industry 4.0 in Europe, the European Capital Markets Union, Europe's macroeconomic imbalance and the European Defence Union.

This year's Annual Development Report of Europe is aimed at reflecting the general situation, the big events and the major progresses, problems and challenges in some of the most important fields in Europe in 2017. However, the space and the preferences of the authors have prevented us from including every issue of importance to Europe in this book. Finally, all the findings and conclusions in the papers in this Report are entirely personal to the authors themselves and do not necessarily represent the view of any institutions or of the editors-in-chief. Anyway, all criticism and suggestions from the readers are welcome.

# Contents

## I  Keynote Reports

B. 1  German Federal Elections and the Future of EU

*Yang Xiepu* / 001

**Abstract:** Following the German federal elections in 2017, six parties have entered the German Bundestag, with the AfD winning its first seats. A number of factors have contributed to the rising support to the AfD, including the electorates' discontent towards the political reality and concerns about social security, the converging policies between the mainstream parties and the negative effects brought about by globalization and European integration. Such a result rendered it an extremely hard task to form a coalition. After the failure of an envisaged "Jamaica" coalition government, a third "Grand Coalition" has finally been formed during Merkel's 13 years as Germany's Chancellor. However, the effectiveness and efficiency of the decision-making in the new government may encounter a set of problems in the future. Germany's national interest is the key factor underlining its support to European integration and its coordination with France to formulate a reform roadmap for the European Union. However, considerations about national interests and domestic politics prevent Germany from taking a radical standing on the reforms of the Euro area, which leads to divergences with the plan put forward by French President Macron. Apart from the Franco-German axis, Germany proposes to revive the "Weimar triangle" in order to reinforce the interest representation of the different member states and to avoid an outright conflict with France by recourse to Poland as a balancing power.

**Keywords**: German Federal Elections; AfD; EU Reforms; Franco-German Axis; Weimar Triangle

B. 2 French Elections and the Revival of Europe

*Peng Shuyi* / 014

**Abstract**: In April to June 2017, France held successively presidential and legislative elections, the results of which have redrawn the landscape of the French politics, where the traditional centre-left and centre-right parties had dominated in almost a half century. France has thus entered a new era characterized by the fragmentation of party systems, with the comparability in strength between the left, the right, the centralist and the far-right and far-left ending the "monopoly" by the Socialist Party and the Republican Party. After being elected French president, Macron has assumed a leading role in reviving the EU, by not only attempting to reinvigorate the traditional Franco-German axis but by raising a set of policy proposals including "multi-speed Europe", reforms of the Euro area and construction of a "protective Europe", in order to realize the resurgence of Europe. However, in spite of the consensus on the objective to rebuild Europe, there still exist a variety of divergences between Germany and France due to their difference national interests and between the "new" and "old" Europe.

**Keywords**: French Elections; European Resurgence; Franco-German Axis

# II  The European Union

B. 3 EU Politics: Crisis and Reforms in "Europe's
Year of Elections"

*Li Jingkun* / 027

**Abstract**: The year 2017 is of great significance to the future of EU politics. It witnessed a wave of key elections in a number of European countries including

Germany, France and the UK. Despite the political stability as a general picture across the European countries, it can be seen from the results of the elections that the influence of the populist parties is still on a rise, which has posed great challenges to the position of the traditional mainstream parties. In addition, the European governments are confronted with a number of other political and social difficulties. From the perspective of the European political integration, the variety of reform plans put on the agenda by the EU and its member states has achieved very limited progresses, and it remains to be seen where the EU is heading. However, initial achievements have been made in the field of European defence union, which is expected to become one of the breakthroughs in the future integration project.

**Keywords**: Europe's Year of Election; Populist Parties; Defence Union

B.4  EU Economy: Full Recovery and Tightening Foreign Trade

*Yang Chengyu / 035*

**Abstract**: In 2017, the EU's economy fully recovered and the growth rate of the euro zone reached its fastest pace in ten years. In terms of the internal governance of the EU, the measures controlling the member countries' fiscal deficits and government debt have produced initial results, the reform of the labor market made breakthroughs, and the unemployment rate in both the EU and the euro zone declined continuously. In the trade area, along with a substantial pickup of the EU's external trade in 2017, the rising of the internal trade volume within the EU has reached such a degree as to make the intra-trade share at the highest level in a decade. The EU's OFDI (Outward Foreign Direct Investment) has been falling year by year, indicating its declining enthusiasm for investment abroad. The EU is nevertheless one of the most important destinations in attracting foreign direct investment and the world share of the EU in terms of foreign capital utilization has increased significantly in recent years. However, due to the lack of sufficient driving factors for economic growth, it remains to be seen whether the overall economic recovery is sustainable in the EU in 2018, especially that a comprehensive vision of the systemic risk of internal governance has been changed to a partial one, quantitative easing policy reached what has been expected, the pressure is on the rise for the maturity structure, and the raising by the US Federal Reserve of interest rate indicates that the European Central Bank's tightening of monetary policy is forthcoming.

**Keywords**: EU Economy; Reverse Globalization; Monetary Policy

B. 5  EU Social Situation: Remodelling Sound Social Foundations

*Zhang Jinling* / 046

**Abstract**: In 2017, improvement was generally seen in the social situations in the EU countries, with a number of positive trends emerging in the fields of labour market and social development. The EU countries are committed to policy reforms in order to guarantee social justice. While the continuous transformation in European social situations has dragged the EU countries into serious problems of intergenerational inequality, the EU has pushed forward policy reforms in order to achieve intergenerational solidarity and maintain social stability and sustainable development. The "European Pillar of Social Rights" defines some more substantive rights for the EU citizens from three aspects: equal opportunities and access to the labour market, fair working conditions, social protection and inclusion, which reflects the EU's commitment to building a more inclusive and equal society.

**Keywords**: EU; Intergenerational Equality; Intergenerational Solidarity; European Pillar of Social Rights

B.6　The EU's External Relations: Internalization of Diplomacy

*Zhao Chen* / 054

**Abstract**: The EU's external relations include both the relationship between the member states and that between the EU and the rest of the world. An inward-looking trend was quite evident in the EU's diplomacy in 2017. In the face of the serious challenges posed to the EU by Brexit, the election of Donald Trump as US President and the rising populism in the EU, the Council, the European Commission and some member countries like France raised various proposals on the future of the EU. In 2017, debates on this issue dominated Europe. However, no consensus was concluded largely due to the unfinished Germany coalition government negotiations. The transatlantic relationship arrived almost at the lowest point since WWII and EU – Russia relationship was still filled with rancorous disputes. The Free Trade Agreement negotiations between the EU and Japan, Latin America and Australia respectively made some progresses in 2017 but the EU's role in the Middle East has been further marginalized.

**Keywords**: European Union External Relations; Common Foreign and Security Policy; Transatlantic Relationship; EU – Russia Relationship

## Ⅲ　Regional and Country Reports

B.7　The Brexit Negotiations Process and Its Multiple Impacts

*Li Jingkun* / 062

**Abstract**: In June 2016, the UK's referendum on its EU membership resulted in a "no" vote. On March 29 2017 the UK government handed to the EU its official letter triggering Article 50 of Lisbon Treaty, thus commencing the historic Bexit negotiations. The first round of negotiations between the EU and the UK was launched on June 19, 2017. After six months of hard talks with twists and turns and despite the remaining divergences over certain crucial issues, a deal was declared to have been reached between the UK and EU in December 2017, which ended the first round of talks and opened the door to move to the next phase. Brexit has brought about far-reaching impacts on both the domestic politics and external policies of the UK. In the domestic arena, the early parliamentary elections in June 2017, which could be attributed in a large part to Brexit, have significant consequences for the party systems of the UK. In addition, the political and social divisions have been further sharpened. In the international arena, the UK endeavours to construct a "Global Britain" and rebuild its diplomatic ideas and policies.

**Keywords**: Brexit Negotiations; Parliamentary Elections; Global Britain


B. 8  On the French Moralization Law on Political Life:
       Background and Reforms                    *Zhang Jinling* / 073

**Abstract**: The number of corrupt issues uncovered during the French presidential election campaign in 2017 sparked widespread discussions and critics around political corruption, and pushed directly the French government to present a legislative act aiming at moralizing and regulating the political life. The bills approved in September 2017 introduce a number of new provisions, such as prohibiting Parliament members from hiring their close family members, supervising their tax obligations, removing their allowances and reservations, avoiding conflicts of interest, and regulating the financing of political candidates and parties. However, some of the factors that may breed political corruptions have not been included in this legislation, which has attracted a number of criticisms.

**Keywords**: France; Moralization Law; Political Life; Anti-corruption

B.9 An Analysis of Italy's "Industry 4.0" National Plan

*Sun Yanhong* / 084

**Abstract**: On January 1 2017, Italy's "Industry 4.0" National Plan began to be put into effect. This article aims at making a detailed analysis of this Plan, including the background of and causes for its introduction, its main contents, the initial results and the prospects of its implementation. The analysis shows that the introduction of "Industry 4.0" National Plan was driven principally by the emergence of the new industrial revolution as a global factor and that it was as well a pragmatic choice based on Italy's industrial and economic situations. The Plan addresses nine key technology areas and designs a set of mutually reinforcing and complementary incentives with the core objective of stimulating industrial investment that helps to promote innovation and enhance competitiveness. The introduction of the Plan reflects Italy's attempt to make up for its strategic scarcity, which is intended to strengthen the role of the government. At the same time, it also shows that the focus of the country's economic policy has gradually shifted from austerity to fiscal easing. The Plan has achieved some initial results which could act as a basis for its further implementation. However, Italy still has to overcome a number of difficulties in order to realize the transformation and upgrading of its industrial structure. It remains to be seen whether the Plan could produce satisfactory effects as expected.

**Keywords**: Italy; Industry 4.0; Background; Content; Evaluation

B.10 An Analysis of the Political Ideology and Its Prospects in
Central and Eastern Europe *Guan Shilin* / 095

**Abstract**: In 2017 Europe was still suffering from the aftermath of multiple crises. There is no exception for the Central and Eastern European countries. With the persistent effects of the European debt crisis, the Ukraine crisis and the refugee crisis, Central and Eastern Europe is not only confronted with a series of economic and social problems, but with profound changes in the political ecosystem, which is demonstrated mainly by the overall influences of populism, the prevailing of Euro-skepticism and Trans-Atlanticism, and the rise of illiberal democracy in some countries. The transformation of political thoughts and the emergence of new political trends on the one hand reflect the responses of the common people and political parties in Central and Eastern Europe towards the economic and social problems under the influences of the crises, and on the other hand have made great impacts on the decisions in response to the crisis aiming at economic recovery. The growth of the anti-elite and anti-establishment force is posing challenges to the wisdom of European political elites, since otherwise the trend of polarization in the political ecosystem will persist in Central and Eastern European countries.

**Keywords:** Central and Eastern Europe; Populism; Euro-skepticism; Trans – Atlanticism; Illiberal Democracy

B.11 EU's Strategic Adjustment of Its Policy towards the Western Balkans *Li Danlin* / 109

**Abstract:** In 2017, the EU made major adjustments in its Western Balkan policy in order to consolidate and enhance its position in the Western Balkans and counterbalance the influence from the outsiders. Following the "Berlin Process" and "Berlin Plus" launched successively in March and May 2017, "A credible Enlargement Perspective for and Enhanced EU Engagement with the Western Balkans" was released in February 2018. It sets out a schedule for Western Balkans' integration into the EU by elaborating six flagship initiatives on rule of law, social-economic development, good neighbourly relations, transport and energy connectivity, security and migration and a digital agenda.

**Keywords:** Western Balkans; EU Enlargement; Russia

欧洲蓝皮书

B.12  Three Seas Initiative: Progresses and Challenges

*Kong Tianping* / 117

**Abstract:** The Three Seas Initiative is the most important regional cooperation initiative between the CEE countries over the past 30 years. The Three Seas Initiative project reflects the need of the Central and Eastern European countries in developing transport, energy and telecommunications networks in the north-south axis, as well as the desire of the Central and Eastern European countries to seek subjectivity and to form an identity of Central Europe. The Three Seas Initiative is basically a geo-economic project, but the rivalry in the energy sector among the major players has conferred a certain geopolitical tone on it. As a project which has operated only for more than two years, the Three Seas Initiative is still faced with many challenges, and it remains to be seen where it will be heading in the future.

**Keywords:** Three Seas Initiative; Central Europe; Central and Eastern Europe; Economic Cooperation; North-South Axis; Geopolitics

# Ⅳ  Special Reports

B.13  The EU's Climate Change and Energy Policy after US'
Withdrawal from Paris Agreement           *Fu Cong* / 129

**Abstract:** In 2017 the European Union and France conducted active climate diplomacy in order to promote the process of writing a rulebook for the Paris Agreement. Their actions, have successfully counterbalanced the negative influences resulted from the United States' withdrawal from the Agreement and revived the international community's willingness to fighting jointly against global warming. The EU concluded the reform of Emissions Trading System and progresses have been made on the legislation on carbon mitigation, energy efficiency and clean energy. However, the force of the EU's legislations and measures was weakened by the Member States' bargaining in order to protect their own high-emission-industries and energy markets. The EU hopes to play a leading role in the global climate change governance after the U. S. withdrew from the Paris Agreement, whose leading model nevertheless faces many challenges.

**Keywords:** EU; Climate Change; Clean Energy; Climate Diplomacy

B. 14　New Performances of Anti-globalization Wave in Europe
　　　　　　　　　　　　　　　　　　　　　　　*He Zhigao* / 141

**Abstract:** Europe's anti-globalization wave has become one of the key references and political indicators of the current Western political discourse. The anti-globalization wave in Europe is a force that cannot be underestimated, which, combined with the anti-integration move, is exerting significant influences on the economic, social and political dimensions in Europe. The new performances of anti-globalization in Europe consist of four aspects: doubt about trade policy, resistance to refugee policy, rising of populist parties, and concurrence of anti-globalization and anti-integration. The anti-globalization wave in Europe is originated from the uneven distribution of the opportunities and risks of globalization and integration within the societies, and the real or perceived relative deprivation or alienation brings double pressures on Europe, to which the European Union has been unable to effectively respond. In order to deal with anti-globalization, the EU and its members might need to pay more attention to social recognition, as well as redistribution of social resources.

**Keywords:** Anti-globalization; Europe; Populism; Anti-integration; Trade Policy

B.15 New Enemies, Old Measures: The Dilemma Faced by
Europe's Counter-Extremist Strategy          *Shen Xiaochen* / 152

**Abstract**: Europe was still faced with a severe and perhaps even more complicated counter-terrorist situation in 2017 in that a large number of foreign terrorist fighters based originally in Europe were expected to return, a new trend of "pure terror" which was not driven by extremist ideologies had emerged in the home-grown terrorism, and the eye-for-eye terrorist attacks between Jihadists and the extreme-rights were escalating. Accordingly, the European countries had adjusted and strengthened their counter-extremist measures. The year 2017 saw an obviously tightened border control and the reinforcement of hard counter-extremist measures with notable increase in capital and human resources input. These endeavors of policy change, however, haven't touched upon the essence of the enduring policy dilemma which came from the inadequate threat perception. The European countries were still unable to effectively restrain the spreading of the extremist ideologies. Moreover, its policy preferences for putting more emphasis on afterwards "interference" rather than beforehand "prevention" is insufficient to deal with the emerging terrorist problems, and it is even a departure from the preventive nature of an effective counter-terrorism approach. It is not an easy task for Europe to get rid of the dilemma faced by its counter-extremist policies in the near future.

**Keywords**: Counter-extremism in Europe; Foreign Terrorist Fighter; Pure Terror; Jihadism; Threat Perception

B.16 A Comment on EU's Proposal on Establishing a Framework
for Screening of Foreign Direct Investments          *Ye Bin* / 168

**Abstract**: The European Commission proposed a draft regulation to establish a framework for screening of foreign direct investments in September 2017. Inspired by the function of the Committee on Foreign Investment in the United States (CFIUS), the Commission aims to create an equivalent mechanism to review foreign direct investment into the EU on the ground of security and public order. The draft reflects the Commission's ambition on the one hand but the weak legal basis and insufficient capacity on the other. On the one hand, the drafters intended to confer the Commission and the member states a very wide range of competences to review FDI, including not only traditional elements for national security but also economic security, such as infrastructure construction, high technology, energy security and cyber security, etc. On the other hand, the proposed regulation is not aimed at establishing a uniform European mechanism but a consultative framework, in which the Member States make last decision. If approved, it will be a very rare case of soft instrument under the EU's so-called exclusive competence, which generally provides the Commission hard instruments. Although the Commission's opinion on FDI will not be binding, its proposal has released a signal of severe distrust to China's increasing investment in Europe, which has been employed by the EU as a bargaining tool to negotiate the ongoing bilateral investment agreement between China and the EU. The mechanism would not only extend the overall process for national security review, but also leave space for it to be interpreted expansively and even abused. Under its mask of neutrality, the considerations introduced in the mechanism discriminate Chinese investment and would put Chinese investments in the EU into legal uncertainty.

**Keywords:** The European Union; FDI Screening Mechanism; National Security; China –EU Bilateral Investment Agreement

B.17  Mid-Term Evaluation on "Horizon 2020" and Its Prospects

*Zhao Junjie* / 183

**Abstract:** The "Horizon 2020" plan is a major policy tool for the EU to promote innovation and economic growth. Excellent science, industrial leadership

and social challenges are the three strategic priorities. In June 2017, the European Commission released "Horizon 2020 Mid-Term Evaluation Report" and systematically evaluated the implementation of the plan from 2014 to 2016. The report affirms the role played by "Horizon 2020" in integrating the European R & D framework and scientific and technological resources. With five innovation performance evaluation criteria, the Report analyzed the main problems, financing model and the various innovative tools and actions of the "Horizon 2020", focusing on the evaluation of the achievements and problems in the three strategic priority areas. "Horizon 2020" is held to be a very attractive and well performing R & D program, whose innovation effects, R & D results and social impacts have been released and contributed to the creation of jobs, economic growth and scientific achievements in Europe. However, some of the uncertain factors, such as Brexit, the anti-integration attitudes of the European extreme right-wing parties and the EU's fiscal austerity policy, are all likely to adversely affect the future prospects of "Horizon 2020". In the long term, it will also affect the formulation and strategic orientation of the next R & D framework plan (FP9).

**Keywords:** Horizon 2020 Mid-Term Evaluation; Performance Evaluation Criteria; Position Paper; European Innovation Scoreboard

B.18 Between Competition, Coherence and Cohesion:
"Industry 4.0" in Europe      *Daniel Buhr* / 193

**Abstract:** The concept of "Industry 4.0" was born in Germany, which has quickly attracted attention from some important European political actors. "Industry 4.0" belongs in essence to the research area within the innovation policy, which at the same time bears a strong interdisciplinary character and covers a large number of policy areas, the competence over which is distributed at different levels. The European innovation policy concerning "Industry 4.0" operates in the context of multi-level governance between the objectives of competition, coherence and cohesion. A large number of current innovation policy initiatives can be located at either the European or national level. However, it is clear that there is still a lack of coordination between different levels. Apart from the large number of Commissioners at the European level as well as numerous ministries at the Member State level, a variety of non-state actors are in addition engaged in innovation policies. The horizontal and vertical coordination of innovation policies in the framework of "Industry 4.0" is therefore of great significance. In addition to technical issues such as data protection, data security and data availability, the problems such as work organization, qualification certification and development of new service models and business models have yet to be resolved.

**Keywords:** Industry 4.0; European Innovation Policy; Multi-level Governance

B.19  The Building of a European Capital Markets Union

*Hu Kun / 208*

**Abstract:** The European Capital Market Union (CMU) is a plan by which the EU intends to strengthen the financing system of the institutions other than the banks, so as to overcome the excessive dependence of the economy on the banking system, promote the development of green financing and accelerate the flow of capital into the field which is capable of developing in a sustainable way. The construction of the CMU will not only foster the creation of a European capital market and cross-border investment, enhance the overall economic competitiveness of the EU, but exert profound impacts on the spatial structure of the European financial market. However, the differentiated development levels between the EU member countries and the wide range of dimensions that the CMU involves makes it a complex and difficult project to build such a capital markets union.

**Keywords:** Capital Markets Union; Financial Structure; Financing System

B.20 An Analysis of the EU's Macroeconomic Imbalance

*Qin Aihua* / 217

**Abstract**: The improvement of the European Union's economic situation helps to alleviate its macroeconomic imbalances, but the pressure on the economic imbalance is still great. This paper discusses the operation mechanism of the EU Macroeconomic Imbalance Procedure, analyzes the current situation, characteristics of and reasons for the EU's macroeconomic imbalance, and delivers a forecast of the future development of the EU. This paper points out that the EU's economic imbalance has not been fundamentally improved, with trade imbalance and fiscal imbalance as the major characteristics. As a strategic choice in response to the current situation of the EU, the idea of a "multi-speed Europe" will have far-reaching influences on the future development of the European integration.

**Keywords**: European Union; Economic Imbalance; Macroeconomic Imbalance Procedure; Multi-speed Europe

B.21 The Defense Union: A "European Project" with Multi-Speed

*Cao Hui* / 228

**Abstract**: Influenced by the accelerated Russia – Ukraine conflicts, the extremists' violent terrorism attacks and Brexit, the European Union has unprecedentedly incorporated its common security and defense policy into the "fast-track" of decision-making at the European level. This article argues that under the guidance of the "multi-speed" idea, the Permanent Structured Cooperation (PESCO) mechanism approved at the end of 2017 is characterized with a pragmatism which doesn't require all member states' participation with military cooperation based on a "module" style. However, the fate of PESCO will be seriously threatened by the factors such as the fragmented defense industry structures and differentiated economic interests among the member states, as well as the ongoing tensions between the EU, the U.S. and the NATO. Meantime, the transatlantic relation is facing challenges from Europe's dream of a defense union.

**Keywords:** European Union; Security and Defense Union; U.S.; NATO

# V  China-EU Relations

B.22  China-Europe Relations: Converging Consensus and Intensifying Cooperation  *Zhao Jizhou* / 239

**Abstract:** The overall China-Europe relations made steady progresses in 2017. China carried out all-round diplomacy with Europe which is sustainable, balanced and deep-going, and its pragmatic cooperation with the EU, EU Member States, and the sub-regions in Europe has been further consolidated and improved. Converging consensus and intensifying cooperation proved to be the theme of China-Europe relations in 2017. Over the past year, high-level meetings and exchanges between the leaders of China and Europe were frequent, while at the same time, mutual beneficial cooperation and amicable exchanges in the fields of economy and trade, investment, science and technology, humanities and global governance between the two sides were continuously expanded. Nevertheless, the year of 2017 witnessed the Europeans' politicizing of bilateral economic and trade issues, rising investment protectionism and increasing political doubts about China, all of which constituted severe challenges to China-Europe relations. It is therefore necessary for both China and Europe to continue their endeavours to strengthen political mutual trust, promote pragmatic cooperation in various fields, and properly manage and handle the disagreements which have already existed and may arise in the future, in order to jointly Promote to a more sustained, stable, and healthy development of the China-Europe Comprehensive Strategic Partnership.

**Keywords:** China-Europe Relations; High-level Exchanges; The Belt and Road Initiative

B.23　Germany's Policy towards the Belt and Road
　　　Initiative (2013 -2018)　　　　　*Sebastian Harnisch* / 251

**Abstract**: The German government is generally positive about the Belt and Road Initiative and views China as an important economic partner. Germany hopes to participate in the dialogue process within the framework of the Belt and Road Initiative, especially in the fields where China's investment projects touch the EU's existing norms and rules. It can be seen that since the beginning of 2014, Germany's policy response to the Belt and Road Initiative has changed over time, which is determined in a large part by the development of social preferences and their influence on German government's policies. For various reasons, Germany's response to the Belt and Road Initiative has become increasingly contradictory. This article divides Germany's attitudes toward the Belt and Road initiative into two phases. In the first phase from 2013 to 2015, Germany manifested itself as a cautious and hesitant observer, while in the second phase starting from 2015, a policy pattern with concurrent cooperation and conflict has been formulated.

**Keywords**: Germany; Belt and Road Initiative; Social Preferences


B.24　The "Market Distortion" Regime in EU's Newly
　　　Amended Anti-Dumping Regulation and China's
　　　Countermeasures　　　　　*Hu Jianguo* / 269

**Abstract**: The Regulation (EU) 2017/2321 amending the EU's basic anti-dumping regulation and anti-subsidy regulation came into effect on December 20 2017. Compared to the draft proposal put forward by the European Commission, it makes no great change to the basic designs, but it is more reasonable in many aspects. The most import innovation in Regulation 2017/2321 is the "market distortion" regime, which includes three basic elements: the determination of "significant distortion", country or industry report of significant distortion and special calculation methodology of normal value. The "market distortion" regime has in a certain degree incorporated the environmental and labor standards. The Chinese Economy Significant Distortion Report issued by the European Commission covered a wide range of fields in Chinese economy and it is difficult to show its discrimination. However, the important implications of this report should not be under-evaluated. In the international arena, the case against EU price comparison methodology (DS516) is progressing slowly, and China, EU and US are contesting in the WTO litigation, while there may potentially be significant splits between other WTO members in their standpoints. The author suggests that Chinese government actively and steadily push forward the relevant WTO litigations against EU, including that against its "market distortion" regime, and that Chinese government and enterprises pay close attention to and respond actively to the implementation of Regulation 2017/2321 and to the amendment of lesser duty rule in the context of the modernization of EU trade defense instruments. In addition, the so-called "problems" mentioned in the Chinese Economy Significant Distortion Report should be taken seriously, particularly in case that the EU and US may take unilateral actions to those "problems", including by anti-dumping instruments.

**Keywords**: China's Market Economy Status; Regulation (EU) 2017/2321; Market Distortion; Significant Distortion Report

B.25 The New Developments and Trends in Scientific and Technological Innovation Cooperation between China and Europe           *Zhang Min* / 282

**Abstract**: Building an innovative country is a core element in modernizing China's economic system, which will provide a new opportunity for deepening relations between China and the most innovative countries in the world. Along with the deepening relations between China and the European countries,

cooperation in the field of scientific and technological innovation tends to be more diversified, creative and forward-looking. This paper analyzes the new trends and developments from three dimensions, that is, ST and innovation cooperation between China and EU under the "Horizon 2020" Project, the China-UK science and technology cooperation and the issuing of Joint UK-China Strategy for Science, Technology and Innovation, and the establishment of an innovative strategic partnership between China and Switzerland. These three cooperation models represent a new direction for science and technology innovation cooperation between China and the European countries, which may lay foundations for upgrading the China-EU Comprehensive Strategic Partnership into a 'China-EU innovative comprehensive strategic partnership' in the future.

**Keywords**: China-EU ST and Innovation; Innovation Cooperation Strategy; Innovation Strategic Partnership

B. 26  China-Nordic Cooperation and Its Prospects

*Zhang Bei* / 294

**Abstract**: The year 2017 witnessed fruitful cooperation between China and the Nordic countries. Apart from strengthened bilateral political, economic and cultural exchanges, the China-Nordic "1 +5" cooperation is gaining momentum, with the Nordic Council of Ministers joining hands with the Chinese side to push this cooperation forward. The idea of "1 +5" cooperation, a reflection of China's overall diplomatic thinking, will play a complementary role to existing bilateral cooperation between China and the five Nordic countries and create more opportunities for both China and the Nordic region. China-Nordic cooperation has huge potentials in wide-ranging fields, such as green development, innovation cooperation, BRI Initiative and Arctic governance. However, in pushing the cooperation forward, constraints and challenges such as heterogeneity in the Nordic region, limited incentives and the "EU factor", should be carefully considered and properly addressed.

**Keywords**: Nordic Countries; Sub-regional Cooperation; China-Nordic Cooperation; China-Europe Relations

B.27 Tendency and Challenges in China-CEECs Cooperation

*Ju Weiwei* / 302

**Abstract**: China-Central and Eastern European countries (CEECs) Cooperation (16 +1) has shown a trend of accelerated progresses in the past two years, especially in the fields of people to people exchanges and financial cooperation. However, a set of problems has been encountered by the cooperation between the two sides. "16 +1 Cooperation" has not attracted sufficient attention from the media and public in the CEECs. In addition, there still exist doubts as to the "16 + 1 Cooperation" from the EU and some of its important member countries. The implementation of some major projects and investments under the framework of "16 +1" has met difficulties, which could not satisfy the needs of the CEECs. At last, the financial cooperation between China and the CEECs was confronted with some risks. In order to deal with the challenges and risks mentioned above, China should attempt to enhance the visibility of "16 + 1 cooperation" and improve public opinion of CEECs towards this mechanism. More efforts need to be taken to promote confidence building towards the EU and its member counties. Advanced people to people exchanges should be employed as an effective way to boost the "16 +1 cooperation". Last but not least, the financial cooperation between China and CEECs should be elevated in the future.

**Keywords**: China; CEECs; Challenges; Countermeasures

# Ⅵ Appendix

B.28 Events of the Year (Jan. 1-Dec. 31 2017)

*Mou Wei* / 314

社会科学文献出版社　　　　　　　　　　　　　　**皮书系列**

### ❖ 皮书起源 ❖

"皮书"起源于十七、十八世纪的英国，主要指官方或社会组织正式发表的重要文件或报告，多以"白皮书"命名。在中国，"皮书"这一概念被社会广泛接受，并被成功运作、发展成为一种全新的出版形态，则源于中国社会科学院社会科学文献出版社。

### ❖ 皮书定义 ❖

皮书是对中国与世界发展状况和热点问题进行年度监测，以专业的角度、专家的视野和实证研究方法，针对某一领域或区域现状与发展态势展开分析和预测，具备原创性、实证性、专业性、连续性、前沿性、时效性等特点的公开出版物，由一系列权威研究报告组成。

### ❖ 皮书作者 ❖

皮书系列的作者以中国社会科学院、著名高校、地方社会科学院的研究人员为主，多为国内一流研究机构的权威专家学者，他们的看法和观点代表了学界对中国与世界的现实和未来最高水平的解读与分析。

### ❖ 皮书荣誉 ❖

皮书系列已成为社会科学文献出版社的著名图书品牌和中国社会科学院的知名学术品牌。2016年，皮书系列正式列入"十三五"国家重点出版规划项目；2013~2018年，重点皮书列入中国社会科学院承担的国家哲学社会科学创新工程项目；2018年，59种院外皮书使用"中国社会科学院创新工程学术出版项目"标识。

# 中国皮书网

（网址：www.pishu.cn）

发布皮书研创资讯，传播皮书精彩内容
引领皮书出版潮流，打造皮书服务平台

## 栏目设置

关于皮书：何谓皮书、皮书分类、皮书大事记、皮书荣誉、
皮书出版第一人、皮书编辑部

最新资讯：通知公告、新闻动态、媒体聚焦、网站专题、视频直播、下载专区

皮书研创：皮书规范、皮书选题、皮书出版、皮书研究、研创团队

皮书评奖评价：指标体系、皮书评价、皮书评奖

互动专区：皮书说、社科数托邦、皮书微博、留言板

## 所获荣誉

2008年、2011年，中国皮书网均在全国新闻出版业网站荣誉评选中获得"最具商业价值网站"称号；

2012年，获得"出版业网站百强"称号。

## 网库合一

2014年，中国皮书网与皮书数据库端口合一，实现资源共享。

**权威报告·一手数据·特色资源**

# 皮书数据库

## ANNUAL REPORT(YEARBOOK) DATABASE

## 当代中国经济与社会发展高端智库平台

### 所获荣誉

- 2016年，入选"'十三五'国家重点电子出版物出版规划骨干工程"
- 2015年，荣获"搜索中国正能量 点赞2015""创新中国科技创新奖"
- 2013年，荣获"中国出版政府奖·网络出版物奖"提名奖
- 连续多年荣获中国数字出版博览会"数字出版·优秀品牌"奖

### 成为会员

通过网址www.pishu.com.cn访问皮书数据库网站或下载皮书数据库APP，进行手机号码验证或邮箱验证即可成为皮书数据库会员。

### 会员福利

- 使用手机号码首次注册的会员，账号自动充值100元体验金，可直接购买和查看数据库内容（仅限PC端）。
- 已注册用户购书后可免费获赠100元皮书数据库充值卡。刮开充值卡涂层获取充值密码，登录并进入"会员中心"—"在线充值"—"充值卡充值"，充值成功后即可购买和查看数据库内容（仅限PC端）。
- 会员福利最终解释权归社会科学文献出版社所有。

卡号：376479938118
密码：

数据库服务热线：400-008-6695
数据库服务QQ：2475522410
数据库服务邮箱：database@ssap.cn
图书销售热线：010-59367070/7028
图书服务QQ：1265056568
图书服务邮箱：duzhe@ssap.cn

# S 基本子库
## SUB DATABASE

### 中国社会发展数据库（下设12个子库）

全面整合国内外中国社会发展研究成果，汇聚独家统计数据、深度分析报告，涉及社会、人口、政治、教育、法律等12个领域，为了解中国社会发展动态、跟踪社会核心热点、分析社会发展趋势提供一站式资源搜索和数据分析与挖掘服务。

### 中国经济发展数据库（下设12个子库）

基于"皮书系列"中涉及中国经济发展的研究资料构建，内容涵盖宏观经济、农业经济、工业经济、产业经济等12个重点经济领域，为实时掌控经济运行态势、把握经济发展规律、洞察经济形势、进行经济决策提供参考和依据。

### 中国行业发展数据库（下设17个子库）

以中国国民经济行业分类为依据，覆盖金融业、旅游、医疗卫生、交通运输、能源矿产等100多个行业，跟踪分析国民经济相关行业市场运行状况和政策导向，汇集行业发展前沿资讯，为投资、从业及各种经济决策提供理论基础和实践指导。

### 中国区域发展数据库（下设6个子库）

对中国特定区域内的经济、社会、文化等领域现状与发展情况进行深度分析和预测，研究层级至县及县以下行政区，涉及地区、区域经济体、城市、农村等不同维度。为地方经济社会宏观态势研究、发展经验研究、案例分析提供数据服务。

### 中国文化传媒数据库（下设18个子库）

汇聚文化传媒领域专家观点、热点资讯，梳理国内外中国文化发展相关学术研究成果、一手统计数据，涵盖文化产业、新闻传播、电影娱乐、文学艺术、群众文化等18个重点研究领域。为文化传媒研究提供相关数据、研究报告和综合分析服务。

### 世界经济与国际关系数据库（下设6个子库）

立足"皮书系列"世界经济、国际关系相关学术资源，整合世界经济、国际政治、世界文化与科技、全球性问题、国际组织与国际法、区域研究6大领域研究成果，为世界经济与国际关系研究提供全方位数据分析，为决策和形势研判提供参考。

# 法律声明

"皮书系列"(含蓝皮书、绿皮书、黄皮书)之品牌由社会科学文献出版社最早使用并持续至今,现已被中国图书市场所熟知。"皮书系列"的相关商标已在中华人民共和国国家工商行政管理总局商标局注册,如LOGO( )、皮书、Pishu、经济蓝皮书、社会蓝皮书等。"皮书系列"图书的注册商标专用权及封面设计、版式设计的著作权均为社会科学文献出版社所有。未经社会科学文献出版社书面授权许可,任何使用与"皮书系列"图书注册商标、封面设计、版式设计相同或者近似的文字、图形或其组合的行为均系侵权行为。

经作者授权,本书的专有出版权及信息网络传播权等为社会科学文献出版社享有。未经社会科学文献出版社书面授权许可,任何就本书内容的复制、发行或以数字形式进行网络传播的行为均系侵权行为。

社会科学文献出版社将通过法律途径追究上述侵权行为的法律责任,维护自身合法权益。

欢迎社会各界人士对侵犯社会科学文献出版社上述权利的侵权行为进行举报。电话:010-59367121,电子邮箱:fawubu@ssap.cn。

社会科学文献出版社